U0626058

中国支付结算丛书

Money, Payments, and Liquidity

second edition

货币、支付与流动性

第二版

纪尧姆·罗什托（Guillaume Rocheteau） 埃德·诺塞尔（Ed Nosal）◎ 著

童 牧 田海山 严钰童 王雅敏 陈新雁 白胜高◎译

中国金融出版社

责任编辑：黄海清
责任校对：潘　洁
责任印制：丁淮宾

图书在版编目（CIP）数据

货币、支付与流动性（第二版）/纪尧姆·罗什托（Guillaume Rocheteau），埃德·诺塞尔（Ed Nosal）著；童牧等译．—北京：中国金融出版社，2019.9
（中国支付结算丛书）
ISBN 978 - 7 - 5220 - 0126 - 5

Ⅰ.①货…　Ⅱ.①纪…②埃…③童…　Ⅲ.①货币流通　Ⅳ.①F820.4

中国版本图书馆 CIP 数据核字（2019）第 124102 号

货币、支付与流动性（第二版）
Huobi、Zhifu yu Liudongxing (Dierban)
出版
发行　中国金融出版社
社址　北京市丰台区益泽路 2 号
市场开发部　(010)63266347，63805472，63439533（传真）
网 上 书 店　http://www.chinafph.com
(010)63286832，63365686（传真）
读者服务部　(010)66070833，62568380
邮编　100071
经销　新华书店
印刷　保利达印务有限公司
尺寸　169 毫米×239 毫米
印张　24
字数　423 千
版次　2019 年 9 月第 1 版
印次　2019 年 9 月第 1 次印刷
定价　78.00 元
ISBN 978 - 7 - 5220 - 0126 - 5
如出现印装错误本社负责调换　联系电话（010）63263947

献给我们的父母

目　录

致　　谢

本书源起于克利夫兰联邦储备银行的一篇政策讨论论文。我们于 2004 年开始这篇政策讨论论文的研究工作，目的在于用一个统一的框架为支付经济学文献提供一个简明扼要的总览。在项目研究期间，我们从克利夫兰联邦储备银行研究部所提供的良好工作环境和资源中获益良多。我们要感谢研究部主任 Mark Sniderman，以及我们的同事 Dave Altig、Mike Bryan、Bruce Champ 和 John Carlson、Joe Haubrich 以及 Peter Rupert 所提供的始终如一的帮助。

我们与货币理论和支付研究方面众多研究者相互合作形成本书内容：David Andolfatto、Boragan Aruoba、Aleksander Berentsen、Ricardo Cavalcanti、Ben Craig、Ricardo Lagos、Yiting Li、Sebastien Lotz、Peter Rupert、Shouyong Shi、Christopher Waller、Neil Wallace、Pierre – Olivier Weil 和 Randall Wright。书中的许多章节直接来自我们与这些合作者的研究成果。例如，研究不同交易机制中货币一章的内容就来自我们与 Boragan Aruoba、Christopher Waller 和 Randall Wright 的一些合作研究。关于货币可分性和可辨识性的部分来自与 Aleksander Berentsen 和 Yiting Li 的一些合作研究。关于货币和资本部分来自与 Ricardo Lagos 的一些合作研究。场外市场的流动性模型则来自与 Ricardo Lagos 在 Darrell Duffie、Nicolae Garleanu 和 Lasse Pedersen 论文基础上的合作研究。

在撰写本书时，我们是站在诸多学者肩膀之上的。特别是，货币理论方面的基础研究工作大多是由 Neil Wallace 完成的。货币经济学中的搜索理论方法则由 Nobu Kiyotaki 和 Randall Wright 所开创，而贯穿本书的基本框架则由 Ricardo Lagos 和 Randall Wright 所提出。该框架本身也受益于 Shouyoug Shi、Alberto Trejos 和 Randall Wright 的早期工作。

我们要感谢 Steve Williamson 对形成本书的 2005 年版政策讨论论文所提出的意见，David Andolfatto 对本书前半部分所提出的极富洞察力的意见，Aleksander Berentsen 将本书用于巴塞尔和苏黎世大学的货币理论教学，以及 Stan Rabinovich

对全书提出的详细意见。我们也要感谢维也纳高级研究院、新加坡国立大学、新加坡管理大学和加州大学欧文分校的研究生们，特别是 Giovanni Sibal 和 Cathy Zhang。最后，我们还要感谢麻省理工学院出版社的大力支持。

第二版前言

支付和流动性的新货币主义研究方法是一个快速发展的领域。我们第一版用竞争性的支付手段来描述经济，并因此取得了相当大的进展，包括：以货币和信用解释不同资产上的流动性差异，流动性资产在宏观经济总体上，尤其是劳动力市场上扮演的角色，非集中（场外）资产市场的资产价格动态，以及常规和非常规形式的货币政策。第二版反映了这一进展。

我们增加了三章新内容：第 9 章的企业进入、失业和支付，第 14 章的资产价格动态，以及第 16 章的场外交易市场的崩溃与恢复。货币和其他资产共存的一章被分成第 11、第 12 两章。第 11 章关注于货币和资本，第 12 章则关注于货币和名义资产（另一种货币和名义债券）。第 11 章增加了多资产机制设计的内容。该节提供了一个新颖的结论，即收益率占优是货币经济的最本质属性。第 12 章新增了公开市场操作和流动性陷阱的内容。第 4 章货币的作用被完全重写。我们采用一种机制设计方法来描述货币经济中所有激励可行的分配方案。此外，我们通过在双边匹配中引入双向出口异质性扩展了模型，使易货交易具有可行性。我们认为，这一扩展更清楚地说明了货币的作用，并更透明化地表明了我们的经济与预付现金经济的根本性不同。

其他章节已被修订和扩展。第 2 章新增有限承诺下的纯信用经济。我们使用内生债务限制来分散配置，描述动态平衡，并引入私有信息下的异质性来解释均衡中的违约。第 8 章新增有限承诺下的货币与信用共存。第 13 章新增内化信息摩擦下资产的可质押性。

在第二版的筹备过程中，我们得到了很多学生与同事的帮助及建议，包括 Ayushi Bajaj、Bill Branch、Francesca Carapella、Tai – wei Hu、Yiting Li、Pedro Gomis Porqueras、Sebastien Lotz、Antonio Rodriguez、Mario Rafael Silva、Russell Wong、Sylvia Xiao 和 Cathy Zhang。

概　论

经济学研究的是商品交易所带来的收益。但如果交易收益能被实现，人们就必须用一个物品交换另一个物品。那么这一交换过程的本质是什么呢？

交换可以很容易实现。如果约翰有苹果但更喜欢草莓，而他的同学保罗有草莓但更喜欢苹果，那么约翰和保罗就可以在相遇时直接用草莓交换苹果。这就是需求的双重契合：约翰拥有保罗所需要的，而保罗拥有约翰所需要的。在图 1 中，我们展示了约翰和保罗的禀赋和偏好。名字旁的符号“ × ”代表其禀赋，而箭头代表其偏好。

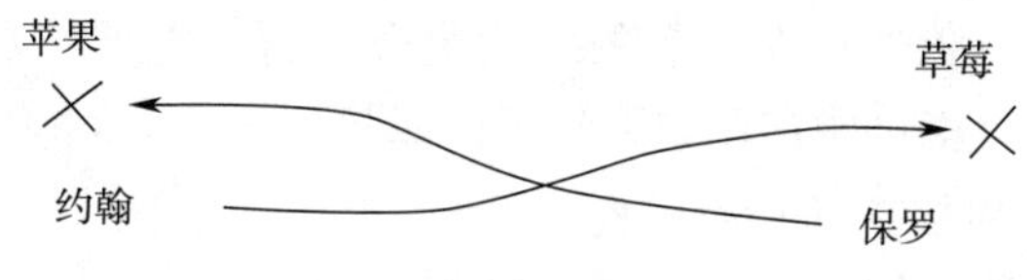

图 1　双重需求契合

不幸的是，生活通常并非总是如此容易的。让我们在该图中加入另一位同学乔治和第三种商品橘子，以使情况更为复杂。乔治拥有橘子，并且更喜欢苹果，但讨厌草莓；保罗拥有草莓，并且更喜欢橘子，但讨厌苹果；约翰拥有苹果，并且更喜欢草莓，但讨厌橘子。他们的偏好和禀赋见图 2。

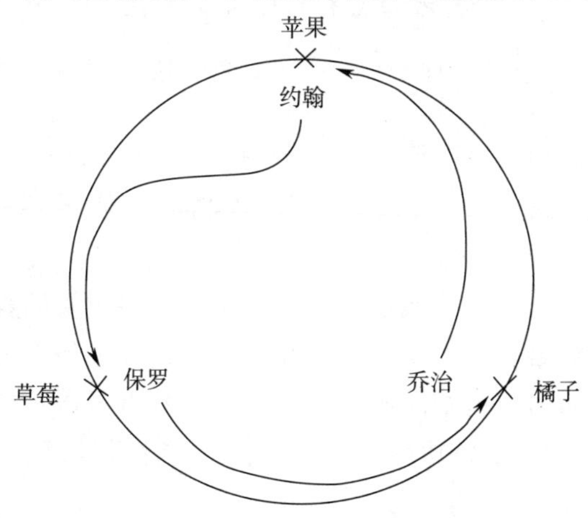

图 2　缺乏双重需求契合的问题

那么约翰、保罗和乔治如何才能进行交易呢？如果可以在同一时间同一地点相会，他们就可以像上面那样简单地进行交易。约翰给乔治苹果，乔治给保罗橘子，保罗给约翰草莓。但如果他们只能成对相会呢？具体来说，可以设想在不同时间，随机选择两位同学并让他们在拉斯维加斯相会。为什么选择拉斯维加斯呢？因为俗话说“发生在拉斯维加斯的事情会留在拉斯维加斯”，这些同学在相会时所做的事情依然会是私有信息。

如果他们能作出承诺，那么交换也会很容易。约翰可以承诺将苹果给乔治，乔治可以承诺将橘子给保罗，而保罗可以承诺将草莓给约翰。所有这些意愿交易早晚都将发生在成对相会中。但承诺要求似乎过高了，这并不是人们交互中所大量出现的典型特征。

如果他们不能作出承诺呢？那么上述交易安排——在相会中把你的物品交给同伴，如果他比你更需要它——将无法起作用。例如，如果约翰从保罗那里获得了草莓，那么只要约翰还有点喜欢苹果，他就没有激励将苹果给乔治，因为他无法从乔治那里得到任何回报。那么，约翰还可以消费自己的苹果。因此当他们成对相会时，依然存在著名的双边契合问题。之所以需要双边契合，是因为一旦交易发生，就可能存在如下问题，即同学 A 需要同学 B 所持有的商品，但同学 B 并不喜欢同学 A 所持有的商品。

如果他们都只愿意用其所持商品交换他们最想要的商品，那么结果就会是自给自足。但自给自足并不一定是最终结果。例如，保罗可以接受约翰的苹果以交换草莓，即使保罗并不喜欢苹果。在此交易后，当保罗遇到乔治时，保罗可以用他的苹果交换乔治的橘子。在这个例子中，苹果被用于充当交易媒介，这意味着在交易中苹果被保罗所接受，并不是被用于消费，而是被用于在稍后交换其他商品——橘子。这一交易媒介在如下意义上是非常有用或至关重要的。如果不存在交易媒介，那么自给自足这一结果就比使用交易媒介所获得的配置结果要更差。

一般而言，人们必须为其所获得的物品进行支付。而且依赖于不同的情况，支付工具——或交易媒介——可以是商品、实物资产和/或不兑现货币。什么最终成为该经济体的支付工具取决于许多因素，如相对于草莓或橘子而言，苹果的储存成本，或者相对于草莓或橘子而言，辨别苹果质量的难易程度。那么在一个经济体中，又会出现什么新的交易媒介呢？到底是什么因素决定了什么物品能成为交易媒介而另一些物品不行？这些就是本书要讨论的话题。但不管支付工具是什么，我们在本书中所关心仅是上述这些本质问题。

货币无用的模型

最为显而易见和普遍存在的支付工具就是货币。尽管关于货币问题的论述已举不胜举，某些观察者，如 Banerjee 和 Maskin（1996），还是相信“货币对于经济理论而言始终是一件麻烦事”。导致出现这一无法令人满意局面的一个原因是使用了“错误的”模型来研究货币。经济学的基准模型出自 Arrow 和 Debreu（1954）及 Debreu（1959）。其环境是无摩擦的：市场是完全的，人们可以对其所有的未来行为作出承诺。在期初，市场开启，每个个体行为人针对未来所有的可能情况选择其想买卖的商品。个体行为人所需要面对的唯一约束就是预算约束。随着未来的展开，人们按照期初的承诺提供或接收商品。在标准的 Arrow - Debreu 环境下，竞争性均衡是帕累托最优的。帕累托最优性必然意味着货币在经济中无法扮演关键角色。这一观察也同样适用于现代宏观经济学的主力模型，即由 Cass（1965）和 Koopmans（1965）以及 Kydland 和 Prescott（1982）所开发的新古典增长模型。

不兑现货币被强行引入这些模型以研究货币政策。既然货币并不是至关重要的，它就必须以某种特殊形式进入模型。实际货币余额可被假设为生产性物品，且能进入效用函数（如 Patinkin，1965）或生产函数（如 Fischer，1974）。这一假设是很奇怪的，即不兑现货币这一无内在价值的物品，被当作标准消费品或中间品。同样令人困惑的是，价格水平也被引入了效用函数或生产函数。按照类似逻辑，Niehans（1971，1978）通过引入外生交易成本并假设货币的外生交易成本最低，来考虑货币的交易作用。

始于 Clower（1967）的另一个常用方法是基于货币经济中商品并非直接与另一商品进行交换的事实。商品是与货币进行交换的。为了处理货币经济的这一“典型事实”，Clower（1967）和 Lucas（1980）引入了消费品必须通过货币购买的限制条件，即“预付现金约束”。该描述的问题在于，货币是作为较低经济福利的约束进入经济，而不是作为克服交易难题和扩大可行配置集的一种机制而存在。

作为当前政策分析的最主要框架，Woodford（2003）提出的新凯恩斯货币政策模型关注于“无现金经济”而完全将货币置于分析之外。其中，货币只是作为记账单位起作用，只要价格是按照该记账单位来设置且只允许被非频繁地调整。

货币重要的模型

根据 Wallace（1998，2001，2010），我们相信在研究货币或任何支付工具时，一个合理的建模目标是至关重要的。上面所描述的任何方法都不满足所谓的 Wallace（1998）箴言。

所提出的箴言是，货币不应该是货币理论的原生物。在此摘要中可以很容易描述如何构建满足该箴言的模型：在确定该模型的实际环境和均衡概念时，不能依赖于所谓的货币概念或者强迫建模者在开始时就确定何种物品将在交易中发挥特定作用。实际环境和均衡概念应该包括使交易比在随机竞争性一般均衡模型（Stochastic Competitive General Equilibrium，SGE）中更为困难的那些特征，诸如成对交易公告、不对称信息和成对相会等。该模型还应该包括在物理特征上不同的资产。例如，某些资产可能是不可分的，而其他资产不是，某些可能是不可兑现商品，而其他资产则在每期付出实际利息，某些资产的实际折旧要更多，某些资产可能更易于被识别，以及某些资产会因为释放毒气而产生负效用。给定这些规范，该模型将决定——但一般而言并不是唯一的，因为可能存在多重均衡——不同资产的价值及其在交易中可能的独特作用。

目前存在不少货币在竞争性环境下起着至关重要或有价值作用的模型。由萨缪尔森（Samuelson，1958）所开发的迭代模型（Overlapping Generations Model，OLG）中的竞争性均衡并不需要是帕累托有效的。在 OLG 模型中，人们在不同时期出生并具有有限生命，而经济将无限持续下去。OLG 模型的结构意味着，信用——即借贷——不是激励可行的。如果（非货币）竞争均衡不是帕累托有效的，那么引入不可兑现货币将导致帕累托改进。货币是重要的，因为它允许代理人参与到帕累托改进的（跨期）交易中。OLG 模型在过去几十年里一直是货币经济的标准模型。它也是 Lucas（1972）用于宏观经济革命的模型环境。该框架的权威表述和实现可参见 Wallace（1980）。

如在 OLG 模型中那样，货币在 Townsend（1980）的收费公路模型中也发挥作用。该模型中存在无限生存的代理人，他们沿着一条无终点的线性“高速路”（收费公路）从一个地点移动到另一个地点。代理人在不同期间获得禀赋，而后者创造了对跨期交易的需求。但拥有不同禀赋的代理人沿着收费公路的不同方向移动，因此不同类型代理人最多只能相遇一次，这使得信用安排是不可行的。与 OLG 模型一样，不兑现货币的引入将产生经济体中所有代理人都更偏好的配置结果。

Ostroy（1973）、Starr（1972）及 Ostroy 和 Starr（1974，1990）利用一种不同的标准一般均衡模型研究了货币的交易作用。代理人从其初始禀赋转变到最终配置状态的交易过程被建模为多轮双边交易。在一轮双边交易中，代理人 1 想从代理人 2 获得的商品价值可能超过代理人 2 想从代理人 1 获得的商品价值。由于不存在需求的双重契合，在所有代理人都能从初始禀赋转变为其最终（均衡）配置状况之前，可以进行多轮交易。如果引入货币，那么额外数量的商品就可以被购买和销售，这意味着所需要的双边交易轮数更少。如果交易是高成本的，那么货币就是有价值的。

但竞争性环境并不是考虑货币相关问题最自然的要求。例如，考虑货币的策略层面：我在交易中接受一个无内在价值的商品是因为我有理由相信其他人会接受它。同样，表明人们如何相遇并交换商品的交易机制在竞争性环境中并没有被形式化。因此在该环境下很难考虑双边契合问题。

处理策略和双边契合问题的一个自然方式是构建双边会面问题。Jones（1976）第一个在双边随机会面背景下建模研究双边契合问题。Diamond（1982）构建了一个完全内在一致的均衡搜索模型，但并不存在货币。在 Diamond（1982）模型中，个人无法消费其生产的商品，但其他任何人所生产的商品在消费时是完全替代品。由于不存在双边契合问题，人们在相遇时的交易就不存在任何障碍。Diamond（1984）将货币引入其搜索模型，但是通过实施预付现金约束来实现。在系列文献中，Kiyotaki 和 Wright（1989，1991，1993）将 Jones（1976）所确定的双边契合问题加入了 Diamond（1982，1984）的均衡搜索模型。

Kiyotaki 和 Wright（1989，1991，1993）的巨大创新是引入了在品位和商品上的异质性。最初的 Kiyotaki 和 Wright（1989）模型几乎完全关注商品货币作为交易媒介的出现。在一个简单的三人环境中，他们通过设计专业化、消费和生产模式来构建代理人之间需求双重契合的缺失。这一异质性类似于在约翰、保罗和乔治例子中所描述的情况。他们指明，特定商品作为交易媒介的出现依赖于偏好、禀赋和信念。一个有些令人震惊的结论是，在某些均衡状态下，作为交易媒介的商品是那些具有最高储存成本或最低回报率的商品。这一发现被看作是长期存在的回报率占优难题的一个可能解答。由 Hicks（1935）所提出的回报率占优难题指的是，针对交易媒介的回报率要低于经济中其他资产回报率的事实缺乏一个合理的解释。其中的困惑就在于为什么人们不会持有和使用具有更高回报率的工具来充当交易媒介。

Kiyotaki 和 Wright（1991，1993）扩展了先前分析以引入无内在价值的物品，并证明该物品在交易中有其价值且能提高社会福利。但均衡并不是唯一的。例如，如果人们相信货币能在将来被接受为支付媒介，那么货币均衡将使得不兑现货币成为一种被普遍接受的支付媒介。或者，当人们相信货币不会在将来被接受为支付媒介时，物物交换将是唯一的均衡。

上述模型是相当质朴和简单的。所有物品都是不可分的，代理人最多能持有一单位产出或一单位不可兑现货币，且在所有会面中，物品只能一对一进行交换。那么人们就有理由发出疑问，除了证明交易媒介的出现以外，我们还能从这一简化环境中获得什么。答案很多，下面就是两个例子。

Kiyotaki、Matsui 和 Matsuyama（1993）采纳了 Kiyotaki—Wright 模型的两国两币种版本，以研究一种货币能成为国际货币的条件，即一种货币被接受成为两国的交易媒介。这一问题在简式货币模型中几乎是无法解决的。他们的答案是直观和有洞见的。他们发现，国际货币状态依赖于基本面，如国家的规模和国家间的整合程度，以及（自我实现的）信念和惯例。

Williamson 和 Wright（1994）将 Jevons（1875）所提出的古老观点形式化，即可识别性是导致一种物品或商品被用作货币的一个关键属性。他们考虑了这样一种环境，其中如 Diamond（1982，1984）那样，在每次会面中都存在需求的双边契合，但物品可以按不同质量生产，代理人拥有关于其商品质量的私有信息。他们的研究表明，即使不存在双边契合问题，（完全可识别的）不可兑现货币依然具有价值。通过引入一种具有可识别质量的物品——不可兑换货币，未知质量的消费品会变得不具有可接受性，并导致代理人没有激励来生产这些消费品。

尽管 Kiyotaki—Wright 模型提供了有用的见解，但还是无法令人满意地解决货币理论中的某些重要和有意思的问题。例如，货币的交换价值是如何确定的？Kiyotaki—Wright 模型基本上避开了这一问题，因为根据假设，人们最多只能持有一单位不可分货币，而且一单位货币交换一单位产出。要回答这个以及其他有意思的政策问题，这些极端假设就必须沿着几个方向被放松。

一般化模型环境的第一步是将货币价值内生化，这已由 Shi（1995）和 Trejos 与 Wright（1995）实现。其完成是通过产出可分达到的，尽管人们最多持有一单位不可分货币的限制依然存在。在可分产出下，一单位货币所交换的物品的数量由双方之间的议价决定，从而得以对货币的价值进行讨论。Osborne 和 Rubinstein（1990）对存在双边交易和议价的市场作了系统性研究。

Shi（1995）和 Trejos 与 Wright（1995）模型在代理人之间的双边会面中引入了一个定价（或交易）机制。尽管这一机制一般具有公理性或策略性基础，但还是被任意选择的，而且从社会观点来看并不一定会产生一个良好的配置。一个不同的方法由 Kocherlakota（1998）提出，并被 Wallace（2010）所支持，即机制设计方法。在机制设计方法中，规划者在所有激励可行的机制中选择交易机制。被选择的机制满足某些令人满意的属性，如最大化社会福利。机制设计方法对于构建货币的本质很有帮助。记住，如果在给定环境下，没有其他方式能实现（令人满意的）配置，货币就是至关重要的。

不管货币的价值是如何确定的——不管是使用策略性或公理性方法还是机制设计方法——都可能检验货币总存量的变化是如何影响该货币的价值和产出的。但是，由于代理人被限制到最多只持有一单位货币，货币供给的连续变化是如何影响通货膨胀和产出这一更有意思的政策问题就无法被研究。为货币增长建模的最初进展是在 Shi - Trejos - Wright 类型环境下通过简单放松货币持有的单位上限约束来实现的。Zhu（2003，2005）针对不可分和可分货币下货币持有选择多于 {0,1} 的情况提供了存在的结果。Camera 和 Corbae（1999）及 Molico（2006）为这一更多货币持有选择环境提供了数值解。Green 和 Zhou（1998）及 Zhou（1999）假设卖方发出价格公告和不可分商品，这些使得模型更容易解析。但所有这些文献都证明，脱离单位货币上限假设会使分析明显更为复杂。复杂程度的提高是因为均衡的特征体现在双边匹配中交易条款所联合决定的货币持有配置。而且要同时特征化这些均衡对象也不容易（至少在分析上）。

处理无限货币持有和可分货币的另一个明智方法是按如下方式改变经济环境：同样类型的所有代理人在均衡时的货币持有量在其双边匹配前是相同的。由于货币持有量的分配是退化的，模型就变得易于解析。Shi（1997）在 Lucas（1990）的基础上，假设家庭是由连续数量的成员所构成，即买方和卖方，他们共同持有货币。这一大型家庭结构意味着与单个买方和卖方的随机匹配过程相联系的风险可以完全在家庭层面实现分散化。

不同的是，Lagos 和 Wright（2005）引入了周期性运行并存在拟线性偏好的竞争性市场。竞争性市场允许代理人在随机匹配冲击后调节其货币持有。由于拟线性偏好消除了财富效应，所有代理人将在竞争性市场上作出相同选择，除了在“拟线性商品”选择上。Lagos - Wright 环境可以适应非集中性交易市场上不同的定价机制（Rocheteau 和 Wright，2005），如议价、价格发布和瓦尔拉斯定价。而且，周期竞争性市场的存在允许重新引入 Arrow - Debreu 类型一般均衡组织，如状态依赖商品（Rocheteau 等，2008）。由于其灵活性，Lagos - Wright 模型已经产生了大量应用和扩展（Williamson 和 Wright，2010a，2010b）。我们将在全书都使用该模型。

超越货币交换：信用和流动性

在本书中，我们的兴趣在于理解如何在存在不同类型摩擦的经济环境中实现交易收益的最大化。我们并不需要由货币来充当中介进行交易，因为不同摩擦可能表明要使用不同的支付工具。

货币理论的一个关键挑战在于为货币和信用的共存提供解释。要研究这一问题，我们允许代理人使用双边信用安排或私人债务（IOU）来润滑交易，正如 Diamond（1987，1990）和 Shi（1996）那样。使共存问题成为一个挑战的原因之一是使货币重要所需的摩擦一般会使得信用不可行，而且信用可行的环境通常会使货币变得无关紧要。通过构建货币和信用共存的环境，我们得以研究货币政策和信用使用之间的相互关系。我们还研究了结算概念，即信用关系所形成的债务被最终消除的过程。我们考察了结算过程的摩擦是如何影响货币当局的作用的。

随着时间的推移，证券化等金融创新使得货币和非货币资产之间的界限变得有些模糊。个体和企业能购买可开支票的股权和债权型共同基金，他们还能获得住宅和汽车净值贷款等由资产担保的消费贷款，而且在很多情况下他们还能使用政府债券作为担保。在基本模型的某些扩展中，我们允许人们使用资产而不是不兑现货币或信用来便利交易，这些资产包括资本、土地和政府债务等。同样，代理人是否使用这些资产来进行交易要取决于这些资产的属性，如可分性和可识别性，以及他们所面临的摩擦。

在实践中，货币政策是通过公开市场操作实施的，此时货币当局用不兑现货币交换债券。一个完全内在一致的货币政策模型应该包括这两类资产，并且解释即使在债券支付利息而货币不支付的情况下两者是如何共存的。或者，换一种方式，一个内在一致的货币政策模型应该能处理回报率占优难题。我们为这一难题提供的解释是基于付息资产的实际属性，如可识别性，以及基于惯例或自我实现的信念。我们处理回报率占优问题的方式也可以被用于其他类型的资产定价异象。例如，Lagos（2006）表明带有债券和股权的货币模型能处理无风险利率和股权溢价难题。

对于流动性并没有普遍接受的定义。这是因为流动性概念有些模糊，那么一个能澄清这一点的模型就将是有用的。显然，如果不存在与交易相关的任何摩擦，所有资产（和商品）都将如同在 Arrow - Debreu 模型中那样具有相同的流动性。但是，如果存在与交易相关的摩擦，那么相对于其他资产而言，某些资产就能在交易中交换到更多的商品。一般而言，一种资产的流动性必须与其被用于为随机消费机会提供融资的难易程度相关。如果它仅能在短期内被折价出售或完全无法出售，那么这一资产就可被认为是没有流动性。我们的一个目标就是解释为什么不同资产有不同的流动性属性。如果资产确实拥有不同的流动性属性，我们将研究流动性对于资产回报分配以及价格与货币政策关系的意义。

流动性概念具有时间、体量和价格维度，可以通过相关资产买卖难易程度的测度来量化。例如，流动性可以由交易成本，如买卖差价、交易延迟、购买或销售资产所花费的时间以及交易量来测度。我们将使用基本模型的结构，即具有非集中式交易和双边匹配，来描绘能被用于考虑这些流动性测度的场外资产市场。

本书纵览

本书由 16 章组成。在第 1 章我们提出将贯穿全书的基本模型环境。尽管我们在中间引入了不同的变化，但我们所用的所有模型都具有某些共同点：竞争性和双边交易交替出现的市场结构，以及拟线性的偏好，这些与 Lagos 和 Wright (2005) 相同。

第 2 章至第 5 章，我们展示了单一支付方式的基准经济。在第 2 章中，所有交易都通过信用进行。我们感兴趣的是在存在不同类型摩擦的情况下经济是否能通过信用来实现商品配置。在第 3 章中，我们考察了摩擦导致信用安排非激励可行的经济，并显示了不兑现货币的作用。我们描述了非集中市场中不同定价机制下出现的分配。第 4 章采用一种机制设计方法来确定不可兑现货币的重要性和作用。第 5 章研究可分性、便携性和可识别性等货币属性是如何影响其作为交易媒介的作用以及影响配置的。

第 6 章和第 7 章专注于货币政策。在第 6 章，我们分析了不同价格机制下的货币供给最优增长率以及非集中交易市场中摩擦的特征。我们非常谨慎地解释弗里德曼规则在何种情况下是可行的、最优的，并且实现了最优配置。第 7 章假设货币增长率是随机的，并且考察不同信息结构下通货膨胀和产出之间的关系。

第 8 章至第 10 章考察了货币交换与信用交易共存的经济。在第 8 章，我们提出了货币和信用能共存的不同环境，并且研究了货币政策是如何影响信用的使用。第 9 章我们引入企业进入和有摩擦的劳动力市场，来研究流动性和失业之间的相互作用。第 10 章我们引入结算摩擦，并探究了这些摩擦是如何影响配置，以及是否存在最优政策反应的。

第 11 章至第 14 章考虑了货币和其他资产的共存，如其他货币、资本和债券。第 11 章研究了生产性资本的货币均衡和回报率占优问题。第 12 章研究了货币和名义资产、第二种货币或名义债券，以及对汇率和公开市场操作的影响。第 13 章研究了资产价格和货币政策的影响。第 14 章考察了在流动性情况下的经济中，资产价格的动态性。

最后，第 15 章和第 16 章我们使用了基本模型的连续时间版本——这一版本存在着中介人，以描述场外交易市场的功能，并研究交易摩擦是如何影响资产市场、资产价格和不同的流动性测度的，以及经销商在正常时期和危机时期的存货。

1　基本环境

本书研究与社会的交易媒介需求直接相关的问题。任何这样的研究都要求脱离 Arrow – Debreu 模型经济。在 Arrow – Debreu 模型中，市场是无摩擦和完全的，所有代理人可以在期初一起买卖合约，而且他们能够在所有可能的时间和状态下针对商品的提供和接受作出承诺。Arrow – Debreu 模型的基本结构意味着经济能实现帕累托有效配置，而不需要货币或其他金融机构等对象。

一个关于交易中介的良好模型应该包括一些关键内容。我们认为如下内容是必不可少的。

1. 人们无法作出承诺。如果人们能作出承诺，那么他们就能保证偿付其债务或进行馈赠，从而不需要交易媒介。

2. 行为的监管或记录维持必须是不完美的。正如我们稍后将看到的，一个功能完好的记录维持措施能复制交易媒介的作用。

3. 人们之间的交互必须是高成本的。如果人们能无成本地在一起进行交易，那么在人们之间就能安排许多交易而不要求有交易媒介。关于人们高成本联系的一种自然考虑方式就是他们将成对会面。进一步，如果人们成对会面，那么对这些会面进行监控就将是困难的。

4. 必须存在需求双重匹配难题。如果不存在需求双重匹配问题，也就是说在任何配对会面中每个人都需要另一人所拥有的，那么交易就能通过易货方式进行。

5. 模型必须是动态的。如果模型不是动态的，那么考虑大量（金融）资产将是很困难的。例如，谁愿意在一个静态环境中去接受不兑现货币这样一个无内在价值的纸？或者，在静态模型中，债务（对未来作出承诺）的意义是什么？

当然，我们可能还可以在这个列表中加入一些内容。例如，可能想将不完全可识别性加为关键内容，因为它能在解释统一货币的出现或作为交易媒介的资产的可接受性上发挥作用。我们将在本书的很多地方使用无完全可识别性假设，例如用于帮助解释货币和高回报率资产的共存。

如果资产被持有，那么就必须被定价。如果只是为了方便，那么最好是这些资产在竞争性市场环境下定价。那么，尽管要求存在双边交易关系，我们并不坚持所有交易都是在双边基础上进行的，即某些交易能在竞争性市场上进行。

最后，尽管并非绝对必要，但模型如果能被解析处理则当然更合适。可处理性便于我们能更好地理解某些问题或内容，也便于扩展模型以解决货币和支付相关的大量问题。

1.1 基准模型

我们在全书所使用的基准模型具有如下特征。

时间是离散和永远持续的。每一期可分为两个子期——白天与晚上，在不同子期将发生不同的交易活动。在白天，交易在非集中市场上进行，这是一个耗时的双边匹配过程。我们用 DM 标识白天市场（day market），同时也指代非集中市场（decentralized market）。

在 DM 上，某些代理人可进行生产但不想消费（消费的时间偏好），而其他代理人想进行消费但不能进行生产。为了方便，我们将前者称为卖方，将后者称为买方，这涵盖了代理人在 DM 上的角色。我们对偏好（卖方不愿意在 DM 上进行消费）和对技术（买方无法在 DM 上进行生产）的这一假设为买卖双方的匹配带来了双重匹配问题。买方和卖方的测度是相等的，且规范化为 1。

假设买方匹配卖方和卖方匹配买方的概率均为 σ。参数 σ 表明了市场上交易摩擦的程度。如果 $\sigma=1$，则不存在交易摩擦（除了成对匹配摩擦），每个代理人都能确定找到一个交易对手。σ 也可解释为卖方所生产和买方所消费商品的异质性。由于需要搜索活动才能进行交易，我们将 DM 上所生产和交易的商品称为 DM 商品或搜索商品（search good）。

晚间的生产和交易组织形式则依赖于具体要研究的问题。一般来讲，相对于 DM 而言，晚间市场上的交易摩擦更小。我们用 CM 标识晚间市场，因为该市场一般是一个竞争性市场（competitive market）。在晚上，所有代理人都能生产和消费。在 CM 所生产和消费的商品被称为 CM 商品或通用商品（general good）。一般地，买方会通过生产通用商品来结算其债务或调整其资产存量，而卖方则通过消费通用商品降低其资产存量。

所有商品，不管是在 DM 还是在 CM 上生产的，都是不可储存的。这样，搜索商品无法被代入 CM，而通用商品也无法被代入下一个 DM。消费品的易腐败性能避免这些商品被用于充当支付手段。

买方和卖方的偏好分别由 $\sum_t \beta^t U^b(q_t, x_t, y_t)$ 和 $\sum_t \beta^t U^s(q_t, x_t, y_t)$ 给出，其

中，$U^b(q,x,y)$ 和 $U^s(q,x,y)$ 分别是买方和卖方的期间效用函数，$q \in \mathbb{R}_+$ 为在 DM 上消费和生产的搜索商品数量，$x \in \mathbb{R}_+$ 是在 CM 上被消费的通用商品数量，$y \in \mathbb{R}_+$ 是 CM 上所承担工作的数量。对于所有代理人而言，晚上和下一个白天间的贴现率为 $r = \beta^{-1} - 1$，其中 $\beta \in (0,1)$ 为贴现因子。尽管并非至关重要，我们假设期间效用函数在不同子期间是可分离的，即有

$$U^b(q,x,y) = u(q) + U(x,y)$$

和

$$U^s(q,x,y) = -c(q) + U(x,y)$$

更重要的是，为了方便处理，我们要求代理人在 CM 上的效用函数与其工作时间是线性关系，即 $U(x,y) = v(x) - y$。稍后我们将证明，线性性能帮助消除财富效应，并方便决定 DM 上的交易条件。

DM 和 CM 上的生产技术均与劳动是线性关系，即一单位劳动生产一单位产出。那么，$c(q)$ 是卖方在 DM 上的劳动负效用（或成本），y 为代理人在 CM 上的劳动负效用。

如果 $v(x)$ 是严格凹的，那么一般能在 CM 上选择消费水平以满足 $x = x^*$，其中 $v'(x^*) = 1$。在本书的大部分中，不失一般性，我们将简单假设 $v(x) = x$，那么为自己生产通用商品是没有收益的。事件发生的时间和代理人偏好如图 1－1所示。

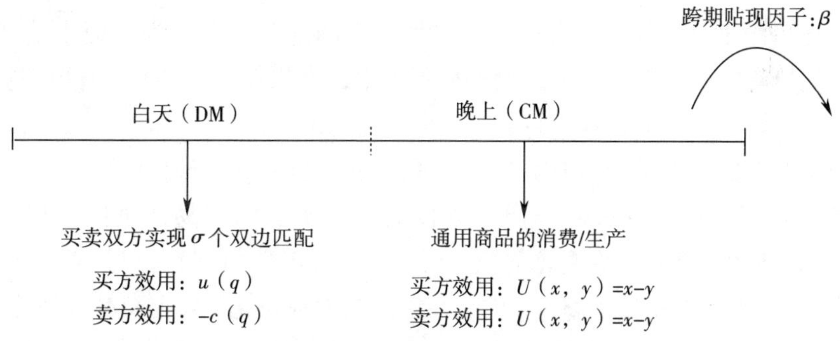

图 1－1　事件和偏好的时间顺序

总的来说，买方和卖方的期间效用函数分别规定如下

$$U^b(q,x,y) = u(q) + x - y \tag{1.1}$$

$$U^s(q,x,y) = -c(q) + x - y \tag{1.2}$$

假设 $u'(q) > 0$，$u''(q) < 0$，$u(0) = c(0) = c'(0) = 0$，$u'(0) = +\infty$，$c'(q) > 0$，$c''(q) > 0$，且存在 $\bar{q} > 0$ 使 $c(\bar{q}) = u(\bar{q})$。我们假设买方在 DM 上的效用函数是下方有界的，这使得当买方和卖方在 DM 上进行协商时，效用函数不会

在双方无法达成一致时没有边界。不失一般性，我们假设 $u(0)=0$。买方 DM 效用函数的一个例子是 $u(q)=(q+b)^{(1-a)}-b^{(1-a)}$，其中 $b>0$ 但很小。如 $a\in(0,1)$，那么 b 可被设为 0。该效用函数让人联想到固定相对风险规避效用函数，且当 b 趋近于 0 时趋近于该函数。

令 q^* 表示买卖双方间匹配剩余［$u(q)-c(q)$］最大化时搜索商品的生产和消费水平，它是 $u'(q^*)=c'(q^*)$ 的解。DM 上的偏好如图 1－2 所示。从图中可看出，q^* 实现了 DM 上交易收益规模（即 $u(q)$ 和 $c(q)$ 之间的差异）的最大化。

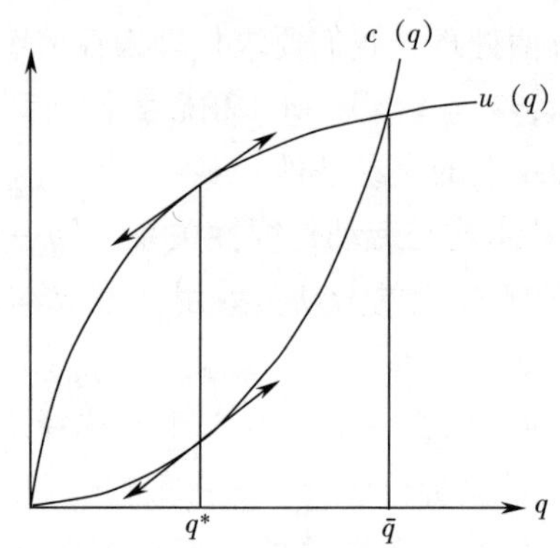

图 1－2　双边匹配中的偏好

买卖双方效用函数与通用商品呈线性关系的这一假设是为了便于处理。在代理人能持有货币或资本等资产的模型版本中，当代理人在 DM 上遭受异质冲击时，关于偏好的更一般性规定将易导致资产持有的分配。

异质冲击的产生是因为 DM 上匹配过程的随机性。由于财富效应，在更一般的偏好规定下，资产持有的异质性并没有被 CM 上的交易所消除。相反，在（拟）线性效用下并不存在财富效应，代理人基于其类型将选择与 CM 上相同的资产头寸。CM 效用函数 $U(x,y)$ 的线性性能极大地简化 DM 上交易条件的确定，这些交易通常通过双边匹配下的议价和支付安排进行。线性性能使得议价问题中的持续价值也是线性的。CM 上生产和消费商品的效用的线性规定意味着，生产通用商品用于自身消费是没有好处的。

基准模型还可以被重新解释为一个代表性家庭模型，其中买方是家庭，卖方是新古典主义企业。每个企业所拥有的技术要求在 CM 上投资 k 单位通用商品以生产刚好一单位完全可分的中间品。中间品可使用一期直到下一个 CM。企业可在下一期使用中间品生产 DM 商品和/或 CM 商品。DM 商品可按线性技术用中间品生产。CM 商品由中间品按技术 $f(x)$ 进行生产，其中 $f(0)=0$，$f'(0)=$

$+\infty$ 和 $f'(1) = 0$。企业生产 DM 商品的机会成本为 $c(q) = f(1) - f(1-q)$。假设 $-k+\beta f(1) = 0$ 以使企业无法从只生产通用商品中获利。企业的利润被一次性转移给家庭。

1.2　基准模型的若干变型

一般而言，我们将在下面各章中采纳本基准模型规范的某些版本。在所有章节中都存在代理人双边匹配的 DM 市场，而且还将存在交易更集中化，代理人具有线性效用的 CM 市场。但是，我们也将在某些方面偏离基准模型，以关注特定问题。例如，当需要探讨资本形成时，我们将允许某些商品是能被储存的；而当需要代理人能在进入 DM 市场前和退出 CM 市场后进行借贷时，我们将引入额外的子期和匹配异质性。当认为政策会影响匹配过程的属性时，我们将使搜索摩擦的程度内生化；在需要简化分析时，我们将考虑具有有限生命的代理人。在偏离基准模型规范时，我们将非常清晰地解释为什么需要以及是如何修改模型的。

1.3　进一步阅读

Jones（1976）利用模型考察了双边匹配问题，其中代理人成对会面，而不兑现货币会发生作用。但分析偏离了理性预期。完全内在一致的存在交易摩擦的双边交易模型由 Diamond（1982，1984）引入，并在 Kiyotaki 和 Wright（1989，1991，1993）中得到扩展，这些模型考虑了缺乏双边需求双重匹配的问题和交易媒介的重要作用。相关方法也可参见 Oh（1989）和 Iwai（1996）。

我们所考虑的基本模型采纳了 Lagos 和 Wright（2005）所提出的环境。事前异质性买方和卖方假设来自 Rocheteau 和 Wright（2005）。我们在书中多处假设集中市场的效用函数是完全线性的，与 Lagos 和 Rocheteau（2005）一致。Rocheteau、Rupert 和 Wright（2007）考察了代理人 CM 效用函数既非线性也非可分离，但劳动不可分且代理人能使用抽奖机制的环境。Chiu 和 Molico（2010）没有使用拟线性偏好，而是通过数值方法求解模型。Wong（2015）表明，在一系列宏观经济文献中，退化的资产分配是在广泛的偏好类型下都具有的特点，包括不变的报酬规模、不变的替代弹性、常数绝对风险厌恶等。Rocheteau、Wong 和 Weill（2015b）表明，正如书中所描绘的劳动上限 $y \leq \bar{y}$，可导致货币持有的非退化分布均衡，可以用封闭解表示货币持有。Rocheteau、Wong 和 Weill

(2015a) 研究了该模型的连续时间版本。尽管这本书大多关注于家庭金融，但很容易重新解读环境为企业持有流动性与金融投资机会。这一环境由 Silveira 和 Wright（2010，2015），Chiu 和 Meh（2011），Chiu、Meh 和 Wright（2015），以及 Rocheteau、Wright 和 Zhang（2016）提出。

Shi（2006）解释了货币微观基础的合理性，以及为什么这些基础对于货币经济是必要的。关于文献的综述和总结可参见 Wallace（1998，2000，2010），Williamson 和 Wright（2010a，b）及 Lagos、Rocheteau 和 Wright（2016）。

2 纯信用经济

设想两个人之间的一次相遇。一位在早上很饿并想进行消费，但只能在晚上进行生产的人，我们称其为买方。另一位能在早上生产，但只会在晚上感到饥饿，我们称其为卖方。如果买方没有有形商品能提供给卖方以交换消费品，那么买卖双方就无法参与早上的即期交易。在这一事件中，买方的一个简单解决方案就是承诺在未来提供某些消费品，以交换现在的消费品。但是，当卖方相信在他为买方进行生产后，买方不会偿付其债务时，这样的信用安排可能会无法实现。

在本章我们关注双边信用可行的条件特征，以及在这样的信用经济中能实现的配置集。我们特别感兴趣的是，最优（社会满意的）配置是否在可行配置之中。我们考虑了可支持信用安排，但在代理人所提供的承诺量或信任量以及在对拒绝承担其义务的债务人进行惩罚上存在差异的四个相关环境。

我们从所有可能的世界中最为美好的开始（类似于标准的阿罗—德布鲁框架），其中代理人总是可信任的。也就是说，代理人有能力承诺其债务。在这样的环境下，没有什么能阻碍交易中跨期收益被完全获取：社会满意的配置总是能被实现。在这样一个完美世界中，代理人之间的支付安排是微不足道的。

在第二个环境中，我们假设买方在偿付其债务时有无法进行生产的正概率。不同的买方有不同的违约概率。如果买方知道的并不比卖方多（关于他的个人能力或偿还债务的可能性），即信息是对称的，那么社会满意配置依然是可行的。在这种情况下，交易条件反映了违约率。但是，如果买方知道其偿付债务的能力或概率，而卖方不知道，即信息是不对称的，那么要实现社会满意配置就会变得更为困难。特别是，如果买方在债务偿付概率上显著不同，那么社会满意配置就永远不会被实现。

在最后两个环境中，我们放弃代理人能被信任的想法。如果交易要进行，交易安排就必须是自我执行（self - enforcing）的。在第三个环境中，我们假设存在一种使代理人生产水平公开可见的技术，即一种公开记录维持措施。这一技术开启了对那些应该生产但却没有进行生产的人进行惩罚的可能性。社会满意配置能否被实现依赖于代理人对未来消费的估值、交易收益的规模和市场结构。当配置分散时，我们证明了保证债务偿还的激励约束可以用一个具有内生债务限额的简单借贷约束来表示。我们描述动态（非静态）均衡并修改环境，以允许在均衡中出现策略违约的可能性。

在第四个环境中，我们假设不存在公共记录维持措施，但代理人有时能在相互之间重复进行交易。在信任能通过摧毁有价值伙伴关系的惩罚机制来维持时，重复交易使建立信任关系成为可能。我们认为，如果由于交易摩擦足够严重等导致难以建立伙伴关系以及伙伴关系足够稳定时，社会最优配置是可行的。

2.1 有承诺的信用

我们将要考虑的环境具有如下特征。首先，买卖双方间的匹配在白天（DM）形成，并在晚上（CM）得到维持。代理人在整个期间实现匹配使其得以在白天作出承诺或者签发债务合约，并且在晚上进行清算。其次，晚上的债务结算不存在摩擦（如债务人和债权人找到对方是没有困难的）或成本（如不存在管理或执行成本）：代理人可以通过在晚上生产通用商品并转交给债权人来清算其债务。再次，不存在如货币或资本等能用于交易目的的有形资产。我们首先从买方能承诺偿付其债务的经济开始，然后再考虑其无法作出承诺的环境。

我们将描述激励可行（如买方在一次匹配中的消费不能大于卖方的生产）和个体理性（意味着交易是自愿的）的配置集。我们将配置集局限于在不同匹配上是对称的且不随时间而变化。当在白天的 DM 市场上形成匹配时，买卖双方必须同时或依次决定是否接受或拒绝配置 (q,y)，其中 q 是卖方在 DM 上为买方生产的搜索商品，y 是在晚上的 CM 市场上买方承诺生产和交给卖方的通用商品数量。买卖双方只有当大家都接受时才会按配置 (q,y) 进行交易。至于配置 (q,y) 是如何决定的则是未可知的。例如，该配置可能是某个议价协议的结果。我们的目的是描述所有可通过任何交易机制实现的激励可行和个体理性的配置。

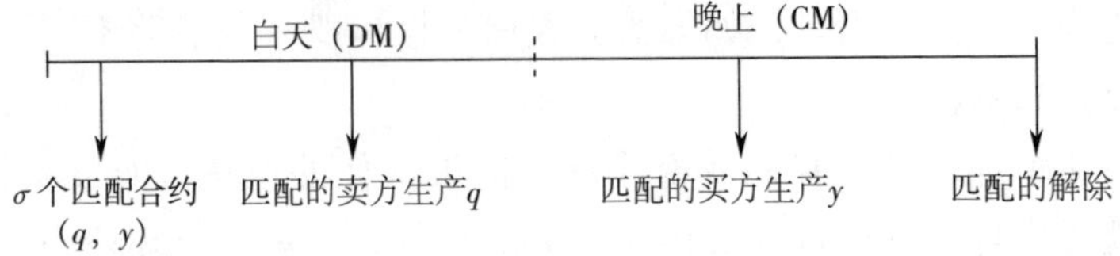

图 2－1 代表性期间的时间安排

图 2－1 描述了一个典型期间内的事件序列。在期间开始时，所有代理人都是未匹配的。在 DM 开放期间，每个代理人以概率 σ 找到交易伙伴。匹配中的买卖双方决定接受或拒绝所提出的配置 (q,y)。如果其中一方拒绝提议，则匹配解除；否则卖方在 DM 期间为买方生产 q 单位的搜索商品或 DM 商品，而买方在晚上的 CM 上为卖方生产 y 单位的通用商品。在期间结束时，所有匹配被解除。

在 DM 初期，当买卖双方都接受配置 (q,y) 时，买方的预期生命期效用为

$$V^b = \sigma[u(q) - y] + \beta V^b \tag{2.1}$$

根据式（2.1），当买方依概率 σ 匹配卖方时，他消费 q 单位的搜索商品和生产 y 单位的通用商品。由于我们关注静态配置，时间指标被删除了。DM 初期的卖方预期生命期效用为

$$V^s = \sigma[-c(q) + y] + \beta V^s \tag{2.2}$$

式（2.2）的解释与式（2.1）类似，只是在 DM 期间卖方生产（买方消费）搜索商品并在 CM 期间消费（买方生产）通用商品。

由于代理人有能力作出承诺，唯一的相关约束就是买方和卖方在匹配形成时的参与约束。参与约束表明代理人是否愿意参与交易安排 (q,y)，即他们是否同意所提出的合约。这些约束为

$$u(q) - y + \beta V^b \geqslant \beta V^b \tag{2.3}$$

$$-c(q) + y + \beta V^s \geqslant \beta V^s \tag{2.4}$$

按照式（2.3），买方愿意接受 (q,y) 配置的条件是接受时的生命期效用——式（2.3）的左边——超过拒绝时的生命期效用——式（2.3）的右边——或者是其交易剩余 $u(q) - y$ 非负。条件（2.4）对卖方而言有类似的解释。需要注意的是，式（2.3）和式（2.4）仅包含单边偏离以展示买方和卖方策略的最优性。在偏离后，我们假设代理人会回到其所提出的均衡策略及其相关的由式（2.3）和式（2.4）右边给出的回报水平。这些回报水平与式（2.3）和式（2.4）左边的 βV^b 项和 βV^s 项是相同的。根据式（2.3）和式（2.4），激励可行配置集 $\mathcal{A}^C$ 为

$$\mathcal{A}^C = \{(q,y) \in \mathbb{R}_+^2 : c(q) \leqslant y \leqslant u(q)\} \tag{2.5}$$

该集合即图 2－2 中的阴影部分。当代理人在 DM 上生产和消费 q^* 数量的搜索商品时，交易收益达到最大化，此时有 $u'(q^*) = c'(q^*)$。由式（2.5）显然有 $\{q^*\} \times [c(q^*), u(q^*)] \subseteq \mathcal{A}^C$。

如果代理人有能力作出承诺，那么交易的跨期本质或与搜索摩擦相关的任何问题与激励可行性都是无关的，即搜索商品生产和消费的有效水平 q^* 对于 β 和 σ 的任何取值而言都是激励可行的。通用商品的产出水平 y 决定了交易收益

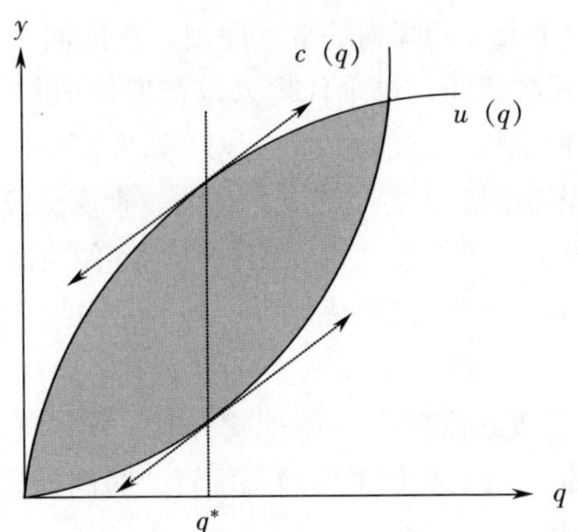

图 2-2　承诺条件下的激励可行配置集

在买卖双方间的分配。

既然 $\mathcal{A}^C$ 中的任何配置都是激励可行的，问题自然就落在配置 (q,y) 如何被选定，以及它是否有效上。解决该问题的一个方法是引入均衡概念或者等价地引入双边匹配中的交易机制，并且特征化这一过程的结果。例如，我们可以假设配置 (q,y) 由一般纳什议价解（generalized Nash bargaining solution）所决定，其中买方的议价能力为 $\theta \in [0,1]$。如果达成协议，买方的生命期效用为 $u(q)-y+\beta V^b$；如果没有达成协议，其生命期效用为 βV^b。同样的，卖方在达成协议时的生命期效用为 $y-c(q)+\beta V^s$，在未达成协议时的生命期效用为 βV^s。一般纳什议价解最大化买卖双方各自交易剩余 $u(q)-y$ 和 $-c(q)+y$ 的加权几何平均值，其中权重由代理人的议价能力给出，而剩余即为协议达成时和未达成时生命期效用之间的差。一般纳什议价解由下式的解给出

$$\max_{q,y}\,[u(q)-y]^{\theta}\,[y-c(q)]^{1-\theta} \tag{2.6}$$

条件

$$u(q)-y \geqslant 0 \tag{2.7}$$

$$y-c(q) \geqslant 0 \tag{2.8}$$

式（2.6）~（2.8）的解为 $q=q^*$ 和 $y=(1-\theta)u(q^*)+\theta c(q^*)$。具体请参见附录。一般纳什均衡解可用图形直观给出。买方的交易剩余为 $S^b=u(q)-y$，而卖方的剩余为 $S^s=-c(q)+y$。那么匹配的总剩余为 $S^b+S^s=u(q)-c(q)$，并在 $q=q^*$ 时达到最大值。所有可以通过议价实现的剩余对 (S^b,S^s)——即使 $S^b+S^s\leqslant u(q^*)-c(q^*)$ 成立的剩余对——构成了议价集，即图 2-3 中的阴影区域。议价集的帕累托前沿是使 $S^b+S^s=u(q^*)-c(q^*)$ 成立的剩余对。在图形上，纳什解由代表纳什产出的曲线 $[u(q)-y]^{\theta}[-c(q)+y]^{1-\theta}$ 和议价集的帕

累托前沿之间的切点给出。

注意，对于买方议价能力 $\theta \in [0,1]$ 的任何取值而言，该配置都是有效的。而且，当 θ 在 $[0,1]$ 间变化时，一般纳什议价解的集合在 $\{q^*\} \times [c(q^*), u(q^*)]$ 间变化。用图形来说，即随着 θ 的增长，议价解将沿着图 2－3 中的帕累托前沿下移。

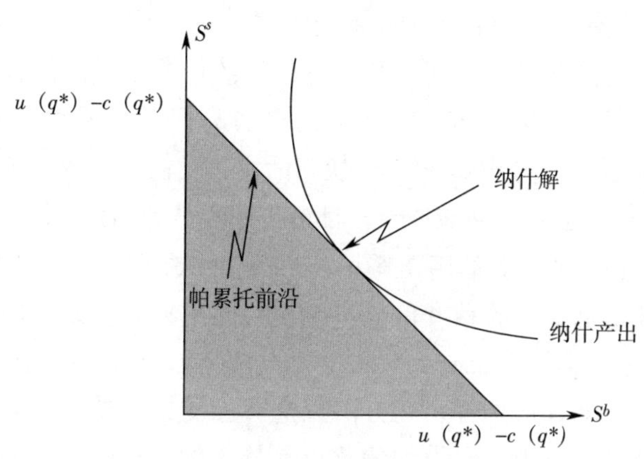

图 2－3　纳什议价

2.2　信用违约

在前一节中，信用安排很好地发挥了作用。但事实上，信用安排作用发挥可能不会如此顺利。特别是，由于债务合约的跨期本质，在合约达成与合约必须结清的两个时间之间总存在着可能发生一些（不好的）事情的风险。例如，买方可能不能或不愿意在结算时进行生产，即买方可能违约。在处理违约问题的第一步中，我们将假设匹配中的买方在其有能力时才承诺在 CM 上进行生产。但买方容易受到一种外生的异质性生产力冲击，这意味着其在 CM 上以概率 δ 能进行生产，而以概率 $1-\delta$ 没有能力进行生产。等价地，$1-\delta$ 可以被解释为一种外生的违约概率。

如果买方在违约概率上是同质的，那么当买卖双方都接受配置 (q,y) 时，买方在 DM 初始时的预期生命期效用现在为

$$V^b = \sigma[u(q) - \delta y] + \beta V^b \tag{2.9}$$

除了 y 被 δy 所代替以外此价值函数类似于式（2.1），因为存在 $1-\delta$ 的概率，买方不会在 CM 上进行生产。类似地，卖方在 DM 开始时的预期生命期效用为

$$V^s = \sigma[-c(q) + \delta y] + \beta V^s \tag{2.10}$$

激励可行配置集与式（2.5）几乎完全一样，只是与上面的价值函数一样，y 被 δy 所代替，即买方所承诺的 CM 产出生产被加以调整以补偿违约风险。只要通用商品的生产不受限制，这一判断就成立。在这种情况下，违约风险对激励可行配置集没有影响。而如果买方在 CM 上能生产商品的数量存在一个上限，那么只要违约概率足够高，可行配置集就会缩减。

下面考虑异质买方和私有信息存在时的违约风险问题。假设买方在违约概率上是异质的。存在测度为 π_H 的买方有高概率 δ_H 还款，测度为 $\pi_L = 1 - \pi_H$ 的买方有低概率 δ_L 还款，其中 $\delta_L < \delta_H$。换句话说，我们可以等价地假设 $\delta \in \{\delta_L, \delta_H\}$ 为买方在期初所遭受的异质冲击，且这些冲击是跨期独立同分布的，这意味着买方在事前是相同的。我们用 $\bar{\delta} = \pi_H\delta_H + \pi_L\delta_L$ 表示平均还款概率。

假设还款概率是买方的私有信息。在交易匹配时，交易机制为买方提供了一个配置菜单 $\{(q_L, y_L), (q_H, y_H)\}$。买方要么从菜单中选择一个配置，要么拒绝交易。如果某一个配置被选择，卖方可以选择接受或拒绝。在双方代理人都接受配置时，交易得以发生。假设配置菜单是静态的，在同一类型代理人内是对称的，以及激励可行的。激励相容意味着，L 类型的买方更偏好选择 (q_L, y_L) 而不是 (q_H, y_H)，H 类型的买方则更偏好选择 (q_H, y_H) 而不是 (q_L, y_L)。

在 DM 初期，$\chi \in \{L, H\}$ 类型买方的价值函数为

$$V_\chi^b = \sigma[u(q_\chi) - \delta_\chi y_\chi] + \beta\mathbb{E}[V_\chi^b], \quad \chi \in \{L, H\} \tag{2.11}$$

其中，$\mathbb{E}[V_\chi^b] = \pi_H V_H^b + \pi_L V_L^b$ 是事前期望的买方价值函数。此价值函数类似于式（2.1），其中 $\delta_\chi y_\chi$ 项考虑了买方偿付其债务的概率。卖方在 DM 开始时的价值函数为

$$V^s = \sigma\mathbb{E}[-c(q_\chi) + \delta_\chi y_\chi] + \beta V^s \tag{2.12}$$

预期指的是卖方随机匹配 χ 类型的买方，式（2.12）假设 χ 类型的买方会选择配置 (q_χ, y_χ)。

如果下列条件满足，则配置菜单是激励可行的

$$u(q_\chi) - \delta_\chi y_\chi \geqslant 0, \quad \chi \in \{L, H\} \tag{2.13}$$

$$-c(q_\chi) + y_\chi\mathbb{E}[\delta \mid (q_\chi, y_\chi)] \geqslant 0, \quad \chi \in \{L, H\} \tag{2.14}$$

$$u(q_L) - \delta_L y_L \geqslant u(q_H) - \delta_L y_H \tag{2.15}$$

$$u(q_H) - \delta_H y_H \geqslant u(q_L) - \delta_H y_L \tag{2.16}$$

其中，条件式（2.13）和式（2.14）分别是买方和卖方的参与条件。在式（2.14）中，$\mathbb{E}[\delta|(q_\chi, y_\chi)]$ 代表当买方选择 (q_χ, y_χ) 时卖方的预期 δ 值。在这两个条件下，每个代理人都认为所提配置菜单是可接受的。不等式（2.15）表明 L

类型买方没有激励选择为 H 类型买方设计的配置。类似地，不等式（2.16）表明 H 类型买方相较于 (q_L, y_L) 更（弱）偏好于配置 (q_H, y_H)。

下面首先考虑合成配置菜单的情况：存在配置 $(q_H, y_H) = (q_L, y_L) = (q, y)$。注意对于合成菜单而言，激励相容条件式（2.15）和式（2.16）自动满足。由于博弈第一阶段的配置选择没有传递关于买方类型的任何信息，且 $\mathbb{E}[\delta|(q,y)] = \bar{\delta}$。同样，如果条件式（2.13）当 $\chi = H$ 时成立，那么显然当 $\chi = L$ 时也成立，因为对于 H 类型买方来说，履行其债务的成本更高，即 $u(q) - \delta_L y \geqslant u(q) - \delta_H y$。因此，在 $\chi = H$ 时的条件式（2.13）和式（2.14）定义了激励可行合成配置集 $\mathcal{A}^P$，其为

$$\mathcal{A}^P = \left\{(q,y) \in \mathbb{R}_+^2 : \frac{c(q)}{\bar{\delta}} \leqslant y \leqslant \frac{u(q)}{\delta_H}\right\}$$

该激励可行合成配置集即图 2-4 中的灰色区域，其面积随比率 $\frac{\delta_H}{\delta_L}$ 的增加而缩减。这是因为 H 类型买方承诺偿付一单位通用商品的预期成本 δ_H 与该承诺为卖方带来的预期收益 $\delta_H \pi_H + \delta_L \pi_L$ 之间存在差异。随着 $\frac{\delta_H}{\delta_L}$ 的增加，H 类型买方相对于卖方预期收益的预期成本也增加，这导致交易机会的消失。搜索商品生产和消费的有效水平 q^* 可实现的条件为

$$c(q^*) \leqslant \left(1 - \pi_L \frac{\delta_H - \delta_L}{\delta_H}\right) u(q^*)$$

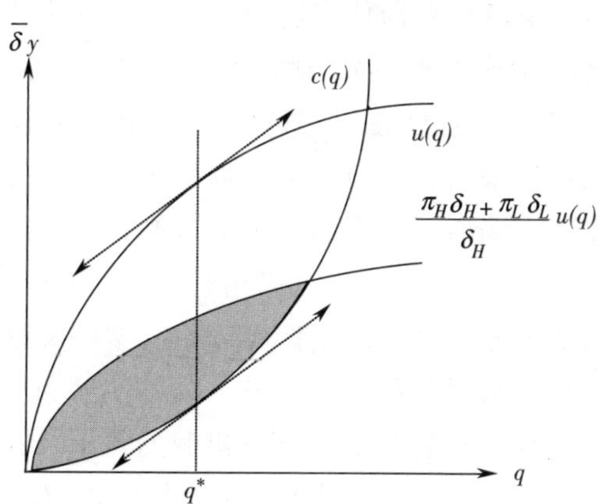

图 2-4　外生违约条件下激励可行的合成配置

如果 $\delta_H = \delta_L$，该条件始终满足。随着 $\frac{\delta_H}{\delta_L}$ 的增加，不等式右边下降，该条件

越不可能满足。

下面考虑分离配置菜单的情况。菜单中配置的特征是 $(q_H, y_H) \neq (q_L, y_L)$。买方的激励约束条件式（2.15）和式（2.16）可变化为

$$\delta_L(y_L - y_H) \leqslant u(q_L) - u(q_H) \leqslant \delta_H(y_L - y_H) \tag{2.17}$$

其参与条件式（2.13）和式（2.14）则可表示为

$$c(q_\chi) \leqslant \delta_\chi y_\chi \leqslant u(q_\chi), \quad \chi \in \{L, H\} \tag{2.18}$$

由于 $\delta_H > \delta_L$，激励约束式（2.17）只有当 $y_L \geqslant y_H$ 和 $q_L \geqslant q_H$ 时才成立，且因为配置是一个分离配置，这些不等式都是严格的。这导致在分离菜单情况下，低概率偿付的买方要比高概率偿付的买方消费更多和生产更多。因此，分离合约无法实现有效配置，因为高类型和低类型买方在 DM 上的交易量不同。

如果代理人在 CM 上能生产的通用商品量存在限制，且这一限制可以任意大，那么由式（2.18），当 δ_L 趋近于 0 时，q_L 也趋近于 0。由式（2.17），知 $q_H \leqslant q_L$，这意味着 q_H 也趋近于 0。因此，在以分离配置为特征的菜单中，当某一类型买方的违约概率为 1 时，交易会完全停止。

2.3　存在公共记录维持的信用

在上一部分中，买方的违约是一个外生事件。存在买方不能生产从而不能偿付其债务的风险。在这一部分，我们通过放松承诺假设以允许策略违约的可能性。所谓策略违约，是指买方即使有能力生产也选择违约。为了在代理人无法作出承诺时支撑信用经济中的交易，代理人在没有遵守承诺时必须受到惩罚。这里所实施的惩罚就是“自给自足”：只要有一个代理人没能履行所提议的配置，那么就不会有人在将来与其进行交易。进一步，我们将假设惩罚是全局性的，即只要有一位代理人偏离了所提出的游戏规则，那么经济中的所有代理人都将回到自给自足。

环境设置背后的基本方法来自重复博弈理论。这些文献告诉我们，通过使用可信的惩罚威胁，合作结果是可以实现的。为了使惩罚可行，行为人的行动必须是可观察的。因此存在对公共记录维持机制的需求。我们可正式将该记录定义为一个清单 $[q(i), y(i)]_{i \in [0,\sigma]}$，其中 i 代表某次匹配，而 $[0, \sigma]$ 表示所有匹配的集合。该记录在每个 CM 结束时被公之于众。注意，公共记录只列出数量，而没有与生产数量相关的代理人姓名信息。因此，任何对所提游戏规则的偏离都会导致全局性惩罚。如果姓名与数量相联系，那么非全局性的个人惩罚就是可能的。但事实上，即使个人惩罚是可能的，情况也没有什么变化。我们

将在本部分结尾处讨论这些问题。

事件发生的顺序如下：在 DM 开始时，测度为 σ 的买方和卖方被随机匹配。在每个匹配中，配置 (q,y) 被提出，代理人同时接受或者拒绝。如果配置被接受，卖方为买方生产 q 单位的搜索商品。在 CM 上，买方选择为卖方生产 y 单位的通用商品或者违背承诺什么也不生产。在 CM 结束时，所有匹配在 DM 和 CM 上的生产水平记录 $[q(i),y(i)]_{i\in[0,\sigma]}$ 成为公开可观察的。基于该记录，代理人同时决定是在下一个期间继续进行交易，还是通过实施全局惩罚策略退回到自给自足。全局惩罚策略要求所有卖方拒绝在所有未来期间匹配中向买方提供贷款。给定该惩罚策略，匹配中的特定卖方就没有激励向买方提供贷款，因为买方不会偿付其债务。买方会违约，是因为他不会因其行为而遭受（进一步）惩罚，且根据全局惩罚策略，买方在未来匹配中也不会获得信用。

我们只关注激励可行的对称配置和静态配置 (q,y)。激励可行不仅如以前那样意味着买方和卖方同意配置 (q,y)，而且也意味着买方在轮到其生产时愿意偿付其债务。我们假设，只要对于某些 $i\in[0,\sigma]$ 存在 $[q(i),y(i)]\neq(q,y)$，即至少有一次交易与所提出的配置不同，所有代理人都会在 CM 结束时选择自给自足。事实上，在这种情况下，所有代理人回到自给自足状态是一种均衡结果。

在 DM 上，匹配的买卖双方同意实施配置 (q,y) 的条件是

$$-c(q)+y+\beta V^{s}\geqslant 0 \tag{2.19}$$

$$u(q)-y+\beta V^{b}\geqslant 0 \tag{2.20}$$

条件（2.19）为卖方的参与约束，即卖方在匹配形成时，更偏好配置 (q,y) 加上参与未来 DM 和 CM 的持续价值 βV^{s}，而不是自给自足。卖方将接受的回报与自给自足的回报进行比较，因为如果卖方拒绝提议，(0,0) 交易将会被记录，且这样的交易将触发全局性自给自足。条件（2.20）与条件（2.19）具有类似的解释，但针对买方，即买方更偏好所提议的交易 (q,y) 加上参与未来交易的持续价值，而不是自给自足。注意，参与约束式（2.19）和式（2.20）与代理人能作出承诺时的参与约束式（2.3）和式（2.4）不同，因为现在代理人如果不接受所提议的配置 (q,y) 就将退回到自给自足状态，而不仅仅是当前时段无法匹配。

下面需要检查下买方是否有激励来生产通用商品，因为生产发生在买方在 DM 上消费了搜索商品之后。买方生产通用商品的激励条件为

$$-y+\beta V^{b}\geqslant 0 \tag{2.21}$$

不等式（2.21）的左边为买方通过向卖方生产 y 单位产出来偿付其债务时的当前和持续收益；右边则为其违约时的 0 持续（自给自足）收益。注意，在

其激励约束式（2.21）满足时，买方的参与约束（2.20）也自动满足。

买卖双方在期初的价值函数依然分别由式（2.1）和式（2.2）给出，即 $V^b = \sigma[u(q) - y]/(1-\beta)$ 和 $V^s = \sigma[-c(q) + y]/(1-\beta)$。这些函数意味着卖方的参与约束式（2.19）和买方的激励约束式（2.21）可分别重写为

$$-c(q) + y \geqslant 0 \tag{2.22}$$

$$\frac{\sigma[u(q) - y]}{r} \geqslant y \tag{2.23}$$

式中，$r = \beta^{-1} - 1$。条件（2.22）表明，如果能从交易中获得收益，卖方就愿意参与。有意思的是，此参与条件并不依赖于贴现因子或匹配概率。条件（2.23）代表买方偿还债务的激励约束。式（2.23）的左边为在本期履行债务的条件下买方从下一期开始的预期收益，即未来交易预期收益的贴现和。该表达式既依赖于交易频率 σ，也依赖于贴现率 r。式（2.23）的右边为买方在本期不为卖方生产通用商品时的（生命期）收益。不值得奇怪的是，不等式（2.23）成立的必要非充分条件是买方的交易收益为正，即 $u(q) - y \geqslant 0$。注意，式（2.22）和式（2.23）以及式（2.1）和式（2.2）意味着 $V^s \geqslant 0$ 和 $V^b \geqslant 0$，这样代理人持续交易的收益就要高于自给自足。

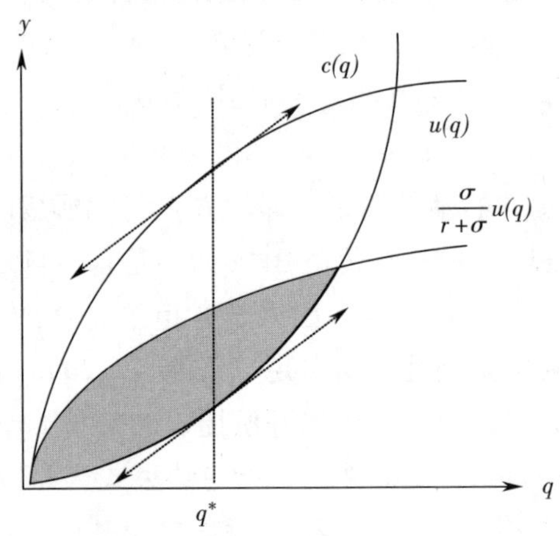

图 2-5　在具有公共记录维持机制下的激励可行配置

根据不等式（2.22）和式（2.23）可以直接得到代理人无法作出承诺但存在公共记录维持机制时的激励可行配置集，即

$$\mathcal{A}^{PR} = \left\{(q,y) \in \mathbb{R}^2_+ : c(q) \leqslant y \leqslant \frac{\sigma}{r+\sigma}u(q)\right\} \tag{2.24}$$

该集合，即图 2-5 中的灰色区域，要小于代理人能作出承诺时的激励可行配置集 $\mathcal{A}^C$，参见图 2-2。这是因为存在当买方无法就偿付债务作出承诺时必须

实施的额外激励约束（2.21）。集合 $\mathcal{A}^{PR}$ 随着交易频率 σ 的增加或者代理人变得更有耐心（即 r 下降）而变大。同时注意，当 $r\to 0$ 时有 $\mathcal{A}^{PR}\to\mathcal{A}^{C}$，因为此时违约成本，即未来交易剩余的预期贴现和，变得无限大。搜索商品的有效生产和消费水平 q^* 的激励可行条件为

$$c(q^*)\leqslant\frac{\sigma}{r+\sigma}u(q^*) \tag{2.25}$$

设不等式（2.25）在 σ 和 r 取特定值时成立。在未来交易的匹配概率 σ 下降时，避免自给自足的收益就会下降。如果 σ 降到足够低，那么 y 就会没有价值使买方有激励偿还债务，也使得卖方没有激励生产 q^*。在这种情况下，搜索商品生产和消费的有效水平 q^* 就不是激励可行的。这也可以从图形上看出，这时图 2－5 中的曲线 $[\sigma/(r+\sigma)]u(q)$ 和曲线 $c(q)$ 相交于小于 q^* 的 q 值。

类似地，如果买方对未来收益的贴现越多，即如果 β 下降或 r 上升，买方就越有激励违约，因为相对于未来收益而言，他更加关心其当前收益。对于每一个 DM 搜索摩擦水平 $\sigma\in(0,1]$，存在贴现因子的一个临界水平 $\bar{\beta}(\sigma)$，当 $\beta\geqslant\bar{\beta}(\sigma)$ 时，有效配置 (q^*,y) 是激励可行的。该临界水平 $\bar{\beta}(\sigma)$ 是 σ 的递减函数，也就是说，如果 DM 上的摩擦越低，搜索商品生产和消费的有效水平 q^* 就越容易实现。但如果 $\beta<\bar{\beta}(\sigma)$，那么激励可行配置将是无效低水平的搜索商品生产，即 $q<q^*$。

与惩罚相关的两个假设是可以被放松的。首先，我们假设如果匹配中的某代理人在 DM 上没有接受所提报价，那么经济将在下一期永久退回到自给自足。这反映在式（2.19）和式（2.21）右边的 0 收益上。如果代理人没有因其拒绝所提报价而遭受惩罚，那么他们将依然会接受由自给自足惩罚所支持的所有均衡报价，就这点而言，该假设是有益无害的。正式地，我们可以用式（2.3）和式（2.4）替换式（2.19）和式（2.20）这两个参与约束。

其次，我们假设如果某代理人背离所提游戏规则，那么整个经济将永久退回到全局自给自足。这样的假设在无法从经济中将偏离均衡游戏规则的代理人从其他代理人中区别出来时是必要的。但如果当前记录为清单 $[q(i),y(i),b(i),s(i)]_{i\in[0,\sigma]}$，其中 $b(i)\in[0,1]$ 为匹配 i 中的买方身份，$s(i)$ 为匹配 i 中的卖方身份，那么就有可能通过个体惩罚来支持信用安排。这样，在出现对所提配置的一次偏离时无须回到全局自给自足就能实现上面的所有信用安排。

2.4 具有内生债务限额的信用均衡

我们已经描述了所有静态的、对称的、激励可行的配置集，当代理人不能

作出承诺时，会有一个限制的承诺摩擦，并存在一种公共记录技术。在这一部分，我们通过假设贷款合同条款是在DM匹配中通过讨价还价的协议拟定的从而描绘均衡配置集。买方的激励约束阻止了违约发生，它可以通过借贷约束简洁表达。这一约束简单地说明了买方不能借超出某一规定的债务限额 $\bar{b}$，即借贷约束为

$$y \leqslant \bar{b} \tag{2.26}$$

目前我们把债务限额 $\bar{b}$ 看作外生的。下面，我们通过建立一个类似式（2.21）的激励约束来内生它。

我们从一个简单的讨价还价博弈开始，其中买方拥有所有的议价能力，并向卖方提出要么接受要么放弃的报价。买方的问题由下式给出

$$\max_{q,y}[u(q)-y]\ s.t.\ -c(q)+y \geqslant 0, y \leqslant \bar{b} \tag{2.27}$$

根据式（2.27），买方最大化其在DM上的消费效用（扣除了在CM中的偿还）$u(q)-y$，并且 $u(q)-y$ 要服从卖方参与约束 $y \geqslant c(q)$ 以及借贷约束式（2.26）。该问题的解是 $y=c(q)$ 和 $c(q)=\min\{c(q^*),\bar{b}\}$。如果买方的借款能力 $\bar{b}$ 大于 $c(q^*)$，那么买方要求有效的数量为 q^*，并且承诺偿还 $y=c(q^*)$。否则，买方会借到债务限额 $\bar{b}$，并且消费量会达到卖方愿意交换 $\bar{b}$ 的最大生产量，即 $q=c^{-1}(\bar{b})$。图2-6的左边绘制了作为债务限额 $\bar{b}$ 函数的匹配剩余的图形。图2-6的右边绘制了作为债务限额 $\bar{b}$ 函数的交易条件（q,y）的图形。要注意的是有 $q=\min\{c^{-1}(\bar{b}),q^*\}$ 以及 $y=\min\{\bar{b},c(q^*)\}$。

我们描述交易条件（q,y）作为外生债务限额 $\bar{b}$ 函数。我们现在决定最大债务限额可以在均衡中维持不变。任何债务限额 $\bar{b}$ 均衡解必须满足本质上与式（2.21）一致的激励约束，即

$$-\bar{b}+\beta V^b \geqslant 0 \tag{2.28}$$

如果买方在债务上违约，那么他将永远自给自足且其终生的期望效用为0。根据式（2.28），如果其与债务偿还 βV^b 相关的终生期望效用超过债务限额 $\bar{b}$，那么买方的最优策略为偿还债务。当式（2.28）取等号时，债务限额达到最大值 $b^{\max}$，借贷约束被称为“不太紧”。债务限额上限 $b^{\max}=\beta V^b$ 足够紧以防止违约，但又不会太紧——债务限额太小，以至于在谈判桌上留下未被利用的交易收益。

如果我们用式（2.1）中买方的价值函数 $V^b=\sigma[u(q)-y]/(1-\beta)$ 替代买方的激励约束式（2.28），我们能得到

$$r\bar{b} \leqslant \sigma[u(q)-c(q)] \tag{2.29}$$

其中，$c(q)=\min\{c(q^*),\bar{b}\}$。对于所有的 $\bar{b}<c(q^*)$，式（2.29）的右边是 $\bar{b}$ 的严格凹函数；而当式（2.29）的左边是 $\bar{b}$ 的线性函数时，对于所有的 $\bar{b} \geqslant c(q^*)$

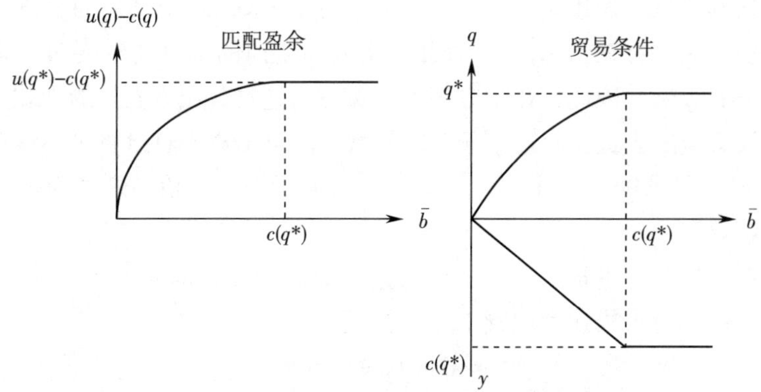

图 2－6 “要么接受要么放弃”下的匹配剩余和交易条件

均为常数。如图 2－7 所示，该图灰色区域代表买方的激励约束，满足式（2.28）或式（2.29）。

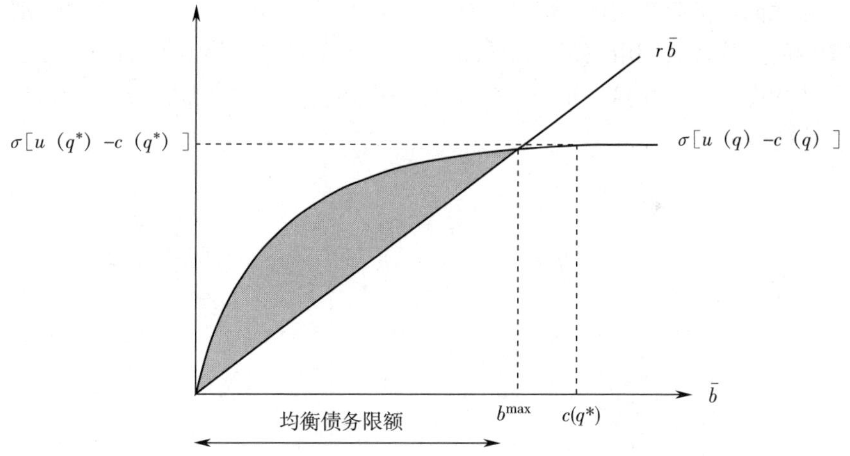

图 2－7 买方“要么接受要么放弃”报价下的内生债务限额

有趣且值得注意的是，这里存在以买方借款能力 $\bar{b}$ 为指标的连续固定信贷均衡，且 $\bar{b} \leqslant b^{\max}$。直观上来看，如果卖方相信买方未来能够借 $\bar{b}$，那么他们在当期就愿意借 $\bar{b}$。然而有人可能会想，如果 $\bar{b} < b^{\max}$，买方将借更多，这意味着债务限额 $\bar{b} < b^{\max}$ 时不可能成为均衡。例如，如果买方提供 $\bar{b} + \varepsilon$，对于卖方来说它应该是可以被接受的。由于 $\bar{b} + \varepsilon < b^{\max}$，意味着买方有激励去偿还略高的债务。但完美记录下的重复博弈一般描述为存在大量多重均衡以及可以被很多种方法支持的满足 $\bar{b} < b^{\max}$ 的均衡。例如，假设卖方相信可信买方总会偿还但绝不超过债务 $\bar{b} < b^{\max}$。因此，在非均衡事件中，在买方被提供贷款规模 $y' > \bar{b}$ 的情形中，买方会部分违约其贷款，偿还 $\bar{b}$ 并违约 $y' - \bar{b}$。如此一来，对于未来的卖方来说，买方仍然可信，买方可在未来借 $\bar{b}$，且并不会因为之前的部分违约而对将来的借贷造成任何负面影响。因此，在卖方理解了买方会违约超出 $\bar{b}$ 之外的贷款后，当前的卖方就没有激励去提供超过限额 $\bar{b}$ 的贷款。注意，对于自给自足，该逻辑同样适用，$(q,y) = (0,0)$ 将总是一个均衡解，即自给自足可以被理解为贷款额 $\bar{b}=0$ 时的均衡解。

我们现在来关注借贷约束“不过于紧”时的均衡，即 $\bar{b} = b^{\max}$，以最大化交易收益。信用均衡被描述为配置 $(q,\bar{b})$ 满足

$$r\bar{b} = \sigma[u(q) - c(q)]$$

$$c(q) = \min\{c(q^*),\bar{b}\}$$

当且仅当 $c(q^*) \leqslant \sigma[u(q^*) - c(q^*)]/r$ 时，信用均衡实现了有效配置。该条件体现在图 2－8 的左边。注意，该条件等价于式（2.25），这意味着无论何时最优配置都是激励可行的，并且它可以通过买方向卖方提出“要么接受要么放弃”的报价这一简单机制来实现。但是，如果 $c(q^*) > \sigma[u(q^*) - c(q^*)]/r$，那么信用均衡中的交易数量则由 $c(q) = \sigma u(q)/(r+\sigma)$ 的严格正解给出。图 2－8 的右边描述了该均衡，其中交易量 $q^e < q^*$。从图中容易看出，交易量 q^e 随 σ 的增加而增加，随 r 的增加而降低。

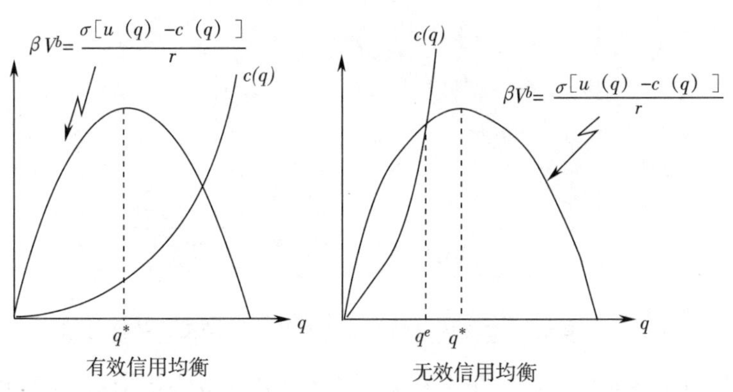

图 2－8 买方“要么接受要么放弃”报价下的信用均衡

我们已假设买方拥有所有的议价能力。我们可通过假设贷款合同条款由一般纳什解确定，来一般化交易机制。议价问题的一般纳什解建立在三个公理上：帕累托最优、对代理人偿付比例缩放的不变性、对无关选项的独立性。可以看出，这三个公理意味着，解为最大化买方和卖方交易剩余的加权几何平均值，其中权重由代理人的议价能力决定（关于议价解的更多细节，我们将在下一章中给出）。在这种情况下，交易条件 (q,y) 通过下面最大化问题的解给出

$$\max_{q,y}\left[u(q)-y\right]^{\theta}\left[y-c(q)\right]^{1-\theta}\ s.t.\ \ y\leqslant\bar{b} \tag{2.30}$$

其中，$\theta\in[0,1]$，代表买方的议价能力。除了当前问题有借贷约束 $y\leqslant\bar{b}$（代表了有限承诺下的摩擦）外，该问题类似于完全承诺下的纳什议价问题——式（2.6）。如果 $\bar{b}\geqslant\theta c(q^{*})+(1-\theta)u(q^{*})$，那么式（2.30）的解为

$$q=q^{*} \tag{2.31}$$

$$y=\theta c(q^{*})+(1-\theta)u(q^{*}) \tag{2.32}$$

如果债务限额足够大以保证卖方拥有最优剩余 $y-c(q)=(1-\theta)[u(q^{*})-c(q^{*})]$ 中的 $1-\theta$ 份，见式（2.32），那么代理人交易的交易量为 q^{*}，见式（2.31）。但是，如果 $\bar{b}<\theta c(q^{*})+(1-\theta)u(q^{*})$，那么 $y=\bar{b}$，式（2.30）的最大化问题可以写成

$$\max_{q}\{\theta\log[u(q)-\bar{b}]+(1-\theta)\log[\bar{b}-c(q)]\} \tag{2.33}$$

该问题的一阶条件为

$$\frac{\theta u'(q)}{u(q)-\bar{b}}=\frac{(1-\theta)c'(q)}{\bar{b}-c(q)} \tag{2.34}$$

解还可以被重写为

$$\bar{b}=\frac{\theta u'(q)c(q)+(1-\theta)c'(q)u(q)}{\theta u'(q)+(1-\theta)c'(q)} \tag{2.35}$$

$$y=\bar{b} \tag{2.36}$$

买方借款达到其债务限额式（2.36），并且消费量小于有效数量。向卖方的支付为买方效用 $u(q)$ 和卖方负效用 $c(q)$ 的加权平均值，见式（2.35）。分配给买方效用的权重为 $(1-\theta)c'(q)/[\theta u'(q)+(1-\theta)c'(q)]$，随 q 的增加而增加。因此，由于 $u(q)>c(q)$，q 是关于债务限额 $\bar{b}$ 的增函数。

如果我们假设借贷约束"不太紧"，即 $\bar{b}=b^{\max}$，该债务限额满足取等号的式（2.28），对于一般纳什议价，其解由下式给出

$$r\bar{b}=\sigma\frac{\theta u'(q)}{\theta u'(q)+(1-\theta)c'(q)}[u(q)-c(q)] \tag{2.37}$$

式（2.37）的右边对应于买方在 DM 上的期望效用：买方以概率 σ 进行匹配，在这一情况下，买方获得总匹配剩余 $u(q)-c(q)$ 的份额为 $\Theta(q)\equiv\theta u'(q)/[\theta u'(q)+(1-\theta)c'(q)]$，该份额 $\Theta(q)$ 随 q 的增加而降低，总匹配剩余随 q 的增加而增加。当 q 趋近于 q^{*} 时，第一种影响占优，以至于买方剩余随 q 的增加而降低，因此，买方剩余也随 $\bar{b}$ 增加而降低。于是式（2.37）右边的图形呈驼峰形：当 $\bar{b}=0$ 时，等式等于0；而当 $\bar{b}\geqslant\theta c(q^{*})+(1-\theta)u(q^{*})$ 时，等式等于 $\sigma\theta[u(q^{*})-c(q^{*})]$。因此，式（2.37）有两个解，分别是 $\bar{b}=0$ 和 $\bar{b}>$

0。信用均衡是三维的：$(q, y, \bar{b})$，当 $\bar{b} \geqslant \theta c(q^*) + (1-\theta)u(q^*)$ 时，解为式（2.31）~（2.32）；当 $\bar{b} < \theta c(q^*) + (1-\theta)u(q^*)$ 时，解为式（2.35）~（2.37）。均衡达最优解的唯一条件为

$$r \leqslant \frac{\sigma\theta[u(q^*) - c(q^*)]}{\theta c(q^*) + (1-\theta)u(q^*)} \tag{2.38}$$

由于不等式右边随 θ 增加而增加，因此当买方拥有更多议价能力时，最优解更可能被实现。

2.5 动态信用均衡

到目前为止，我们已研究了稳态信用均衡。现在我们要研究债务限额随时间变化的非稳态信用均衡。由于稳态均衡的多样性，构造债务限额 b_t 随时间变化的动态均衡成了可能。例如，债务限额可以增加、减少或循环不变。这里，我们关注到所有周期的借贷约束为“不过紧”的均衡上，这意味着式（2.38）在取等号时成立，即

$$\bar{b}_t = \beta V_{t+1}^b \tag{2.39}$$

为了简单起见，我们假设贷款合同条款由买方提出的“要么接受要么放弃”报价决定（同时把时间指标显化），见式（2.27）。该议价问题的解由式（2.27）可得 $y_t = c(q_t)$ 和 $c(q_t) = \min\{c(q^*), \bar{b}_t\}$。买方一生预期贴现效用为

$$V_t^b = \sigma[u(q_t) - y_t] + \beta V_{t+1}^b \tag{2.40}$$

由式（2.39），我们得到债务限额的一阶差分方程

$$\bar{b}_t = \beta\{\sigma[u(q_{t+1}) - c(q_{t+1})] + \bar{b}_{t+1}\} \tag{2.41}$$

注意，式（2.41）对资产定价方程的解释：t 期债务限额是由 $t+1$ 期债务限额的贴现价值加上 DM 上的预期剩余。

信用均衡现在是一个序列 $\{\bar{b}_t\}_{t=0}^{+\infty}$，解见式（2.41）。式（2.41）右边是 $\bar{b}_{t+1}$ 的递增凹函数，并且对于 $\bar{b}_{t+1} < c(q^*)$ 则为严格凹函数。我们将式（2.41）描绘成 $(\bar{b}_t, \bar{b}_{t+1})$ 空间中的一个相图，如图 2-9 所示。存在一个由初始债务限额 $b_0 \in [0, b^{\max}]$ 标示的均衡连续体。对于所有 $b_0 \in [0, b^{\max}]$，均衡的特点是债务限额随时间的增加而降低。如果卖方认为买方的借款量会随时间增加而降低，即买方随时间的增加而变得不可信，那么这个信念会自我实现。其结果导致 DM 上的产出随时间的增加而降低。

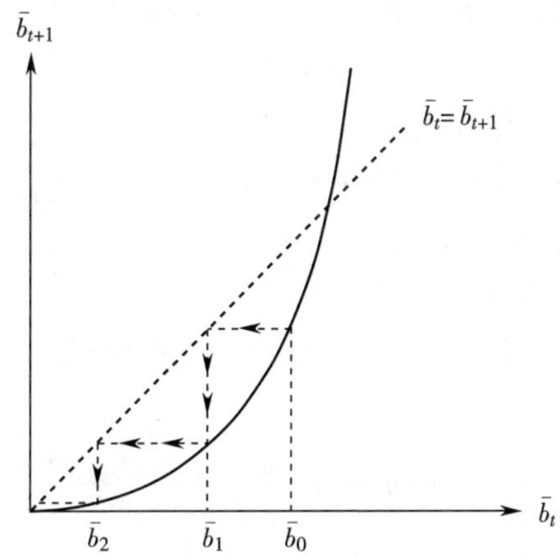

图 2－9　有限承诺下信用经济的相图

2.6　均衡状态下的策略性违约

我们再来看信用经济下的违约可能性。在第 2.2 部分中，违约的发生是因为外部冲击影响了买方的生产，继而影响了买方对债务的偿还。我们现在假设买方在 CM 中总是有能力偿还债务，但他们可能会选择不去偿还。另外，仅有 δ 部分的买方被卖方认为可信，且有一个正的债务限额 $\bar{b}$，即 $\bar{b}>0$。余下的 $1-\delta$ 部分买方被认为不可信。由于这些不可信买方没有机会在未来贷款，他们也就永远不会发现今天偿还债务是最优的选择。

假设在 DM 匹配的形成中，买方的类型（可信或不可信）不能被完美地观察到。特别是，卖方以概率 Λ 观察到买方类型，并且通过记录维持技术观察到买方的交易历史。在这种匹配中，仅有可信的买方可以借到 $\bar{b}(\bar{b}>0)$。在余下的 $1-\Lambda$ 部分匹配中，买方类型在卖方签订贷款合同时不能被观察到。但是，在偿还时和看到公共记录上买方行为时，买方类型可以被观察到。因此，可信的买方将通过不偿还债务而变得不可信。

在不知情的匹配中，我们关注讨价还价博弈的混合均衡以及选择最大化可信买方效用的均衡。特别地，在不知情匹配中的交易条件 (q^u,y^u) 由以下公式的解给出

$$\max_{q,y}[u(q)-y]s.t.\quad -c(q)+\delta y\geqslant 0,y\leqslant \bar{b}$$

其中第一个等式约束是卖方在不知情匹配的混合均衡中的参与约束。该议价问题的解由 $q^u=\hat{q}_\delta$ 给出，其中当 $\bar{b}\geqslant c(\hat{q}_\delta)/\delta$ 时，有 $\delta u'(\hat{q}_\delta)=c'(\hat{q}_\delta)$；否则

有 $c(q^u) = \delta\bar{b}$ 和 $y^u = \bar{b}$。由于结果是混合的，$1-\delta$ 部分的不可信买方在 DM 上可以借入 y^u 单位和消费 y^u 单位；但由于他们不可信，他们在随后的 CM 上发生债务违约。可信买方的债务限额满足

$$-\bar{b} + \beta V^b \geq \beta V^{ub} \tag{2.42}$$

其中，V^{ub} 是不可信买方的价值函数。在式（2.42）的右边，如果可信买方违约，那么他就会被卖方认为不可信。

假设借贷约束"不过紧"，可信买方债务限额满足取等号时的式（2.42），其中

$$V^{ub} = \sigma(1-\Lambda)\frac{u(q^u) - c(q^u)\delta}{1-\beta}$$

$$V^b = \sigma\frac{\Lambda[u(q) - c(q)] + (1-\Lambda)[u(q^u) - c(q^u)\delta]}{1-\beta}$$

并且 q 代表当买方类型可被卖方观察到时，在匹配中的 DM 产出。将上式代入式（2.42），债务限额满足

$$r\bar{b} = \sigma\Lambda[u(q) - c(q)] \tag{2.43}$$

式（2.43）的右边代表违约产生的流动成本：当买方类型被观察到时，有 Λ 部分匹配的买方不能交易。流动成本随 Λ 的增加而增加，这意味着债务限额会随着 DM 上信息水平的增加而增加。

2.7 存在信誉的信用

记录维持技术的公共属性是一个相当强的假设。在本部分，我们描绘一种弱得多的记录维持技术——私人货币，它在买方和卖方进行重复交互时依然能强有力地维护信用安排。众所周知，如果代理人相互之间进行重复交互，合作就能被维护。在重复交互中，代理人能合理开发自身行为的信誉。我们假设在 DM 期间交易匹配的代理人能形成超越当期的长期伙伴关系。也就是说，如果需要，代理人能在下一期继续其交易匹配或伙伴关系。

我们允许伙伴关系的建立和解除。在每一期结束时，现存伙伴关系有概率 λ 被外生解除，$\lambda \in (0,1)$。人们可以通过假设买方和/或卖方受到重新分配冲击而受到打击，并因此永远失去与彼此的联系，从而证明这种外生解除是正当的。当然，代理人也可以按自身意愿选择结束伙伴关系。例如，卖方可以在买方没有按其承诺生产通用商品时通过寻找其他交易伙伴来选择解除伙伴关系。这种类型的终结是非常重要的，因为它为卖方提供了一种惩罚机制——破坏持续匹配或伙伴关系所拥有资产价值，这首先要求使伙伴关系可行。注意，在买方没

有按其承诺生产通用商品时，离开伙伴关系是一种子博弈精练均衡，因为博弈双方是同步决策的。也就是说，由于代理人同步决策，离开伙伴关系对于代理人而言是对另一代理人相同策略的最优反应。

事件的时间安排如图 2 – 10 所示。在 DM 初期，未匹配的买卖双方参与随机匹配过程。买方（卖方）与卖方（买方）以概率 σ 实现匹配。在上一期末匹配没有被解除的买卖双方同步且独立决定是维持原有伙伴关系还是去寻求新的交易伙伴。如果两个老伙伴相互寻找对方，那么他们找到对方的概率为 1，伙伴关系得以维持。如果其中一方决定寻找新伙伴，那么匹配终止。

在每个匹配中，配置 (q,y) 被提出，代理人可选择接受或拒绝。如果双方代理人都选择接受报价，则卖方在 DM 上为买方生产 q 单位搜索商品。在 CM 上，买方则选择是否遵从其隐含义务，为卖方生产 y 单位通用商品。在 CM 结束时，伙伴关系要么被外生解除，要么继续到下一期。伙伴关系只有在 DM 开始时的随机匹配过程中才能形成和维持。

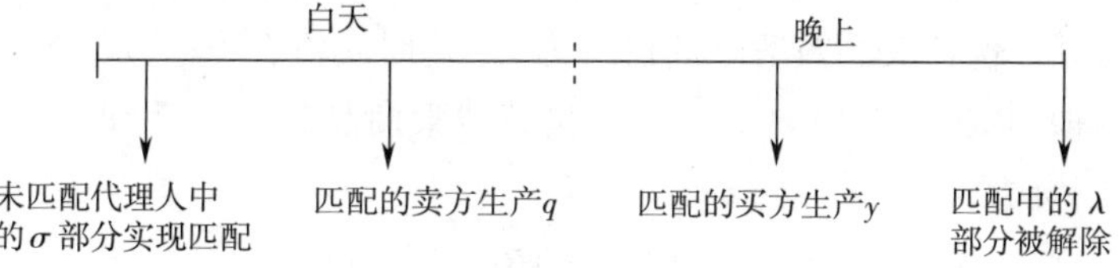

图 2 – 10　代表性期间的交易时间安排

下面我们刻画对称静态均衡配置集。令 e_t 表示 t 期 DM 上匹配阶段完成后伙伴关系的总测度。假设买方不会放弃其承诺，那么 e_t 的变动规律为

$$e_{t+1} = (1 - \lambda)e_t + \sigma(1 - e_t + \lambda e_t) \tag{2.44}$$

根据式（2.44），如果在 t 期存在 e_t 个伙伴关系，那么其中 $(1 - \lambda)$ 部分将被维持到 $t+1$ 期。在 $t+1$ 期期初未匹配的 $1 - e_t + \lambda e_t$ 个代理人中，有 σ 部分能找到新伙伴。根据式（2.44），在静态均衡时有 $e_{t+1} = e_t = \bar{e}$，那么意味着

$$\bar{e} = \frac{\sigma}{\sigma + \lambda(1 - \sigma)} \tag{2.45}$$

匹配量随着匹配概率 σ 的增加而增加，随着解除概率 λ 的增加而下降。

令 V_e^b 表示在期间初期伙伴关系中买方的价值函数，V_u^b 为非伙伴关系中买方的价值函数，其中 e 表示在伙伴关系中，b 表示未匹配。假设买方不会放弃承诺，任何一方也不会自愿终止伙伴关系，那么有

$$V_e^b = u(q) - y + \lambda\beta V_u^b + (1 - \lambda)\beta V_e^b \tag{2.46}$$

$$V_u^b = \sigma V_e^b + (1 - \sigma)\beta V_u^b \tag{2.47}$$

根据式（2.46），买方在 DM 上收到 q 单位搜索商品并在 CM 上生产 y 单位通用商品。伙伴关系以概率 λ 被外生解除，这时买方在下一期期初进入随机匹配过程以寻找新伙伴。根据式（2.47），未匹配买方找到卖方的概率为 σ。如果买方没有被匹配，那么以概率 $1-\sigma$，他在下一期依然无法被匹配。V_e^b 和 V_u^b 的封闭解由下式给出（其推导过程参见附录）

$$V_e^b = \frac{[1-(1-\sigma)\beta][u(q)-y]}{(1-\beta)[1-(1-\sigma)(1-\lambda)\beta]} \tag{2.48}$$

$$V_u^b = \frac{\sigma[u(q)-y]}{(1-\beta)[1-(1-\sigma)(1-\lambda)\beta]} \tag{2.49}$$

令 V_e^s 表示期间初期伙伴关系中卖方的价值函数，V_u^s 表示非伙伴关系中卖方的价值函数。那么

$$V_e^s = -c(q) + y + \lambda\beta V_u^s + (1-\lambda)\beta V_e^s \tag{2.50}$$

$$V_u^s = \sigma V_e^s + (1-\sigma)\beta V_u^s \tag{2.51}$$

根据式（2.51），买方在 DM 期间生产 q 单位搜索商品，并在 CM 上消费 y 单位通用商品。伙伴关系被解除的概率为 λ，这时卖方在下一期开始时进入随机匹配过程。根据式（2.51），卖方与喜欢其搜索商品的买方匹配的概率为 σ。V_e^s 和 V_u^s 的封闭解为

$$V_e^s = \frac{[1-(1-\sigma)\beta][-c(q)+y]}{(1-\beta)[1-(1-\sigma)(1-\lambda)\beta]} \tag{2.52}$$

$$V_u^s = \frac{\sigma[-c(q)+y]}{(1-\beta)[1-(1-\sigma)(1-\lambda)\beta]} \tag{2.53}$$

如果下面 3 组条件满足，那么配置 (q,y) 就能成为均衡结果。第一，作为未匹配代理人进入 DM 并随之成功匹配情况下代理人接受所提配置的条件使下列参与约束条件成立

$$V_e^s \geqslant \beta V_u^s \tag{2.54}$$

$$V_e^b \geqslant \beta V_u^b \tag{2.55}$$

如果卖方和买方接受配置 (q,y)，那么他们的预期偿付分别由式（2.54）和式（2.55）的左边给出，而如果他们拒绝，则持续偿付由右边给出。

第二，在期间开始时，没有遭受再配置冲击的匹配卖方和买方会同意继续其伙伴关系的条件分别为

$$V_e^s \geqslant V_u^s \tag{2.56}$$

$$V_e^b \geqslant V_u^b \tag{2.57}$$

如果卖方和买方选择继续其伙伴关系，他们的偿付分别由式（2.56）和式（2.57）的左边给出；如果有一方或双方选择解除伙伴关系，那么预期偿付由右

边给出。显然，条件（2.56）和（2.57）意味着式（2.54）和式（2.55）也分别成立。注意，由式（2.48）和（2.49）、（2.52）和（2.53），买方和卖方获得的剩余分别为

$$V_e^b - V_u^b = \frac{(1-\sigma)[u(q)-y]}{1-(1-\sigma)(1-\lambda)\beta} \tag{2.58}$$

$$V_e^s - V_u^s = \frac{(1-\sigma)[-c(q)+y]}{1-(1-\sigma)(1-\lambda)\beta} \tag{2.59}$$

由这些剩余，我们可以得到，在 $u(q)-y \geqslant 0$ 和 $-c(q)-y \geqslant 0$ 时，式（2.56）和（2.57）是满足的。

第三，伙伴关系中的买方必须有意愿在 CM 上为卖方生产通用商品。这要求

$$-y + \lambda\beta V_u^b + (1-\lambda)\beta V_e^b \geqslant \beta V_u^b \tag{2.60}$$

如果买方生产 y 单位通用商品，那么其预期偿付由式（2.60）的左边给出。但如果买方出现偏离而不进行生产，那么伙伴关系将在下一期开始时被解除，买方将在下一个 DM 开始时寻求新的匹配；与此结果相应的效用由式（2.60）的右边给出。这一约束还可以被重写为 $y \leqslant (1-\lambda)\beta(V_e^b - V_u^b)$，或者利用式（2.58）得到 $y \leqslant \beta(1-\lambda)(1-\sigma)u(q)$。

由信誉支持的激励可行配置集为

$$\mathcal{A}^R = \{(q,y): c(q) \leqslant y \leqslant \beta(1-\lambda)(1-\sigma)u(q)\} \tag{2.61}$$

该集合由图 2－11 中的灰色部分表示。买方的激励相容条件（2.60）形成了一个内生借贷约束 $y \leqslant \beta(1-\lambda)(1-\sigma)u(q) \equiv b^{\max}$。这一借贷约束表明，买方能承诺在 CM 进行偿付的最大量依赖于其耐心心 β、匹配稳定性 λ 和市场摩擦 σ。买方能作出可信承诺的偿付越多，他就越有耐心，即 β 越高；匹配更为稳定，即 λ 越低；匹配摩擦越大，即 σ 越小；以及他在下一个 DM 上的消费越高，即 q 越大。

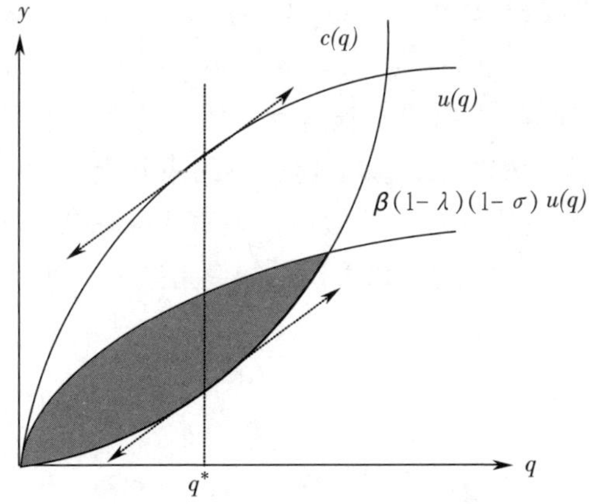

图 2－11　存在信誉的激励可行配置

注意，如果所有匹配在期间末都被解除（$\lambda=1$），以及（或者）代理人在DM上能确定找到交易伙伴（$\sigma=1$），那么激励可行配置集 $\mathcal{A}^R$ 将为空。信用关系的存在依赖于关系终结的威胁，但这样的威胁只有在匹配不是那么容易被解除，以及难以建立新交易匹配时，才会有作用。

搜索商品的有效生产和消费水平 q^* 可行的充分必要条件为 $(q^*,y)\in\mathcal{A}^R$，且

$$c(q^*)\leqslant\beta(1-\lambda)(1-\sigma)u(q^*) \tag{2.62}$$

如果长期伙伴关系的平均持续期足够长（即 λ 较低）、匹配摩擦严重（即 σ 较低）、代理人更有耐心（即 β 接近 1），代理人就能通过长期伙伴关系交易 q^*。图 2-11 描述了搜索商品的有效生产和消费水平可行状态的特征。从图形来看，图 2-11 中的曲线 $\beta(1-\lambda)(1-\sigma)u(q)$ 在 $q>q^*$ 处必须与曲线 $c(q)$ 相交。

本部分的模型环境提供了一个社会福利与内在搜索摩擦 σ 之间非单调关系的例子。稳态下的社会福利 W 被定义为由式（2.45）给出的交易匹配测度 $\bar{e}$ 与每次匹配剩余的乘积，即

$$W=\{\sigma/[\sigma+\lambda(1-\sigma)]\}[u(q)-c(q)]$$

用 W^* 表示激励可行配置集内的最大化社会福利，有

$$W^*(\sigma)=\max\left\{\frac{\sigma}{\sigma+\lambda(1-\sigma)}[u(q)-c(q)]:(q,y)\in\mathcal{A}^R\right\}$$

要看清 $W^*(\sigma)$ 并不是 σ 的单调函数，注意匹配测度 $\bar{e}$ 随 σ 的增加而增加，而同时 q 的激励可行集随 σ 的增加而缩减。如果 $\sigma=0$ 或 $\sigma=1$，则 $W^*=0$，因为在 $\sigma=0$ 时，匹配数为0，而在 $\sigma=1$ 时，可行配置集 $\mathcal{A}^R=\{(0,0)\}$；而如果 $\sigma\in(0,1)$，则 $W^*(\sigma)>0$。

最后，我们认为如果计划者能自由选择 DM 上搜索摩擦 σ 的程度，那么最优 σ 会使得偿付约束 $c(q)\leqslant\beta(1-\lambda)(1-\sigma)u(q)$ 为紧且 $q<q^*$。要明白这一点，定义 σ^* 为 $c(q^*)=\beta(1-\lambda)(1-\sigma^*)u(q^*)$ 的解。显然，对于所有 $\sigma\in[0,\sigma^*]$，偿付约束在 $q=q^*$ 时没有被违反；那么计划者绝不会选择 $\sigma<\sigma^*$。当 σ 增长到大于 σ^* 时，匹配数会增加，但偿付约束开始为紧。从而在高于 σ^* 时 σ 的一个微小增长对匹配数存在一阶效应，但对匹配剩余 $u(q)-c(q)$ 只有二阶效应。所以最优 σ 大于 σ^*，这意味着偿付约束是紧的，而且 $q<q^*$。

2.8 进一步阅读

搜索理论模型中的配对信用是由 Diamond（1987a，b，1990）首先提出来的。该环境与 Diamond（1982）类似，即代理人双边匹配且交易不可分商品。与

我们的设置一样，信用由商品偿付。不偿付贷款的惩罚是永久性退回到自给自足状态。

在不少模型中，代理人都拥有关于其偿债能力的私有信息。Aiyagari 和 Williamson（1999）考虑了一个随机匹配模型，其中代理人获得随机禀赋，且此为私人信息，而交易由风险分担所推动。最优配置具有一些与真实世界信用安排类似的特点，如信用余额和信用限制。Smith（1989）构建的迭代模型中，代理人拥有随机禀赋，并能掩盖其所发行债务的本质属性。Jafarey 和 Rupert（2001）研究了有替代禀赋的经济，其中发行债务的代理人集被分为两类：更安全的借款人和更冒险的借款人。前者比后者拥有更高的债务偿还概率。

Kocherlakota（1998a，b）描述了不同环境下的信用安排问题，包括存在个人交易公共记录的搜索匹配模型。他利用机制设计描述了对称、静态和激励可行配置集的特征。Kocherlakota 和 Wallace（1998）对模型进行了扩展，以考虑个人交易公共记录更新存在随机滞后的情况。他们发现，社会福利随着公共记录更新频率的增加而增长。正如 Wallace（2000）所指出的，这是第一个对支付系统技术进步改进福利的思想进行形式化的模型。Shi（2001）扩展了 Kocherlakota 和 Wallace 的模型，以讨论信用系统进步对专业化的影响程度。

Kehoe 和 Levine（1993）、Kocherlakota（1996）、Alvarez 和 Jermann（2000）对有限承诺经济有影响深远的贡献。Kocherlakota（1996）在只有两个代理人的单一商品经济中采用了一种机制设计方法。Gu、Mattesini、Monnet 和 Wright（2013a）为不完美监控的大型经济构建了一个类似的机制设计的运用，以解释银行的重要性。Kehoe 和 Levine（1993）为最优配置建立了可实现的条件。Alvarez 和 Jermann（2000）引入了内生债务限制和“不太紧”借贷约束的概念。他们证明了第一福利定理，其中约束有效分配可以通过竞争性交易和不太紧的借贷约束来实现。Sanches 和 Williamson（2010）将“不过紧”的借贷约束引入存在成对相会、讨价还价的模型中，并研究了静态均衡。Gu、Mattesini、Monnet 以及 Wright（2013b）研究了相关经济中的动态均衡和信贷周期。Bethune、Hu 以及 Rocheteau（2014）的研究表明，在“不过紧”的借贷约束下，导出的整个完美贝叶斯均衡集都是零测度的。在某些条件下，限制有效配置在“不过紧”的借贷约束下不能实现。他们还建立了与假定无关的，存在任何周期的内生信贷循环连续体和太阳黑子均衡连续体的交易机制。Carapella 和 Williamson（2015）研究了存在可信与不可信代理人的不对称均衡，这些代理人在信息不对称时产生违约的均衡。Monnet 和 Sanches（2015）研究了由不能兑现承诺的银行家组成的竞争性银行系统，并表明它与私人货币的最优量不同。

大多数劳动市场的搜索理论模型（如 Pissarides，2000）都假设存在长期伙伴关系。但在这些经济中，交易与信用无关，且都没有考虑道德风险问题。Corbae 和 Ritter（2004）考虑了成对相会的经济，其中代理人能通过形成长期伙伴关系来维系信用安排。一个互惠交易的相关模型也可参见 Kranton（1996）。

附录

一般纳什议价解

纳什解是由 Nash（1953）提出的一个公理性议价解。它基于四个公理——帕累托效率、测度不变性、无关选项相互独立性和对称性，并预测了议价问题的唯一结果。而且它具有坚实的策略基础（如 Osborne 和 Rubinstein，1990）。本部分，一般纳什议价解通过放弃对称性公理对纳什解作了一般化，它由式（2.6）的解给出，即

$$(q,y)=\arg\max_{q,y}\{\theta\ln[u(q)-y]+(1-\theta)\ln[y-c(q)]\}$$

一阶条件为

$$\frac{\theta u'(q)}{u(q)-y}-\frac{(1-\theta)c'(q)}{y-c(q)}=0 \tag{2.63}$$

$$-\frac{\theta}{u(q)-y}+\frac{(1-\theta)}{y-c(q)}=0 \tag{2.64}$$

立即有 $u'(q)=c'(q)$，或 $q=q^*$，及 $y=(1-\theta)u(q^*)+\theta c(q^*)$。

公式（2.48）和（2.49）的推导

式（2.46）～（2.47）可被重写为如下的矩阵形式

$$\begin{pmatrix}1-(1-\lambda)\beta & -\lambda\beta\\ -\sigma & 1-(1-\sigma)\beta\end{pmatrix}\begin{pmatrix}V_e^b\\ V_u^b\end{pmatrix}=\begin{pmatrix}u(q)-y\\ 0\end{pmatrix}$$

通过对第一个矩阵求逆矩阵，我们得到

$$\begin{pmatrix}V_e^b\\ V_u^b\end{pmatrix}=\Delta^{-1}\begin{pmatrix}1-(1-\lambda)\beta & -\lambda\beta\\ -\sigma & 1-(1-\sigma)\beta\end{pmatrix}\begin{pmatrix}u(q)-y\\ 0\end{pmatrix}$$

其中，$\Delta=[1-(1-\lambda)\beta][1-(1-\sigma)\beta]-\sigma\lambda\beta$。矩阵的特征值可被重写为 $\Delta=(1-\beta)[1-(1-\sigma)(1-\lambda)\beta]\in(0,1)$。

那么买方价值函数的封闭解为

$$V_e^b=\frac{[1-(1-\sigma)\beta][u(q)-y]}{(1-\beta)[1-(1-\sigma)(1-\lambda)\beta]} \tag{2.65}$$

$$V_u^b = \frac{\sigma[u(q) - y]}{(1-\beta)[1-(1-\sigma)(1-\lambda)\beta]} \tag{2.66}$$

基于类似的逻辑，卖方的封闭解也可被求解得到

$$V_e^s = \frac{[1-(1-\sigma)\beta][-c(q) + y]}{(1-\beta)[1-(1-\sigma)(1-\lambda)\beta]} \tag{2.67}$$

$$V_u^s = \frac{\sigma[-c(q) + y]}{(1-\beta)[1-(1-\sigma)(1-\lambda)\beta]} \tag{2.68}$$

3 纯货币经济

在上一章中，我们描述了信用安排允许代理人利用跨期获得交易收益。然而，如果债权人不相信债务人会偿还债务，那么依赖信用的交易将可能不是激励可行的。如果代理商之间要进行交易，那么一定会出现某种有形的交易媒介。Kiyotaki 和 Moore（2002）认为，货币理论中最重要的一点就是信任缺乏：正如他们所言，“不信任是一切货币的根源”。

在这一章中，我们假设买卖双方从不信任彼此，因为他们无法承诺偿还债务，并且也没有记录维持技术或信誉手段来使债务合同自动实施。在缺乏有形支付手段的情况下，买卖双方以自给自足的方式生活。为了给交易一个机会，我们引入一种本质上无用的资产，即不可兑现货币。目的是考察不可兑现货币是否在均衡中起作用，以及是否可作为交易媒介。

本章中的模型是本书余下部分研究货币、支付和流动性相关问题的核心框架。我们将提供关于如何解模型以及分析货币均衡的详细准则。我们将研究稳态均衡和非稳态均衡，并描述纯货币经济中可能出现的结果。此外，我们将考察具有明显公理性或策略性基础的成对相会的不同交易协议，并探讨这些协议的规范性和积极意义。

我们说明了纯货币经济具有广泛的非稳态均衡集。这些均衡中的某些具有通货膨胀的特点，即货币供给是常量。其他均衡的特点则是货币的价值随时间而波动，并导致产出周期，即使基本面没有变化。均衡的多样性再次强化了如下认识，即不可兑现货币的价值是通过自我实现的信念来维持。

对于我们研究的所有交易协议，该模型有类似的积极意义。例如，货币在稳态均衡下的价值取决于经济的基本面，如偏好、技术和搜索摩擦。在规范性意义上，我们分离出货币交易的一个关键的低效率，这是所有交易协议所共有的：DM 上的交易量趋于过低。在政策上，货币是中性的，也就是说，对于我们考虑的所有交易协议，货币供给的一次改变不会对配置或福利造成影响。

尽管我们确认了不同交易协议共同拥有的大量特征，但是协议的均衡配置、福利以及不可兑现货币的价值并不是不变的。例如，交易量和社会福利在 DM 上的竞争性协议下要比买方没有全部议价能力时的议价安排更高。

3.1 可分货币模型

这里的环境与上一章类似。然而，主要的不同在于我们现在假定没有承诺或强制，没有记录维持机制以及没有长期关系。因此代理人是匿名的，并且在未来不被信任能偿还债务。这里有一种无内在实际价值的物品，我们称为不可兑现货币。这一物品对所有者没有任何效用，它也不能作为生产商品的投入品。它耐用，完全可分，并且可识别——它不能被伪造。不可兑现货币的总存量不随时间变化，且等于 M。

一个典型期间的事件时序如下：在 DM 开始时，测度为 σ 的买方和卖方被随机匹配，其中买方拥有 $m \in \mathbb{R}_+$ 单位货币，而卖方拥有 $m_s \in \mathbb{R}_+$ 单位货币。若无特殊规定，我们假设经济中买方和卖方的测度均为 1。在每次匹配中，买方向卖方提出接受或拒绝报价 (q,d)，其中 q 代表卖方生产的搜索商品数量，$d \in \mathbb{R}_+$ 表示卖方获得的货币数量。在白天结束时，所有匹配被打破。在晚上，所有买方和卖方都参与到 CM 竞争性市场上，其中代理人可按价格 ϕ_t 用货币交换通用商品，并且一单位不可兑现货币可以购买 ϕ_t 单位的 CM 商品。

该模型可按四个步骤求解：

1. 特征化 CM 上价值函数的某些关键因素；
2. 决定 DM 上双边匹配的交易条件；
3. 特征化 DM 的价值函数；
4. 决定买方和卖方在 CM 上的货币持有选择。

在 CM 初期，拥有 $m \in \mathbb{R}_+$ 单位货币的买方的价值函数，或者简单地说买方的 CM 价值函数满足

$$W_t^b(m) = \max_{m' \in \mathbb{R}_+, x, y} \{x - y + \beta V_{t+1}^b(m')\} \tag{3.1}$$

$$s.t. \quad x + \phi_t m' = y + \phi_t m \tag{3.2}$$

由式（3.2），买方用通用商品生产 y 和代到 CM 的货币余额 m 为其期末货币余额 m' 和通用商品消费 x 提供融资。注意，式（3.1）中的价值函数和式（3.2）中的价格有时间指标，因为我们现在允许货币价值和配置都随时间而变化。将式（3.2）中的 $x-y$ 代入式（3.1）的最大化目标，我们得到

$$W_t^b(m) = \phi_t m + \max_{m' \geq 0}\{-\phi_t m' + \beta V_{t+1}^b(m')\} \tag{3.3}$$

由式（3.3）知，买方的 CM 价值函数与代到 CM 的货币余额 m 成线性相关。这是一个重要的结果，它来自 CM 效用函数 $x-y$ 的线性性质。这一偏好暗

示了买方的财富状况，因为它仅由实际余额组成，并不会影响他未来货币持有量的选择。这一结果对易处理模型至关重要，因为如果该结果不成立，当买方退出下一期 CM 时，DM 的特殊交易冲击——买家以概率 σ 匹配——将产生非退化的货币持有分配。非退化的出现是因为在 DM 中匹配的买家在进入下一期 CM 时，所持有的货币余额比不匹配的买家少。当存在财富效应时，由 DM 交易冲击导致的货币持有的异质性将持续到下一期 CM，以及到随后时期。一般来说，当存在这种异质性时，很难得到解析解。因此，我们必须依赖数值方法。买方的 CM 价值函数见图 3－1。

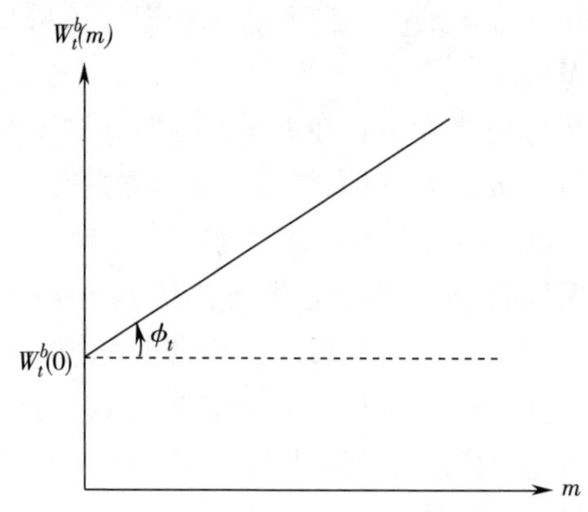

图 3－1　买方的价值函数

同理可得，卖方的 CM 价值函数为

$$W_t^s(m) = \phi_t m + \max_{m' \geqslant 0} \{ -\phi_t m' + \beta V_{t+1}^s(m') \} \tag{3.4}$$

卖方的价值函数与买方的类似，与实际余额成线性关系。买方和卖方价值函数的线性性质被证明便于求解议价问题。

图3－2 显示了一段时间内买方和卖方的货币持有量分布的演变。买方期初拥有 m_b 单位的货币，其中 m_b 通常等于货币供给量 M，卖方期初拥有 m_s 单位货币，通常等于 0。σ 部分的买方（匹配成功的）在 DM 结束时拥有 $m_b - d$ 单位货币，其中 d 为匹配中的费用。类似地，σ 部分的卖方（匹配成功的）在 DM 结束时拥有 $m_s + d$ 单位货币。在 CM 中，买方和卖方会重新调整他们的货币持有量，因此所有的买方在期末持有 m_b 单位货币，所有的卖方在期末持有 m_s 单位货币。

t 时期的 DM 内的交易条件是由拥有 m 单位货币的买方和拥有 m_s 单位的卖方之间的双边匹配所决定的。买方选择最大化其预期效用并满足卖方参与约束的报价 (q,d)。买方报价满足

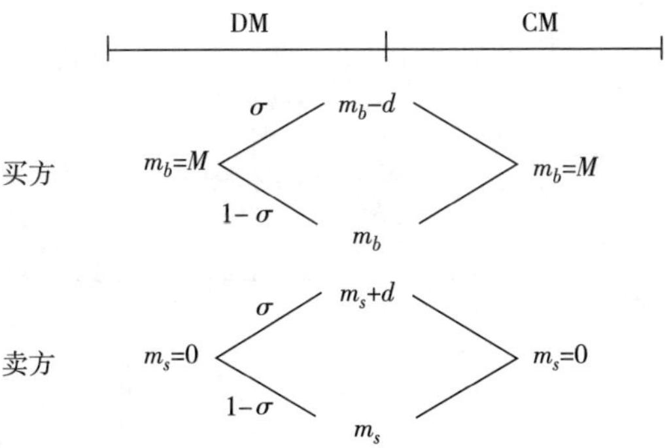

图 3－2　一个期间内货币持有分配的变化

$$\max_{q,d}[u(q)+W_t^b(m-d)] \tag{3.5}$$

$$s.t.\quad -c(q)+W_t^s(m_s+d)\geqslant W_t^s(m_s) \tag{3.6}$$

$$-m_s\leqslant d\leqslant m \tag{3.7}$$

卖方的参与约束为式（3.6），而式（3.7）为可行约束，说明了买方无法提供多于其货币持有量的货币转移，或者其无法获取多于卖方持有量的货币。由于价值函数 W_t^b 和 W_t^s 是线性的，式（3.5）～（3.7）可简化为

$$\max_{q,d\leqslant m}[u(q)-\phi_t d]\quad s.t.\ -c(q)+\phi_t d\geqslant 0,\ -m_s\leqslant d\leqslant m \tag{3.8}$$

约束条件 $-m_s\leqslant d$ 不具有约束力，因为当其具有约束力时卖方的盈余将为负。因此，交易条件 (q,d) 不依赖于卖方的货币持有量。同样，卖方的参与约束必须在等号处成立。如果不是这样，买方就能通过稍稍减少其向卖方提出的支付量来增加盈余，且卖方依然会发现该报价是可接受的。那么式（3.8）的解为

$$q=\begin{cases}q^* \\ c^{-1}(\phi_t m)\end{cases},\text{如果 }\phi_t m\begin{cases}\geqslant \\ <\end{cases}c(q^*) \tag{3.9}$$

$$d=\frac{c(q)}{\phi_t} \tag{3.10}$$

如果买方的实际余额 $\phi_t m$ 大到可以补偿卖方进行生产的负效用，那么买方就能实现社会有效量 q^*，见式（3.9）。图 3－3 提供了买方议价问题的图形解。在该图中，我们可以通过改变 m 来追踪买方的报价 (q,d)。

买方的 DM 价值函数 $V_t^b(m)$ 为

$$V_t^b(m)=\sigma[u(q)+W_t^b(m-d)]+(1-\sigma)W_t^b(m) \tag{3.11}$$

其中，q 和 d 由式（3.9）和式（3.10）所决定。根据式（3.11），买方以概率 σ 在 DM 上被匹配，这时它消费 q 单位 DM 商品并放弃 d 单位货币。依互补概

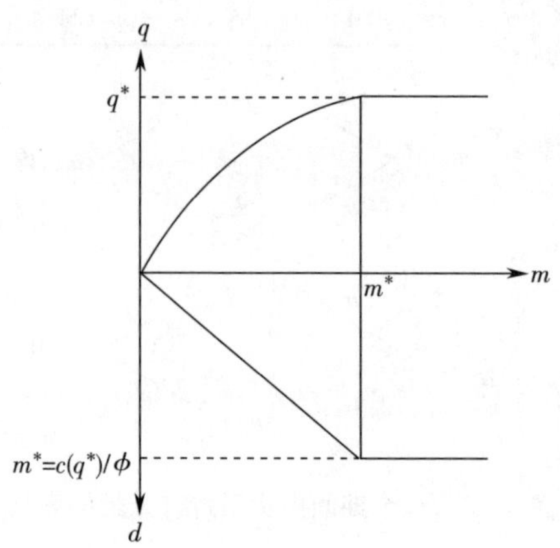

图3-3　买方提出的要么接受或要么拒绝的报价

率，买方不被匹配，并以其期初货币余额进入CM。由于 $q = c^{-1}(\phi_t d)$ 和 $W_t^b(m) = \phi_t m + W_t^b(0)$，买方的DM价值函数可被重新表示为

$$V_t^b(m) = \sigma \max_{d \in [0,m]} [u \circ c^{-1}(\phi_t d) - \phi_t d] + \phi_t m + W_t^b(0) \tag{3.12}$$

用 $t+1$ 和 m' 标识的式（3.12）右式替换式（3.3）中的 $V_{t+1}^b(m')$，可得到

$$\begin{aligned} W_t^b(m) &= \phi_t m + \max_{m' \geq 0} \{ -\phi_t m' + \beta [\sigma \max_{d \in [0,m']} [u \circ c^{-1}(\phi_{t+1} d) - \phi_t d] \\ &\quad + \phi_{t+1} m' + W_{t+1}^b(0)]\} \\ &= \phi_t m + \beta W_{t+1}^b(0) + \max_{m' \geq 0} \{ -(\phi_t - \beta \phi_{t+1}) m' \\ &\quad + \beta [\sigma \max_{d \in [0,m']} [u \circ c^{-1}(\phi_t d) - \phi_t d]]\} \end{aligned}$$

其中，$\beta W_{t+1}^b(0)$ 项被移到了最大化问题之外，因为它独立于买方的货币持有选择。由于上式右边的前两项独立于 m'，买方的问题被化简为

$$\max_{m \in \mathbb{R}_+} \left\{ -\left(\frac{\phi_t}{\beta \phi_{t+1}} - 1\right) \phi_{t+1} m + \sigma \max_{d \in [0,m]} [u \circ c^{-1}(\phi_{t+1} d) - \phi_{t+1} d] \right\} \tag{3.13}$$

根据式（3.13），买方选择他的货币余额，以最大化其在DM上扣除持有实际余额的成本后的期望剩余。

为了刻画买方问题解和均衡的特征，依据通货（总）回报率 ϕ_{t+1}/ϕ_t 是等于、小于或大于（总）贴现率 β^{-1}，我们对这些不同情况作了区分。

1. 如果 $\phi_t/\phi_{t+1} < \beta$，则问题式（3.13）没有解，因为买方会需要无限的货币余额。这导致不存在通货回报率大于贴现率的均衡。

2. 如果 $\phi_t/\phi_{t+1} = \beta$，那么货币没有持有成本。在这种情况下，买方持有足够的余额从卖方那里购买 q^*。那么, $d = c(q^*)/\phi_{t+1}$ 和任何 $m \geqslant c(q^*)/\phi_{t+1}$ 就是一个解。

3. 如果 $\phi_t/\phi_{t+1} > \beta$, 那么持有货币的成本很高。买方不会持有大于其预期在 DM 上花费的货币余额，即 $d = m$。买方问题式（3.13）的一阶（充分必要）条件为

$$\frac{u' \circ c^{-1}(\phi_{t+1}m)}{c' \circ c^{-1}(\phi_{t+1}m)} = 1 + \frac{1}{\sigma}\frac{\phi_t/\phi_{t+1} - \beta}{\beta} \tag{3.14}$$

同理，卖方在期初的 DM 价值函数为

$$V_t^s(m) = \sigma[-c(q) + \phi_t d] + W_t^s(m) = \phi_t m + W_t^s(0)$$

其中，我们用到了卖方在 DM 上不会获得任何剩余的事实，即 $c(q) = \phi_t d$。那么我们可以将式（3.4）所描述的卖方在 CM 上的货币余额选择问题重写为

$$\max_{m \geqslant 0}\left\{-\left(\frac{\phi_t}{\beta\phi_{t+1}} - 1\right)\phi_{t+1}m\right\} \tag{3.15}$$

由式（3.15）可知，如果 $\phi_t/\beta\phi_{t+1} = 1$, 那么卖方在持有或不持有货币之间是无差异的，且 $m \geqslant 0$。但如果 $\phi_t/\beta\phi_{t+1} > 1$, 那么 $m = 0$, 因为卖方将货币从一期持有到下一期是高成本的，且并不影响 DM 的交易条件。如上，在 $\phi_t/\beta\phi_{t+1} < 1$ 时，解不存在。

加总的货币需求量 $M^d(\phi_t)$ 是所有买方和卖方个体货币需求之和。由上述情况，总货币需求量为

$$M^d(\phi_t) = \begin{cases} \left[\dfrac{c(q^*)}{\phi_{t+1}}, +\infty\right] ,\text{当 } \phi_t = \beta\phi_{t+1} \text{ 时} \\ \{m\} ,\text{其中当 } \phi_t > \beta\phi_{t+1} \text{ 时}, m \text{ 为式(3.14) 的解} \end{cases}$$

图 3－4 展示了总货币需求量。在 $\phi_t = \beta\phi_{t+1}$ 时，其等于一个区间，否则为一个单值。此外，其随 ϕ_t 而递减。市场出清要求 $M \in M^d(\phi_t)$。如果 $M \geqslant c(q^*)/\phi_{t+1}$, 那么 $\phi_t = \beta\phi_{t+1}$。否则 ϕ_t 为 $m = M$ 时式（3.14）的解。从而，货币价值序列 $\left\{\phi_t\right\}_{t=0}^{\infty}$ 为差分方程的解

$$\phi_t = \beta\phi_{t+1}\left\{1 + \sigma\left[\frac{u' \circ c^{-1}(\phi_{t+1}M)}{c' \circ c^{-1}(\phi_{t+1}M)} - 1\right]^+\right\} \tag{3.16}$$

其中, $[x]^+ \equiv \max(x,0)$。

根据式（3.16），t 期的货币价格等于其在 $t+1$ 期的贴现价格加上一个流动性因子 $\sigma\beta\phi_{t+1}[u' \circ c^{-1}(\phi_{t+1}M)/c' \circ c^{-1}(\phi_{t+1}M) - 1]^+$, 后者包含了在 DM 上持有实际余额的边际收益。如果货币持有成本很高，那么买方不会在 DM 上持有足够实际余额以在匹配时购买 q^*, 即 $\phi_{t+1}M < c(q^*)$。结果，流动性因子是正的，因

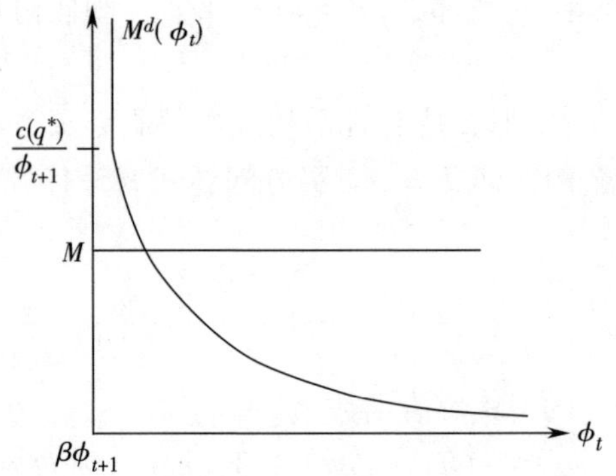

图3-4 总货币需求

为买方会认为持有额外货币单位以在DM上花费是有价值的。如果货币没有持有成本，那么在t期的CM上，买方在匹配时会积累足够的余额以在$t+1$期的DM上购买q^*，这意味着$\phi_{t+1}M \geqslant c(q^*)$。此时的流动性因子为0，因为

$$\left[\frac{u' \circ c^{-1}(\phi_{t+1}M)}{c' \circ c^{-1}(\phi_{t+1}M)} - 1\right]^+ = 0$$

且买方不会认为持有额外货币单位以在DM上花费是有价值的。

可分货币经济的均衡是求解一阶差异方程（3.16）的$\left\{\phi_t\right\}_{t=0}^{\infty}$有界序列。注意，我们并没有提出初始条件，因为货币价值的动态方程（3.16）是向前看的。货币价值并不由过去发生的事情所决定，它完全依赖于关于其未来价值的预期，即ϕ_0是内生变量。

3.1.1 稳态均衡

首先考察的是稳态均衡：$\phi_t = \phi_{t+1} = \phi^{ss}$。由于不可兑现货币并没有内在价值，所以总是存在货币没有交换价值的均衡，即$\phi_t = \phi_{t+1} = 0$。现在考虑搜索商品的产出和消费严格为正，即$q_t = q_{t+1} = q^{ss} > 0$且$q^{ss} = \min\{c^{-1}(\phi^{ss}M), q^*\}$时的稳态均衡。

等式（3.16）可被简化为

$$\frac{u'(q^{ss})}{c'(q^{ss})} = 1 + \frac{r}{\sigma} \tag{3.17}$$

其中，$r = (1-\beta)/\beta$。式（3.17）的左边随q^{ss}而递减，且当q^{ss}趋于0时趋于无穷大，即$u'(0)/c'(0) = \infty$，并当$q^{ss} = q^*$时等于1（见图3-5）。因此存在唯一的q^{ss}满足式（3.17）。由于$r/\sigma > 0$，有$q^{ss} < q^*$，且唯一的ϕ^{ss}由下式确定

$$\phi^{ss} = \frac{c(q^{ss})}{M} \tag{3.18}$$

因此在 $r > 0$ 时，产出很低且无效率。而且产出随交易摩擦的下降而增加，即 $\partial q^{ss}/\partial\sigma > 0$，并随货币持有成本的增加而下降，即 $\partial q^{ss}/\partial r < 0$。可将式（3.17）中 r/σ 项解释为对实际余额持有成本的测度：它是代理人对未来效用的贴现率 r 与其实现匹配的平均期数 $1/\sigma$ 的乘积。随着该成本的增加，买方会减少其实际余额，DM 产出也将下降。当时间偏好率趋近于 0 时，q^{ss} 趋近于 q^*。

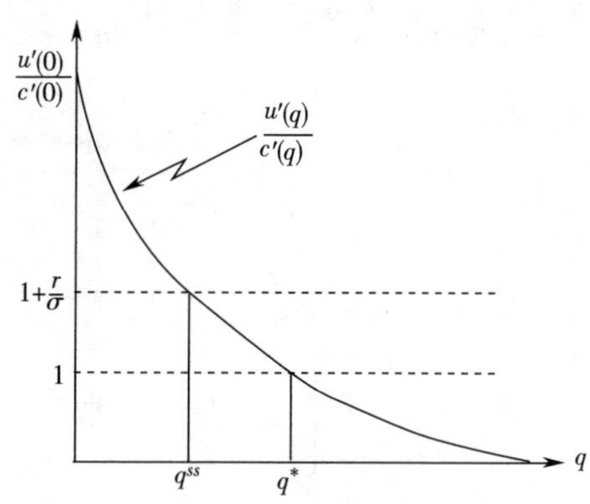

图 3－5 稳态均衡的决定

最后，货币存量 M 的一次性变化不会影响实际配置：货币是中性的。由式（3.17），DM 上的产出 q^{ss} 不受总货币存量变化的影响，因为总存量的变化既不影响交易频率 σ，也不影响时间偏好率 r。那么，总实际余额 ϕM 是固定的——等于 $c(q^{ss})$，而价格水平 $1/\phi$ 的变化与 M 的变化成比例。

3.1.2 非稳态均衡

还存在其他非稳态均衡。但这些均衡的确切属性取决于函数形式和参数值。从图形来看，式（3.16）所定义的 ϕ_{t+1} 和 ϕ_t 之间的关系，即所谓的相线，是连续的，且通过原点和稳态点 (ϕ^{ss},ϕ^{ss})，其中 $\phi^{ss} > 0$。对于所有 $\phi_{t+1}M > c(q^*)$，该相线是线性的，$\phi_t = \beta\phi_{t+1}$。那么，在 (ϕ_t,ϕ_{t+1}) 区域，相线从下与 45°线相交。详情请参见附录。

考虑以下函数形式：$c(q) = q$ 和 $u(q) = q^{1-a}/(1-a)$，且 $a < 1$。在此规定下，$q^* = 1$ 且式（3.16）变为

$$\phi_t = \begin{cases} \beta\left\{(1-\sigma)\phi_{t+1} + \sigma\left(\phi_{t+1}\right)^{1-a}\left(M\right)^{-a}\right\} & \text{当 } \phi_{t+1}M < 1 \\ \beta\phi_{t+1} & \text{当 } \phi_{t+1}M \geq 1 \end{cases} \tag{3.19}$$

如图3-6所示，当$\phi_{t+1}M<1$时，式（3.19）给出的相线在(ϕ_t,ϕ_{t+1})区间内是单调增加和凸的，否则成斜率为$\beta^{-1}=1+r$的线性。

存在收敛到非货币均衡的连续均衡：如果$\phi_0<\phi^{ss}$，当t趋于无限大时，ϕ_t趋近于0。对于所有这些均衡，ϕ_t随时间而下降，价格水平$1/\phi_t$则随时间而增加。那么即使货币供给不变，均衡时依然可能出现通货膨胀。这时，关于货币贬值的信念是可以自我实现的。如果$\phi_0=\phi^{ss}$，那么均衡是稳态的。如果$\phi_0>\phi^{ss}$，那么就不存在均衡，因为$\left\{\phi_t\right\}_{t=0}^{\infty}$是无界的从而违背了可行性。

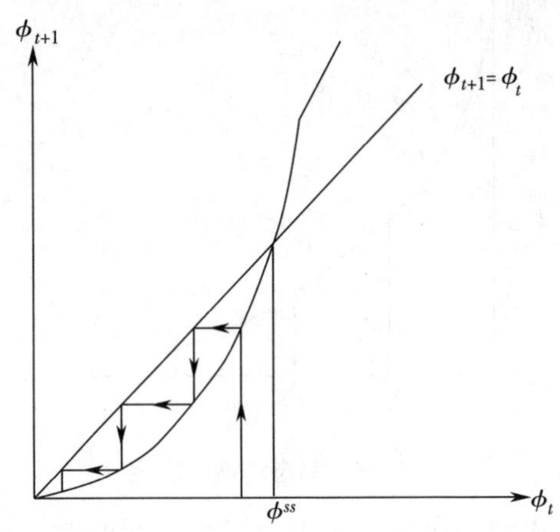

图3-6　相图：$c(q)=q$且$u(q)=q^{1-a}/(1-a)$，$a\in(0,1)$

在上面的例子中，当货币价值没有逐渐消失时，存在唯一的均衡；它与图3-6中$\phi=\phi^{ss}$时的稳态平衡是相一致的。对于其他函数形式和模型参数，差分方程（3.16）的解会涉及随时间变化的货币价值，其中货币价值在0处有界。

现在假定$\sigma=1$，$c(q)=q$，且$u(q)=[(q+b)^{1-a}-b^{1-a}]/(1-a)$，其中$a>1$，$b\in(0,1)$。当$b$趋近于0时，$u(q)$趋近于一个固定相对风险厌恶效用函数，其中相对风险厌恶等于a。对于这种特殊情况，差分方程（3.16）变为$\phi_t=\Gamma(\phi_{t+1})$

$$\Gamma(\phi_{t+1})=\begin{cases}\beta\dfrac{\phi_{t+1}}{(\phi_{t+1}M+b)^a}, & \text{当 }\phi_{t+1}M<1-b\\ \beta\phi_{t+1}, & \text{当 }\phi_{t+1}M\geqslant 1-b\end{cases}\tag{3.20}$$

该稳态由$\phi^{ss}=(\beta^{1/a}-b)/M$给出，其在$b<\beta^{1/a}$时为正。该稳态的邻域，差分方程$\phi_t=\Gamma(\phi_{t+1})$可由如下的一阶泰勒展开式近似得到

$$\phi_t=\Gamma(\phi_{t+1})\approx\Gamma(\phi^{ss})+\Gamma'(\phi^{ss})(\phi_{t+1}-\phi^{ss})\tag{3.21}$$

根据定义，$\Gamma(\phi^{ss}) = \phi^{ss}$，且式（3.21）变为

$$\phi_{t+1} - \phi^{ss} = \frac{\phi_t - \phi^{ss}}{\Gamma'(\phi^{ss})}$$

此线性差分方程的解为

$$\phi_{t+1} = \phi^{ss} + \left(\frac{1}{\Gamma'(\phi^{ss})}\right)^t (\phi_0 - \phi^{ss})$$

显然，相线的斜率 $\Gamma'(\phi^{ss})$ 对于稳态均衡的稳态性是至关重要的。如果 $|\Gamma'(\phi^{ss})| < 1$，那么 ϕ_t 趋于偏离其稳态值，而如果 $|\Gamma'(\phi^{ss})| > 1$，那么 ϕ_t 对于任何接近稳态值的初始条件都会趋于其稳态值。对式（3.20）求导，可得

$$\Gamma'(\phi^{ss}) = 1 - \frac{a(\beta^{1/a} - b)}{\beta^{1/a}} \tag{3.22}$$

如果 $ba/(a-1) < \beta^{1/a}$（记住有 $a > 1$），那么稳态时相线的斜率是负的。此时，式（3.20）所定义的相线是向后弯曲的。如果 b 接近 0，那么稳态时有 $\partial\phi_t/\partial\phi_{t+1} \approx 1 - a$。在 $a = 2$ 的邻域中，$\Gamma'(\phi^{ss}) \approx -1$，且在 $a = 2$ 附近，稳态的稳定性随 a 的微小变化而改变：当 a 小于 2 时，稳态是一个“不稳定”的螺旋形态；当 a 大于 2 时，稳态是一个“稳定”的螺旋形态。对于接近 ϕ^{ss} 的某个初始条件 ϕ_0，当稳态变为“稳定”时，系统趋近于稳态。如图 3－7 所示，存在导向稳态的连续均衡。沿着任何一个均衡路径，货币价值 ϕ_t 都是波动的。

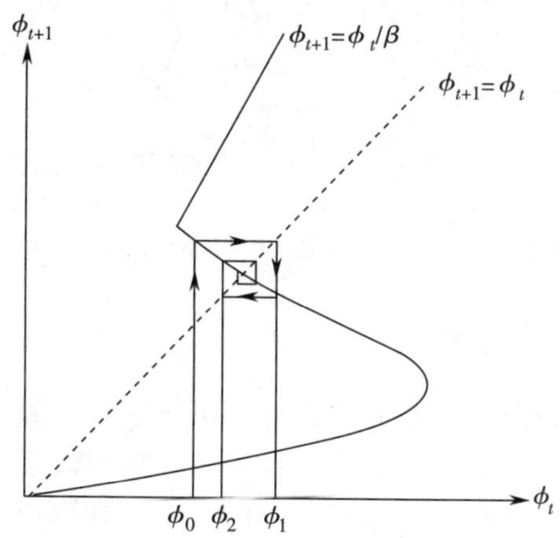

图 3－7　相线：$\sigma=1$，$c(q)=q$，$u(q) = [(q+b)^{1-a} - b^{1-a}]/(1-a)$，$b>0$ 且 $a(\beta^{1/a}-b) > 2\beta^{1/a}$

在图 3－8 中，我们通过数字实例的方式描述了上述讨论。我们绘制了如下参数值的相线 $\phi_{t+1} = \Gamma(\phi_t)$：$b = r = 0.1$ 和 $\sigma = M = 1$。系数 a 在左上图等于 0.5，在右上图等于 1.5，在左下图等于 2.2，在右下图等于 4。当 a 增长到高于

1 时，相线变得向后弯曲，并随着 a 的增加，在稳态时变得平坦。

在右下图中，我们绘制了相线 $\phi_t = \Gamma(\phi_{t+1})$ 及其按 45°线的镜像 $\phi_{t+1} = \Gamma(\phi_t)$。我们放大了稳态领域中的相图。在相线与其镜像的相交处，可以得到两期循环。如果交点不在 45°线上，可以得到一个合理的循环。在我们的例子中，该两期循环是货币价值轮流取低值 $\phi_L \approx 0.85$ 和高值 $\phi_H \approx 0.95$。那么双边匹配中的产出也轮流取值 $q_L \approx 0.85$ 和 $q_H = q^* = 0.9$。注意，在高状态下，买方的持有大于购买有效数量所要求的水平。买方愿意持有此额外货币，因为通货回报率正好等于 r。

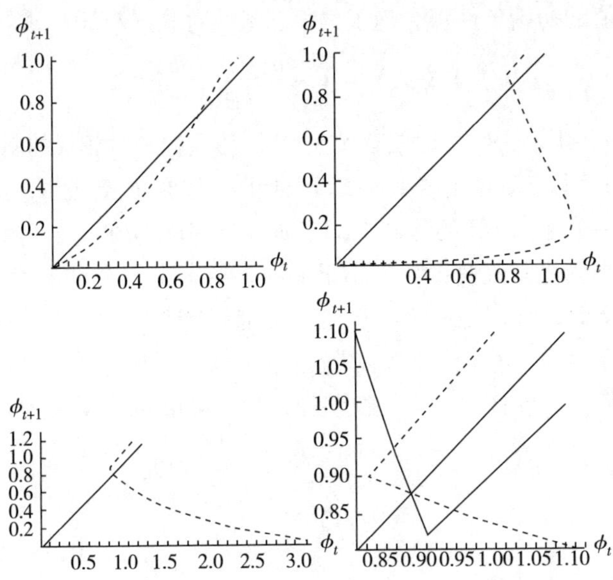

图 3－8　相图：（左上）$a=0.5$；（右上）$a=1.5$；（左下）$a=2.2$；（右下）$a=4$

3.1.3　太阳黑子均衡

为了对本部分进行总结，我们引入外部不确定性，即不影响技术和偏好等基本面的不确定性。外部随机变量的样本空间，即太阳黑子，用 $E = \{\ell, h\}$ 表示。太阳黑子 $e \in E$ 可被所有代理人在 CM 期初所观察到，并遵循两状态马尔科夫链过程 $\lambda_{ee'} = \Pr[e_{t+1} = e' \mid e_t = e]$。也就是说，在每次 CM 开始时产生一个（可能新的）太阳黑子，那么在上一个出现的太阳黑子为 e 的条件下，新出现的太阳黑子为 e' 的概率为 $\lambda_{ee'}$。现在我们描述存在外在不确定性时稳态均衡的特征，其中稳态性指的是货币价值 ϕ_e 不依赖于时间，而是依赖于太阳黑子状态的出现。

依照上面相同的推理过程，买方在状态 s 下的货币持有问题为

$$\max_{m \geqslant 0} \{ -\phi_e m + \beta\sigma \{ u[q(\bar{\phi}_e m)] - c[q(\bar{\phi}_e m)] \} + \beta\bar{\phi}_e m \} \tag{3.23}$$

其中，$\bar{\phi}_e = \sum_{e' \in E} \lambda_{ee'} \phi_{e'}$ 是以当前状态 e 为条件的、在下一次 CM 上的货币预期价格。在 $\bar{\phi}_e m \geqslant c(q^*)$ 时有 $q(\bar{\phi}_e m) = q^*$，否则有 $q(\bar{\phi}_e m) = c^{-1}(\bar{\phi}_e m)$。根据式（3.23），在太阳黑子状态 e 下，买方以价格 ϕ_e 购买 m 单位货币。在接着的 DM 上，买方购买 $q(\bar{\phi}_e m)$ 单位商品，并转移 $c[q(\bar{\phi}_e m)]$ 单位实际余额给卖方。在 DM 上，代理人根据货币在 CM 上的预期价值对其进行估值。

买方问题（3.23）的一阶条件加上市场出清条件 $m = M$ 为

$$\phi_e = \beta\bar{\phi}_e \left\{ 1 + \sigma \left\{ \frac{u'[q(\bar{\phi}_e m)]}{c'[q(\bar{\phi}_e m)]} - 1 \right\} \right\} \tag{3.24}$$

如上，货币价值等于其在下一次 CM 上的预期贴现值加上一个流动性溢价因子。如果额外一个单位的货币能放松买方在 DM 双边匹配中的预算约束，那么流动性溢价因子就严格为正。稳态太阳黑子均衡为在 $e = \ell, h$ 时满足式（3.24）的配对 (ϕ_ℓ, ϕ_h)。

由于太阳黑子完全不会影响基本面，因此存在代理人简单忽略太阳黑子的均衡状态 $\phi_\ell = \phi_h = \phi^{ss}$。也可能存在经济从一种状态跳跃到另一种状态的合理的太阳黑子均衡，其中状态与不同的货币价值和 DM 上不同的交易数量相联系。一般而言，可从稳态均衡的多重性中构建太阳黑子均衡。但在我们的例子中，由于其中一种均衡状态因低状态下的货币价值被限制为非负而为非货币均衡，这并不可行。但在具有货币持有成本时（如在第 5.2 部分中），以及在通过两种货币均衡来构建太阳黑子均衡时，这是可行的。正如上面所提到的，在存在时可通过一个两期循环均衡来构建太阳黑子均衡。设 $\lambda_{\ell h} = \lambda_{h\ell} = 1$，那么式（3.24）的解 (ϕ_ℓ, ϕ_h) 是与两期循环中的货币价值相对应的。依据连续性，在 $\lambda_{\ell h}$ 和 $\lambda_{h\ell}$ 接近 1 时，存在着状态改变非确定性的其他合理太阳黑子均衡。

3.2 其他讨价还价解

我们考虑了 DM 上的匹配中买方向卖方提出要么接受要么拒绝的交易协议。该协议之所以有趣，是因为在白天持有货币的代理人有能力获取所有交易盈余。然而，这一安排十分特别，需要对其他备选交易协议的正面意义和规范意义进行考察。现在，我们为 DM 提出一些不同的交易协议，包括其他替代性议价解、代理人为价格接受者的瓦尔拉斯协议、卖方相互竞争以吸引买方的价格发布协议。我们从定义双边匹配中的议价集开始，然后再回顾可替代议价协议的解。

3.2.1 议价集

考虑一个在持有 m 单位货币的买方和没有货币的卖方之间的匹配（将讨论一般化为卖方持有正货币余额的情况更为直观）。协议是配对 (p,d)，其中买方用 $d\in[0,m]$ 单位货币交换卖方生产的 $q\geqslant 0$ 单位的搜索商品。如果协议达成，那么买方效用为 $u^b=u(q)+W^b(m-d)$，卖方效用为 $u^s=-c(q)+W^s(d)$。如果没有达成协议，那么买方效用为 $u_0^b=W^b(m)$，卖方效用为 $u_0^s=W^s(0)$。由 W^b 和 W^s 与货币的线性关系，可得 $u^b=u(q)-\phi d+u_0^b$ 和 $u^s=\phi d-c(q)+u_0^s$。那么，买方从协议获得的剩余为 $u^b-u_0^b=u(q)-\phi d$，卖方剩余是 $u^s-u_0^s=\phi d-c(q)$，而总剩余，即买方和卖方剩余之和，为 $u(q)-c(q)$。

为了说明货币在交换中的作用，假定买方不得花费高于τ单位的货币，$\tau\leqslant m$。当买方能最多花费 τ 单位货币时，用 $\mathcal{S}(\tau)$ 表示买方和卖方的可行效用水平集，即

$$\mathcal{S}(\tau)=\{[u(q)-\phi d+u_0^b,\phi d-c(q)+u_0^s]:d\in[0,\tau]\text{ 且 }q\geqslant 0\}$$

$\mathcal{S}$ 的帕累托前沿的公式是由在 $u^s\geqslant u_0^s$ 时，以 $-c(q)+\phi d\geqslant u^s-u_0^s$ 和 $d\leqslant\tau$ 为条件的规划求解问题 $u^b=\max_{q,d}[u(q)-\phi d]+u_0^b$ 得到的。如果 $\phi\tau\geqslant c(q^*)+u^s-u_0^s$，那么帕累托问题的解为

$$q=q^*$$
$$\phi d=c(q^*)+u^s-u_0^s$$

而如果 $\phi\tau<c(q^*)+u^s-u_0^s$，那么解为

$$q=c^{-1}[\phi\tau-(u^s-u_0^s)]$$
$$d=\tau$$

帕累托前沿的公式为

$$u^s-u_0^s=\begin{cases}u(q^*)-c(q^*)-(u^b-u_0^b), & \text{如 }\phi\tau\geqslant c(q^*)+u^s-u_0^s\\ \phi\tau-c[u^{-1}(u^b-u_0^b+\phi\tau)], & \text{否则}\end{cases}\tag{3.25}$$

如果 τ 单位货币足以购买 q^*，并为卖方带来 $u^s-u_0^s$ 的剩余，即如果有 $\phi\tau\geqslant c(q^*)+u^s-u_0^s$，那么买方和卖方将分别根据 $u^b-u_0^b$ 和 $u^s-u_0^s$ 分割总剩余 $u(q^*)-c(q^*)$。然而，如果 τ 单位货币不足以购买 q^* 和为卖方带来 $u^s-u_0^s$ 的剩余，那么买方会花费完自己所有 τ 单位货币，且有 $q<q^*$。由式（3.25）可知，在 $\phi\tau-c(q^*)-u^s+u_0^s\geqslant 0$ 时有 $d^2u^s/(du^b)^2=0$，否则有 $d^2u^s/(du^b)^2<0$。也就是说，当 $q=q^*$ 时帕累托前沿为线性的，当 $q<q^*$ 时它是严格凹的。

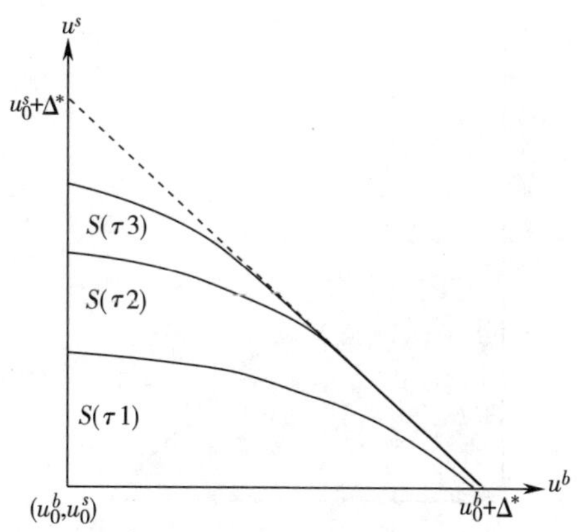

图 3－9 议价集

在图 3－9 中，我们描绘了 $\tau_3 > \tau_2 > \tau_1$ 时的议价集 $\mathcal{S}(\tau)$。一次匹配的最大可能剩余用 Δ^* 表示，其中 $\Delta^* = u(q^*) - c(q^*)$。注意，匹配剩余总是小于图 3－9 议价集 $\mathcal{S}(\tau_1)$ 的 Δ^*，即在构造时，由于有 $\phi\tau < c(q^*)$，对于 $\mathcal{S}(\tau_1)$ 中的所有配置都有 $q < q^*$。对于议价集 $\mathcal{S}(\tau_2)$ 和 $\mathcal{S}(\tau_3)$，交易剩余在各自集合的线性部分处是等于 Δ^* 的。但在前沿严格凹时，交易都具有 $q < q^*$ 的特征。注意，在买方有能力使用多于其货币持有量的货币时，即 $\mathcal{S}(\tau_1) \subset \mathcal{S}(\tau_2) \subset \mathcal{S}(\tau_3)$，议价集要更大。议价集的扩展描述了这样的思想，即不可兑现货币允许交易者实现在其他情况下无法获得的效用和产出水平。

3.2.2 纳什解

议价问题的解可以被解释成一个为每次议价博弈指定一对效用水平的函数。一般纳什解为最大化交易中买卖双方剩余的加权几何平均值，其中权重由代理人的议价能力给出。图 3－10 给出了纳什解的图形描述。由 $\mathcal{S}$ 标识的灰色阴影部分代表买方和卖方的激励可行效用水平集，即议价集，而议价解即为该集合中的某一点。由于纳什解是帕累托有效的，该解也就位于帕累托前沿上。向下倾斜的凸形曲线代表了具有相同加权几何平均值的代理人剩余的集合。纳什解由该曲线与议价解的切点给出。由于在图 3－10 中，切点出现在帕累托前沿严格为凹的部分，纳什解在此处的部分特征是 $q < q^*$。

在我们的货币环境中，一般纳什解 $[q(m), d(m)]$ 可被表示为

$$[q(m), d(m)] = \arg\max_{q,d \leqslant m} [u(q) - \phi d]^{\theta} [-c(q) + \phi d]^{1-\theta} \tag{3.26}$$

其中，$\theta \in [0,1]$ 代表买方的议价能力；$1-\theta$ 代表卖方的议价能力；m 为买方的货币持有。如果约束 $d \leqslant m$ 非紧，那么式（3.26）的解为

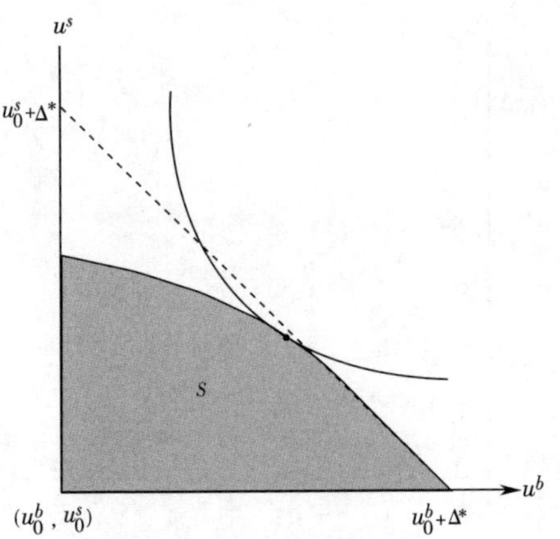

图 3-10 纳什解

$$q = q^*$$

$$d = m^* \equiv \frac{(1-\theta)u(q^*) + \theta c(q^*)}{\phi}$$

但如果 $m < m^*$，那么约束 $d \leqslant m$ 就是紧的，即有 $d = m$。在这种情况下，DM 产出水平的一般纳什解可被表示为

$$\arg\max_q [\theta \ln(u(q) - \phi m) + (1-\theta)\ln(-c(q) + \phi m)] \tag{3.27}$$

式（3.27）的解为

$$\phi m \equiv z_\theta(q) = \frac{(1-\theta)c'(q)u(q) + \theta u'(q)c(q)}{\theta u'(q) + (1-\theta)c'(q)} \tag{3.28}$$

根据式（3.28），为了购买 $q < q^*$ 单位的产出，买方花掉其所有货币，而 DM 产出 $q < q^*$ 由买方消费 q 的效用与卖方生产 q 的负效用的加权平均值所决定。由式（3.26）和式（3.27），结果 $[q(m), d(m)]$ 显然应该因为卖方价值函数的线性性质而独立于卖方的货币余额。由于货币持有成本很高，卖方的货币持有并不影响交易条件，卖方也不会在 CM 上积累货币并将其代入 DM。

在本章余下部分，我们将重点研究稳态均衡。那么，买方的 DM 价值函数为

$$V^b(m) = \sigma\{u[q(m)] + W^b[m - d(m)]\} + (1-\sigma)W^b(m) \tag{3.29}$$

由于买方的 CM 价值函数与货币成线性关系，即 $W^b(m) = \phi m + W^b(0)$，其货币持有选择由下式的解给出

$$\max_{m \in \mathbb{R}_+} \{-r\phi m + \sigma\{u[q(m)] - \phi d(m)\}\} \tag{3.30}$$

只要 $r > 0$，买方就绝不会在 CM 上积累多于其在 DM 中花费的余额，即 $d = m \leqslant m^*$。由式（3.28）和式（3.30），稳态均衡时买方在 DM 上的消费选择为

$$\max_{q \in [0, q^*]} \{-rz_\theta(q) + \sigma[u(q) - z_\theta(q)]\} \tag{3.31}$$

注意，问题式（3.31）是问题式（3.13）在 $\phi_t = \phi_{t+1} = \phi$ 时的一般化，在后者中，买方拥有所有的议价能力。买方最大化其 DM 交易的期望剩余 $\sigma[u(q) - z_\theta(q)]$ 与实际余额持有成本 $rz_\theta(q)$ 之间的差。目标函数式（3.31）并不要求是凹的，因为 $z_\theta(q)$ 并不是凸的，它是连续的，q 的选择在紧集 $[0, q^*]$ 中。所以解存在。

假设一个内解，式（3.31）的一阶条件为

$$\frac{u'(q)}{z'_\theta(q)} = 1 + \frac{r}{\sigma} \tag{3.32}$$

如果 $\theta = 1$，那么有 $z_\theta(q) = c(q)$，且式（3.32）的解与式（3.16）相一致。特别地，当 r 趋近于 0，DM 上的交易量趋近于 q^*。但相比之下，如果 $\theta < 1$，那么即使在极限 $r \to 0$ 下也有 $q < q^*$。为了看清这一点，我们可以将式（3.28）中实际余额与产出之间的关系表示为

$$z_\theta(q) = [1 - \Theta(q)]u(q) + \Theta(q)c(q) \tag{3.33}$$

其中

$$\Theta(q) = \frac{\theta u'(q)}{\theta u'(q) + (1 - \theta)c'(q)}$$

易证，对于所有 q，有 $\Theta(q^*) = \theta$ 和 $\Theta'(q) < 0$。因此有 $z'_\theta(q^*) = u'(q^*) - \Theta'(q^*)[u(q^*) - c(q^*)] > u'(q^*)$。那么当 q 趋近于 q^* 时，买方剩余 $u(q) - z_\theta(q)$ 将下降。与 $q < q^*$ 增长相关的效应有两个：第一，总匹配剩余 $u(q) - c(q)$ 将增加；第二，买方的剩余份额将下降。在 q 趋近于 q^* 时，第二个效应高于第一个效应。这导致，即使持有实际余额几乎没有成本，$r \approx 0$，买方也不会将足够的实际余额代入 DM 以能购买 q^*。那么，除了贴现所造成的货币无效率外，还存在与纳什议价解相关的无效率。这一结果是买方剩余并不总是随着其实际余额的增长而增长所造成的：一般纳什议价解被认为是非单调的。

注意，如果买方没有议价能力，即 $\theta = 0$，那么 $z_\theta(q) = u(q)$，问题式（3.31）的解为 $q = 0$。由于买方无法从购买卖方搜索商品中得到任何剩余，且积累实际余额的成本昂贵，那么买方的最优选择就是不在 DM 上进行交易。所以交易发生的必要条件是 $\theta > 0$，且买方必须具有一定的议价能力。

3.2.3 比例解

与一般纳什解形成对比的是，比例议价解要求代理人的剩余随议价集的扩展而增加，即解是单调的。比例议价解也是帕累托有效的，即 (u^b, u^s) 位于 $\mathcal{S}$ 的帕累托前沿上，且每位参与者都在交易剩余中获得固定份额，即有 $u(q) - \phi d = \theta[u(q) - c(q)]$ 和 $-c(q) + \phi d = (1 - \theta)[u(q) - c(q)]$ 或

$$u^b - u_0^b = \frac{\theta}{1-\theta}(u^s - u_0^s) \tag{3.34}$$

其中，如前所述，$\theta \in (0,1]$ 为买方的议价能力。比例议价解的结果如图 3－11 所示。

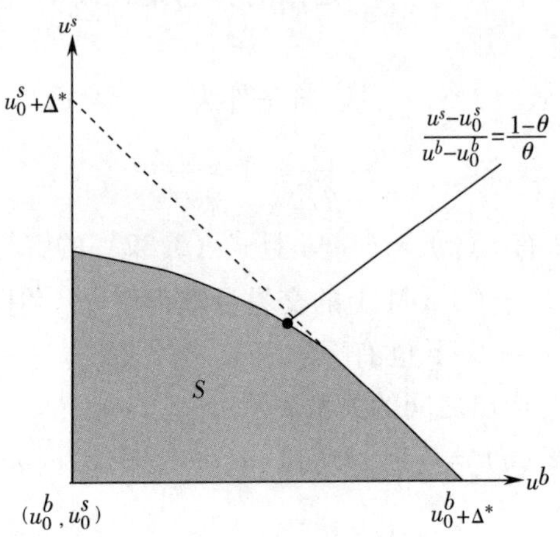

图 3－11　比例议价解

在我们货币模型的背景下，(q,d) 为下面问题的解

$$(q,d) = \arg\max_{d \leqslant m}[u(q) - \phi d] \tag{3.35}$$

$$s.t.\ \ u(q) - \phi d = \frac{\theta}{1-\theta}[\phi d - c(q)] \tag{3.36}$$

$$\text{以及 } d \leqslant m \tag{3.37}$$

将 ϕd 在式（3.36）的表达式 $\phi d = (1-\theta)u(q) + \theta c(q)$ 代入式（3.35）和式（3.37），那么这一问题就可被简化为

$$q = \arg\max_{q} \theta[u(q) - c(q)] \tag{3.38}$$

$$s.t.\ \ (1-\theta)u(q) + \theta c(q) \leqslant \phi m \tag{3.39}$$

如果式（3.39）是紧的，那么 q 就简单地是下式的解

$$\phi m \equiv z_\theta(q) = \theta c(q) + (1-\theta)u(q) \tag{3.40}$$

该式类似于纳什解式（3.33），只是在纳什解中买方份额 $\Theta(q)$ 是 q 的函数，而在比例解中它是一个常量。

买方在 DM 中的问题由式（3.31）给出，后者结合式（3.40）可被重写为

$$\max_{q \in [0,q^*]} \{-rz_\theta(q) + \sigma\theta[u(q) - c(q)]\} \tag{3.41}$$

或者

$$\max_{q \in [0,q^*]} \{[\sigma\theta - r(1-\theta)]u(q) - (r+\sigma)\theta c(q)\} \tag{3.42}$$

这里的分析假设式（3.39）是紧的，但需要指出的是，只要 $r>0$，式（3.39）就总是紧的。买方 CM 问题存在正解的一个必要条件是 $\sigma\theta-r(1-\theta)>0$ 或 $\theta/(1-\theta)>r/\sigma$。此条件意味着，在货币有价值时，买方必须要有足够的议价能力。如果 $\theta/(1-\theta)>r/\sigma$，那么买方在式（3.42）中的目标是严格凹的。式（3.42）的一阶条件由式（3.32）给出。结合式（3.40），此条件可被重写为

$$\frac{u'(q)-c'(q)}{z'_{\theta}(q)}=\frac{r}{\theta\sigma} \tag{3.43}$$

式（3.43）的左边部分是由买方的实际余额增加而带来的匹配剩余的边际增加，而式（3.43）的右边部分是由贴现率 r、搜索摩擦 σ 和买方议价能力 θ 所带来的货币进入的价值。卖方议价能力的增长（会导致 θ 下降）会由于敲竹杠问题提高货币进入的价值。由于买方持有实际余额要付出相应成本 r/σ 但仅获得 θ 部分的匹配剩余，所以他将倾向于减少对实际余额的投资。可以看出，q 随着 θ 的增长而增长。

当 r 趋近于 0 时，持有实际余额的成本和敲竹杠问题都逐渐消失。这导致在 r 趋近于 0 时，匹配产出趋近于 q^*，这与一般纳什解不同。在比例解中，买方剩余随其实际余额的增加而严格递增，直到匹配产出达到 q^* 水平。因此，如果持有货币余额的成本为 0，那么买方会积累足够的实际余额用于购买有效水平的搜索商品 q^*。

3.3 瓦尔拉斯价格接受

目前为止我们假设的是买方和卖方在 DM 上进行双边匹配。我们偏好这种安排是因为它提供了一个关于交易如何发生和价格如何形成的清晰描述。我们将在后续几章中说明双边匹配假设对于产生特定最优价格结果和不同回报率下资产的并存是至关重要的。然而在经济学中，竞争性市场理念是无处不在的。我们可以通过假设买方和卖方在白天的竞争性市场上进行大规模群体匹配而且代理人是匿名的，以允许在 DM 上实施这样的交易协议。

由于代理人在白天是匿名的，他们就无法使用信用安排。我们仍将白天市场标记为分散化市场 DM，并将异质性匹配冲击 σ 重新解释为偏好和生产率冲击。特别的，σ 部分的买方希望在白天进行消费，而 $1-\sigma$ 部分不希望；σ 部分的卖方有能力进行生产，而 $1-\sigma$ 部分不行。我们用晚上商品将白天商品价格标示为 p，即如果 $\hat{p}$ 为 1 单位 DM 产出的美元价格，ϕ 为可用 1 美元购买的 CM 商品的

数量，那么有 $p \equiv \hat{p}\phi$。

一位活跃的卖方，即能进行生产的卖方，在DM上所面临的问题是选择供给量 q^s。该问题由下式给出

$$q^s = \arg\max_q[-c(q) + pq] \tag{3.44}$$

此问题的一阶条件为

$$p = c'(q^s) \tag{3.45}$$

卖方会一直生产，直到他们的边际负效用等于DM商品用CM商品度量的实际价格。

买方在CM上面临的问题是选择代入多少货币进入DM或者等价地消费多少DM商品。买方将在获知其在DM上是否活跃之前作出这一选择。买方的问题为

$$q^b = \arg\max_q\{-rpq + \sigma[u(q) - pq]\} \tag{3.46}$$

由式（3.46），为了在DM上消费 q，买方必须在CM上积累 pq 的实际余额（由下一期CM产出度量），其中实际余额持有成本等于时间偏好率 r。式（3.46）的一阶条件为

$$u'(q^b) = (1 + \frac{r}{\sigma})p \tag{3.47}$$

由式（3.47），在买方的边际消费效用和DM上的商品价格之间存在等于 r/σ 的货币进入价值。它的出现是因为买方必须在进入DM前积累实际余额。同样的，这里存在着买方在遭受偏好冲击（即不再想进行消费）时将不再需要实际余额的风险。

因为活跃买方和卖方的测度都等于 σ，那么DM商品市场的出清条件要求 $q^b = q^s = q$。由式（3.45）和式（3.47）有

$$\frac{u'(q)}{c'(q)} = 1 + \frac{r}{\sigma} \tag{3.48}$$

该等式与买方拥有所有议价能力的议价协议所得到的结果式（3.17）是相同的。在这两种情况下，当 r 趋近于0时，q 都趋近于 q^*。

货币价值由 $pq = \phi M$ 的解给出，由式（3.45）意味着有 $c'(q)q = \phi M$ 或 $\phi = \frac{c'(q)q}{M}$。如果 $c(q)$ 是严格凸的，$c'(q)q > c(q)$，那么货币价值会大于买方提出要么接受要么拒绝报价的议价环境结果。直观上，如果买方提出要么接受要么拒绝的报价，DM商品将根据平均成本定价，而如果定价是瓦尔拉斯式的，那么DM商品将根据边际成本定价。那么后者中的货币价值将大于前者中的货币价值。

3.4 竞争性价格公告

在许多市场中，卖方发布其商品价格。买方观察这些价格或合约，然后决定在哪里购买。我们通过引入竞争性搜索概念来规范化交易过程。竞争性搜索的提出为存在代理人成对匹配、其参与决策与市场厚度和拥挤的外部性相关的环境中的竞争提供了基础。通过使卖方在匹配形成前相互竞争，竞争性搜索为特定市场中的拥挤程度或等待时间提供定价，在这样的市场中，代理人获得的剩余反映了其对匹配过程的社会贡献。

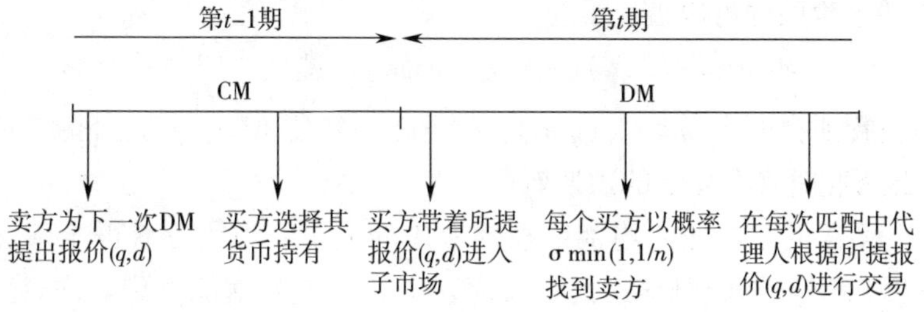

图 3-12 竞争性搜索：事件的时间安排

我们假定经济是由 DM 上的多个不同子市场所组成的，其中子市场之间是根据其交易条件 (q,d) 来加以区分的。第 t 期 DM 商品的交易条件由卖方在前一晚（第 $t-1$ 期）开始时提出。卖方可以对其所发布的价格作出承诺。买方可以观察到所有子市场的所有交易条件。基于这些被观察到的交易条件，买方决定他们在后续 DM 上将要进入哪个子市场，以及在 CM 上积累多少实际余额。具体时间安排由图 3-12 给出。

子市场并不是无摩擦的。竞争性搜索环境中所存在的搜索摩擦试图包含商品的异质性和产能约束。例如，在每个子市场上，买方和卖方都面临无法被匹配的风险。那么即使买方能在其知道交易条件的地方进行搜索，他依然必须找到生产其所需商品类型的卖方来进行匹配。另外，即使买方找到了合适的卖方，卖方也可能面临产能约束，如只能为一名买方进行生产。

我们可以更为正式地描述匹配过程。假设在交易条件为 (q,d) 的子市场上存在测度为 B 的买方和测度为 S 的卖方。买方占卖方的比率为 $n=B/S$。匹配技术将子市场上的匹配测度规定为匹配摩擦 σ 和买卖双方测度的一个函数。我们假设匹配技术由 $\sigma\min(B,S)$ 给出，即匹配测度为市场短边代理人测度的 σ 部分。当 $\sigma=1$ 时，市场短边的所有代理人都被匹配。而实际被匹配的买方和卖方是在其各自子市场上被随机选取的。那么买方的匹配率为 $\sigma\min(B,S)/B=$

$\sigma\min(1,1/n)$，而卖方的匹配率则为 $\sigma\min(B,S)/S = \sigma\min(n,1)$。

当卖方在晚上的子期开始时提出其交易条件，他就接受了在买方选择最优子市场以搜索卖方时所期望获得的效用。如用 U^b 代表 DM 上买方减去实际余额持有成本后的预期剩余，那么在任何活跃的子市场中都有

$$-r\phi d + \sigma\min\left(1,\frac{1}{n}\right)[u(q) - \phi d] = U^b \quad (3.49)$$

卖方对其交易条件的选择 (q,d) 决定了其子市场上的队列长度 n，其中 n 由式（3.49）的解给出。队列长度使得买方在进入与交易条件 (q,d) 相联系的某个子市场和进入能保证其预期效用等于 U^b 的其他最佳子市场之间是没有差异的。

卖方的报价问题可以被表示为

$$\max_{q,d,n}\sigma\min(1,n)[-c(q) + \phi d]，遵从式(3.49) \quad (3.50)$$

卖方选择所提的交易条件 (q,d)，并通过约束式（3.49）选择隐含的队列长度 n，以最大化其在 DM 上的预期效用。

用 $\overline{U}^b$ 代表买方在任何均衡中预期效用的上限。当买方获得全部交易剩余 $u(q) - c(q)$，且其匹配概率达到最大值 σ 时，该上限就能达到。这时，买方仅会携带足够实际余额以补偿卖方的产出成本 $c(q)$。更正式地，买方预期效用的上限为

$$\overline{U}^b = \max_q\{-r\phi d + \sigma[u(q) - \phi d]\}, s.t. \ -c(q) + \phi d = 0,$$

或者 $\overline{U}^b = \max_q\{-rc(q) + \sigma[u(q) - c(q)]\}$。

从定性上说，买方的期望效用 U^b 会落入下面四个范围中的一个。

1. 如果 $U^b > \overline{U}^b$，卖方没有激励去创建市场或是提出报价，因为他们无法在不给自己带来负回报的前提下使买方实现其市场预期效用。显然，$U^b > \overline{U}^b$ 与均衡是不一致的。

2. 如果 $U^b = \overline{U}^b$，那么买方的剩余会达到最大值。式（3.50）的任何解都意味着买方得到了全部的匹配剩余，即 $\phi d = c(q)$，而且它们是子市场短边，即 $n \leqslant 1$。因此，卖方的剩余为 0。

3. 如果 $U^b \in (0,\overline{U}^b)$，那么有 $u(q) - \phi d > 0$。但这意味着 $n > 1$ 不会是一个均衡，即式（3.50）的解。如果 $n > 1$ 是一个解，那么卖方会稍微增加 d，以通过式（3.49）使 n 下降，但依然保持大于或等于 1。这样，卖方的期望效用会增加，这形成矛盾。直观地，如果 $n > 1$，那么在买方一边就会形成拥挤。卖方无法从这样的拥挤中获利，因为他们的匹配概率为 σ，这是独立于 n 的，买方必须通过更好的交易条件为拥挤得到补偿。显然，消除拥挤对于卖方是最优的，因为这样做能在不影响其匹配概率的情况下为自己带来更好的交易条件。因此，

在任何均衡下都必须有 $n \leqslant 1$。因为 $n \leqslant 1$，那么 $\min(1,1/n) = 1$。如果我们用 $\min(1,1/n) = 1$ 替换由式（3.49）给出的 ϕd 并代入目标函数式（3.50），卖方的问题就变为

$$\max_{q,n\leqslant 1}\left\{\sigma n\frac{-rc(q)+\sigma[u(q)-c(q)]-U^b}{r+\sigma}\right\} \tag{3.51}$$

假设有一个内解，针对 q 的一阶条件为

$$\frac{u'(q)}{c'(q)} = 1+\frac{r}{\sigma} \tag{3.52}$$

因此，$U^b \in (0,\overline{U^b})$ 时的交易量与瓦尔拉斯价格接受协议和买方拥有所有议价能力的议价协议情况下是相同的。最后，如果 $U^b \in (0,\overline{U^b})$，式（3.51）中括号内的比例表达式将是严格为正的，这意味着 $n=1$ 是一个解。

4. 如果 $U^b = 0$，那么买方在是否（主动）参与 DM 上是无差异的。如果买方参与，那么式（3.50）的解为 $n=1$ 和式（3.52）的解为 q。货币转移价值 d 将调整到使式（3.49）的左边为0。也会存在部分买方选择不参与并进入一个非活跃子市场，在该子市场上有 $d=q=0$ 和 $n=\infty$，即 $\sigma\min(1,1/n)=0$，见约束式（3.49）。

作为买方的均衡价值 U^b 的决定将使得不同子市场中单位卖方的买方测度与经济中买方和卖方的测度相一致。假设市场是由 1 单位测度的卖方和 N 单位测度的买方所组成，其中 $N>0$。然后，我们可以定义卖方对活跃买方的总需求 N^d 和活跃买方的总供给 N^s 为

$$N^d \equiv \int n(j)\,\mathrm{d}j = N^s \equiv N - n_0 \tag{3.53}$$

式中，$n(j)$ 为卖方 j 的子市场上，单位卖方的买方测度；n_0 为不参与买方——即进入非活跃子市场的买方——的测度。由以上结果可知，如果 $U^b < \overline{U^b}$，那么从第 3 点和第 4 点可得 $\int n(j)\,\mathrm{d}j = 1$。而且，如果 $U^b > 0$，那么有 $n_0 = 0$ 和 $N^s = N$。如果 $U^b = \overline{U^b}$，那么由第 2 点，有 $n(j) \in [0,1]$ 和 $\int n(j)\,\mathrm{d}j \in [0,1]$。最后，如果 $U^b = 0$，那么由第 4 点，买方在是否参与上是无差异的，这意味着 $n_0 \in [0,N]$ 和 $n^s \in [0,N]$。

我们在图 3－13 中描绘了多种均衡结果。图 3－13 中标识为 N^d 的阶梯函数代表了不同买方剩余水平下所有子市场上卖方对买方的总需求量。标识为 N^s 的阶梯函数代表了愿意参与的买方——即活跃买方——的总量。注意阶梯函数 N^s 对应的是 $N>1$ 的情况。使买方总供给等于买方总需求的“市场出清价格”为买方的预期效用 U^b。

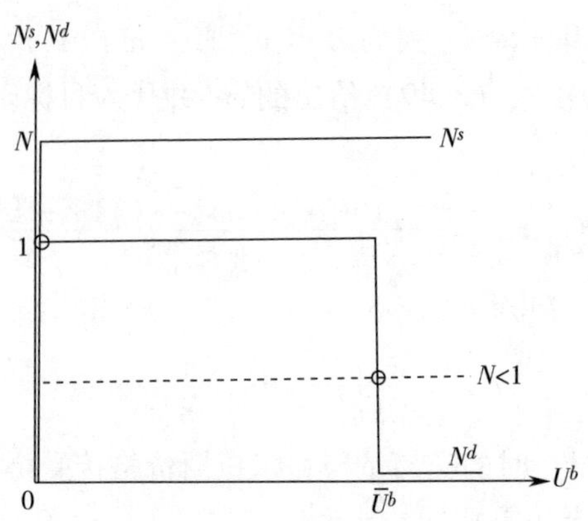

图 3－13　存在报价时的均衡

如果 $N>1$，那么有 $U^b=0$，因为在图 3－13 中，N^b 和 N^d 在 $U^b=0$ 处相交。在任何均衡中，对于所有卖方有 $n(j)=1$。测度为 $N=1$ 的买方进入非活跃市场，而单位测度的买方会将自己与卖方实现一对一配对。非活跃买方获得 0 效用，因为他们在 DM 上是非活跃的，他们不会在 CM 上积累实际余额。活跃的单位测度买方也同样获得 0 效用，且卖方提出符合约束式（3.49）和具有特征 $\phi d=[\sigma/(r+\sigma)]u(q)$ 的价格。

如果 $N<1$，那么有 $U^b=\bar{U}^b$，因为在图 3－13 中代表 $N<1$ 下活跃买方供给的水平虚线在 $U^b=\bar{U}^b$ 处与 N^d 相交。在任何均衡中，对于所有卖方 j 有 $n(j)\leqslant 1$。卖方提出的合约 (q,d) 在卖方获得 0 剩余——即 $\phi d=c(q)$——的条件下，最大化买方的预期剩余。这一结果与买方拥有所有议价能力时的议价协议结果是一致的，因为买方是市场的短边且拥有所有的市场能力。

最后，如果 $N=1$，那么有 $U^b\in[0,\bar{U}^b]$，因为图 3－13 中从 1 出发的水平线及其延长线代表了 $N=1$ 时的活跃买方供给。在任何均衡中，对于所有卖方 j 有 $n(j)=1$，q 由式（3.52）决定，且有 $\phi d\in\left[c(q),\frac{\sigma}{r+\sigma}u(q)\right]$。货币的稳态价值是未确定的，因为买方的市场价值 U^b 是未确定的，其中未确定性源自匹配剩余的可能的不同分割方式，即 $U^b\in[0,\bar{U}^b]$。此结果集由图 3－13 中高度为 1 的水平线在 $U^b=0$ 和 $U^b=\bar{U}^b$ 之间的部分所表示。

3.5　进一步阅读

可分离货币的搜索模型包括 Shi（1997），Green 和 Zhou（1998，2002），Lagos 和 Wright（2005），Laing、Li 和 Wang（2007），Faig（2008）。此部分采用的

形式化模型来自 Lagos 和 Wright（2005）。Aliprantis、Camera 和 Puzzello（2006，2007）为此模型提供了匿名性的正式定义。Wright（2010）提出了货币稳定状态的唯一性证明。Duffy 和 Puzzello（2014，2015）在实验室研究了 Lagos - Wright 模型。Shi（1997a）的大家庭模型在附录中介绍。Wallace（1980）和 Townsend（1980）对其他货币交换模型作了综述。

Kamiya 和 Sato（2004），Kamiya、Morishita 以及 Shimizu（2005），Kamiya 和 Shimizu（2006，2007a，2007b）研究了在不可兑现货币完全可分的匹配模型中，稳态均衡的真正不确定性和货币持有的非退化配置。

Wright（1994，1995）研究了 Kiyotaki 和 Wright（1989，1993）模型的动态版本和太阳黑子均衡的存在性。可参见 Ennis（2001）的存在实物交易的 Shi - Trejo - Wright 模型中的太阳黑子均衡。Coles 和 Wright（1998）用不可分货币而不是可分商品检验了 Shi - Trejos - Wright 模型的非稳态均衡。他们为稳态状态外的议价博弈提供了明确的特征描述，并得出与公理化纳什解不一样的结果。Ennis（2004）研究了太阳黑子均衡背景下的 Coles - Wright 议价解。Lagos 和 Wright（2003）研究了在可分货币搜索模型背景下的动态货币均衡。他们表明，此模型可以产生类型广泛的均衡，包括循环均衡、混沌均衡和太阳黑子均衡。Baranowski（2015），Branch 和 McGough（2016）描绘了在学习和异质信念下 Lagos - Wright 模型的动态性。基于叠代模型的相关动态模型研究参见 Grandmont（1985）和 Tirole（1985）。Lomeli 和 Temzelides（2002）发现，在要么接受要么拒绝类型的报价下，离散随机匹配货币模型的动态均衡为标准叠代模型中动态均衡的一个“译本”。Azariadis（1993）是一本很好的关于叠代经济背景下动态系统、相图、循环均衡和太阳黑子均衡的参考书。

追溯到 Shi（1995）、Trejos 和 Wright（1993，1995），货币搜索模型就开始使用一般纳什议价解或不同报价类型的扩展议价博弈来决定双边匹配中的交易条件。通过议价形成市场的方法在 Osborne 和 Rubinstein（1990）中得以发展。

Rocheteau 和 Wright（2005）以及 Aruoba、Rocheteau 和 Waller（2007）比较了不同的议价解和不同的定价机制，包括价格接受和竞争性价格发布（或竞争性搜索）。Jean、Rabinovich 以及 Wright（2010）研究了不可分商品的价格公告。Dong 和 Jiang（2014）研究了私人信息下无定向搜索的价格公告。Silva（2015）合并了垄断性竞争与内生变量。

带有里昂惕夫（Leontief）匹配函数的竞争性搜索（本章使用了此公式）是由 Faig 和 Jerez（2006）提出的。Moen（1997）提出了在劳动市场搜索模型背景下的竞争性搜索均衡概念。也可参见 Mortensen 和 Wright（2002），而具有一定相关性的概念可参见 Howitt（2005）。Galenianos 和 Kircher（2008）研究了不可分商品的拍卖，并表明他们的模型生成了货币余额和价格的一种分布。Julien、Kennes 和 King（2008）考察了可分商品和不可分货币下的价格发布。Dutu、Julien 和 King（2012）研究了价格发布和卖方可自由进入的拍卖机制，并确定了拍卖（价格分散）优于价格发布的条件（没有分散）。

我们论证了在没有强制执行的世界里，货币能支持交易。与此相反，Camera和 Gioffre（2014）描绘了一个在缺乏足够的执行机构时货币均衡会崩溃的博弈。

附录

A.1 差分方程式（3.16）

我们将证明差分方程式（3.16）的一些性质，该方程定义了可分货币经济的一种均衡。首先，我们表明当 $\phi_{t+1}\to 0$ 时式（3.16）的右边也趋近于0。要得到这一点，对于满足 $\phi_{t+1} < c(q^*)/M$ 的所有 ϕ_{t+1}，式（3.16）的右边为

$$
\begin{aligned}
RHS &= \beta\phi_{t+1}\left\{1-\sigma+\sigma\left[\frac{u'\circ c^{-1}(\phi_{t+1}M)}{c'\circ c^{-1}(\phi_{t+1}M)}\right]\right\} \\
&= (1-\sigma)\beta\phi_{t+1}+\beta\phi_{t+1}\sigma\left[\frac{u'\circ c^{-1}(\phi_{t+1}M)}{c'\circ c^{-1}(\phi_{t+1}M)}\right] \\
&= M^{-1}\left\{\beta c(q_{t+1})(1-\sigma)+\beta\sigma\left[\frac{q_{t+1}u'(q_{t+1})/u(q_{t+1})}{q_{t+1}c'(q_{t+1})/c(q_{t+1})}\right]u(q+1)\right\}
\end{aligned}
$$

式中，$c(q_{t+1})=\phi_{t+1}M$。因为 $q_{t+1}u'(q_{t+1})/u(q_{t+1})\leqslant 1$ 和 $q_{t+1}c'(q_{t+1})/c(q_{t+1})\geqslant 1$，所以有 $RHS\leqslant M^{-1}\{\beta c(q_{t+1})(1-\sigma)+\beta\sigma u(q+1)\}$。

但随着 q_{t+1} 趋近于0，$\beta c(q_{t+1})(1-\sigma)+\beta\sigma u(q+1)$ 也趋近于0。因此，$\phi_t=\phi_{t+1}=0$ 是式（3.16）的一个解。

其次，我们评估了正稳态均衡 $\phi^{ss}>0$ 下由式（3.16）所定义的相线的斜率。就式（3.16）对 ϕ_{t+1} 求导，以使 $\phi_{t+1}<c(q^*)/M$，并运用式（3.17）得到

$$
\frac{\partial\phi_t}{\partial\phi_{t+1}} = 1+\sigma\beta\phi^{s}M\left[\frac{u''(q^{ss})c'(q^{ss})-u'(q^{ss})c''(q^{ss})}{[c'(q^{ss})]^3}\right]<1
$$

式中，$q^{ss}=c^{-1}(\phi^{ss}M)$。在区间（$\phi_t$，$\phi_{t+1}$）中，代表 RHS 的相线从下与45°直线相交。

A.2 Shi（1997）的大家庭模型

在第4.1部分中，我们描述了一个简单的带有可分货币的搜索理论模型。尽管在DM上存在异质性交易冲击，在每期开始时的货币持有分配是退化的，这保证了模型的可处理性。这一结果得益于第二个子期中的竞争性市场和拟线性偏好。前者允许代理人对其货币持有进行重新调节，而后者消除了财富效应，使得代理人的货币持有选择独立于其在前期非集中市场上的交易历史。

第一个带可分货币和退化型货币持有分配的搜索模型是由Shi（1997，1999，2001）所提出的。该模型并不假设竞争性市场或者拟线性偏好。保证模型可处理性的技巧借鉴了Lucas（1990），它假设家庭是由能共同使用货币持有的大量成员所构成，从而针对DM上的异质性交易冲击提供了保险。我们将描述与本书中所用模型类似的大家庭模型的轻微修正版本。

每个家庭由一单位测度的买方和一单位测度的卖方构成。买方和卖方执行不同的任务，但将家庭效用看作是共同目标。买方试图用货币交换消费品，而卖方试图为了货币生产商品。在执行这些任务时，家庭成员遵循由其家庭赋予他们的策略。在每一期，既定家庭的卖方与另一个家庭的买方相匹配的概率为σ，且买方与另一个家庭卖方相匹配的概率为σ。在每一期期末，同一家庭的买方和卖方共同使用其货币持有，这消除了家庭的总不确定性。最后，家庭的效用被定义为其成员效用之和。

我们用家庭h表示一个任意家庭。该家庭的决策变量由小写字母标识。大写字母则标识该代表性家庭h既定的其他家庭变量。由于我们关注于稳态均衡，所以忽略时间指标t。尽管如此，与下一期相对应的变量用$+1$标识，而与上一期相对应的则用-1标识。

一期内的事件时间安排如下：在每一期开始时，家庭h每位买方拥有m单位货币，并在买方中间均匀分布。家庭为其成员规定交易策略。然后代理人被匹配并根据所规定的策略实施其交易。在期间内，买方无法向同一家庭的其他成员转移其任何货币。在交易结束后，买方消费其获得的商品，而卖方将其通过生产所获得的货币带回家庭。在期末，家庭持有到$t+1$期的货币持有量为m_{+1}。

经济中的货币量被假设为常数，且等于每位买家M单位。家庭h的货币（间接）边际效用为$\phi=\beta V'(m_{+1})$，其中$V(m)$为持有m单位货币的家庭的生命期贴现效用。

我们假设双边匹配的交易条件由买方提出的要么接受要么拒绝报价所决定。

当匹配时，家庭成员无法观察到其交易伙伴的货币边际价值$\beta V'(m_{+1})$。这导致家庭的策略依赖于其潜在议价伙伴对货币估值的分布状况。在对称性均衡中，该分布是退化的：所有家庭具有相同的货币边际价值Φ。

买方提出的要么接受要么拒绝报价为成对的（q，d），其中q为卖方为获得d单位货币所生产的商品量。如果卖方接受该报价，那么所获得的货币d被加到下一期开始时其家庭的货币余额上。由于每一位卖方是互不相干的，卖方所获得的货币量将按边际货币效用Φ进行估值。由于生产q的卖方成本为$c(q)$，卖方在$\Phi d \geqslant c(q)$时接受报价(q,d)。那么任何最优报价——从买方家庭视角的最优报价——满足

$$\Phi d = c(q) \tag{3.54}$$

由于买方无法将多于其所拥有的货币用于交易，报价（q，d）满足

$$d \leqslant m \tag{3.55}$$

在每一期，家庭h选择m_{+1}和交易条件（q，d）以满足如下问题

$$V(m) = \max_{q,d,m_{+1}} \{\sigma[u(q) - c(Q)] + \beta V(m_{+1})\} \tag{3.56}$$

条件为式（3.54）和式（3.55），以及

$$m_{+1} - m = \sigma(D - d) \tag{3.57}$$

上面问题中的既定变量为状态变量m和其他家庭的选择Q和D。最大化式（3.56）中的第一项σu（q）规定了家庭的消费效用。该效用被定义为其所有成员效用之和（记住在家庭层面不存在整体不确定性）。买方的测度为1，与一个合适卖方匹配的概率为σ，这使得在每期中一位买方实现单重契合匹配的数量为σ。最大化式中的第二项$-\sigma c$（q）规定了家庭生产的负效用。

家庭货币余额的动态规律由式（3.57）给出。右边的第一项为卖方由商品生产的货币获得量，第二项为买方在用货币交换商品时的消费量。

如果用λ表示与约束式（3.55）相关的乘数，在认识到这些约束只有在买方参与到发生概率为σ的单重契合匹配中时才有效，并注意到式（3.54）可被写为$q = c^{-1}(\Phi d)$后，家庭的问题式（3.56）和式（3.57）可被表示为

$$V(m) = \max_{d} \sigma[u \circ c^{-1}(\Phi d) - c(Q)] + \beta V[m + \sigma(D - d)] + \sigma\lambda(m - d)$$

一阶条件和包络条件为

$$\frac{u'(q)}{c'(q)} = \frac{\lambda + \phi}{\Phi} \tag{3.58}$$

$$\lambda(d - m) = 0 \tag{3.59}$$

$$\frac{\phi_{-1}}{\beta} = \sigma\lambda + \phi \tag{3.60}$$

式（3.58）表明，对于匹配中的买方而言，边际消费效用必须等于要获得额外商品必须支付的货币量的机会成本。要购买额外 1 单位的商品，买方必须放弃 $c'(q)/\Phi$ 单位的货币［见式（3.54）］。增加货币支付对买方而言存在两个成本。他放弃了货币的未来价值 ϕ，而且要面对更严格的约束［见式（3.55）］。ϕ 和 λ 一起测度了在交换货币时获得更大数量商品的边际成本。式（3.59）是与乘数 λ 相关的库恩—塔克（Kuhn - Tucker）条件。最后，式（3.60）描述了货币边际价值的演变。它表明，今天的货币边际价值 $\phi_{-1}/\beta = V'(m)$ 等于明天货币边际价值的贴现值 $\phi = \beta V'(m_+)$ 加上放松未来现金约束的边际收益 $\sigma\lambda$。

我们关注于对称的稳态均衡，其中货币价值对于所有家庭和所有时间都是相同的，$\phi = \Phi$。此外，对称性意味着与家庭 h 相关的不同变量的值都等于所有其他家庭的相同变量的值。这使得大写和小写变量相互间是相等的，即 $m = M$ 和 $(d,q) = (D,Q)$ 以及 $\phi_{-1} = \phi = \beta V'(M)$。稳态和对称的货币均衡为集合 (q, λ, d, ϕ)，满足式（3.54）和式（3.58）~（3.60），且 $\phi > 0$。

由式（3.58），有

$$\frac{u'(q)}{c'(q)} = 1 + \frac{\lambda}{\phi} \tag{3.61}$$

以及由式（3.60）有 $r\phi = \sigma\lambda$。结果有

$$\frac{u'(q)}{c'(q)} = 1 + \frac{r}{\sigma} \tag{3.62}$$

式（3.62）与第 3.1 部分模型中的相应等式是相同的，参见式（3.17）。但是在那里我们考虑的是允许买方再平衡其货币持有的竞争性市场，而不是一个大家庭。对于所有 $r > 0$，双边匹配中的交易量是无效率低水平的，$q < q^*$。而且，随着 r 的增加或 σ 的下降，交易量也将下降。匹配中的货币转移量为 $d = M$，而货币价值为 $\phi = c(q)/M$。

大家庭模型与存在不同市场结构和拟线性偏好的模型之间的关键区别在于，前者中的货币价值 ϕ 是家庭特有的，而在后者中它是对于所有家庭都既定的市场价格。这一微妙差异会产生复杂的技术细节，参见 Rauch（2000）、Berentsen 和 Rocheteau（2003）以及 Zhu（2008）的讨论。

4 货币的作用

在前面的章节中，我们研究了两种极端经济：通过双边信用安排从交易中获利的纯信用经济，以及不可兑现货币是唯一支付手段的纯货币经济。我们希望将信用经济中的公共信用记录维持和有限承诺的两种经济的静态配置集进行比较，而不考虑没有记录维持技术的货币经济。在比较中，我们抛弃了前几章所采用的决定交易条件的议价方法，例如纳什议价或比例议价。实际上，我们认为这些交易机制仅能够得到所有激励可行配置的子集，而且通常不是社会最优的。相反，我们采用一种机制设计方法，其特点在于可以通过交易协议或机制实现完整的配置集，这些交易协议或机制满足一些基本最优性质，例如个体理性和成对帕累托有效。我们特别关心使得社会福利最大化的激励可行配置集。

一个重要的看法是，对于相同经济体，纯货币经济中的静态配置集与没有货币但具有公共记录维持技术的配置集一致。因此，货币的作用可以通过记录维持来识别，即货币是一种记忆。我们也认为，第 3 章中使用的交易机制是次优的，因为这些机制并没有为积累流动性提供有效的积极因素。如果货币是不可分割的，并且每个买方只有一单位货币，那么受限的有效配置就会被某种机制分散，而这种机制会向买方提供全部的议价能力。

最后，我们略微修改环境来详细阐述货币的作用，以便使配对会面中每个代理人既是消费者又是生产者，这意味着（几乎）所有匹配中的需求都是双重的。在一个典型匹配中，代理人对其他人的商品进行非对称的估值：一个代理人对他的潜在交易伙伴的商品的估值可能高于商品本身的价值。在没有不可兑现货币的情况下，代理人可以从事物物交易。然而，这些物物交易的社会效率通常是低效的。效率低下的原因在于物品在匹配中扮演着双重角色：它们提供了消费它们所获得的直接效用流，同时也作为一种支付手段。于是，如果代理人很喜欢他的伙伴生产的物品，但相反他的伙伴不喜欢他生产的物品，那么他将会生产许多自己的物品才能获得少量他的交易伙伴的物品。但社会效率却恰恰相反。为了实现更好的匹配，社会效率需要将商品所提供的实际消费服务从其流动性服务中分离出来。这种脱钩可以通过引入仅提供流动性服务的不可兑现货币来实现。

4.1 货币交换的机制设计方法

在前一章中，配对会面的交易条件是由特定的议价解决定的。例如，纳什议价、比例议价或要么接受要么拒绝的议价。这种交易机制并不能保证提供有效的社会结果。在本节中，我们提出了一种简单的机制，描述了满足类似缺乏承诺及缺乏监控技术等环境摩擦引起的激励约束条件的配置集。从这个配置集中，我们确定了使得社会福利最大化的社会最优的配置。然后，我们比较了在这种最优机制下的匹配与纯信用经济下的匹配。

我们用非常一般化的方法描述这种机制，因为我们不想对它增加任何约束条件。为此，我们将 DM 机制定义为一组策略以及将策略转化为结果的函数。假设买方和卖方都同意这种机制，那么描述该机制的策略集就为买方对实际货币持有量的选择 $z=\varphi m\in\mathbb{R}_+$，并且结果函数将买方的货币持有量映射到 $(q,d)\in\mathbb{R}_+\times[0,z]$，其中 q 是卖方生产量与买方消费量的和，d 是从买方到卖方的实际余额转移。在这个表述中隐含的是，货币持有量是匹配中的共识（我们之后会谈到，在这种最优机制下，代理人没有把他们的钱藏起来的动机）。要注意到，由于没有监测，该机制不能根据个人交易历史进行。该机制首先会提出一个结果函数 $[q(z),d(z)]$，其中结果 (q,d) 是买方的实际余额 z 的函数。针对这个提议，买方和卖方同时回答“是”或“否”。如果他们都回答“是”，则根据 $[q(z),d(z)]$ 进行交易；否则不进行交易。要注意到，该机制通过允许代理人拒绝提议，确保了所有交易都是个人理性的，因为没有强制力去强制交易进行。此外，我们要求提议是成对帕累托有效的，意味着买方或卖方都不能提出一个其他方案来使双方都变得更好。

我们关注的是实现固定性和对称性匹配的机制。对称性是指提议在匹配中不依赖于代理人的身份。固定性是指提议在所有时期内是不变的。该机制实现的结果是 (q^p,d^p,z^p)，其中 (q^p,d^p) 是 DM 匹配中的交易量，z^p 是买方的实际余额（上标“p”代表计划者）。要注意的是，CM 货币市场的市场出清意味着 $z^p=M\phi$。面临的挑战是要设计一种机制，使得买卖双方同意 DM 中的 (q^p,d^p)，并且买方同意在 CM 中累积实际余额 z^p。

给定一个机制，为了方便我们表示为 $[q(z),d(z)]$，对于持有 $z=\phi$ 单位实际余额的买方，DM 贝尔曼方程是

$$V^b(z)=\sigma\{u[q(z)]+W[z-d(z)]\}+(1-\sigma)W^b(z) \tag{4.1}$$

其中，$W^b(z)$ 是买方的 CM 值的函数。根据式 (4.1)，买方以概率 σ 与生产者匹配。

他消耗 q 单位商品，并向其交易伙伴提供 d 单位的实际余额（以 CM 产出表示）。

买方的 CM 问题为

$$W^b(z) = z + \max_{\hat{z}\geq 0}\{-\hat{z} + \beta V^b(\hat{z})\} \tag{4.2}$$

将式（4.1）的 $V^b(\hat{z})$ 代入式（4.2），并采用线性无常数项的 $W^b(z)$，于是可以将 CM 中的代理问题重写为

$$\max_{z\geq 0}\{-rz + \sigma\{u[q(z)] - d(z)\}\}, \text{其中 } r = (1-\beta)/\beta \tag{4.3}$$

实际余额的最优选择使得买方预期 DM 盈余减去实际余额的持有成本最大化。由式（4.3）可知，(q^p, d^p, z^p) 作为机制 $[q(z), d(z)]$ 的均衡结果的必要条件是

$$-rz^p + \sigma[u(q^d) - d^p] \geq 0 \tag{4.4}$$

我们将式（4.4）解释为买方的 CM 参与约束条件。式（4.4）左侧是买方的预期 DM 盈余减去提议配置的实际余额持有成本。买方不在 CM 中积累资金以及不在 DM 中进行交易来背离提议配置的做法总是可行的，即买方可以自给自足。这种做法的预期支付为 0，即等于式（4.4）的右侧。

类似地，DM 中的卖方贝尔曼方程为

$$V^s = \sigma\{-c[q(z^p)] + d(z^p)\} + \beta V^s \tag{4.5}$$

其中，卖方不会将实际余额从 CM 转移到 DM，因为卖方持有货币并不是社会最优的，在提议均衡中买方要持有 z^p 的货币。配置必须满足卖方的参与约束条件：

$$-c(q^p) + d^p \geq 0 \tag{4.6}$$

对买家来说，有类似的 DM 参与约束条件，即 $-u(q^p) + d^p \geq 0$，买方的 CM 参与约束条件式（4.4）暗示了该点。

任何满足式（4.4）和式（4.6）的匹配 (q^p, d^p, z^p) 可以通过以下简单机制实现。在一个配对会面中如果买方至少持有实际余额的货币量，即 $z \geq z^p$，那么该机制会在买方至少享有均衡余额的约束条件下选择使得卖方支付最大化的交易条款。更为正式的，该机制满足

$$[q(z), d(z)] = \arg\max_{q, d\leq z}[d - c(q)]\ s.t.\ u(q) - d \geq u(q^p) - d^p, \text{当 } z \geq z^p$$

但是，如果买方在进行一次 DM 匹配时的实际余额比均衡路径的实际余额要少，即 $z < z^p$，那么该机制会对买方施加最严厉的信用惩罚：买方从 DM 交易中获得的盈余将为零。在形式上，该机制在买方没有盈余的情况下选择一种最大化卖方收益的报价，即

$$[q(z), d(z)] = \arg\max_{q, d\leq z}[d - c(q)]\ s.t.\ u(q) - d = 0, \text{当 } z < z^p$$

图 4-1 说明了这种机制。买方从交易中获得的盈余用 $U^b = u(q) - d$ 表示，而卖方的盈余则用 $U^s = -c(q) + d$ 表示。如第 3 章所示，当 $q < q^*$ 时，与 U^b 和

U^s 相关的帕累托边界曲线是向下倾斜和凹的（当 $q=q^*$ 时，边界是线性的）。与提议交易相关的效用水平 (q^p, d^p) 分别由买方和卖方的 $\overline{U}^b$ 和 $\overline{U}^s$ 表示，其中我们假设 $q^p<q^*$。如果买方持有 $z \geqslant z^p$，则帕累托边界向外移动。该机制选择帕累托边界上由圆圈标记的点，在该点为买方匹配 $\overline{U}^b$ 的盈余水平。如果买方持有少于 z^p，则帕累托边界向内移动。该机制选择边界上由圆圈标记的点，在该点为买方匹配零盈余，即 $U^b=0$。

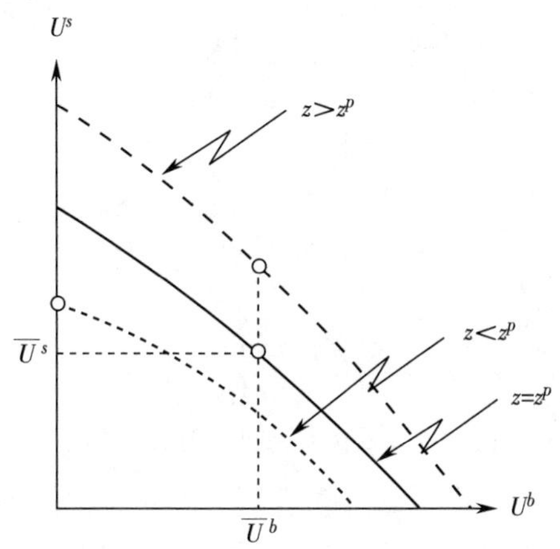

图 4－1　激励可行配置集的实现

现在我们证明，满足式（4.4）和式（4.6）的匹配（q^p，d^p，z^p）可以通过该机制实现。

为了证明这一点，由图 4－2 的上方可以注意到，买方的盈余随着其实际余额的变化而（弱）单调增加。这意味着，如果买方的货币持有量属于私人信息，那么他就不会因为隐瞒信息而烦恼。图 4－2 的下方表示买方的盈余减去实际余额的持有成本。根据式（4.3）和图 4.2 的下图可知，如果式（4.4）成立，则很容易验证买方是否会选择 $z=z^p$。由买方在 CM 中累积实际余额 z^p 可得，该机制选择的 DM 交易为 (q^p, d^p)。

由上述讨论可知，在货币经济中能够实现的对称和稳态结果集为满足 $0 \leqslant rd^p \leqslant rz^p \leqslant \sigma[u(q^d)-d^p]$ 和 $c(q^p) \leqslant d^p$ 的三维集合 (q^p, d^p, z^p)。

由于 d^p 对应于卖方在 *CM* 中的消费，即 $d^p=y$（与在第 2 章中使用的符号相同），货币经济中的激励可行配置集 $\mathcal{A}^M$ 描述为

$$\mathcal{A}^M = \left\{(q,y) \in \mathbb{R}_+^2 : c(q) \leqslant y \leqslant \frac{\sigma}{r+\sigma}u(q)\right\} \tag{4.7}$$

注意，此集合要大于没有货币时的激励可行配置集 $\{(0,0)\}$。在没有货币的经济中，代理人被迫自给自足，因为缺乏承诺和记录维持技术，信用安排就

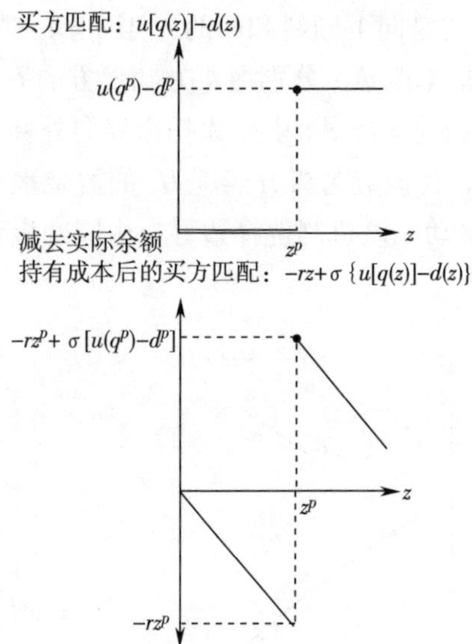

图 4－2　最优交易机制与买方支付

不是激励可行的。进一步，集合 $\mathcal{A}^M$ 包含买方和卖方都优先考虑自给自足分配的配置。在这个意义上，货币在该经济中起着关键作用。货币可以实施一些激励不可行的配置，而这些新的配置增加了社会福利。

现在我们回答货币在一个经济中所发挥的作用。我们将货币经济配置集与存在公共记录维持技术的经济所实现的集合进行了比较。货币经济激励可行配置定义为 $\mathcal{A}^{PR}$，即第 2 章中的式（2.24）。注意到，货币经济中的激励可行配置 $\mathcal{A}^M$ 与存在公共记录时信用经济下的激励可行配置集是完全相同的，即 $\mathcal{A}^M=\mathcal{A}^{PR}$。从这个意义上说，货币相当于公共记录技术：货币具有记忆的技术作用，因为代理人的货币持有量传达了有关其过去交易行为的信息。通过在 DM 的开头开始持有一个单位的货币，买方表示，在过去，他在 CM 中（为卖方）生产，然后卖方在 DM 中为他生产。如果他没有任何货币，就意味着在过去他违背了要在 CM 中为卖方生产的“承诺”。在这种情况下，买方将受到“惩罚”，因为他无法从 DM 的交易中获得收益，而且“惩罚”只有当他履行承诺在 CM 中生产时才会解除。

我们说如果一个可实现配置使得社会福利最大化，那么它就是最优的，其中福利将被定义为 $\sigma[u(q)-c(q)]$。一个最优的、激励可行的配置满足

$$\max_{q,d\leqslant z}\sigma[u(q)-c(q)] \tag{4.8}$$

$$c(q)+d\geqslant 0 \tag{4.9}$$

$$s.t.\quad -rz+\sigma[u(q)-d]\geqslant 0 \tag{4.10}$$

上述机制可以得到该问题的解答。我们可以在不失一般性的情况下令 $d=z$，因为买方持有更多的实际余额而不是让他们在 DM 配对会面中转移给卖家的要求是次优的。最优配置解决了上述问题，即 $q=q^*$，因此，当且仅当约束条件式（4.9）和式（4.10）满足 $q=q^*$ 时，或者满足下列条件时可以实现

$$c(q^*) \leqslant \frac{\sigma}{r+\sigma}u(q^*) \tag{4.11}$$

注意，如果代理人足够耐心，例如 r 低于某个阈值，则可以实现最优配置。如果条件式（4.11）成立，则存在一种最优机制，规定实际余额的转移刚好补偿卖方生产带来的负效用，即 $z^p=d^p=c(q^*)$。买方持有这种实际余额的相关成本是 $rc(q^*)$，并且只要当他们的 DM 预期盈余 $\sigma[u(q^*)-c(q^*)]$ 大于实际余额的成本，那么他们将愿意接受这一建议。这个只要买方有足够耐心就能够实现最优配置的结果与第 3 章中的结果形成鲜明对比。在第 3 章中的标准议价机制下，只要 $r>0$，我们就有 $q<q^*$。

如果最优配置 q^* 没有实现，那么最优交易机制将要求买方持有 $z^p=c(q^p)$ 的实际余额，其中 q^p 由求下式的最大值求得

$$-rc(q^p)\sigma[u(q^p)-c(q^p)]=0$$

容易发现，q^p 随 r 的减小而减小，这说明随着代理人变得更没有耐心，可实现的 DM 产出集会随之缩减。

4.2 不可分割货币的有效配置

在上一节中，我们描述了配对会面中的最优交易机制。这种机制与第 3 章中描述的任何标准（议价）机制都不相似。这些标准机制是社会无效的，因为它们无法激励代理人保持足够的流动性。我们现在表明，当货币不可分割时，即 $m\in\mathbb{N}_0\equiv\{0,1,2,\cdots\}$，货币供应恰好是每个买方一个单位，即 $M=1$。上一节描述的有约束的效率匹配可以通过一个简单的交易机制获得，买家可以通过这种交易机制获得一个要么接受要么拒绝的报价。实现这一结果的背后想法是，如果货币是不可分割的，那么如果代理人希望交易，则他会受到至少持有一单位货币的约束条件。如果货币的内生价值足够大，代理人可以交易 DM 最优配置 q^*。

买方在 CM 开始时的价值函数满足

$$W^b(m)=\phi m+\max_{m'\in\mathbb{N}_0}\{-\phi m'+\beta V^b(m')\} \tag{4.12}$$

式（4.12）的关键点是货币持有量受整数集合约束，即 $m'\in\mathbb{N}_0$，而不是实

数，$m' \in \mathbb{R}_+$。我们省略了卖方的价值函数，因为我们知道卖方绝不会在 CM 中发现积累实际余额是最优的。我们假设持有 m 单位实际余额的买方向卖方提出要么接受要么拒绝的报价，因此买方的报价可由下式解得

$$\max_{q,d \in \{0,\cdots,m\}} [u(d) - \phi d] \ s.t - c(q) + \phi d = 0 \tag{4.13}$$

注意，d 是名义货币余额的转移。在该期间开始时持有 m 单位货币的买方的价值函数满足

$$V^b(m) = \sigma \max_{d \in \{0,\cdots,m\}} [u \circ c^{-1}(\phi d) - \phi d] + \phi m + W^b(0) \tag{4.14}$$

根据式（4.14），买方与概率 σ 匹配，在这种情况下，他选择货币余额转移，使其盈余最大化为相当于整个匹配的盈余。他的持续价值在他的实际余额中是线性的。将式（4.14）给出的 $V^b(m)$ 表达式代入买方的 CM 价值函数式（4.12）中，可以更简洁地描述其 CM 货币持有问题

$$\max_{m \in \mathbb{N}_0} \{ - r\phi m + \sigma \max_{d \in \{0,\cdots,m\}} [u \circ c^{-1}(\phi d) - \phi d] \} \tag{4.15}$$

式（4.15）具有标准的解释：存在与持有实际余额相关的成本，其等于每单位实际余额的时间偏好率 r。与持有实际余额相关的收益等于可以在 DM 中获得的预期盈余 $\sigma[u(d) - \phi d]$。由于 $r>0$，买方仅持有他计划在 DM 花费的实际余额，如 $d=m$。于是，$c(q) = \phi m$，且买方的投资组合问题（4.15）可以进一步简化为

$$\max_{m \in \mathbb{N}_0} \{ - r\phi m + \sigma [u \circ c^{-1}(\phi m) - \phi m] \} \tag{4.16}$$

由于 $u \circ c^{-1}(\cdot)$ 对于 m 是严格凹的，买方的最大化问题（4.16）在货币完全可分时有唯一解。该解在图 4－3 中由 $m^* \in \mathbb{R}_+$ 标识。但是由于货币是不可分的，该解有可能不是可行的。用 $[m^*]$ 表示 m^* 的整数部分，那么式（4.16）就至少拥有两个解—— $[m^*]$ 和 $[m^*]+1$。

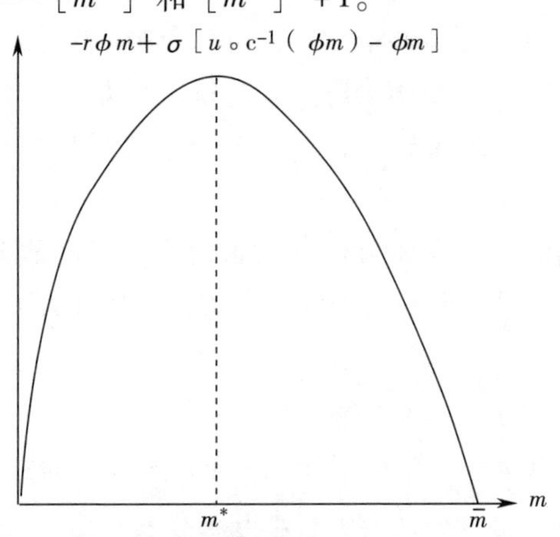

图 4－3 买方来自货币持有的净剩余

在时间开始时，所有买方确切获得 1 单位货币，$M=1$。CM 的市场出清条件要求买方偏好持有 1 单位货币，而不是 2 或 0。这些条件可写为

$$-r\phi+\sigma[u\circ c^{-1}(\phi)-\phi]\geqslant -r2\phi+\sigma[u\circ c^{-1}(2\phi)-2\phi] \quad (4.17)$$

$$-r\phi+\sigma[u\circ c^{-1}(\phi)-\phi]\geqslant 0 \quad (4.18)$$

条件（4.17）是买方偏好持有 1 单位货币而非 2 单位货币的要求，式（4.18）是买方偏好持有 1 单位货币而非不持有货币的条件。静态均衡是满足式（4.17）和式（4.18）的任何 $\phi\geqslant 0$。我们在图 4－4 中表示这些平衡条件。灰色区域代表了持有 1 个单位货币的收益。ϕ 的价值与市场出清的 ϕ 值相一致，收益为正。要注意到，存在一系列这样的值。

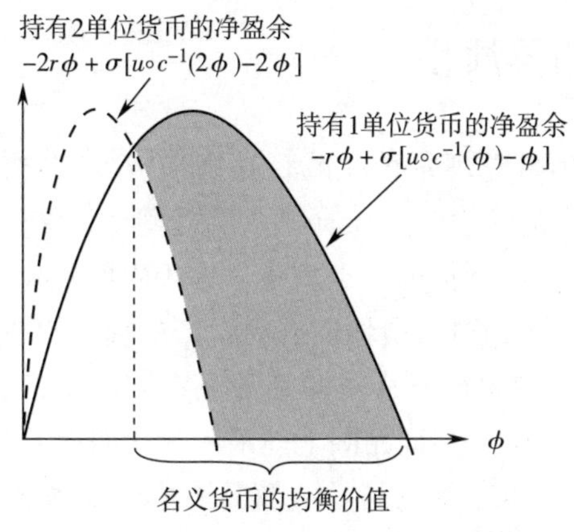

图 4－4 货币不可分时的市场出清条件

我们现在可以决定 $q=q^*$ 为均衡的部分条件。由于买方拥有所有的议价能力且 $d=m=1$，所以我们有 $\phi=c(q^*)$。条件（4.17）可被重写为 $-r2\phi+\sigma[u\circ c^{-1}(2\phi)-2\phi]\leqslant -r\phi+\sigma[u(q^*)-c(q^*)]$。

由于 $u\circ c^{-1}(2\phi)-2\phi<u(q^*)-c(q^*)$，即有式（4.17）满足。直观地，通过累积 1 单位货币，买方能最大化匹配剩余。第二单位的货币显然是无用的，因为它不仅不能增加匹配剩余，而且拥有高昂的持有成本。如图 4－4 所示，$\phi=c(q^*)$ 在持有 1 单位货币的净盈余的向下倾斜部分，即 $-r\phi+\sigma[u\circ c^{-1}(\phi)-\phi]$，曲线的这一部分在持有 2 单位货币的净盈余曲线的上方。条件（4.18）可以改写为：

$$c(q^*)\leqslant \frac{\sigma}{r+\sigma}u(q^*) \quad (4.19)$$

因此，如果 DM 中有效消费和生产的水平可以通过可分割的不可兑现货币来实现，那么就可以通过向买方提供所有议价能力来实现不可分割的货币。要注

意到，我们不需要担心买方在一次匹配下不能产生足够的流动性，因为买方必须携带至少一个单位的货币才能进行交易，并且每一买方只有一个单位的货币。

如果有效的 DM 配置不是激励可行的，即 $c(q^*) > [\sigma/(r+\sigma)]u(q^*)$，那么最优激励可行配置依然可以通过赋予买方所有议价能力的交易协议来实现。为了看清这点，假设 q^* 不是激励可行的，那么最激励可行的 $q<q^*$ 为不等式 (4.18) 取等号时成立，即 $c(q) = \frac{\sigma}{r+\sigma}u(q)$。

在这种情况下，买方在持有 1 单位货币和 0 单位货币之间是无差异的。在图 4－3 中，$\bar{m} = 1$。因此，显然买方没有激励累积第二单位货币。

4.3 双边匹配的异质性

为了加深我们对不可兑现货币在减轻易物经济低效的作用的理解，我们将模型扩展到包括 DM 中的双边匹配异质性。我们假设存在一系列 DM 商品，其中一个商品由周长等于 $2\bar{\varepsilon}$ 的圆上的一点表示。在 DM 匹配中，每个代理人都是消费者和生产者，且代理人通过消费他们自己生产的商品以外的商品来获得效用。我们根据代理人在商品圈中最不喜欢的消费品来定义他的类型。代理人消费一个物品的效用为 $\varepsilon \in [0,\bar{\varepsilon}]$，与商品圈上他最不喜欢的商品的弧长距离是 $\varepsilon u(q)$，如图 4－5 所示。代理人生产的物品是从商品圈中随机选择的。DM 匹配中的代理人（净）效用表示为

$$\varepsilon u(q^b) - c(q^s)$$

其中，q^b 是商品的消耗量，即 ε 远离他最不喜欢的商品，q^b 是生产的数量。我们假设生产 q 单位的商品收益率为 $c(q) = q$。

由于每个代理人都看重其他代理生产的物品，因此，几乎在所有匹配中，均存在双方需求符合。但是，在典型的匹配中代理人偏好不是对称的。如果代理人 i 与代理人 j 匹配，那么匹配类型定义为 $\varepsilon \in [\varepsilon_i, \varepsilon_j] \in E = \left[0,\bar{\varepsilon}\right]^2$。也就是说，$j$ 生产的商品与代理人 j 不喜欢的消费品的距离为 ε_i，而代理人 i 生产的商品与 j 不喜欢的消费品的距离为 ε_j。用 μ 表示匹配类型 $(\varepsilon_i, \varepsilon_j)$ 的分布。如果我们假设代理人和商品均匀分布在周长为 $2\bar{\varepsilon}$ 的圆上，并且每个代理人生产圆上随机选择的一个商品，匹配类型的分布用 $\mu(d\varepsilon_i, d\varepsilon_j) = d\varepsilon_i d\varepsilon_j / \bar{\varepsilon}^2$ 来表示。匹配集如图 4－7 所示。我们确定了三种不同的匹配类型，这些匹配类型在文献中都被重点提到过：$(\bar{\varepsilon},\bar{\varepsilon})$ 表示需求匹配的双方对称符合，$(\bar{\varepsilon},0)$ 和 $(0,\bar{\varepsilon})$ 代表需求匹配的单方符合。

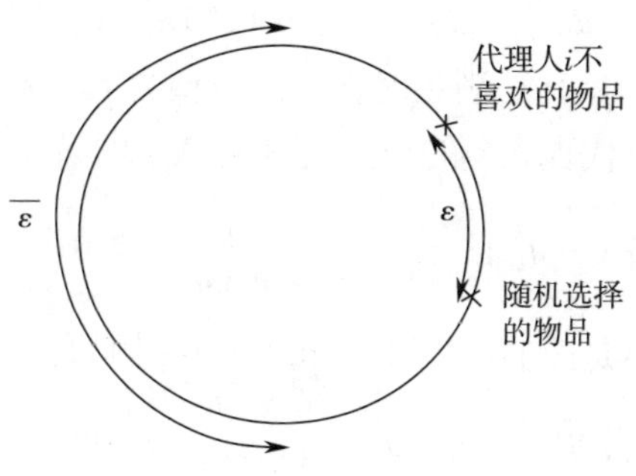

图4-5 商品圈

4.3.1 易物经济

首先考虑易物经济，在该经济中代理人用物品交换物品。匹配类型用 $\varepsilon = (\varepsilon_i, \varepsilon_j)$ 表示，匹配 ε 的产出水平由 q_ε^b 和 q_ε^s 得到，其中，q_ε^b 是代理人 i 的消费，j 的生产，而 q_ε^s 是代理人 j 的消费，i 的生产（我们从第一个代理类型 $\varepsilon = (\varepsilon_i, \varepsilon_j)$ 的角度来定义产出水平）。对于所有 $\varepsilon = (\varepsilon_i, \varepsilon_j)$ 和 $\varepsilon' = (\varepsilon_i, \varepsilon_j)$，定义 $q_\varepsilon^b = q_{\varepsilon'}^s$。对于每种匹配类型 $\varepsilon \in E$，如果交易条件 $(q_\varepsilon^b, q_\varepsilon^s)$ 使得匹配总盈余 $S = \varepsilon_i u(q_\varepsilon^b) - q_\varepsilon^s + \varepsilon_j u(q_\varepsilon^s) - q_\varepsilon^b$ 最大化，那么社会福利达到最大化。当 $q_\varepsilon^b = q_{\varepsilon_i}^*$ 且 $q_\varepsilon^s = q_{\varepsilon_i}^*$ 时，匹配盈余最大化，其中

$$\varepsilon u'(q_\varepsilon^*) = 1 \qquad \forall \varepsilon \in [0, \bar{\varepsilon}] \tag{4.20}$$

即每个代理人的边际消费效用必须等于对方在匹配中的边际生产效率。

假设偏好冲击 $(\varepsilon_i, \varepsilon_j)$ 的实现是匹配中的共识，在分散经济中配置集的两个合理属性是帕累托有效的，即不存在可替代的配置使得在不降低其他代理人盈余的情况下能提高某个代理人的盈余。而且，在个人理性下，这种配置弱优于不交易。我们首先描述匹配的帕累托边界。令 $S_i = \varepsilon_i u(q_\varepsilon^b) - q_\varepsilon^s$ 表示代理人 i 的盈余，$S_j = \varepsilon_j u(q_\varepsilon^s) - q_\varepsilon^b$ 表示代理人 j 的盈余。帕累托边界由下式决定

$$S_i = \max_{q_\varepsilon^b, q_\varepsilon^s} \{\varepsilon_i u(q_\varepsilon^b) - q_\varepsilon^s\} \quad s.t.\ \varepsilon_j u(q_\varepsilon^s) - q_\varepsilon^b \geqslant S_j$$

其中，$S_j, S_i \geqslant 0$。在代理人 j 必须至少获得 S_j 的条件下，选择最大化代理人 i 的盈余的配置。匹配中帕累托有效要求

$$\varepsilon_i u'(q_\varepsilon^b) = \frac{1}{\varepsilon_j u'(q_\varepsilon^s)} \tag{4.21}$$

为理解式（4.21），假设 $\varepsilon_i u'(q_\varepsilon^b) > 1/[\varepsilon_j u'(q_\varepsilon^s)]$。在该情况下，如果我们让代理人 j 生产额外少量物品，即 $dq^b > 0$，代理人 i 生产额外的 $dq^s = \varepsilon_i u'(q_\varepsilon^b) dq^b > 0$，那么当 j 的效用增加时 i 的效用将不会发生改变，即

$$\varepsilon_j u'(q_\varepsilon^b)(dq^s) - dq^b = [\varepsilon_j u'(q_\varepsilon^s)\varepsilon_i u'(q_\varepsilon^b)]dq^b > 0$$

因此，当且仅当（4.21）满足时，匹配类型为$(\varepsilon_i,\varepsilon_j)$的配置是帕累托有效的。沿着帕累托边界，代理人 i 的盈余与代理人 j 的盈余之间存在负相关关系，即 $S_i = u[S_j - \varepsilon_j u(q_\varepsilon^s)] - q_\varepsilon^s$ 且 $\dfrac{dS_j}{dS_i} = -\dfrac{1}{\varepsilon_i u'(q_\varepsilon^b)} < 0$。

而且，帕累托边界是凹的，即 $d^2S_j/dS_i^2 < 0$。例如，如果 $u(q) = 2\sqrt{q}$，那么帕累托边界将为一对集，$S_i = 2\varepsilon_i\sqrt{q_\varepsilon^b} - \left(\varepsilon_i\varepsilon_j\right)^2/q_\varepsilon^b$ 和 $S_j = 2\varepsilon_i\left(\varepsilon_j\right)^2/\sqrt{q_\varepsilon^b} - q_\varepsilon^b$，其中 $q_\varepsilon^b \in \left[\left(\dfrac{\varepsilon_i\varepsilon_j^2}{2}\right)^{\frac{2}{3}}, \left(2\varepsilon_i\varepsilon_j^2\right)^{\frac{2}{3}}\right]$。

在图 4－6 中，我们画出当 $\varepsilon_i > \varepsilon_j$ 时议价集的帕累托边界。直线 S^*S^* 表示匹配 $S^* = S_i^* + S_j^*$ 的最大化总盈余的所有可能(S_i,S_j)，其中 $S_i^* = \varepsilon_i u(q_{\varepsilon_i}^*) - q_{\varepsilon_j}^*$ 且 $S_j^* = \varepsilon_j u(q_{\varepsilon_j}^*) - q_{\varepsilon_i}^*$。可以把 S^*S^* 看作是可转移效用环境下的一个帕累托边界。注意到，$(S_i^* + S_j^*)$ 是易物经济的帕累托边界和直线 S^*S^* 的切点。

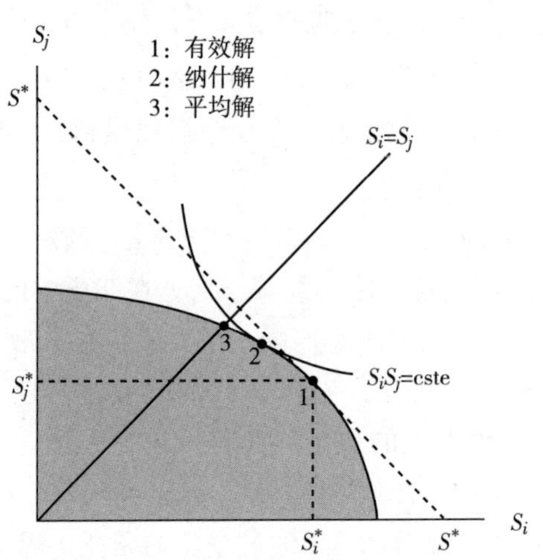

图 4－6　无货币匹配下的帕累托边界及 $\varepsilon_i > \varepsilon_j$

如果 $S_i \geqslant 0$ 且 $S_j \geqslant 0$，则匹配$(q_\varepsilon^b,q_\varepsilon^s)$是个人理性的。因此，如果 $\varepsilon_i u(q_{\varepsilon_i}^*) - q_{\varepsilon_i}^* \geqslant 0$ 且 $\varepsilon_j u(q_{\varepsilon_j}^*) - q_{\varepsilon_i}^* \geqslant 0$，则有效匹配是个人理性的。如果匹配是对称的，即 $\varepsilon_i = \varepsilon_j$，那么 $q_{\varepsilon_i}^* = q_{\varepsilon_j}^*$，$S_i^* = S_j^* = \max\limits_q\{\varepsilon_i u(q) - q\} \geqslant 0$，且有效匹配是个人理性的。如果匹配不对称，即 $\varepsilon_i > \varepsilon_j$，那么可以很容易看到 $S_i^* = \max\limits_q\{\varepsilon_i u(q) - q\} + q_{\varepsilon_i}^* - q_{\varepsilon_j}^* > 0$。因此，由于具有最高估值的代理人是净买方，所以他总是愿意接受有效交易。但是如果偏好的不对称性很大，则 S_j^* 可能为负。在这种情况下，对

于代理人 j，有效匹配不是个人理性的。这意味着对于给定的 ε_i，对于 ε_j，$\varepsilon_R>0$，存在一个临界值，如果低于该临界值，那么由于 $S_j^*<0$，代理人 j 将不愿意交换有效匹配。该临界值解决了下面问题

$$\max_q\{\varepsilon_R u(q)-q\}=+q_{\varepsilon_i}^*-q_{\varepsilon_{R'}}^*$$

其值随着 ε_i 增加而增加。例如，如果 $u(q)=2\sqrt{q}$，那么立即可得 $\varepsilon_R=\varepsilon_i/\sqrt{2}$。我们在图 4-7 中用白色区域表示有效交易是个人理性的匹配类型的集合，如果 $\varepsilon_i\geqslant\varepsilon_j$，那么有 $\varepsilon_j\geqslant\varepsilon_i/\sqrt{2}$；否则，$\varepsilon_i\geqslant\varepsilon_j/\sqrt{2}$。有效集合不满足个人理性的匹配类型的集合在图 4-7 中用灰色区域表示。当匹配是有效非对称时，任何个人理性机制都无法实现有效集合。

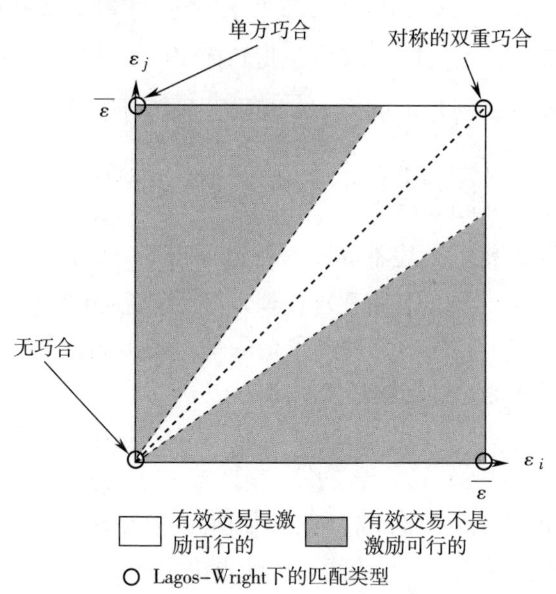

图 4-7 匹配类型、个人理性及社会有效集合

现在，让我们讨论由议价解决定的双边匹配的配置。对称纳什解使得代理人盈余 S_iS_j 的生产最大化。这个问题的一阶条件可以表示为

$$\frac{\varepsilon_j u(q_\varepsilon^s)-q_\varepsilon^b}{\varepsilon_i u(q_\varepsilon^b)-q_\varepsilon^s}=\frac{1}{\varepsilon_i u'(q_\varepsilon^b)}=\varepsilon_j u'(q_\varepsilon^s) \tag{4.22}$$

注意到，纳什解 $(q_\varepsilon^b,q_\varepsilon^s)$ 符合式（4.21），所以是帕累托有效的。这种分散化的议价解的一个重要特征是，如果 $\varepsilon_i>\varepsilon_j$，那么 $q_\varepsilon^b<q_{\varepsilon_i}^*$ 且 $q_\varepsilon^s<q_{\varepsilon_j}^*$。为了看到这点，注意如果 $q_\varepsilon^b=q_{\varepsilon_i}^*$ 及 $q_\varepsilon^s=q_{\varepsilon_j}^*$，那么 $\varepsilon_i u'(q_\varepsilon^b)=\varepsilon_j u'(q_\varepsilon^s)=1$，但是等式（4.22）的左边就意味着

$$\frac{\varepsilon_j u(q_{\varepsilon_j}^*) - q_{\varepsilon_i}^*}{\varepsilon_i u(q_{\varepsilon_i}^*) - q_{\varepsilon_j}^*} < 1$$

因此，式（4.22）就被违背了。只有当代理人 i 生产量大于 $q_{\varepsilon_i}^*$，且代理人 j 生产量少于 $q_{\varepsilon_j}^*$ 时，纳什解的条件（4.22）才能恢复。虽然纳什解是配对帕累托有效的，但它规定当交易者对彼此的商品具有不对称的偏好时，他们才会交换社会无效的数量。无效率的原因是，在易物交易经济下生产量和消费量同时决定匹配总盈余的大小和划分。

纳什解第二个重要的特征是关于不对称匹配的相对生产水平。当 $\varepsilon_i > \varepsilon_j$ 时，匹配类型 $(\varepsilon_i, \varepsilon_j)$ 的纳什议价解为代理人 i 比代理人 j 生产更多而消费更少，即 $q_\varepsilon^b < q_\varepsilon^s$，尽管社会效率决定了相反的结果 $q_{\varepsilon_i}^* < q_{\varepsilon_j}^*$。为了得到这点，假设 $q_\varepsilon^b = q_\varepsilon^s = q$ 且 $u(q) = 2\sqrt{q}$。根据式（4.21），我们有 $u'(q) = 1/\sqrt{\varepsilon_i \varepsilon_j}$。如果我们令等式（4.22）左边与 $\varepsilon_i u'(q) = \sqrt{\varepsilon_i}/\sqrt{\varepsilon_j}$ 相乘，我们可以得到

$$\frac{\sqrt{\varepsilon_i}[\varepsilon_j u(q) - q]}{\sqrt{\varepsilon_j}[\varepsilon_i u(q) - q]} < 1 \quad 当\ \varepsilon_i > \varepsilon_j\ 时$$

但条件（4.22）要求上述不等式的右边等于1。为使等号成立，q_ε^s 必须增加并且 q_ε^b 减小。因此，纳什解将要求代理人 i 比代理人 j 生产更多。

如果结果是由等于匹配中代理人盈余的平均解给出，那么生产和消费都会是无效的。更形式化地，平均解必须满足

$$\frac{\varepsilon_j u(q_\varepsilon^s) - q_\varepsilon^b}{\varepsilon_i u(q_\varepsilon^b) - q_\varepsilon^s} = 1 \tag{4.23}$$

这意味着如果 $\varepsilon_i > \varepsilon_j$，那么 $q_\varepsilon^s > q_\varepsilon^b$。如图 4－6 所示，纳什议价解是由帕累托边界和纳什生产曲线 $S_i S_j$（凸曲线）的切点决定的。平均解是由45°线与帕累托边界的交点决定的。在两种解下的易物均是社会无效的，因为 $(S_i, S_j) \notin S^* S^*$。这意味着交易条件没有利用好交易的所有收益，即它们没有使得匹配总盈余最大化。

4.3.2 货币经济

当一个实际商品具有作为支付手段和消费品的双重角色时，这种商品的生产可能是社会无效率的。现在我们考虑有一个明确的支付工具，即不可兑现货币的经济体。我们假设不可兑现货币的供应量 M 是不变的，而且在 DM 中的价格严格为正，即 $\phi > 0$。在 CM 的开始，一个持有 m 单位货币的代理人的一生期望效用为

$$W(m) = \phi m + \max_{m' \geq 0}\{-\phi m' + \beta V(m')\} \tag{4.24}$$

要注意到，买方和卖方的价值函数没有下标，因为代理人（几乎）在所有匹配中既是消费者也是生产者。现在考虑持有 m_i 单位货币的代理人 i 和持有 m_j 单位货币的代理人 j 之间的 DM 会面，其中 $\varepsilon_i > \varepsilon_j$。匹配中的配置用三元组（$q_\varepsilon^b$，$q_\varepsilon^s, d_\varepsilon$）表示，其中 $d_\varepsilon \in [-m_j, m_i]$ 表示货币从代理人 i 向 j 的转移。可行性要求代理人 i 转移的货币量不超过他拥有的量或收到的货币量不超过代理人 j 所持有的量。

现在代理人 i 和 j 的盈余由下式描述

$$S_i \equiv \varepsilon_i u(q_\varepsilon^b) - q_\varepsilon^s + W(m_i - d_\varepsilon) - W(m_i) = \varepsilon_i u(q_\varepsilon^b) - q_\varepsilon^s - d_\varepsilon \phi$$

$$S_j \equiv \varepsilon_j u(q_\varepsilon^s) - q_\varepsilon^b + W(m_j - d_\varepsilon) - W(m_j) = \varepsilon_j u(q_\varepsilon^s) - q_\varepsilon^b + d_\varepsilon \phi$$

如果 (S_i, S_j) 能够在无货币下实现，那么任意集合对 $(S_i - d_\varepsilon\phi, S_j + d_\varepsilon\phi)$，在 $d_\varepsilon \in [-m_j, m_i]$ 条件下都能够在有货币下实现。帕累托有效匹配的配置仍然必须满足式（4.21）。而且，$d_\varepsilon \in [-m_j, m_i]$ 条件下的帕累托有效配置由 $q_\varepsilon^s = q_{\varepsilon_j}^*$ 和 $q_\varepsilon^b = q_{\varepsilon_i}^*$ 描述，即 $S_i + S_j = S^*$。事实上，如果 $q_\varepsilon^s > q_{\varepsilon_j}^*$，$q_\varepsilon^b < q_{\varepsilon_i}^*$ 且 $d_\varepsilon < m_i$，那么减少无效率的过高的 q_ε^s 和增加无效率的过低的 q_ε^b 将是可行的，只需要在增加从代理人 i 向 j 的货币转移的同时保持 $S_i \geq 0$ 且 $S_j \geq 0$。如果可行性对 d_ε 的约束为紧，那么匹配配置就是社会无效的，并且帕累托边界在这些配置中是严格为凹的。

如图 4－8 所示，我们说明了当货币被引入经济中并且所有代理人持有相同数量货币 M 时，帕累托边界是如何变化的。无货币下匹配的帕累托边界是浅灰色区域的包络线，而与可估价的不可兑现货币匹配的帕累托边界是暗灰色区域的包络线。货币经济中的一系列个人理性协议包含了易物经济中的一系列个人理性协议。这就是说，不可兑现货币在经济中发挥了重要作用。社会有效的盈余对（S_i^*，S_j^*）是使得总匹配盈余最大化的易物经济的帕累托边界上的唯一点，即 S^*S^* 线上的点。在存在可估价的不可兑现货币的经济中，盈余对（$S_i^* - d\phi$，$S_j^* + d\phi$）是可行的且与代理人 i 与 j 分别生产 $q_{\varepsilon_i}^*$ 与 $q_{\varepsilon_j}^*$ 的分配相对应，其中 $d_\varepsilon \in (-M, M)$ 表示代理人 i 向 j 转移 d 单位货币。因此，S^*S^* 线上的点（$S_i^* + dM$，$S_j^* - M\phi$）和（$S_i^* - M\phi, S_j^* + M\phi$）之间的部分是帕累托边界的一部分，这部分的任意配置都是社会有效率的。

如果存在一个转移 $d_\varepsilon \in [-m_j, m_i]$，那么有效配置（$q_{\varepsilon_i}^*, q_{\varepsilon_j}^*$）在有不可兑现货币条件下是个人理性的，其中 $\varepsilon_i > \varepsilon_j$，即

$$q_{\varepsilon_i}^* - \varepsilon_j u(q_{\varepsilon_j}^*) \leq d_\varepsilon \phi \leq \varepsilon_i u(q_{\varepsilon_i}^*) - q_{\varepsilon_j}^* \tag{4.25}$$

实际余额的转移必须足够大，以补偿代理人 j 的生产成本减去消费效用，但

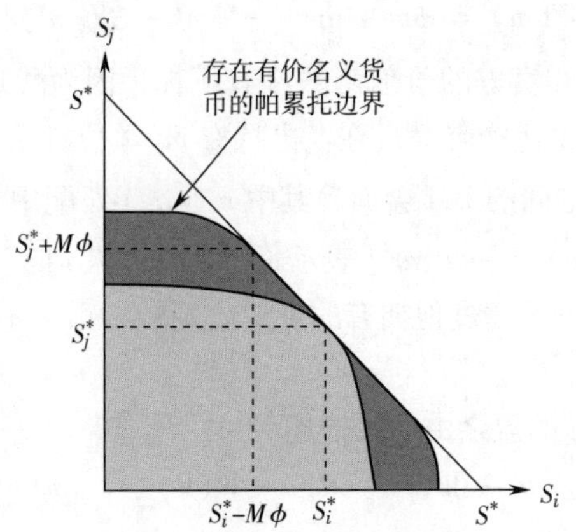

图 4-8 有货币的帕累托边界

不应大于代理人 i 的消费效用减去生产成本。对于任意 d_ε 如果 $m_i\phi \geqslant q_{\varepsilon_i}^* - \varepsilon_j u(q_{\varepsilon_j}^*)$，条件（4.25）成立。由于在单方匹配符合 $\varepsilon = (\bar{\varepsilon},0)$ 中，买方有足够的实际余额来补偿卖方的生产成本，所以如果所有代理人都持有相等量的货币，即 $m_i = m_j = M$，那么当 $M\phi \geqslant q_\varepsilon^*$ 时有效配置是个人理性的。

假设 $u(q) = 2\sqrt{q}$，那么如果 $\left(\varepsilon_i\right)^2 \leqslant M\phi + 2\left(\varepsilon_j\right)^2$ 且当实际余额持有量为 $M\phi$ 时，社会有效的交易是个人理性的。如图 4-9 所示，我们用浅灰色区域来表示在无货币下有效交易不是个人理性但在有货币下是个人理性的匹配类型集。

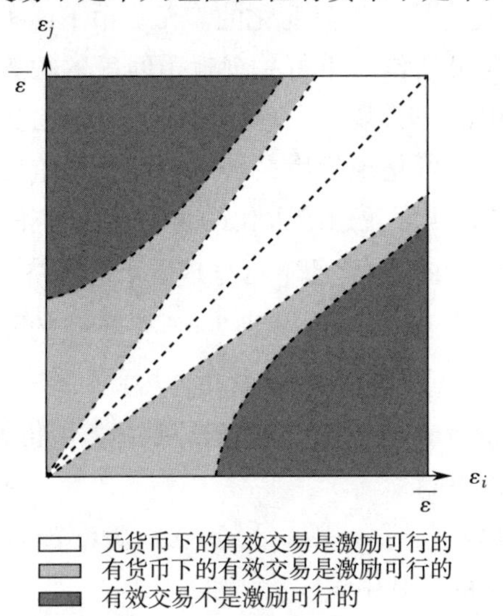

图 4-9 有货币和无货币下的激励可行、社会有效配置

随着 $M\phi$ 的增加，浅灰色区域扩大，而随着 $M\phi \to \left(\bar{\varepsilon}\right)^2$，暗灰色区域消失。

到目前为止，我们只是假设代理人持有 M 单位的货币余额。现在我们研究在匹配形成之前代理人愿意在 CM 累积足够的实际余额的情况，由此社会有效的 DM 配置可以实现。代理人愿意累积 $\phi Mq = \bar{\varepsilon}^*$ 实际余额的必要条件是

$$-\phi M + \beta V(M) \geqslant \beta W(0) \tag{4.26}$$

代理人可以选择在 CM 中不累积货币，且不在下一个 DM 中进行交易（两次连续偏差），这是上述不平等式的右侧（要注意到，原则上，没有持有货币的代理人仍然可以在 DM 中进行易物交易，不等式（4.26）是参与的必要条件）。假设代理人有足够的实际余额来实现 DM 生产的社会有效水平，在 DM 中代理人的价值函数为

$$V(m) = \int_E [\varepsilon_i u(q_{\varepsilon_i}^*) - q_{\varepsilon_j}^* - \phi d_{(\varepsilon_i,\varepsilon_j)}] \mathrm{d}\mu(\varepsilon_i, \varepsilon_j) + W(m) \tag{4.27}$$

式（4.27）右侧的第一项是所有 DM 盈余的加权和，而第二项是下一个 CM 的延续值。利用 $W(m)$ 的线性和 $d_{(\varepsilon_i,\varepsilon_j)} = -d_{(\varepsilon_i,\varepsilon_j)}$ 的事实，CM 的参与约束条件（4.26）可以简化为

$$r\phi M = rq_{\varepsilon}^* \leqslant \int_E [\varepsilon_i u(q_{\varepsilon_i}^*) - q_{\varepsilon_j}^*] \mathrm{d}\mu(\varepsilon_i, \varepsilon_j) \tag{4.28}$$

根据式（4.28），以时间偏好率 r 来衡量的持有实际余额的成本不能大于所有匹配项中的加权总和。使用与第 4.1 节中相同的论点并假设持有货币是可观察的，我们可以构建一个交易机制，特别是如果在双边匹配中代理人不能展现出他至少有 M 单位的货币，那么他从匹配交易中获得的盈余为零。如果条件（4.28）成立，那么这种机制可以实现社会有效的产出水平。因此，只要代理人足够耐心，就可以在货币供应量不变的所有匹配中实现有效的配置。

现在让我们研究匹配的交易条件是由议价协议决定时的均衡结果。考虑有一个匹配，其中 $\varepsilon_i \geqslant \varepsilon_j$，代理人 i 持有 m 单位的货币。我们采取平均议价解的方式，其中由于 $S_i = S_j$ 且 $d_\varepsilon \leqslant m$，$(q_\varepsilon^b, q_\varepsilon^s, d_\varepsilon)$ 使得 S_i 最大化（逻辑和含义与纳什议价解的逻辑和含义相似，但分析会更枯燥）。约束条件 $S_i = S_j$ 可写为

$$d_\varepsilon \phi = \frac{[\varepsilon_i u(q_\varepsilon^b) - q_\varepsilon^s] - [\varepsilon_j u(q_\varepsilon^s) - q_\varepsilon^b]}{2} \tag{4.29}$$

平均议价解意味着，从代理人 i 向 j 的实际余额转移是两个代理人的消费效用减去他们产生的负效用的一半。设 $\lambda_\varepsilon \geqslant 0$ 表示与可行性约束条件 $\phi d_\varepsilon \leqslant \phi m$ 相关的拉格朗日乘数。代理人 i 的匹配盈余 $S_{\varepsilon_i,\varepsilon_j}(m)$ 由下式求解

$$\max_{q_\varepsilon^b, q_\varepsilon^s} \left\{ \frac{\varepsilon_i u(q_\varepsilon^b) - q_\varepsilon^s + \varepsilon_j u(q_\varepsilon^s) - q_\varepsilon^b}{2} \right.$$

$$+\lambda_{\varepsilon}\left[\phi m-\frac{[\varepsilon_i u(q_{\varepsilon}^b)-q_{\varepsilon}^s]-[\varepsilon_j u(q_{\varepsilon}^s)-q_{\varepsilon}^b]}{2}\right]\Bigg\}\tag{4.30}$$

对于所有 ε，有 $\varepsilon_i \geqslant \varepsilon_j$。与 q_{ε}^b 相关的式（4.30）的一阶条件为

$$\lambda_{\varepsilon}=\frac{\varepsilon_i u'(q_{\varepsilon}^b)-1}{\varepsilon_i u'(q_{\varepsilon}^b)+1}\tag{4.31}$$

由式（4.29）注意到，通过持有额外的 Δz 单位实际余额，代理人 i 能够增加 Δq_{ε}^b 的消费，其中 $[\varepsilon_i u'(q_{\varepsilon}^*)+1]\Delta q_{\varepsilon}^b/2=\Delta z$。因此，代理人 i 的盈余增加 $\varepsilon_i u'(q_{\varepsilon}^b)\Delta q_{\varepsilon}^b-\Delta z=\lambda_{\varepsilon}\Delta z$。对所有 ε 有

$$\frac{[\varepsilon_i u(q_{\varepsilon_i}^*)-q_{\varepsilon_j}^*]-[\varepsilon_j u(q_{\varepsilon_j}^*)-q_{\varepsilon_i}^*]}{2}>\phi m$$

约束条件为 $d_{\varepsilon}\leqslant m$，因此 $\lambda_{\varepsilon}>0$。在这种情况下，交易条件是社会无效率的，其中 $q_{\varepsilon}^b<q_{\varepsilon_i}^*$ 且 $q_{\varepsilon}^s<q_{\varepsilon_j}^*$。相反，如果 $d_{\varepsilon}\leqslant m$ 不成立，那么 $\lambda_{\varepsilon}=0$，且根据式（4.21）和式（4.31），配置为社会有效率的。

总之，当 $\varepsilon_i>\varepsilon_j$ 时效率要求代理人 j 生产比代理 i 更多的 DM 产量。如果代理人 i 能够通过将足够的索赔转移到未来的消费来补偿代理人 j，那么代理人将同意这种配置，即通过转移资金来补偿他。如果代理人 i 的货币持有量不受约束，那么代理人 i 和 j 可以交换社会有效的数量。然而如果代理人 i 的货币持有量受到约束，那么代理人 i 将把他的实际余额全部转移给代理人 j，并且议价将导致社会无效率的 DM 数量。

代理人 i 在期间开始时的期望效用（4.27）可表示为

$$V(m)=\int_{\varepsilon_i>\varepsilon_j}S_{(\varepsilon_i,\varepsilon_j)}(m)\mathrm{d}\mu(\varepsilon_i,\varepsilon_j)+\int_{\varepsilon_i\leqslant\varepsilon_j}S_{(\varepsilon_j,\varepsilon_i)}(M)\mathrm{d}\mu(\varepsilon_i,\varepsilon_j)+W(m)\tag{4.32}$$

如果 DM 匹配是 $\varepsilon_i>\varepsilon_j$，那么代理人 i 是匹配中的买方，并且他将转移产出和货币给代理人 j，以便为他的消费提供资金（他的消费由代理人 j 生产）。代理人 i 的匹配盈余 $S_{(\varepsilon_i,\varepsilon_j)}(m)$ 由式（4.30）给出。如果 DM 匹配是 $\varepsilon_i\leqslant\varepsilon_j$，那么代理人 i 的伙伴将货币转移给他以便为代理人 j 的消费提供资金。在这种情况下，代理人 i 的盈余为 $S_{(\varepsilon_j,\varepsilon_i)}(M)$，其中 M 是 j 的货币持有量（均衡时，代理人 $j\neq i$ 持有的货币余额等于 M）。由于我们假设的是平均议价解，所以当 $\varepsilon_i\leqslant\varepsilon_j$ 时 $S_{(\varepsilon_i,\varepsilon_j)}(m)=S_{(\varepsilon_j,\varepsilon_i)}(M)$。

在 CM 中，每个代理人为了使得他减去持有货币的成本的期望盈余最大化而选择其实际余额，即式（4.24）。将式（4.32）所给的 $V(m)$ 代入式（4.24），那么代理人的 CM 货币需求问题变成

$$\max_{m \geqslant 0} \left\{ - r\phi m + \int_{\varepsilon_i > \varepsilon_j} S_{(\varepsilon_i, \varepsilon_j)}(m) \mathrm{d}\mu(\varepsilon_i, \varepsilon_j) \right\} \tag{4.33}$$

注意到，问题（4.33）只考虑了代理人 i 是买家，即 $\varepsilon_i > \varepsilon_j$ 的匹配，因为只有代理人 i 需要与其伙伴交易的货币的匹配。由于 $S'_{(\varepsilon_i, \varepsilon_j)}(m) = \phi\lambda_\varepsilon$，式（4.33）的解简化为

$$- r + \int_{\varepsilon_i > \varepsilon_j} \lambda_\varepsilon \mathrm{d}\mu(\varepsilon_i, \varepsilon_j) \leqslant 0 \tag{4.34}$$

当 $m\phi > 0$ 时取等号。每个代理人选择使得衡量持有货币成本的时间偏好率 r 等于所有匹配中货币的期望隐藏价值。当 $r > 0$ 时，则在约束条件为 $d_\varepsilon \leqslant M$ 下有正匹配量。若 $r_\varepsilon > 0$，式（4.31）则意味着 λ_ε 是 $m\phi$ 的递减函数。当 $m\phi$ 接近于 0 时，实际余额的边际值 λ_ε 接近其在易物经济中的值，它的上限为 1。因此根据式（4.34），货币有价值的必要条件是 $r < 1$。由式（4.29）可知，在最不对称的匹配 $\varepsilon = (\bar{\varepsilon}, 0)$ 中，如果交易了有效数量，那么实际余额的转移为

$$d_{(\bar{\varepsilon}, 0)}\phi = \frac{\bar{\varepsilon} u(q_{\bar{\varepsilon}}^*) + q_{\bar{\varepsilon}}^*}{2}$$

因此，在所有匹配中，如果 $\phi M \geqslant [\bar{\varepsilon} u(q_\varepsilon^*) + q_\varepsilon^*]/2$，那么 $\lambda_\varepsilon = 0$。通过市场出清，当 r 足够小时，式（4.34）确定唯一的 $M\phi \in (0, [\bar{\varepsilon} u(q_\varepsilon^*) + q_\varepsilon^*]/2)$。随着代理人越来越有耐心，$r$ 趋向于 0，$M\phi$ 趋向于 $[\bar{\varepsilon} u(q_\varepsilon^*) + q_\varepsilon^*]/2$，且在所有匹配中有效配置被实现。

如图 4－10 所示，我们用 $(\varepsilon_i, \varepsilon_j) = (\bar{\varepsilon}, 0)$ 表示最不对称匹配的帕累托边界。如果不可兑现货币没有被估值，那么代理人的最优盈余为 $S_i^* = \bar{\varepsilon} u(q_\varepsilon^*) > 0$ 且 $S_j^i = - q_\varepsilon^* < 0$。明确地讲，这一交易不是激励可行的。如果货币被估值且 r 趋

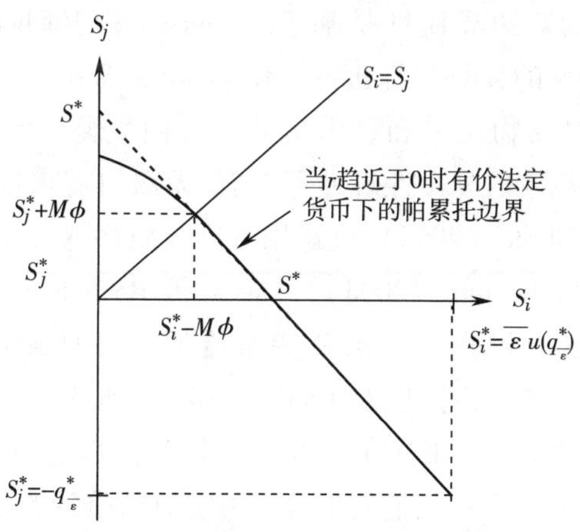

图 4－10　当 r 趋近于 0 时，单方巧合匹配 $(\varepsilon_i, \varepsilon_j) = (\bar{\varepsilon}, 0)$ 的帕累托边界

向于0，那么 ϕM 趋向于 $[\bar{\varepsilon}u(q_{\varepsilon}^{*})+q_{\varepsilon}^{*}]/2$，从而 $S_{i}^{*}-\phi M=[\bar{\varepsilon}u(q_{\varepsilon}^{*})+q_{\varepsilon}^{*}]/2$。现在，最优产出水平是激励可行的。在图形上，帕累托边界是线性的并且与 $S^{*}S^{*}$ 线重合，直到它与比例议价解产生的45°线相交。

4.4 进一步阅读

机制设计已经应用于 Huos，Kennan 和 Wallace（2009）的 Lagos – Wright（2005）模型。本章的介绍是基于罗彻（2012）的理论。Kocherlakota（1998）和 Kocherlakota 和 Wallace（1998）首次用实施理论证明了货币必要性。Cavalcanti 和 Erosa（2008），Cavalcanti 和 Nosal（2009），Cavalcanti 和 Wallace（1999），Deviatov（2006），Deviatov 和 Wallace（2001），Koeppl，Monnet 和 Temzelides（2008），Mattesini，Monnet 和 Wright（2010）提出了机制设计在货币理论中的应用。Wallace（2010）对相关文献进行了回顾。

Ostroy（1973），Ostroy 和 Starr（1974，1990）以及 Townsend（1987，1989）等人强调了货币的记录保持作用。Kocherlakota（1998a，b）使用机制设计方法，研究了货币作为社会记忆体使得代理人能访问其交易对手特定历史信息的技术作用。作为推论，个人历史信息的不完全就有必要让货币在经济中发挥重要作用（Wallace，2000）。于是产生了货币作为记忆的重要作用的进一步讨论，参见 Araujo（2004），Aliprantis，Camera 和 Puzzello（2007），Araujo 和 Camargo（2009）。Araujo，Camargo，Minetti 和 Puzzello（2012）研究了集中交易环境中货币的必要性。

在配对会面中的双边异质性是基于 Berentsen 和 Rocheteau（2003）在 Shi（1997）的大家庭模型的背景下提出的。Kiyotaki 和 Wright（1991）研究了匹配事后异质性，以便对易物交易和货币交易进行内生化；Berentsen 和 Rocheteau（2002，2003）也运用事后异质性研究了在有/无双边需求耦合情形下的货币的可分割性；Peterson 和 Shi（2004）也运用事后异质性探究了通货膨胀和价格分散的关系；Jafarey 和 Masters（2003），Lagos 和 Rocheteau（2005）以及 Nosal（2011）也研究了通货膨胀对产出和货币流通速度的影响；Curtis 和 Wright（2004），Faig 和 Jerez（2006）以及 Ennis（2008）也研究了私人信息下的价格发布。Williamson 和 Wright（1994），Trejos（1999）以及 Berentsen 和 Rocheteau（2004）指出，商品的不对称估值使得含有关于商品质量的私人信息的模型产生内生化。

Engineer 和 Shi（1998，2001），Berentsena 和 Rocheteau（2003）分别在

“不可分割的货币环境条件”和“可分割的货币环境条件”下强调了货币可以在代理人之间完美地转移效用的作用。在那些模型中，不可兑现货币允许交易者决策多少用于分离以及如何分割产生的总剩余。相比之下，实际生产对于转移效用来说，是一种并不完美的工具，因为消费者的边际效用和产品的边际效益随着产量和交换的数量而变化，而且一般来说，这是不可避免的。Jacquet 和 Tan（2012）使用相关的参数来解释为什么不可兑现货币比卢卡斯树有更低的流动性。在他们的模型中，卢卡斯树产生的收益依赖于对具有不同套期保值需求的代理人的估值的不同。货币作为支付手段情况下，代理人具有内生偏好形式，因为与卢卡斯树相比，它们对代理人来说价值相同。因此，不可兑现货币在社会中是非常有用的，因为它减少了某些商品的过度生产，这类商品与货币能防止资本过度积累的观点密切相关，Wallace（1980）“在世代重叠经济体”曾指出了这一点，Lagos 和 Rocheteau（2008）“在搜索经济中”也说明了这一点。

Camera 和 Chien（2016）认为，预付现金和 Lagos - Wright 模型都不会导致基本理论上和数量上的结果差异。我们具有双边异质性的模型清楚地表明这种说法在一般程度上并不正确。我们模型的结果不能通过预付现金模型来复制，因为代理商用货币和他们自己的产出为他们购买的商品提供资金。此外，现金预付模型不可用于本章所述的机制设计方法。最后，简化模型对于形成货币作用并阻止其他资产（如信贷、资本和债券）被用作交换媒介的潜在摩擦没有起到任何说明作用。

本书强调货币作为交换媒介的作用。Doepke 和 Schneider（2013）通过研究货币作为一个记账单位的作用以及这种作用如何与通货膨胀的再匹配效应相联系来对我们的方法进行补充。

5 货币的属性

“在一个单纯的工业国中，货币主要被用于在买卖双方间进行传递。那么它应该便于携带，并可分解为多种大小，以使任何金额都能很方便地得到，而且很容易通过其外观或打在上面的标记被辨别。”

——William Stanley Jevons，《货币和交换机制》（1875，第5章）

一个资产作为交易媒介所起的作用依赖于经济摩擦的本质及其物理属性。在第3章和第4章中，记录维持机制和承诺机制的缺失，意味着需要一个有形交易媒介来润滑交易，而不可兑现货币就起着这样的作用。在那些章节中，尽管不可兑现货币的某些物理属性是相当明显的，如其可分性或不可分性，而其他重要属性则依然并未说清。例如，这里隐含着一个假设，即不可兑现货币不会折旧或者随着时间而损耗，不需要花费成本就能从一个市场带到另一个市场，而且也是不可伪造的。

在本章中，我们考察货币的物理属性就会影响其价值和作为交易媒介的能力。我们会再次研究可分性问题，探讨交易媒介存在携带成本或可被伪造时的影响。我们还对在货币的物理属性偏离其理想状态时配置和均衡将会受到什么影响感兴趣。

有时，商品货币体系会受到缺乏特定类型硬币的困扰。既然在完全可分时货币不存在稀缺的问题，我们将考察货币不可分以及货币单位数少于买方数量时的环境。在这种情况下，交易总量显然将会过低。为了描绘其他重要的与货币不可分和稀缺相关的无效率性，我们假设买方对于卖方所生产的商品具有异质定价。因此，经济的特征将是具有不少交易无效性，而其中部分无效性在货币完全可分时是不会出现的。

我们所研究的货币的第二个属性是货币的便携性。根据 Jevons（1875，第5章）：

在过去被用于货币的许多物质在便携性上都很糟糕。确实，公牛和绵羊都可以靠自己的腿行走；但谷物、皮革、油料、坚果、杏仁等，尽管都在某些时期被用作通货，但都笨重得难以忍受，也难以运输。

如果我们假设携带单位货币是有成本的，那么在货币携带成本超过某一个阈值时，货币就不会被持有，也不会被认为有价值。但当货币持有成本并不是太高时，就会存在货币具有正交换价值的多重静态均衡。这意味着，携带成本等基本面以及习惯都会影响一个物品作为支付手段的使用。在货币具有其最高价值的均衡状态下，货币价值会随着持有成本的增加而下降。最后，货币并不是中性的，因为在货币均衡时，货币供给的增长意味着代理人会持有更多名义余额，而后者会增加持有货币的总成本并降低福利。

我们所考察的货币最后一个属性是其可辨识性（recognizability）或者用 Jevons（1875，第 5 章）的话说：可识别性（cognizability）。

这一说法指的是一个物质能被轻易从所有其他物质中辨别和区分开来的能力。作为一个交易媒介，货币必须被不断地换手，而当每个人在收到通货时都必须去仔细查看、称量和测试它时就会带来极大的麻烦。如果要求有一定的技能才能将良币从劣币中区分出来，那么那些没有技能的人就一定会被欺骗。因此，交易媒介应该有特定的没有人会误认的区别标记。

从货币诞生开始，伪造问题一直就缠绕其中。在中世纪的欧洲，人们将银币和金币的边缘切掉，并且尝试将折价的硬币当作完好无缺的样子进入流通。在 19 世纪的美国，大量伪造的银行券被生产并被当作真品流通。为了处理伪造问题，我们考察了不可兑现货币能被按固定成本伪造，而卖方无法区别伪币和真币的环境。我们发现，可辨别性的缺乏将导致出现买方在匹配时向卖方转移实际余额的上限。即使伪造并不发生在均衡状态下，我们的模型也支持使货币更难以伪造的政策：通过提高伪钞生产成本，政策制定者能增加货币流通速度、产出和福利。

5.1 货币的可分性

本部分我们探讨货币不可分的影响。在第 4.2 部分我们考虑了一个不可分货币模型，并且假定货币供给使得所有买方能刚好持有 1 单位货币，即 $M=1$。现在我们假设货币是稀缺的或者说存在通货短缺，即 $M<1$。正如在第 4.3 部分中所述，为了确定不可分和短缺货币所带来的无效性，我们在 DM 匹配中引入买方异质性。特别地，买方在双边匹配中的效用为 $\varepsilon u(q)$，其中 ε 为从$\mathbb{R}_+$中某个累计分布函数 $F(\varepsilon)$ 抽取出来的异质性偏好冲击。一个高的 ε 意味着卖方商品给买方带来的边际效用较高，而一个低的 ε 则意味着边际效用较低。偏好冲击独立于时间和匹配。其中的思想是即使代理人是事前一致的，买方对在 DM 上卖方

所生产商品也具有异质性偏好。

一个代表性期间内事件的时间安排见图 5－1。σ 部分的买方和卖方在 DM 上实现匹配。在被匹配的条件下，买方受到针对卖方所生产商品的偏好冲击 ε。如果买方拥有一些货币，那么他就能向卖方提出要么接受要么拒绝的报价。在晚上，买方和卖方在集中竞争性市场 CM 上交易货币和通用商品，其中用通用商品表示的单位货币价格为 ϕ。我们集中讨论价格不随时间变化的静态均衡。

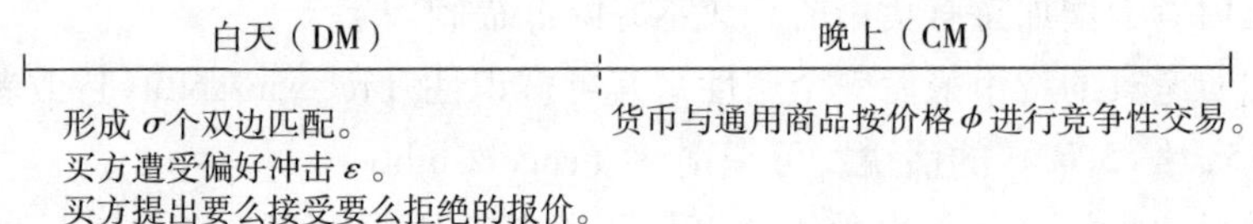

图 5－1　代表性期间的时间安排

5.1.1　通货短缺

由于每位买方所拥有的不可分货币少于 1 个单位，CM 上货币市场的出清要求 M 部分的买方在最后拥有 1 单位货币，而剩下的 $1-M$ 部分最后不拥有货币。而且，买方在持有 1 单位货币和持有 0 单位货币之间是无差异的。如在第 3.2 部分，买方价值函数的凹性意味着买方没有激励持有多于 1 单位的货币（参见附录）。那么

$$-\phi+\beta V_1=\beta V_0 \tag{5.1}$$

式中，V_1 为在 DM 上持有 1 单位货币的买方的价值；V_0 为没有持有货币的买方的价值。式（5.1）的左边为在 CM 获得 1 单位货币的买方的预期贴现效用：单位货币对其的成本为 ϕ，其在下一个 DM 的连续价值为 V_1。式（5.1）的右边为不持有货币而退出 CM 的买方的预期贴现效用。

在 DM 上，持有 1 单位货币的匹配买方能向卖方提出要么接受要么拒绝的报价（q，d）。该报价必须满足卖方的参与约束 $-c(q)+\phi\geqslant 0$。那么，买方将选择他用其 1 单位货币能承担的最大 q，$q=c^{-1}(\phi)$，后者独立于其偏好冲击的实现。

在 DM 上不持有货币的买方的价值满足

$$V_0=\max(-\phi+\beta V_1,\beta V_0)=\beta V_0=0 \tag{5.2}$$

买方无法在 DM 上进行交易，因为他没有支付手段。在 CM 上，均衡要求买方在持有或不持有 1 单位货币之间是无差异的。

在 DM 期初持有 1 单位货币的买方的价值为

$$V_1=\sigma\int\max[\varepsilon u(q)-\phi+\beta V_1,\beta V_1]\mathrm{d}F(\varepsilon)+(1-\sigma)\beta V_1 \tag{5.3}$$

买方找到卖方的概率为 σ。他针对卖方所生产的商品抽取一次偏好冲击 ε。如果买方选择提出报价，那么其生命期效用为 $\varepsilon u(q)-\phi+\beta V_1$：他在 CM 上享用消费效用和其持续价值 $-\phi+\beta V_1=\beta V_0$。如果买方选择不提出报价，其持续价值就只是 βV_1。价值函数式（5.3）可被简化为

$$V_1=\sigma\int \max[\varepsilon u(q)-\phi_1,0]\mathrm{d}F(\varepsilon)+\beta V_1 \tag{5.4}$$

如果交易剩余为正，$\varepsilon u(q)-\phi\geqslant 0$，那么买方提出报价。否则，他选择不进行交易。既然 $q=c^{-1}(\phi)$，买方在 $\varepsilon u\circ c^{-1}(\phi)-\phi\geqslant 0$ 时选择进行交易。

令 $\varepsilon_R(\phi)=\phi/u\circ c^{-1}(\phi)$ 表示 ε 的阈值，在低于此值时，买方会选择不进行交易。由于 $u\circ c^{-1}(\phi)$ 严格为凹且有 $u\circ c^{-1}(0)=0$，可知 ε_R（ϕ）为 ϕ 的增函数。也就是说，随着货币变得更有价值，买方会变得更为挑剔，只会愿意将其不可分货币用于其估值高的商品。利用式（5.1）和式（5.2），我们可将式（5.4）重写为

$$r\phi=\sigma\int_{\varepsilon_{R(\phi)}}^{\infty}[\varepsilon u\circ c^{-1}(\phi)-\phi]\mathrm{d}F(\varepsilon) \tag{5.5}$$

根据式（5.5），均衡时的货币价值将使得持有 1 单位货币的机会成本——式（5.5）的左边，等于 DM 上交易的预期剩余——式（5.5）的右边。经济的稳态均衡与（5.5）的解 ϕ 对应。

我们首先考察在所有匹配中 $\varepsilon=1$ 的特殊场景。那么式（5.5）变为

$$r\phi=\sigma\{u\circ c^{-1}(\phi)-\phi\} \tag{5.6}$$

或

$$\phi=\frac{\sigma}{r+\sigma}u\circ c^{-1}(\phi) \tag{5.7}$$

给定我们关于 c 和 u 的假设，易知存在唯一的 $\phi>0$ 满足式（5.7）。在与货币购买力相关的比较静态方面，注意 ϕ 是是独立于货币量 M 的。由式（5.7），有 $\partial\phi/\partial\sigma>0$ 和 $\partial\phi/\partial r<0$。直观地，随着匹配概率 σ 的增加，买方有更高的机会在 DM 上进行交易，这使得货币变得更有价值。这导致 DM 上的交易量增加。此外随着时间偏好率 r 的增加，代理人变得更有耐心，持有货币的成本随之增加。这导致货币的价值下降，代理人在 DM 上交易更少。

我们现在将这些结果一般化到偏好冲击分布退化的场景。我们在式（5.5）的两边分别除以 $u\circ c^{-1}$（ϕ），并利用 $\varepsilon_R=\phi/u\circ c^{-1}(\phi)$，可得到

$$r\varepsilon_R=\sigma\int_{\varepsilon_R}^{\infty}(\varepsilon-\varepsilon_R)\mathrm{d}F(\varepsilon) \tag{5.8}$$

等式（5.8）是序贯搜索模型中的一个标准最优停止规则。它决定了保留效用，在这之上，接受交易是最优的。为对其进行解释，可将其重写为 $r\varepsilon_R=$

$\sigma[1-F(\varepsilon_R)]\mathbb{E}[\varepsilon-\varepsilon_R|\varepsilon\geqslant\varepsilon_R]$。左边为在保留效用水平下同意交易的流量价值，右边为搜索活动带来的预期回报。买方的搜索回报为匹配卖方的概率 σ 乘以匹配特定内容大于保留价值的概率 $1-F$（ε_R），再乘以在 ε 大于 ε_R 的条件下 ε 和 ε_R 之间的预期差额。对式（5.8）的右边进行分部积分，得到

$$r\varepsilon_R=\sigma\int_{\varepsilon_R}^{\infty}[1-F(\varepsilon)]\mathrm{d}\varepsilon \tag{5.9}$$

式（5.9）存在 $\varepsilon_R>0$ 的唯一解。要清楚这一点，注意当 ε_R 从 0 趋近 ∞，左边是随着 ε_R 从 0 增加到 ∞ 的，而右边则在 ε_R 从 0 趋近 ∞ 时，从 $\sigma\varepsilon^e$ 下降到 0，其中 ε^e 为分布 F 的均值（见图 5－2）。

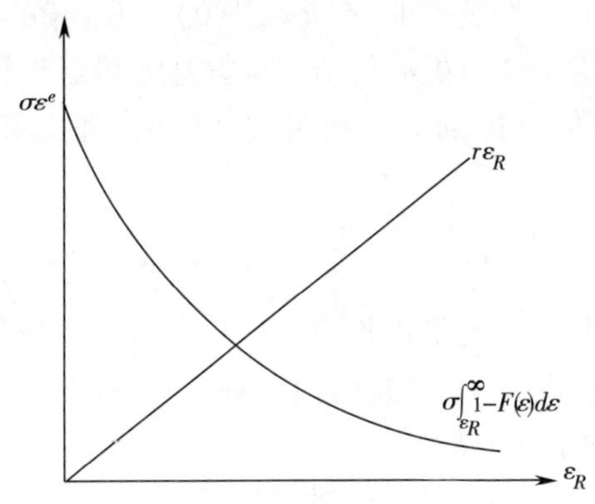

图 5－2　不可分货币模型中的保留效用

由式（5.9）也易知，$\partial\varepsilon_R/\partial\sigma>0$ 和 $\partial\varepsilon_R/\partial r<0$。如果在 DM 上较容易找到卖方，那么买方就会变得更有需求，并提高其保留效用，相反，如果买方变得更没有耐心，那么他们就会降低其保留效用。由于 $\varepsilon_R=\phi/u\circ c^{-1}(\phi)$，在货币价值和买方保留效用之间存在正向关系。结果有 $\partial\phi/\partial\sigma>0$ 和 $\partial\phi/\partial r<0$。

我们现在转向规范性分析。我们用买方和卖方效用的贴现和来测度社会福利

$$\mathcal{W}=\sigma(1-\beta)^{-1}M\int_{\varepsilon_R}^{\infty}[\varepsilon u(q_\varepsilon)-c(q_\varepsilon)]\mathrm{d}F(\varepsilon)$$

式中，$M\in(0,1)$；q_ε 为异质冲击 ε 下的匹配交易量（在 CM 上消费和生产通用商品的总净效用为 0）。在这种情况下，由于 M 的变化会影响外延边际——匹配交易数，M 的提高会增加福利。当货币完全可分时，外延边际结果会消失。但 M 的变化不会影响集约边际——特定匹配交易的产量。对于有效配置而言，社会计划者会选择 ε_R^* 和 q_ε^* 使得

$$\varepsilon_R^*=0$$

$$\varepsilon u'(q_{\varepsilon}^{*}) = c'(q_{\varepsilon}^{*})$$

社会计划者会希望代理人在所有匹配中进行交易，而且交易量应该使买方消费的边际效用等于卖方生产的边际负效用。

相反，在均衡时有 $\varepsilon_R > \varepsilon_R^* = 0$。买方在对卖方产出估值很低时不会在匹配时交易。所以，在 ε 取值很低时，存在没有交易的无效率状态。在 $\varepsilon = \varepsilon_R$ 时，根据定义有 $\varepsilon_R u(q) - c(q) = 0$。但当社会有效产出水平被生产出来时，我们有 $\varepsilon_R u(q_{\varepsilon_R}^*) - c(q_{\varepsilon_R}^*) > 0$。在这一情况下，从社会观点来看，代理人交易过多，即 $q > q_{\varepsilon_R}^*$。最后，在 ε 取值足够高时，从社会观点来看，代理人会交易过少，即 $q < q_{\varepsilon_R}^*$。

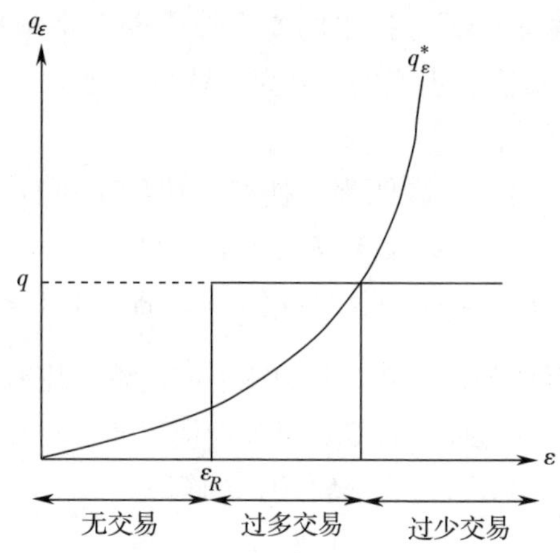

图 5-3 不可分货币时的交易无效率

为了解释没有交易和交易过多的无效率，考虑所受偏好冲击在 ε_R 邻域中时的买方消费决策（见图 5-3）。如果 $\varepsilon = \varepsilon_R$，买方在消费 q 单位商品以交换其 1 单位货币与不进行交易之间是刚好无差异的。卖方在生产 q 单位商品以换取 1 单位货币与不进行交易之间也是无差异的。如果 ε 稍微低于 ε_R，那么无交易就会发生，因为货币的报价——卖方愿意为 1 单位货币而生产的数量 $q_b = c^{-1}(\phi)$——要小于货币的要价——买方放弃 1 单位货币而需要的产出量 $q_a = u^{-1}(\phi/\varepsilon)$。相反，如果 ε 稍微高于 ε_R，那么货币的报价就要大于其要价，而且根据买方获得一切的议价协议，交易将在报价处发生。但由于买方对卖方产出的低估值，消费量是无效率的。

总的来说，在货币不可分时，如下的无效率就会产生（见图 5-3）。

1. 如果存在通货短缺，即 $M<1$，匹配交易数将过低。
2. 对于低值 ε，买方不会进行交易，即使这样做也是社会最优的。

3. 对于中值 ε，代理人交易过多。

4. 对于高值 ε，代理人交易过少。

5.1.2 可分货币与彩票

当代理人不进行交易时，$\varepsilon < \varepsilon_R$，或者当他们交易过多时，$q > q_\varepsilon^*$，如果买方能在一定程度上将其所持货币放弃一部分给卖方，那么他们就能实现成对的更优结果。但这并不是可行的，因为每单位货币都是不可分的。但买方能通过利用彩票机制在某一概率水平下转移其单位货币来克服这一不可分性。

由于产出是完全可分的，彩票仅对于在 DM 上从买方转移到卖方的货币余额才需要。如果使用了彩票，买方提出的要么接受要么拒绝报价可被简洁地描述为 $(q_\varepsilon,\varsigma_\varepsilon)$，其中 q_ε 为卖方所生产的 DM 商品数量，而 $\varsigma_\varepsilon \in [0,1]$ 为买方将其单位货币转移给卖方的概率。

考虑买方和卖方之间的一次匹配。拥有 1 单位不可分货币的买方向卖方提出的要么接受要么拒绝报价 $(q_\varepsilon,\varsigma_\varepsilon)$ 满足如下问题

$$\max_{q,\varsigma}[\varepsilon u(q) - \varsigma\phi], s.t. \ -c(q) + \varsigma\phi = 0, 0 \leqslant \varsigma \leqslant 1 \tag{5.10}$$

买方最大化其预期剩余，后者为其 DM 上的消费效用减去他放弃单位货币的概率与货币在 CM 上价值的乘积的差。该报价使得卖方在接受或拒绝报价上是无差异的。如果 $c(q_\varepsilon^*) \leqslant \phi$，那么式（5.10）的解为

$$q_\varepsilon = q_\varepsilon^*$$

$$\varsigma_\varepsilon = \frac{c(q_\varepsilon^*)}{\phi}$$

如果 $c(q_\varepsilon^*) > \phi$，那么解为 $q_\varepsilon = q = c^{-1}(\phi)$ 和 $\varsigma = 1$。与没有彩票的环境不同，买方在所有匹配中都进行交易，这意味着 $\varepsilon_R = 0$，而且他们绝不会交易过多，$q_\varepsilon \leqslant q_\varepsilon^*$。

根据与式（5.5）类似的逻辑，货币价值满足

$$r\phi = \sigma\int_0^\infty [\varepsilon u(q_\varepsilon) - \varsigma_\varepsilon\phi]\mathrm{d}F(\varepsilon) \tag{5.11}$$

由卖方的参与约束知 $\varsigma_\varepsilon\phi = c(q_\varepsilon)$，且式（5.11）可被重写为

$$r\phi = \sigma\int_0^\infty [\varepsilon u(q_\varepsilon) - c(q_\varepsilon)]\mathrm{d}F(\varepsilon) \tag{5.12}$$

持有货币的机会成本——式（5.12）的左边，等于 DM 上的预期匹配剩余——式（5.12）的右边。

令 $\tilde{\varepsilon}$ 为偏好冲击的阈值，在该值之下时代理人会交易社会有效量，即 $\tilde{\varepsilon}$ 由

$q_{\tilde{\varepsilon}}^{*}=c^{-1}(\phi)$ 隐含定义。那么式（5.12）可被重写为

$$r\phi=\sigma\int_{0}^{\tilde{\varepsilon}}\left[\varepsilon u(q_{\varepsilon}^{*})-c(q_{\varepsilon}^{*})\right]\mathrm{d}F(\varepsilon)+\sigma\int_{\tilde{\varepsilon}}^{\infty}\left[\varepsilon u\circ c^{-1}(\phi)-\phi\right]\mathrm{d}F(\varepsilon) \tag{5.13}$$

易知式（5.13）决定了唯一的 $\phi>0$：左边与 ϕ 成线性关系，而右边随 ϕ 严格递增且是凹的。

在没有彩票时，如果买方对商品的估值非常低，那么货币的要价 $q_a=u^{-1}(\phi/\varepsilon)$ 要大于货币的报价 $q_b=c^{-1}(\phi)$，从而没有交易会发生。这一无交易非效率在存在彩票时会消失，因为当买方对商品估值较低时，他会简单地以大于0但小于1的概率提供不可分货币以交换数量较小（但有效）的商品。在没有彩票时，如果买方对商品的估值较低但不是非常低，那么货币的要价要小于货币的报价，这导致交易会发生但DM产出水平要大于效率水平。与无交易非效率情况类似，交易过多的非效率会在存在基于不可分货币的彩票时消失，因为买方能为DM的有效产出水平有效提供预期上小于1单位的货币。最后，注意彩票并不会消除发生在 $\varepsilon>\tilde{\varepsilon}$ 情况下的“交易过少”非效率。

如果偏好冲击分布的支集不是过大，那么代理人就有可能在所有匹配中交易社会有效量。考虑在所有匹配中 $\varepsilon=1$ 的情况。我们看到只要 $r>0$，可分货币时的产出就会过低。在存在不可分货币和彩票时，货币的价值由式（5.13）所决定

$$\begin{aligned} r\phi &= \sigma[u(q^{*})-c(q^{*})] \quad \text{当}\ \phi>c(q^{*}) \\ &= \sigma[u\circ c^{-1}(\phi)-\phi] \quad \text{否则} \end{aligned} \tag{5.14}$$

均衡的决定参见图5-4。

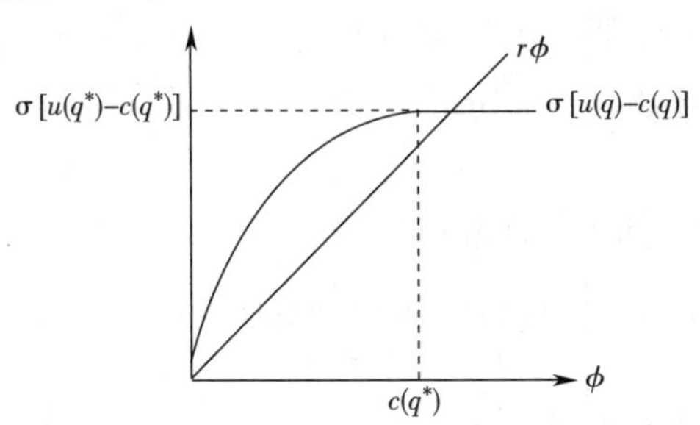

图5-4 不可分货币和彩票时的均衡

易知，当且仅当在 $\phi=c(q^{*})$ 时的式（5.14）左边小于 $q=q^{*}$ 时的式（5.14）右边时，有 $q=q^{*}$，即

$$c(q^{*}) \leqslant \frac{\sigma}{r+\sigma} u(q^{*})$$

如果配置 $(q,y) = [q^{*}, c(q^{*})]$ 在货币环境下是激励可行的——参见第4.1部分和式（4.7）中 $\mathcal{A}^{M}$ 的定义——或者在存在公共记录维持机制的信用环境下激励可行——参见第4.1部分和式（4.7）中 $\mathcal{A}^{M}$ 的定义，那么它就能作为存在不可分货币以及买方能使用彩票并提出要么拒绝要么接受报价情况下货币经济的均衡而得以实施。但注意依然存在货币短缺 $M<1$ 导致的无效率，它降低了匹配数。

5.1.3 可分货币

在本部分，我们考察完全可分货币的情况，以研究相对于不可分货币情况而言，这些配置的不同特征。我们关注于静态均衡。

当货币可分且买方偏好冲击为 ε 时，买方在DM上提出的要么接受要么拒绝报价现在为交易对（q_{ε}，d_{ε}），其中 q_{ε} 为卖方生产的搜索商品量，$d_{\varepsilon} \in [0,m]$ 为买方向卖方的货币转移，而 m 为买方的货币持有。买方问题为

$$\max_{q,d}[\varepsilon u(q) - d\phi]$$
$$s.t.\ -c(q) + d\phi = 0$$
$$\text{和}\ 0 \leqslant d \leqslant m \tag{5.15}$$

该问题类似于式（5.10）。如果 $c(q_{\varepsilon}^{*}) \leqslant m\phi$，那么解为

$$q_{\varepsilon} = q_{\varepsilon}^{*}$$
$$d_{\varepsilon} = \frac{c(q_{\varepsilon}^{*})}{\phi}$$

如果 $c(q_{\varepsilon}^{*}) > m\phi$，那么 $q_{\varepsilon} = q = c^{-1}(m\phi)$ 且 $d = m$。货币的可分性，就如同货币不可分时使用彩票一样，消除了无交易和交易过多非效率，即 $\varepsilon_{R} = 0$ 且 $q_{\varepsilon} \leqslant q_{\varepsilon}^{*}$。

买方在CM上的预期生命期效用为

$$W^{b}(m) = \phi m + \max_{m'}\left\{-\phi m' + \beta\sigma\int_{0}^{\infty}[\varepsilon u(q_{\varepsilon}) + W^{b}(m'-d_{\varepsilon})]\mathrm{d}F(\varepsilon) + \beta(1-\sigma)W^{b}(m')\right\} \tag{5.16}$$

式中，q_{ε} 和 d_{ε} 为买方在DM上货币持有量 m' 的函数。根据式（5.16），买方通过获取 $m'-m$ 新单位货币来重新调整其货币持有，这带来的成本用通用商品衡量为 $\phi(m'-m)$。在下一个DM，如果买方在发生概率为 σ 的配对交易中，那么

他将消费 q_ε 单位 DM 产出并提供 d_ε 单位货币。我们利用 W^b 的线性性质，即 $W^b(m)=\phi m+W^b(0)$，以及 $\phi d_\varepsilon=c(q_\varepsilon)$ 来求解买方对货币持有的选择问题

$$\max_{m\geqslant 0}\left\{-r\phi m+\sigma\int_0^{\infty}[\varepsilon u(q_\varepsilon)-c(q_\varepsilon)\mathrm{d}F(\varepsilon)]\right\}$$

$$=\max_{m\geqslant 0}\left\{-r\phi m+\sigma\int_0^{\tilde{\varepsilon}(\phi m)}[\varepsilon u(q_\varepsilon^*)-c(q_\varepsilon^*)]\mathrm{d}F(\varepsilon)\right. \tag{5.17}$$

$$\left.+\sigma\int_{\tilde{\varepsilon}(\phi m)}^{\infty}[\varepsilon u\circ c^{-1}(\phi m)-\phi m]\mathrm{d}F(\varepsilon)\right\}$$

式中，$\tilde{\varepsilon}$ 为 $q_{\tilde{\varepsilon}}^*=c^{-1}(\phi m)$ 的解。针对 m 的一阶条件为

$$\frac{r}{\sigma}=\int_{\tilde{\varepsilon}(\phi m)}^{\infty}\left[\frac{\varepsilon u'\circ c^{-1}(m\phi)}{c'\circ c^{-1}(m\phi)}-1\right]\mathrm{d}F(\varepsilon) \tag{5.18}$$

为了市场出清，$m=M$，这意味着式（5.18）决定了一个唯一的 $\phi>0$，因为式（5.18）的右边随 ϕ 而递减。

对于任何 $r>0$，式（5.18）的右边必须为正，这意味着即使当 $F(\varepsilon)$ 的支集有限时对于某些 ε 也有 $q_\varepsilon<q_\varepsilon^*$。货币的可分性并没有消除交易过少的无效率。这一无效率的产生是因为持有实际余额由于贴现而存在成本。如果该成本被推向 0，即 $r\to 0$，那么式（5.18）的右边为 0，也就是说实际余额足够大，能在所有匹配中交易社会有效量。而且，由于货币是可分的，在期初赋予所有买方 M 单位货币是可行的，即使 $M<1$。因此，当货币完全可分时，通货短缺不会发生，交易匹配数达到其最大值。

5.2 货币的便携性

我们现在考虑交易媒介的另一个重要物理属性：便携性。便携性描述了物体能被携带到需要它的地方（即双边匹配）的容易程度。我们将便携性等同于将货币代入 DM 的成本，并假设在每一期期初，买方持有每单位货币的实际成本为 $\kappa>0$。

与第 3.1 部分中相同，t 期买方在 CM 上的货币持有选择为

$$\max_{m\geqslant 0}\{-\phi_t m+\beta V_{t+1}^b(m)\} \tag{5.19}$$

但在 DM 上作为买方的价值现在为

$$V_{t+1}^b(m)=-\kappa m+\sigma\max_{d\in[0,m]}[u\circ c^{-1}(\phi_{t+1}d)-\phi_{t+1}d]+\phi_{t+1}m+W_{t+1}^b(0) \tag{5.20}$$

其中，我们利用了 $W_{t+1}^b(m)=\phi_{t+1}m+W_{t+1}^b(0)$，并且由买方拥有一切的议价

假设有 $q_{t+1} = c^{-1}(\phi_{t+1}d)$。式（5.20）右边第一项是新的，代表了持有 m 单位货币的比例成本。将 $V_{t+1}^{b}(m)$ 的此式代入（5.19），我们求解货币持有选择问题为

$$\max_{m\in\mathbb{R}_+}\left[-\left(\frac{\phi_t/\phi_{t+1}}{\beta}-1\right)\phi_{t+1}m-\kappa m+\sigma\max_{d\in[0,m]}\left[u\circ c^{-1}(\phi_{t+1}d)-\phi_{t+1}d\right]\right] \tag{5.21}$$

积累 $\phi_{t+1}m$ 单位实际余额的成本包括两个部分：一部分源自通货膨胀和贴现 $(\phi_t/\phi_{t+1}-\beta)/\beta$，另一部分源自货币的不完全便携性 κ/ϕ_{t+1}。只要 $[(\phi_t/\phi_{t+1}-\beta)/\beta]+\kappa/\phi_{t+1}>0$，持有货币就是有成本的，所以有 $d=m$。将 $c(q_t)=\phi_t m$ 代入式（5.21）并重排，我们得到

$$\max_{q_{t+1}\in\mathbb{R}_+}\left\{-\left(\frac{\phi_t/\phi_{t+1}}{\beta}-1+\frac{\kappa}{\phi_{t+1}}\right)c(q_{t+1})+\sigma[u(q_{t+1})-c(q_{t+1})]\right\} \tag{5.22}$$

假设存在内解，那么该问题的一阶条件为

$$\frac{u'(q_{t+1})}{c'(q_{t+1})}=1+\frac{\phi_t/\phi_{t+1}-\beta}{\sigma\beta}+\frac{\kappa}{\sigma\phi_{t+1}} \tag{5.23}$$

当 $m=M$ 时，货币市场出清，这意味着由式（5.23）可得

$$\phi_t=\beta\phi_{t+1}\left\{\sigma\left[\frac{u'(q_{t+1})}{c'(q_{t+1})}-1\right]+1\right\}-\beta\kappa \tag{5.24}$$

式中，$q_{t+1}=\min[q^*,c^{-1}(\phi_{t+1}M)]$。该式通过一种显而易见的方式实现了对式（3.16）的一般化。即使 $\phi_t=\phi_{t+1}=0$ 并非式（5.24）的解，但应该注意的是，对于所有 $\kappa>0$ 都存在非货币均衡，这时式（5.22）的解为角解，且代理人抛弃其货币持有，因为货币没有价值却有持有成本。

货币均衡为求解一阶差分方程式（5.24）的序列 $\left\{\phi_t\right\}_{t=0}^{\infty}$，其中 ϕ_t 为紧。首先考虑货币具有价值的静态均衡，$q_t=q_{t+1}=q^{ss}>0$。在静态时，式（5.24）可被重写为

$$\frac{u'(q^{ss})}{c'(q^{ss})}=1+\frac{r}{\sigma}+\frac{\kappa M}{\sigma c(q^{ss})} \tag{5.25}$$

与前一部分不同，拥有正产出的静态货币均衡在存在时并不再是唯一的。要明白这一点，我们假设下列函数形式和参数值：$c(q)=q, u(q)=q^{1-a}/(1-a), a<1$ 和 $\sigma=1$。那么式（5.25）可被重写为

$$(q^{ss})^{1-a}=(1+r)q^{ss}+\kappa M \tag{5.26}$$

左边为 q^{ss} 的严格凹函数，而右边为带正截距的线性函数。这使得当 κ 低于阈值时，式（5.26）存在两个解 $q^{ss}>0$；否则就不存在货币均衡。例如假设 $a=1/2$，那么当 $4(1+r)\kappa M<1$ 时，式（5.26）的两个解为

$$q_H^{ss} = \left(\frac{1 + \sqrt{1 - 4(1 + r)\kappa M}}{2(1 + r)}\right)^2$$

$$q_L^{ss} = \left(\frac{1 - \sqrt{1 - 4(1 + r)\kappa M}}{2(1 + r)}\right)^2$$

静态均衡多重性背后的直观感受在于持有1单位实际余额的成本为κ/ϕ，后者依赖于货币的价值。如果货币的价值较低，那么持有实际余额的成本就较高。买方不会想积累大量的实际余额，这会使得货币价值变低。类似的逻辑对于货币价值较高时也适用。

当被用作货币的候选物体的持有成本不是太高时，货币均衡就更可能存在。所以基本面会影响物体作为支付手段的使用。但好的基本面并不足以使物体得以成为货币，因为物体的流动性属性——其可接受性——是内生的。下面的例子就描述了这一点。

假设存在两个可被用作支付媒介的物体，称为物体1和物体2。两个物体都有固定的供给M_1和M_2。物体1的存储成本为κ_1，物体2的存储成本为κ_2。为了简化，假设$u(q) = 2\sqrt{q}$, $c(q) = q$和$\sigma = 1$。只有物体1被用作货币的静态货币均衡存在的条件为$4(1 + r)\kappa_1 M_1 < 1$；而只有物体2被用作货币的静态货币均衡存在的条件为$4(1 + r)\kappa_2 M_2 < 1$。如果$\kappa_2 M_2 > \kappa_1 M_1$，那么只要存在物体2被用作货币的均衡，就同样存在物体1被用作货币的均衡，但反过来则不是这样。在这种情况下，物体1比起物体2而言更可能被用作支付手段。当一个物体的携带总成本较低，即单位存储成本必须不是太高且必须不是太丰富，那么该物体就更可能被用作支付手段。当然，存在较高存储成本的物体也可能因为自我实现信念而成为交易媒介。

下面考虑κ的增长对高水平稳态均衡的影响。易知q_H^{ss}和κ之间存在负向关系。当不可兑现货币的携带成本更高时，DM产出会下降。而且，货币不再是中性的。随着M的增加，q_H^{ss}会下降，因为携带货币要涉及额外的实际资源。低水平稳态货币均衡下的比较静态与高水平稳态货币均衡下是相反的。

最后，让我们考虑非静态均衡。如果我们采用与上面相同的函数形式和参数值，那么式（5.24）变为

$$q_t = \beta(q_{t+1})^{1-a} - \beta\kappa M \tag{5.27}$$

如同图5-5所描绘的那样，存在导向低水平静态货币均衡的多轨迹连续体，而同时只存在导向高水平静态货币均衡的唯一轨迹——静态轨迹。

我们考虑了$\kappa \geqslant 0$的情况。如$\kappa < 0$，那么交易媒介可被解释为一种商品货币，或者一种实际资产，因为它为其持有者提供了实际利息（我们将在第13章

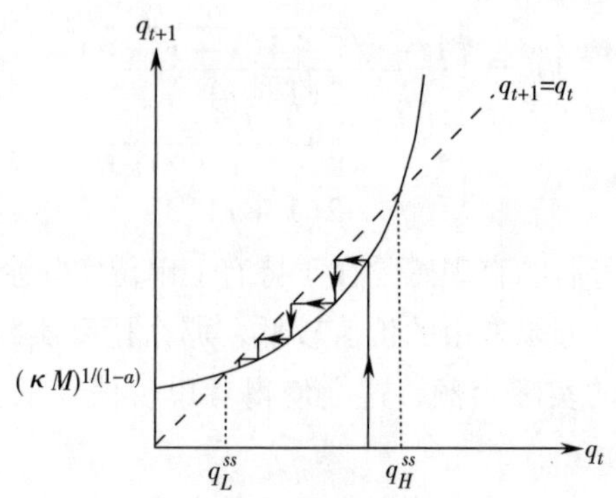

图 5－5 不完全便携性下的动态均衡

和第 14 章详细研究这种情况）。当 $\kappa<0$ 时，图 5－5 中的相线会向下移，并与横轴相交于正值 q_t。与 $\kappa>0$ 的情况不同，$\kappa<0$ 时的相线与 45 度线只有一个唯一的交点。同样，当 $\kappa<0$ 时，非货币均衡将不再存在。这是因为货币的价格 ϕ 在下面受到其由 $-\beta\kappa/(1-\beta)>0$ 给出的基本价值的约束。如果货币的价格低于其基本价值，即 0，那么式（5.22）就不会有解，因为代理人会需求无限量的货币以获得其实际利息。

而且，对于上面用到的函数形式，存在一个唯一的货币均衡，而且是静态货币均衡，$q_t=q_{t+1}=q^{ss}$。在不可兑现货币系统中，存在导向自给自足结果的均衡连续体，且在所有这些均衡中，货币的价值在任何时间都要低于静态（货币）均衡中的货币价值。因此，从社会福利视角来看，静态货币均衡要优于任何通胀均衡。由于商品成分的存在消除了货币随着时间失去其价值的任何均衡，商品货币系统能带来社会福利的提高。

5.3 货币的可识别性

在本部分，我们分析不完全可识别货币的意义。特别地，卖方在 DM 上无法将真实货币从伪造货币中区别出来，而买方能在 CM 关闭后的晚上生产伪造票据。在每个晚上参与伪造活动存在固定成本 $k>0$，但生产伪造票据的边际成本为 0。而且生产伪造品的技术在一期后被淘汰，从而只要代理人在晚上选择生产伪造品，他就必须承担成本 k。在 $t-1$ 期所生产的伪造品在代理人进入 t 期的 CM 时都被发现和没收。所以传递在 $t-1$ 期所生产伪造票据仅在 t 期的 DM 上有价值。t 期 DM 上的卖方绝不会故意接受伪造品，因为它在晚上将一文不值。

DM 上的交易条件由买方提出的要么接受要么拒绝报价所决定。卖方观察不到买方的货币持有或其生产伪造品的决策。为了简化陈述，我们假设在DM上不存在搜索摩擦，$\sigma=1$。

决定所持真实货币量、是否生产伪造品和交易条件的买方，与必须接受或拒绝买方报价的卖方之间的策略性交互可通过一个简单的博弈来展现，其中买方首先作出三个步骤。由于生产伪造品的边际成本为0，买方在生产伪造品时将不再需求（或需要）积累真实货币，注意这一点将使事情得到一些简化。而且，因为货币持有需要成本，即$r>0$，如果买方决定积累真实货币余额，那么他将不会持有多余其想要花费的货币，即$m=d$。这使得买方步骤中的两个能被崩塌为1个，即他要么选择生产d单位伪造品，要么积累d单位真实货币。

在$t-1$期CM开始时，买方预期他将在接着的DM上提出报价（q，d）。如果买方选择在CM上积累d单位真实货币余额，给定其预期的报价（q，d），假设该报价被接受，那么其生命期效用为

$$-\phi d+\beta\{u(q)+W^{b}(0)\} \tag{5.28}$$

相反，如果他选择伪造d单位货币，那么其生命期效用为

$$-k+\beta\{u(q)+W^{b}(0)\} \tag{5.29}$$

买方愿意积累真实货币的条件是（5.28）超过（5.29），或者

$$\phi d\leqslant k \tag{5.30}$$

假设卖方在DM上与提出交易条件（q，d）的买方实现匹配。记住，卖方是不能将真实和伪造货币区别开来的。如式（5.30）成立，那么卖方会认为买方持有真实货币。卖方的推理是式（5.30）意味着买方提出报价（q,d）并积累真实货币的策略要由于提出交易条件（q,d）并生产d单位伪造品的策略。但如果式（5.30）不成立，我们假设卖方相信匹配中的买方持有的是伪造票据，那么他就会拒绝报价。所以卖方接受报价（q，d）的必要但非充分条件为（5.30）成立。

买方提出的均衡报价（q，d）必须满足式（5.30）以及卖方的参与约束。买方的均衡报价满足

$$(q,d)=\arg\max\{-(1-\beta)\phi d+\beta[u(q)-\phi d]\} \tag{5.31}$$

$$s.t.\ -c(q)+\phi d\geqslant 0 \tag{5.32}$$

$$\text{和}\ \phi d\leqslant k \tag{5.33}$$

其中，式（5.31）为买方减去连续价值$W^{b}(0)$后的预期效用，式（5.32）为卖方的参与约束，式（5.33）为无伪造约束。

决定均衡交易条件（q，d）的问题式（5.31）~（5.33）与前一部分中的问题类似，只是它包含了额外的约束式（5.33）。约束式（5.32）确保卖方会以

概率 1 接受报价，同时约束式（5.33）确保买方没有激励生产伪造票据。后一约束为买方能转移的实际余额设置了上限。买方能向卖方转移的实际余额量与伪造品的生产成本是相等的。

该均衡一个值得指出的属性在于不会出现伪造。买方无法从伪造中获益，因为卖方了解买方的激励，并会据此调整其接受规则。我们现在更详细地考察这一观点。假设约束式（5.33）非紧，即 k 为大。那么报价（q，d）由式（5.31）~（5.32）的解给出，即（q，d）求解

$$\frac{u'(q)}{c'(q)} = 1 + r \tag{5.34}$$

$$\phi d = c(q) \tag{5.35}$$

相反，假设式（5.33）为紧，即 k 为小。那么报价（q，d）由式（5.32）~式（5.33）的解给出，即（q，d）求解

$$q = c^{-1}(k) \tag{5.36}$$

$$\phi d = k \tag{5.37}$$

我们现在可以定义 k 为大或为小的含义。存在 k 的一个临界值 $\bar{k}$，刚好使得式（5.34）和式（5.36）的解相同；即临界值 $\bar{k}$ 由下式的解给出

$$u'[c^{-1}(\bar{k})] = (1 + r)c'[c^{-1}(\bar{k})] \tag{5.38}$$

所以，如 $k \geqslant \bar{k}$，那么约束式（5.33）不为紧，且买方报价（q，d）由式（5.34）和式（5.35）的解给出；但如果 $k < \bar{k}$，那么约束式（5.33）为紧，且买方报价（q，d）由式（5.36）和式（5.37）给出。在任何一种情况下，货币市场出清都意味着 $d = M$，这压制了货币的价值 ϕ。

图 5-6 描绘了 DM 商品生产均衡水平 q 的决定。当约束式（5.33）不为紧时，或者等价的 $k > \bar{k}$ 时，均衡 q 由代表货币持有成本 $1 + r$ 的水平线与代表函数 $u'(q)/c'(q)$ 的向下倾斜曲线的交点给出。只要 $u'(q)/c'(q) > 1 + r$——由于我们假设 $u'(0) = \infty$ 和 $c'(0) = 0$，此条件为真——就存在着货币均衡。该条件是独立于 k 的。伪造的威胁并没有使货币均衡更不可能实现。特别地，如果 ϕM 足够小，买方花费固定成本生产伪造货币比起进入 CM 生产 ϕM 单位通用商品而言成本更高。

如果约束式（5.33）为紧，即 $k < \bar{k}$，均衡水平 q 由代表货币持有成本 $1 + r$ 的水平线与源于式（5.36）$q = c^{-1}(k)$ 的垂直线的交点给出。这时，注意有 $\partial q/\partial k > 0$ 和 $\partial \phi/\partial k > 0$。从图形来看，$k$ 的增加使垂直线向右移动，从而导致 DM 商品的更高生产水平；并使货币变得更有价值。这一结果的意义在于，设计使得伪造不可兑现货币更为困难的政策，如使用特殊纸张和墨水、通货的频繁重新设计等，即使在伪造没有发生时依然具有实际效应。

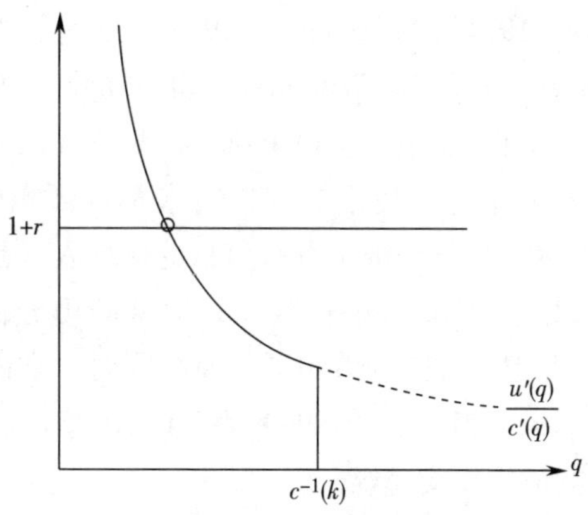

图 5－6 均衡的决定

5.4 进一步阅读

货币交易的第一代搜索理论模型假设不可分货币和通货短缺。这包括 Diamond（1984）、Kiyotaki 和 Wright（1989，1991，1993）、Shi（1995）、Trejos 和 Wright（1995）以及 Wallace 和 Zhou（1997）。Rupert、Schindler 和 Wright（2000）通过将代理人的生产选择和议价能力一般化，扩展了 Trejos 和 Wright（1995）的工作。Berentsen、Molico 和 Wright（2002）以及 Lotz、Schevchenko 和 Waller（2007）将彩票引入分析。Shevshenko 和 Wright（2004）表明，通过引入代理人间的异质性可以得到支付手段的部分可接受性。Rupert、Schindler 和 Wright（2000）提供了关于不可分货币搜索理论模型的综述。

Camera 和 Corbae（1999）与 Taber 和 Wallace（1999）放松了货币持有的单位上限，研究了价格扩散和货币的可分性。Molico（2006）是完全可分商品和货币的第一批模型之一。Redish 和 Weber（2011）建立了存在两种具有不同内在价值的不可分硬币随机匹配货币模型，并研究了零钱短缺问题。

Berentsen 和 Rocheteau（2002，2003）研究了存在匹配特定偏好冲击时的不可分货币假设及其对货币交易效率的影响。匹配特定冲击也被 Shi 和 Peterson（2004）用于 Shi（1997）的大家庭模型，并被 Marimon 和 Zilibotti（1997）与 Pissarides（2000，第 6 章）用于搜索劳动文献。

Kiyotaki 和 Wright（1989）与 Aiyagari 和 Wallace（1991）研究了存储成本是如何影响商品被用作支付手段的能力的，也参见 Kehoe、Kiyotaki 和 Wright（1993）以及 Renero（1998，1999）。

Brunner 和 Meltzer（1971）与 Alchian（1977）强调了货币作为可识别资产的作用，King 和 Plosser（1986）、Williamson 和 Wright（1994）与 Banerjee 和 Kaskin（1996）对其进行了形式化。Williamson 和 Wright 表明，如果卖方拥有关于其所持商品质量的私有信息，货币在双边需求契合环境中就具有价值。Kim（1996）扩展了该模型以内生化经济中具有信息的代理人（能识别商品质量）比例。Trejos（1999）研究了 Williamson－Wright 模型的可分商品版本，Berentsen 和 Rocheteau（2004）考虑了可分货币和可分商品同时存在的情况。为了建立货币机构的稳健性，Cuadras－Morato（1994）和 Li（1995）表明，即使其质量存在不确定性，商品也能被用作交易媒介。

Kultti（1996）及 Green 和 Weber（1996）是研究外生价格下随机匹配模型中通货伪造问题的首批文献。Williamson（2002）探讨了不可分货币但可分产出环境下随机匹配模型中的银行券伪造问题。Nosal 和 Wallace（2007）与 Li 和 Rocheteau（2008）引入彩票作为可分货币的代理，并表明它使得买方得以展示其所持货币质量的信号。Cavalcanti 和 Nosal（2007）以及 Monnet（2005）采纳机制设计方法并集中研究了集合配置问题。本章考察的完全可分货币下的伪造模型，是 Rocheteau（2008）与 Li 和 Rocheteau（2009）最初研究的。这些文献提供了对于卖方信念的更为详尽的分析。Quercioli 和 Smith（2015）在一个非货币伪造模型中，引入了多重占优和通货验证的高成本决策。

附录

不可分货币模型中货币持有的最优选择

我们证实，买方没有激励积累多于 1 单位的货币，这使得买方间的货币分布支集为 $\{0,1\}$。设想一位持有 m 单位货币并遭受偏好冲击 ε 的匹配中买方。该买方愿意花费至少 $d\in\{1,\cdots,m\}$ 单位货币的条件为

$$\varepsilon u\circ c^{-1}(\phi d)-\phi d\geqslant \varepsilon u\circ c^{-1}[\phi(d-1)]-\phi(d-1)$$

根据上面的不等式，买方花费 d 单位货币的剩余要大于花费 $d-1$ 单位货币的剩余。定义 $\varepsilon_{R,d}$ 为 ε 的阈值，当大于该值时花费第 d 单位货币是最优的。

$$\varepsilon_{R,d}=\frac{\phi}{u\circ c^{-1}(\phi d)-u\circ c^{-1}[\phi(d-1)]}$$

由 $u\circ c^{-1}(\phi d)$ 的凹性，易知 $\varepsilon_{R,d}$ 随 d 的增加而增加。

令 $v(m)$ 表示买方在 DM 上持有 m 单位货币的预期剩余。它由下式给出

$$v(m) = \sigma \sum_{d=1}^{m-1} \int_{\varepsilon_{R,d}}^{\varepsilon_{R,d+1}} [\varepsilon u \circ c^{-1}(\phi d) - \phi d] \mathrm{d}F(\varepsilon)$$

$$+ \sigma \int_{\varepsilon_{R,m}}^{\infty} [\varepsilon u \circ c^{-1}(\phi m) - \phi m] \mathrm{d}F(\varepsilon)$$

从而与第 m 个单位货币相关的效用增益为

$$v(m) - v(m-1) = \sigma \int_{\varepsilon_{R,m}}^{\infty} \{\varepsilon[u \circ c^{-1}(\phi m) - u \circ c^{-1}(\phi(m-1))] - \phi\} \mathrm{d}F(\varepsilon)$$

由 $\varepsilon_{R,m}$ 的定义，有

$$v(m) - v(m-1) = \sigma[u \circ c^{-1}(\phi m) - u \circ c^{-1}(\phi(m-1))] \int_{\varepsilon_{R,m}}^{\infty} (\varepsilon - \varepsilon_{R,m}) \mathrm{d}F(\varepsilon)$$

分部积分可得

$$v(m) - v(m-1) = \sigma[u \circ c^{-1}(\phi m) - u \circ c^{-1}(\phi(m-1))] \int_{\varepsilon_{R,m}}^{\infty} 1 - F(\varepsilon) \mathrm{d}\varepsilon$$

由 $u \circ c^{-1}$（ϕm）的凹性和 $\varepsilon_{R,m}$ 随 m 而递增的事实，可知 $v(m) - v(m-1)$ 是随 m 而递减的。

由于持有额外 1 单位货币的成本为 $r\phi$，持有 m 单位货币为最优的条件为

$$v(m) - v(m-1) \geqslant r\phi$$
$$v(m+1) - v(m) \leqslant r\phi$$

在通货短缺情况下，$M<1$，第一个不等式在 $m=1$ 时等号成立，而第二个不等式是满足的，因为 $\varepsilon_{R,m}$ 随 m 而递增，即 $\varepsilon_{R,2} > \varepsilon_{R,1}$。

不可分货币的 Shi – Trejos – Wright 模型

在第 5.1.1 部分，我们展示了一个通货短缺和不可分货币的模型。相关模型是由 Shi（1995）与 Trejos 和 Wright（1995）首先提出来的。这些模型中的环境与我们所考虑的类似，除了不存在代理人能重新调整其货币持有的集中性市场以外。而且，个人的货币持有被局限在集合 $\{0, 1\}$，即代理人不能积累多于 1 单位的货币。持有 1 单位货币的代理人被称为买方，而没有货币的代理人被称为卖方。

模型是连续时间的。单边契合配对——代理人与其想消费商品的生产者之间的相会——的泊松到达率由 σ 表示。这意味着在一个长度为 $\mathrm{d}t$ 的短时间间隔内，单边契合配对发生的概率为 $\sigma\mathrm{d}t$。为了简化，我们排除需求双边契合配对，在后者中两个配对代理人都希望消费其伙伴的产出。例如，假设存在 $J \geqslant 3$ 种类别的商品和 J 种类别的代理人，其中代理人在不同类型间平均分配。类型 j 的代理人生产商品 j，并希望消费商品 $j+1$（对 J 取模）。那么，单边契合配对的概率为 $\sigma = 1/J$，而双边契合配对的概率为 0。最后，代理人被随机匹配。从而依

赖于匹配，伙伴持有1单位货币的概率为M，而他没有持有货币的概率为$1-M$。

给定这些假设，我们可以写出买方和卖方的流贝尔曼公式

$$rV_1 = \sigma(1-M)[u(q)+V_0-V_1] \tag{5.39}$$

$$rV_0 = \sigma M[-c(q)+V_1-V_0] \tag{5.40}$$

这些流贝尔曼公式（5.39）和式（5.40）能被解释为资产定价公式，其中V_1和V_0为资产在不同状态下的价值。流贝尔曼公式的左边代表持有资产的机会成本，而右边为持有资产的预期回报（利息流和资本盈余或亏损）。根据式(5.39)，买方按照泊松到达率$\sigma(1-M)$与生产其希望消费商品的卖方匹配。在这种情况下，买方通过消费由卖方生产的q单位产出而获得效用$u(q)$，并将其不可分的单位货币转移给卖方，这产生的资本损失为V_1-V_0。

双边匹配的产出量q是由买方提出的要么接受要么拒绝报价所决定的。该报价使得卖方在接受和拒绝交易之间是无差异的，即

$$c(q) = V_1 - V_0 \tag{5.41}$$

那么由式（5.40）立即有$V_0=0$，卖方无法从交易中获得剩余。将$V_1=c(q)$代入式（5.39）得到

$$c(q) = \frac{\sigma(1-M)}{r+\sigma(1-M)}u(q) \tag{5.42}$$

稳态均衡为求解式（5.42）的q。首先，$q=0$是式（5.42）的一个解。总是存在着一个非货币均衡。其次，由于式（5.42）的左边为凸的而右边为严格凹的，那么存在求解式（5.42）的唯一$q>0$。因此存在一个唯一的稳态货币均衡。易知$\partial q/\partial\sigma<0$、$\partial q/\partial M<0$和$\partial q/\partial r<0$。那么，与第5.1.1部分的模型不同，双边匹配中的交易量受到货币供给的影响。这一差异能由如下事实得到解释，在Shi－Trejos－Wright模型中，买方是与全体中的任意代理人进行随机匹配的，而在第5.1.1部分买方只与卖方匹配。除了这一差异，这两个模型具有相同的均衡条件。

我们现在描述Shi－Trejos－Wright模型的动态特征。为了简化，我们采用常态化的$c(q)=q$。流贝尔曼公式变为

$$rV_1 = \sigma(1-M)[u(q)+V_0-V_1]+\dot{V}_1 \tag{5.43}$$

$$rV_0 = \sigma M[-c(q)+V_1-V_0]+\dot{V}_0 \tag{5.44}$$

式中，价值函数上面的点表示时间导数。式（5.43）～（5.44）是式（5.39）～（5.40）的一般化，其中资产的预期回报也包括了资产价值随时间的变化，即式（5.43）和式（5.44）右边的最后一项。由买方获得一切的假设，式(5.41)，有$q=V_1$和$V_0=0$。将$V_1=q$代入式（5.43），我们得到如下的一阶差

分公式

$$\dot{q} = [r + \sigma(1 - M)]q - \sigma(1 - M)u(q) \tag{5.45}$$

与该差分公式相关的相线，式（5.45）的右边，穿过原点并是严格凸的。图 5－7 描绘了该现象。它与横轴有唯一的交点使得 $q>0$，这与唯一的稳态货币均衡是相对应的。货币的初始价值不能比正稳态值更高，因为这样的话货币价值就会变得没有限制，匹配剩余会为负。如果货币的初始价值低于正稳态值，那么货币的价值就会随时间而下降。结果使得存在趋向非货币均衡的非静态货币均衡连续体。

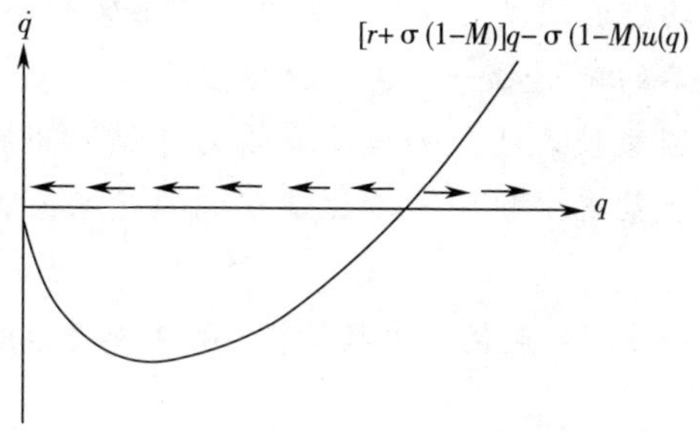

图 5－7　Shi－Trejos－Wright 模型的动态

6 最优货币数量

米尔顿·弗里德曼（1969）关于“最优货币数量”的名言——最优货币政策应该是使货币供给的增长速度稳步紧缩到足以使名义利率下降为0——无疑是现代货币理论最为著名的命题之一，也许应称为所谓“纯”货币理论中最为著名的命题……一般均衡文献表明，如果没有较为详细地将货币在经济中的作用纳入模型之中，就为决策者提供明确量化建议的角度来看，最优货币政策问题是无法被解决的。

——Michael Woodford，《最优货币数量》，摘自《货币经济学手册》（1990，第20章）

由于没有指明导致货币交易具有价值的摩擦，简式模型没有完全弄清货币政策是如何影响经济的。我们在这里采纳了不同的策略，构建了不可兑现货币的存在至关重要，且货币交易的社会福利清楚明显的经济环境。基于这一策略，我们能指出支持不可兑现货币具有正价值的相同摩擦，也能为我们提供关于货币政策的新见解。

目前为止，我们只考虑了货币供给的一次性改变。在本章中，我们前进一步，假设货币政策采用固定货币增长率的政策。通过改变货币供给增长率，货币当局能影响通货的回报率，进而影响代理人持有实际余额的激励。这反过来对于均衡配置和社会福利也会产生影响。

在标准的交易协议下，如议价、价格接受和价格发布，最优货币政策的特征就是所谓的弗里德曼规则（Friedman，1969）。根据这一政策药方，政策制定者必须为货币设计一个回报率，以补偿代理人持有货币余额的成本。这可以通过以约等于代理人时间偏好率的速度收缩货币供给来实现。由此，政策制定者可以使持有实际余额的成本趋于零，而这反过来意味着代理人将持有足够的货币余额来最大化其交易盈余。

弗里德曼规则在绝大多数交易协议下都是最优的，但这并不必然导致社会有效配置的实现。例如，在纳什议价解下，即使实际余额的持有成本趋于零，交易量将很低且无效率。

弗里德曼规则的有效性在不同类型的货币模型中都是一个稳健的发现，但其极少在实践中被观察到。为了使这一观察与我们模型的预测相一致，我们首先讨论了在政府的（税收）强制力有限时，弗里德曼规则的激励可行性。即使政策制定者愿意通过收缩货币供给来实施弗里德曼规则，这一政策也可能是不可行的。特别是，代理人会选择不参与该市场以避免按最优速度收缩货币供给所要求的税收。

弗里德曼规则在现实中无法被看到的另外一个解释是，它在某些环境下可能并不是最优的货币政策。我们提供了弗里德曼规则是可行但非最优的两个扩展模型。在第一个扩展模型中，我们假设非集中市场的交易数依赖于市场上买方和卖方的相对数量，且代理人能选择是成为买方还是成为卖方。模型表明，匹配数是无效率的，因为代理人忽略了其参与决策对其他代理人匹配概率的影响。由于通货膨胀是作为参与税而起作用，偏离弗里德曼规则可能是最优的。

在第二个扩展模型中，我们假设买方受到不可保险的异质生产率冲击。不断增长的货币供给允许实际余额在年轻的买方中实现一定的再分配，并且提供了某些有价值的保险。那么在这一情况下，严格为正的通胀率是社会满意的。

6.1 弗里德曼规则的最优性

在本部分，我们考虑在第3章所研究的可分货币经济环境中，货币供给最优增长率的决定问题。令 M_t 代表在 t 时刻开始时的货币总存量，$\gamma \equiv M_{t+1}/M_t$ 为货币供给的总增长率。货币以一次性的方式在晚上的集中性市场 CM 上被注入和抽取。如果 $\gamma > 1$，货币在 CM 开始时被注入；如果 $\gamma < 1$，货币在 CM 结束时被抽取。如果 $\gamma < 1$，我们假设政府有足够的强制力迫使代理人支付一次性税收。

政府只能在 CM 上征税，因为代理人在白天的非集中性市场 DM 上是匿名的，从而无法在这时被监控或强制。由于代理人在 CM 上有拟线性偏好——该偏好消除了财富效应——我们将不失一般性地假设只有买方才获得货币转移。图 6－1描绘了时间的安排。

我们集中于关注静态均衡，即货币供给的实际价值是固定不变的，有 $\phi_t M_t = \phi_{t+1} M_{t+1}$。注意货币的总回报率为

$$\phi_{t+1}/\phi_t = M_{t+1}/M_t = \gamma^{-1}$$

由于货币价格不是固定不变的，我们将价值函数 V^b 和 W^b 写成买方用当期交易的通用商品表示的实际余额 $z = \phi_t m_t$ 的函数形式。DM 上双边匹配中从买方向卖方的转移被表示为 d（我们保留上一章用于名义货币余额转移的相同符

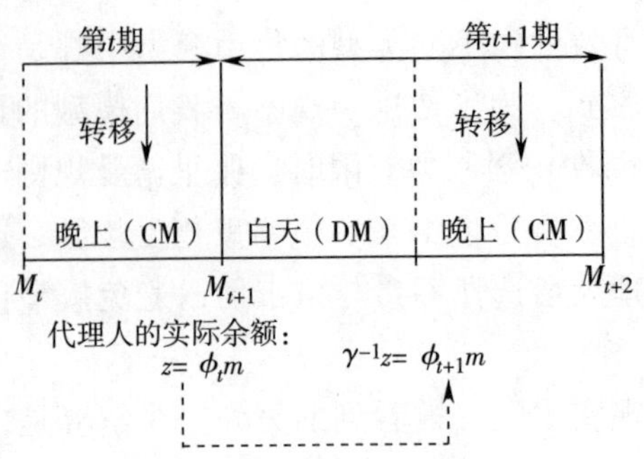

图 6-1　代表性期间的时间安排

号）。在 CM 开始时买方的价值函数 W^b（z）满足

$$W^b(z) = \max_{x,y,z'}\{x - y + \beta V^b(z')\} \tag{6.1}$$

$$s.t.\ \ x + \phi_t m' = y + z + T \tag{6.2}$$

$$和\ z' = \phi_{t+1} m' \tag{6.3}$$

式中，T 为对应于政府一次性转移的实际价值，即 $T = \phi_t(M_{t+1} - M_t) = (\gamma - 1)\phi_t M_t$。第一个约束式（6.2）代表买方在 CM 上的预算约束，而式（6.3）描述了 m'单位货币在下一期 $t+1$ 所具有的实际价值。将得自式（6.3）的 $m' = z'/\phi_{t+1}$ 代入式（6.2），然后代入式（6.1），并记住 $\phi_t/\phi_{t+1} = \gamma$，买方在 CM 开始时的价值函数可被表示为

$$W^b(z) = z + T + \max_{z'\geqslant 0}\{-\gamma z' + \beta V^b(z')\} \tag{6.4}$$

根据式（6.4），买方在 CM 的生命期预期效用为其实际余额、政府一次性转移和其在下一次 DM 开始时的连续价值之和减去对实际余额的投资。为了在下一个 DM 持有 z'的实际余额，买方必须在该期 CM 上获得 $\gamma z'$的实际余额。

买方在 DM 开始时的价值函数 $V^b(z)$ 为

$$\begin{aligned} V^b(z) &= \sigma\{u[q(z)] + W^b[z - d(z)]\} + (1-\sigma)W^b(z) \\ &= \sigma\{u[q(z)] - d(z)\} + W^b(z) \end{aligned} \tag{6.5}$$

其中从第一个等式到第二个等式时我们利用了 $W^b(z)$ 的线性性。根据式（6.5），买方在 DM 开始时的生命期预期效用为其在 DM 的预期剩余加上其在后续 CM 上的连续价值。DM 上的交易剩余为消费效用与实际余额转移之间的差额。我们将考虑交易条件（q，d）仅依赖于买方实际余额的交易协议。

买方问题可以通过将式（6.5）的 $V^b(z)$ 代入式（6.4），即

$$\max_{z\geqslant 0}\{-iz + \sigma\{u[q(z)] - d(z)\}\} \tag{6.6}$$

式中，$1+i = (1+r)\gamma$，i 可被解释为非流动性债券的名义利率，即该债券不能在 DM 上被用作交易媒介。如果在 $t-1$ 期发行的一期（非流动性）名义债券在 t 期

支付1美元，那么在 $t-1$ 期新发行债券的美元价格为 ω_{t-1}，其中 ω_{t-1} 为 $\omega_{t-1}\phi_{t-1}=\beta\phi_t$ 的解，这使得代理人在持有和不持有债券之间是无差异的。那么有 $\omega_{t-1}=\beta(\phi_t/\phi_{t-1})=\beta/\gamma$。从而名义利率为 $i=1/\omega_{t-1}-1=(\gamma-\beta)/\beta=(1+r)\gamma$，与前述一致。买方将选择其实际余额以最大化其在DM上的预期剩余减去持有货币余额成本后的差额，其中货币持有成本 i 为时间偏好率和通胀率的一个函数。

由于持有货币是有成本的，买方将不会持有多于其愿意在DM双边匹配中花费的货币；这意味着有 $d=z$。作为一个基准，我们假设交易条件由买方的要么接受要么拒绝报价所决定。由于 $i>0$，买方将不会持有超过必须用于补偿买方有效生产水平的实际余额，即 $z\leqslant c(q^*)$。只要 $z\leqslant c(q^*)$，一次匹配交易量就满足 $c(q)=z$。由于在 $z\leqslant c(q^*)$ 时，z 和 q 之间有一一对应关系，买方的决策问题（6.6）可重写为对 q 的选择，即

$$\max_{q\in[0,q^*]}\{-ic(q)+\sigma[u(q)-c(q)]\} \tag{6.7}$$

买方问题（6.7）的一阶（充分必要）条件为

$$\frac{u'(q)}{c'(q)}=1+\frac{i}{\sigma} \tag{6.8}$$

该式与第3章的式（3.14）类似，只是时间偏好率 r 被名义利率 i 所代替。在第3章中货币供给被假设为常数，这意味着 $\gamma=1$，从而 $i=r$。持有实际余额的成本 i 在消费的边际效用和生产 q 的边际成本之间产生了一个裂口，它是与在DM上完成交易的平均时间长度 $\frac{1}{\sigma}$ 成比例的。稳态解 q^{ss} 如图6－2所示。

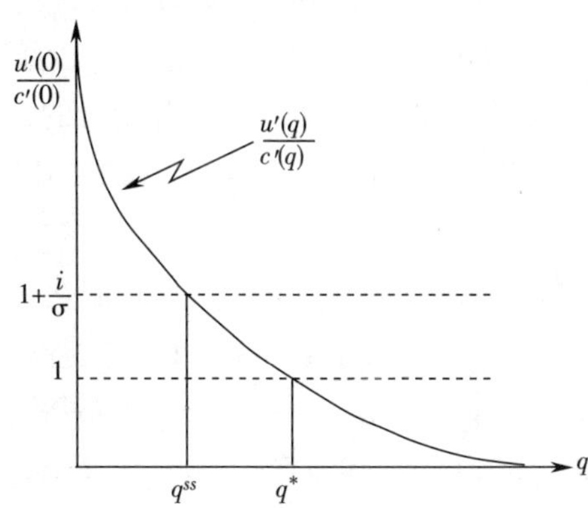

图6－2　固定货币增长率下的静态货币均衡

由式（6.8），最优货币政策显然要求名义利率为0，$i=0$，或者等价地，$\gamma=1/(1+r)<1$。这导致价格以近似于时间偏好率的速度缩减。这就是所谓的

弗里德曼规则。通过将实际余额持有成本降到 0，买方将在前一个 CM 积累足够的实际余额以使其能购买最大化 DM 交易盈余的数量 q^*。由式（6.8）和图 6－2同样显然有，通胀从而 i 增加会降低 DM 的产出。总的来说，如果买方拥有全部议价能力，弗里德曼规则下的货币均衡配置与 DM 商品的社会有效配置是相同的，即 $q = q^*$。

6.2 通货的利息

在本部分，我们将证明，导致通货回报率等于时间偏好率的政策，即弗里德曼规则，并不需要通过缩减货币供给来实现。相反，政策制定者可以为通货支付利息。这是有效的，正如在中央银行为准备金支付利息时发生的那样。

假设在 CM 开始时持有 m 单位货币的代理人收到 $i_m m$ 单位货币，其中通货利息等于 $i_m \geq 0$。政府的预算约束为

$$T + i_m \phi_t M_t = \phi_t (M_{t+1} - M_t) \tag{6.9}$$

根据式（6.9），政府通过增加货币供给为其向买方的一次性转移 T 和向通货支付的利息提供融资。

CM 上的买方价值为

$$W^b(z) = \max_{x,y,z'} \{x - y + \beta V^b(z')\} \tag{6.10}$$

$$s.t.\ \ x + \phi_t m' = y + z(1 + i_m) + T \tag{6.11}$$

$$\text{和 } z' = \phi_{t+1} m' \tag{6.12}$$

由式（6.11），买方获得一次性转移 T，以及在 CM 开始时所持货币余额的利息支付 $i_m z$。后者意味着 DM 上 1 单位货币按通用商品测度的实际价值为 $(1 + i_m)\phi_t$。由式（6.10）～式（6.12），买方在 CM 开始时的价值函数可被表示为

$$W^b(z) = T + (1 + i_m)z + \max_{z' \geq 0} \{-\gamma z' + \beta V^b(z')\} \tag{6.13}$$

其中

$$V^b(z) = \sigma[u(q_t) - c(q_t)] + W^b(z) \tag{6.14}$$

且由买方拿走一切的假设有 $c(q_t) = \min[(1 + i_m)z, c(q^*)]$。由式（6.14），买方享有来自匹配的所有剩余。卖方在 CM 上的价值就是 $W^s(z) = (1 + i_m)z$。

由式（6.13）和式（6.14），买方的货币余额选择满足

$$\max_{z \geq 0} \{-\gamma z + \sigma\beta[u(q_t) - c(q_t)] + \beta(1 + i_m)z\} \tag{6.15}$$

我们必须假设 $\gamma \geq \beta(1 + i_m)$，否则买方的问题就没有解。注意通货回报率为 $\phi_{t+1}(1 + i_m)/\phi_t = (1 + i_m)/\gamma$。我们关注于静态均衡，其中 $\phi_t M_t = \phi_{t+1} M_{t+1}$ 或 $\phi_t/\phi_{t+1} = M_{t+1}/M_t = \gamma$。买方问题式（6.15）可被重整为

$$\max_{z \geqslant 0}\left\{-\left(\frac{\gamma-\beta(1+i_m)}{\beta}\right)z+\sigma[u(q_t)-c(q_t)]\right\} \tag{6.16}$$

注意，由式（6.16）可知，通货利息降低了货币持有的成本$[\gamma-\beta(1+i_m)]/\beta$。由于我们假设存在内解，那么一阶条件为

$$\frac{u'(q)}{c'(q)}=1+\sigma\frac{\gamma-\beta(1+i_m)}{\beta(1+i_m)} \tag{6.17}$$

由式（6.17）显然有，为了获得社会有效配置，政策制定者必须选择满足下式的γ和i_m的一个组合

$$\gamma=\beta(1+i_m) \tag{6.18}$$

如果$i_m=0$，即通货不存在利息，那么$\gamma=\beta$，且货币供给必须以近似于时间偏好率的速度缩减。

如果基于某种原因，政策制定者想要避免通货紧缩，那么他可以设置$\gamma=1$。由式（6.18），有$\beta(1+i_m)=1$或等价地$i_m=r$。所以，如果政策制定者设置通货利息等于时间偏好率r且维持一个固定不变的货币供给（通过一次性税收），那么交易量将处于有效水平。这意味着，弗里德曼对最优货币政策开的处方并不需要货币供给缩减。

最后，如果政策制定者并没有进行任何的一次性转移，即$T=0$，那么通货利息必须由货币供给的增长来融资。由式（6.9），我们有$i_m=\gamma-1$，且由式（6.17）可得

$$\frac{u'(q)}{c'(q)}=1+r$$

如果货币供给的变化是通过对货币持有者的按比例转移来设计进行的，即通过向货币持有支付利息来进行，那么双边匹配的交易量将独立于通货利息，并由于代理人的无耐心而变得过低且无效率。

6.3 弗里德曼规则和最优解

当买家获得全部交易剩余时，弗里德曼规则实现有效配置q^*。我们需要通过考虑DM的替代性交易机制来检验这个结果的可靠性。我们将看到，对于某些交易机制而言，弗里德曼规则并不需要实现有效配置。

首先，让我们考虑一般纳什议价解。纳什议价解之所以能引起大家的兴趣是因为它具有策略基础，即存在能产生相同结果的明确的交替报价议价博弈。交易条件（q，d）由下式的解决定

$$\max_{q,d}[u(q)-d]^{\theta}[-c(q)+d]^{1-\theta}$$

$$s.t.\ d \leqslant z \tag{6.19}$$

式中，$\theta \in [0,1]$，测度了买方的议价能力。注意式（6.19）与第4.2.2部分的式（4.26）是相同的。由于买方不会持有多于其意愿花费的货币，约束 $d \leqslant z$ 在任何货币均衡中都是紧的。那么，式（6.19）的解描述了 q 和 z 的关系，且由下式给出

$$\begin{aligned} z = z_{\theta}(q) &\equiv \frac{(1-\theta)c'(q)u(q) + \theta u'(q)c(q)}{(1-\theta)c'(q) + \theta u'(q)} \\ &= \Theta(q)c(q) + [1-\Theta(q)]u(q) \end{aligned} \tag{6.20}$$

其中

$$\Theta(q) = \frac{\theta u'(q)}{\theta u'(q) + (1-\theta)c'q}$$

只要 $z \leqslant \theta c(q^*) + (1-\theta)u(q^*)$，实际余额转移的定义式（6.20）就与第4.2.2部分的式（4.28）一致。由于 q 和 z 之间有一对一的关系，所以买方的实际余额选择可被改写成对 q 的选择，即

$$\max_{q \in [0,q^*]} \{-iz_{\theta}(q) + \sigma[u(q) - z_{\theta}(q)]\} \tag{6.21}$$

注意，式（6.21）一般化了式（4.31），后者假设货币供给固定不变。从议价问题的解中得到，q 不大于 q^*。在弗里德曼规则中，$i=0$ 且买方选择 q 来最大化其剩余 $u(q)-z_{\theta}(q)$。我们在第3.2.2部分表明，只要 $\theta<1$ 就有 $u'(q^*)-z'_{\theta}(q^*)<0$，这意味着当 q 接近于 q^* 时，买方剩余将随着 q 而下降。因此，从社会角度看，当持有实际余额的成本为零时，买家要最大化其剩余，就要选择一个无效率的低值 q。这种无效率来自纳什解的非单调属性，根据该属性，即使匹配剩余增加，买方剩余也会下降。

当 $\theta<1$ 时，买方在 $q<q^*$ 时获得其最大剩余，参见图6-3中间的曲线；当 $\theta=1$ 时，买方在 $q=q^*$ 时最大化其剩余，参见图6-3最上面的曲线。尽管当 $\theta<1$ 时实际余额过低，最优货币政策仍然符合弗里德曼规则。例如，如 $i>0$，那么买方将会选择一个更低的实际余额量，这意味着甚至更低的社会福利水平。

纳什解的非单调属性对于弗里德曼规则不能得到有效配置来说是至关重要的。但这并不是所有纳什解的通用属性。要看清这一点，考虑买方得到匹配剩余中固定比例 θ 的比例解。在比例议价中，我们有

$$z_{\theta}(q) = \theta c(q) + (1-\theta)u(q)$$

比例议价下买方对实际余额的选择由下式的解给出

$$\max_{q \in [0,q^*]} \{-iz_{\theta}(q) + \sigma\theta[u(q) - c(q)]\} \tag{6.22}$$

它一般化了第3.2.3部分的式（3.41）。显然当 i 趋于0时，q 趋于 q^*。所

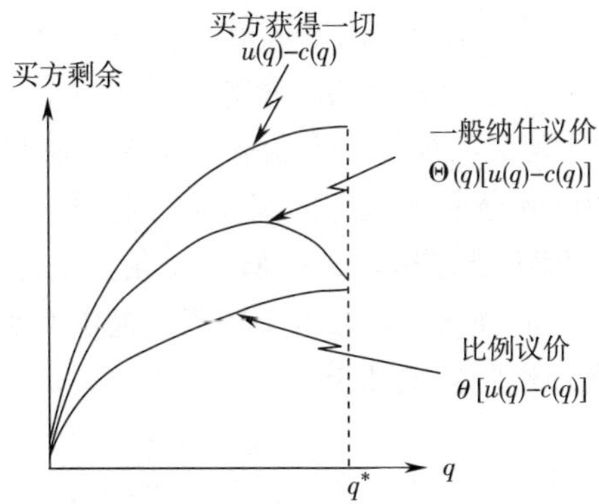

图 6 - 3 不同议价解下的买方剩余

以，尽管买方并没有拥有所有议价权，实际上买方剩余随着总匹配剩余的增长而增长这一事实就意味着这两个剩余都会在 $q=q^*$ 时达到最大值（参见图 6 - 3 最下面的曲线）。在比例议价中，弗里德曼规则是最优的，并能保证有效配置 q^* 的实现。

最后，如果交易条件由瓦尔拉斯定价机制或者 DM 中的竞争性报价机制所决定，那么正如我们在第 3.3 和 3.4 部分所证实的那样，q 是由式（6.8）的解给出的。在这两种机制下，买方都能获得其实际余额对匹配剩余的全部边际贡献。其结果是，弗里德曼规则能够实现有效配置 q^*。

从目前的结论来看，弗里德曼规则在许多交易机制下都是最优货币政策，但它不总能实现有效配置。如果买方获得其实际余额的边际社会回报，如在买方拿走一切、竞争性报价或瓦尔拉斯价格接受中那样，弗里德曼规则就能实现有效配置。即使这个条件不成立，弗里德曼规则也能实现社会有效配置，只要买方的交易剩余随着总匹配剩余的增长而增长。

6.4 弗里德曼规则的可行性

我们假定了政府有足够的强制力，在 CM 上迫使买家支付根据弗里德曼规则实现通货紧缩所要求缴纳的一次性税收。在这一节中我们将弱化政府的权力。我们假设政府能够在 CM 结束时以货币余额的形式向买方征税，但是不能强迫买方生产或积累货币余额。结果就是，买方能够简单地通过不在 CM 中生产而避免缴纳一次性税收，因此也不会积累货币余额。如果买方没有足够的货币余额来支付其所有税收，但拥有一些货币余额，那么政府会没收买方所拥有的一切。在这一环境下，税收将只能向买方征收。由于卖方没有激励积累货币，他们绝不会带着货币余额离开 CM，从而无法被征税。

如果买方选择在 CM 结束时持有实际余额，那么除了一次性税收以外，他将积累由问题式（6.6）所定义的最优货币余额。原因是很明显的：税收的总额是由政府规定了的，所以，不依赖于买方的实际盈余选择。另外，如果买方在 CM 结束时持有一些货币，但不足以缴税，政府将没收其全部货币。所以，若买方打算支付税收，那么他也同样会为接着的 DM 积累最优的实际余额量。

买方愿意支付一次性税收的条件为

$$W^b(z) \geqslant z + \beta V^b(0) \tag{6.23}$$

式中，右边讲的是买方在 CM 上消费其实际余额 z，并在退出时不持有任何货币余额。我们假设代理人不会跨期积累收税债务（如政府没有货币）。不过，如果对于买方而言，不在如第 t 期缴税是最优的，那么他在未来各期中支付任何（当期）税收债务就绝不会是最优的。由式（6.4），式（6.23）可被重新表示为

$$T + \max_{z \geqslant 0}\{-\gamma z + \beta V^b(z)\} \geqslant \beta V^b(0) = \beta W^b(0)$$

其中，当货币供给收缩时，有 $T<0$。

利用式（6.5），我们可将该不等式重写为

$$T + \max_{z \geqslant 0}\{-\gamma z + \beta\sigma\{u[q(z)] - z\} + \beta z\} \geqslant 0 \tag{6.24}$$

即 DM 上减去货币持有成本后的预期交易剩余，必须大于政府征收的一次性税收。第 t 期 CM 上的一次性转移为 $T = (\gamma - 1)\phi_t M_t = (\gamma - 1)Z$，其中 Z 代表总实际余额。

假设买方在 DM 双边匹配中提出要么接受要么拒绝的报价。那么有 $z = c(q)$ 且由式（6.24），q 为 $i \equiv (\gamma - \beta)/\beta = \sigma\{[u'(q)/c'(q)] - 1\}$。在均衡时有 $z = Z = c(q)$，且式（6.24）可被重写为

$$-(1-\beta)c(q) + \beta\sigma[u(q) - c(q)] \geqslant 0$$

除以 β 并重整各项，当且仅当下式成立时上面的不等式成立

$$c(q) \leqslant \frac{\sigma}{r+\sigma}u(q) \tag{6.25}$$

包含将 i 设为 0 的政策激励可行的条件为

$$c(q^*) \leqslant \frac{\sigma}{r+\sigma}u(q^*) \tag{6.26}$$

显然，如果 r 足够小，弗里德曼规则就将是激励可行的；也就是说，买方会愿意缴纳导致最优通缩所要求的税收。

值得指出的是，如在第 4 章所述，条件式（6.26）与在固定货币供给下选择最优交易机制时 q^* 能被实现的条件是一致的。这一发现表明，弗里德曼规则在双边交易环境中并不是必需的政策。只要最优能在弗里德曼规则下得以实现，它也同样能

通过固定货币供给来实现，只要交易机制设计合适。如果式（6.26）被违反，那么弗里德曼规则就不是激励可行的，而且激励可行的货币增长率存在一个下限 $\gamma \in (\beta, 1)$。注意该下限是小于1的，这意味着最优可行政策的特征是通货紧缩。

6.5 交易摩擦和弗里德曼规则

尽管弗里德曼规则在许多货币环境中都是最优政策，但它很少在实践中被实施。对此我们给出几点理由。首先，政府可能缺乏强制力来执行通货紧缩所需要的一次性税收。其次，如在第4章所述，如果决定DM中交易条件的机制设计合理，那么弗里德曼规则可能就不需要了。在本节中，我们描述一个政府有足够强制力来实施弗里德曼规则，并且交易条件由一个标准议价解所决定的环境。但是，政府可能不会选择实施弗里德曼规则——即使它是可行的——因为它可能是次优的。本节的新颖之处在于DM中的搜索摩擦是内生决定的。

稍微修改我们的基准模型，以将DM中买卖双方的构成内生化。我们假设存在1单位测度的能在DM中选择成为买方或卖方的事前相同的代理人。在第 t 期成为买方或卖方的决策是在第 $t-1$ 期前一个CM开始时作出的。假设，在CM开始的时候，个人投资于一种允许其生产或者消费DM商品的（无成本）技术，而且只能投资于一种技术。可以将DM商品设想为一种中间商品，其中卖方生产中间品而买方生产需要该中间品作为投入的最终商品。该最终商品在买方和卖方分离后被生产。所以最终商品不能同时由买方和卖方消费。

我们假设政府在CM中拥有对个人收税的强制力。但是，由于其不能观察到代理人在DM的历史，政府无法向买卖双方收取不同的税率。图6－4描绘了一个典型时期内事件的时间安排。

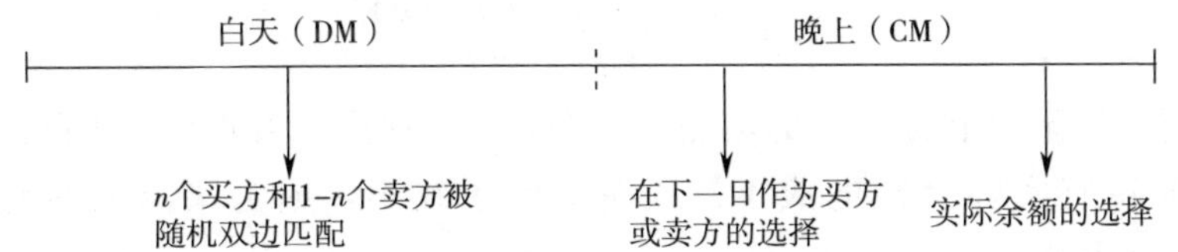

图6－4 代表性期间的时间安排

令 n 表示买方在DM中的比例，$1-n$ 为卖方的比例。匹配买卖双方的技术为：一名买方与卖方匹配的概率为卖方在全体中的比例 $1-n$，一名卖方与买方匹配的概率为买方在全体中的比例 n。因此，DM中的匹配数为 $n(1-n)$，且其在 $n=1/2$ 时达到最大值。

与上面相同，用 W^b（W^s）表示在CM中选择在接下来的DM成为买方（卖方）的代理人的价值函数值，用 $V^b(V^s)$ 表示在 DM 中买方（卖方）的价值函数。CM 开始时的价值函数类似于式（6.4），并满足

$$W^j(z) = T + z + \max_{z' \geq 0}\{-\gamma z' + \beta V^j(z')\} \quad (6.27)$$

式中，$j \in \{b,s\}$。由于在匹配时买方会在 DM 上花光其所有的货币持有，在 DM 上作为一名买方的价值满足

$$V^b(z) = (1-n)\{u[q(z)-z]\} + \max[W^b(z), W^s(z)] \quad (6.28)$$

将式（6.28）代入式（6.27），并利用 $W^b(z)$ 和 $W^s(z)$ 的线性性来获得在 CM 开始时持有 z 单位实际余额的买方的价值，它必须满足

$$W^b(z) = T + z + \max_{q \in [0,q^*]} \beta\{-iz(q) + (1-n)[u(q)-z(q)]\}$$
$$+ \beta\max[W^b(0), W^s(0)] \quad (6.29)$$

由式（6.29），买方在其既定匹配概率 $1-n$ 下，选择下一个 DM 中的交易量。基于类似逻辑，作为持有 z 单位实际余额的卖方的价值满足

$$W^s(z) = T + z + \beta n[z(q) - c(q)] + \beta\max[W^b(0), W^s(0)] \quad (6.30)$$

等式（6.30）包含了卖家不将实际余额代入 DM——因为他们不需要——以及交易量 q 或等价的买方实际余额为给定的结果。

由于 $W^b(z)$ 和 $W^s(z)$ 对于 z 都是线性的，作为买方或卖方的选择并不依赖于 z。在货币均衡中，代理人必须在成为卖方或买方间是无差异的；否则，就不会有交易，不可兑现货币也将不会有价值。因此，我们专注于 $n \in (0,1)$ 和 $W^b(z) = W^s(z)$ 的货币均衡。由式（6.29）和式（6.30），n 必须满足

$$n[z(q) - c(q)] = (1-n)[u(q) - z(q)] - iz(q) \quad (6.31)$$

等式（6.31）左边为卖方在 DM 的预期剩余；右边为买方预期剩余减去持有实际余额的成本。因此，在任何货币均衡中有

$$n = \frac{u(q) - (1+i)z(q)}{u(q) - c(q)} \quad (6.32)$$

注意，对于给定的 q，i 的增加将减少买方的测度。直观地，更高的通货膨胀将增加持有实际余额的成本，从而降低了在 DM 成为买家的激励。由式（6.29），q 求解

$$\max_{q \in [0,q^*]}\{-iz(q) + (1-n)[u(q) - z(q)]\} \quad (6.33)$$

稳态货币均衡是使 $q>0$ 为式（6.33）的解且 $n \in (0,1)$ 满足式（6.32）的配对（q,n）。假设 $z(q)$ 随 q 在范围 $q \in (0,q^*)$ 内严格递增，买方目标函数式（6.33）严格为凹且二次连续可微。那么，在弗里德曼规则中均衡是唯一的：q 为式（6.33）一阶条件 $u'(q) - z'(q) = 0$ 的解，并且当给定 q 时，卖方的测度由式（6.32）所唯一决定。

假定 n 的解为内解，i 在 $i=0$ 邻域变化的效应由下式给出

$$\left.\frac{\mathrm{d}q}{\mathrm{d}i}\right|_{i=0}=\frac{z'(q)}{(1-n)[u''(q)-z''(q)]} \tag{6.34}$$

$$\left.\frac{\mathrm{d}n}{\mathrm{d}i}\right|_{i=0}=-[u(q)-c(q)]^{-1}\left\{\left(\frac{n}{1-n}\right)\frac{z'(q)[u(q)'-c(q)']}{u''(q)-z''(q)}+z(q)\right\} \tag{6.35}$$

式中，n 和 q 在 $i=0$ 时被估值。通货膨胀通过提高持有实际余额的成本，从而降低 q，对均衡配置产生直接影响。一般而言，通货膨胀对买方测度的影响是模糊不确定的。但如果在弗里德曼规则下价格机制提出 $q=q^*$，那么 n 会随通货膨胀而下降，因为

$$\left.\frac{\mathrm{d}n}{\mathrm{d}i}\right|_{i=0}=\frac{-z(q^*)}{u(q^*)-c(q^*)}<0$$

这里直觉非常简单：因为通货膨胀对持有货币的代理人而言是一种直接税，所以通货膨胀会使得代理人更没有成为买方的激励。这使得买方的匹配概率 $1-n$ 随通货膨胀而增加（接近于弗里德曼规则）。由于买方变少，他们在 DM 上花费其货币余额的速度更快。这就是通货膨胀的所谓热土豆效应（hot potato effect）。

我们通过一期内所有交易剩余之和来衡量社会福利，即 $W=n(1-n)[u(q)-c(q)]$。等价地，我们可以通过除以 $1-\beta$ 来考虑这些剩余的贴现和。当每次匹配的剩余都最大化时——这要求 $q=q^*$，以及当 DM 上的匹配数最大化时——这要求 $n=1/2$，福利实现最大化。

假设在 DM 上交易机制在弗里德曼规则处实现 q^*。如在比例议价下会出现这种情况。有效的第一个条件 $q=q^*$ 要求弗里德曼规则得以实现。由式（6.32），有效的第二个条件要求

$$\frac{u(q^*)-z(q^*)}{u(q^*)-c(q^*)}=\frac{1}{2} \tag{6.36}$$

注意，式（6.36）的左边为买方在匹配剩余中的份额。

等式（6.36）看上去是搜索外部性模型中有效的 Hosios 条件的重述。当代理人市场参与决策影响市场其他代理人交易概率时，搜索外部性就会产生。当匹配函数的弹性关于买方测度的弹性等于买方在匹配剩余中份额时，这些搜索外部性就内部化了。换句话说，买方对 DM 中匹配创造的贡献必须等于买方所负责匹配的份额。匹配数，即匹配函数为 $\sum=bs/(b+s)$，其中 b 为买方的测度，s 是卖方的测度。因此，Hosios 条件要求

$$\frac{\mathrm{d}\sum/\sum}{\mathrm{d}b/b}=\frac{s}{b+s}=1-n=\frac{u(q^*)-z(q^*)}{u(q^*)-c(q^*)} \tag{6.37}$$

但由式（6.32），式（6.37）的右边等于n，且$n=1-n$意味着$n=1/2$。

由式（6.34）和式（6.35），i在$i=0$邻域变化的福利效应可以用社会福利函数的全微分来评估，即

$$\left.\frac{d\mathcal{W}}{di}\right|_{i=0}=\frac{u'(q)[u(q)'-c(q)']}{[u''(q)-z''(q)]}\frac{n^2}{1-n}+(2n-1)z(q) \tag{6.38}$$

假设在弗里德曼规则下有$q=q^*$——这在比例议价下是成立的——通过对式（6.38）右边第二项$(2n-1)z(q)$进行估值，我们可以评估偏离弗里德曼规则对福利的影响。当且仅当$n>1/2$时，偏离会是最优的，即$\mathrm{d}\mathcal{W}/\mathrm{d}i|_{i=0}>0$。由式（6.32），这在买方剩余份额大于1/2时会发生。当买方剩余份额大于1/2时，从社会角度来看，买方人数过多了。在比例议价下，只要$\theta\in(0.5,1)$，偏离弗里德曼规则就是最优的。在这种情况下，决策者会愿意通过提高通货膨胀，权衡集约边际（每次匹配中的交易量）的效率，以改善外延边际（在DM上的交易匹配量）。通货膨胀的提高将增加卖方数而减少买方数。

相反，如$n<1/2$，在弗里德曼规则时均衡中的卖方数量过多。在这种情况下，对弗里德曼规则的稍微偏离都会降低福利，因为这只会进一步增加经济中的卖方数。如果DM上的定价由比例议价给出，那么由式（6.32），买方的测度为

$$n=\theta-i\frac{[\theta c(q)+(1-\theta)u(q)]}{u(q)-c(q)}$$

这意味着对于所有$i>0$都有$n<\theta$。记住，交易总数$n(1-n)$在$n<1/2$下是随n而增加的。这使得如$n<1/2$，那么有$n<\theta<1/2$，且交易总数要小于弗里德曼规则下的交易总数$\theta(1-\theta)$。在这种情况下，偏离弗里德曼规则不仅会降低交易数，还会降低每次匹配的交易量。这样的话，弗里德曼规则无疑是最优的，即使它无法实现约束有效配置。

应该指出的是，这些福利结果主要依赖于DM交易机制。例如，可以表明，在竞争性搜索定价机制下，Hosios条件将内生出现，并使得搜索外部性内部化，即外延边际是有效的。因此，由于竞争性搜索定价机制会在弗里德曼规则下导致有效集约边际，弗里德曼规则政策能实现有效配置。

上面用到的包络型参数仅当弗里德曼规则实现有效集约边际结果（即当$q=q^*$）时成立。由于$q<q^*$，该参数对于一般纳什议价机制不会成立。当$q<q^*$，式（6.38）右边第一项并不等于0，从而无法简单地通过考察n的值来评估偏离弗里德曼规则对于福利的影响。但可以使用数值例子来确定当买方议价能力足够高时，在一般纳什议价机制下偏离弗里德曼规则可以是最优的。因此，偏离弗里德曼规则可是最优的结论在不同议价解间是稳健的。

在这一点上，人们自然会问，是否有其他政策工具能在不扭曲集约边际的

条件下，在 $n \neq 1/2$ 时纠正外延边际。如果政策制定者能向买卖双方征收不同的税，那么就不需要寻求通货膨胀来影响代理人参与市场的激励了。但是，因为代理人在 DM 上的交易角色是私人信息，通货膨胀税似乎在降低代理人成为买方的激励上是一个中性政策工具。

6.6 货币政策的分配效应

当货币余额在代理人间的配置非退化时，通胀型货币政策可以是适宜的。事实上，由一次性货币注入导致的正通货膨胀会将财富从经济中最富的代理人到最穷的代理人重新进行分配。如果某些代理人由于不可保险的异质性冲击而成为穷人，那么这一重新分配就能提高社会福利。

在我们的基准模型中，货币注入并没有分配效应，因为由模型构建，在 CM 结束时或 DM 开始时买方间的货币余额配置是退化的。消除了财富效应的拟线性偏好假设和所有买方都能进入 CM 的事实，意味着所有买方都将在 CM 上基于我们所考察的标准交易协议选择同样的货币持有水平。

可以通过在买方间引入某些异质性来获得货币持有的非退化分配。例如，买方能根据其在 DM 上的边际消费效用而有所差异。具有较高边际消费效用的买方会比具有较低边际消费效用的买方希望消费更多，从而会持有更多实际余额。但在这样的环境下，弗里德曼规则依然是最优的，因为每种类型的买方都持有能最大化其在 DM 上预期剩余的实际余额规模。

为了研究货币政策的分配效应，我们对基准模型作了修改。我们假设买方和卖方都仅生活三个子期。他们在晚上子期开始时出生而在下一期结束时死亡。代理人有可能交易三次：在他们出生时的 CM 上、在下一期的 DM 上和在他们死亡前的 CM 上（见图 6-5）。为了简化，我们假设代理人不会进行跨期贴现，即 $r=0$。这意味着弗里德曼规则对应于固定货币供给或零通胀率。

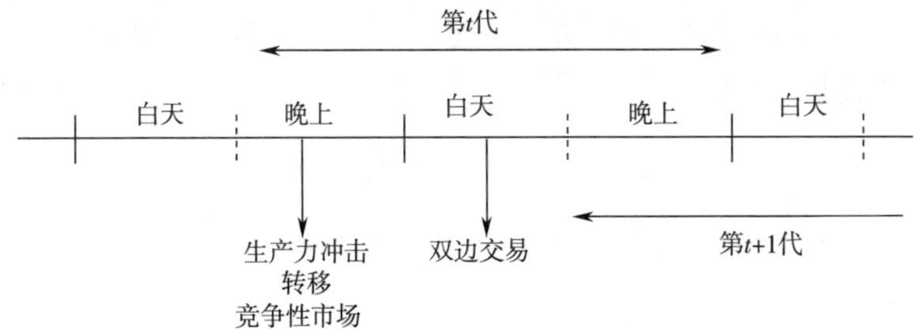

图 6-5 重叠的代际

买方的效用函数为 $x_y + u(q) + x_0$，其中 $x_y \in \mathbb{R}$ 为年幼时减去 CM 上生产负效用后的消费效用，x_0 为年老时 CM 上的净消费效用，而 $u(q)$ 为 DM 上的消费效用。类似地，卖方的效用函数为 $x_y - c(q) + x_0$。此迭代结构不单是改变了无限生命代理人模型的配置。

为了获得货币余额在代理人间的非退化分配，我们假设新出生买方在其生存的第一期上有不同的生产力。其中 $\rho \in (0, 1)$ 部分的新生买方是生产性的，而其余部分则是非生产性的。结果，新生生产性买方能参与 CM 以积累货币余额，而非生产性买方则不行。在固定货币供给政策下，非生产性买方不在 DM 上消费，因为他们没有货币也不能承诺偿还其债务。而且，针对新生买方的生产力冲击是私有信息，这使得政府无法对生产性和非生产性买方进行差异性转移。

生产性新生买方的问题类似于式（6.6），为

$$\max_{m \geqslant 0}\{-\phi_t m + \sigma\{u[q(\phi_{t+1}m)] - c[q(\phi_{t+1}m)]\} + \phi_{t+1}m\} \tag{6.39}$$

当出生时，生产性买方在 CM 上生产 $\phi_t m$ 单位通用商品以交换 m 单位货币。如果他在接着的 DM 上无法与卖方匹配，那么他会将其货币余额在 CM 临死前花掉；如果他与卖方匹配，那么我们假设买方获得全部匹配剩余。令 $z = \phi_{t+1}m$ 为第 t 期出生的生产性买方为接着的 DM 所选择的实际余额。那么生产性买方的问题式（6.39）可被简化为

$$\max_{z \geqslant 0}\{-(\gamma - 1)z + \sigma\{u[q(z)] - c[q(z)]\}\} \tag{6.40}$$

该问题的一阶条件为

$$\frac{u'(q)}{c'(q)} = 1 + \frac{\gamma - 1}{\sigma} \tag{6.41}$$

那么，只要货币供给是固定的，即 $\gamma = 1$，新生生产性买方在匹配时会消费 q^* 单位的 DM 商品。但是，那些非生产性新生买方无法在 DM 进行消费，因为当其出生时无法在 CM 上进行生产。

现在假设存在固定不变的正通胀水平，$\gamma > 1$，且货币通过在 CM 上一次性转移给所有新生买方的方式注入经济。令 Δ_t 为在第 $t-1$ 期晚上的转移，并能在第 t 期 DM 上被使用。我们有

$$\Delta_t = M_t - M_{t-1} = \frac{\gamma - 1}{\gamma}M_t \tag{6.42}$$

令 m_t 表示在年轻时访问了 CM 的买方在第 t 期 DM 上的货币余额。货币市场均衡要求有

$$\rho m_t + (1 - \rho)\Delta_t = M_t \tag{6.43}$$

ρ 部分的生产性买方持有 m_t 单位货币，而 $1-\rho$ 部分的非生产性买方持有

Δ_t。个人货币持有之和必须汇总等于货币供给量 M_t。将式（6.42）中的 Δ_t 代入式（6.43）并重整得到

$$m_t = \frac{M_t}{\rho}\left(\frac{1+\rho(\gamma-1)}{\rho}\right) \tag{6.44}$$

且由式（6.42）和式（6.44）可得

$$\Delta_t = \frac{\rho(\gamma-1)}{1+\rho(\gamma-1)}m_t \tag{6.45}$$

等式（6.45）意味着 $\Delta_t < m_t$：非生产性买方要比生产性买方更穷。

令 $\tilde{q}$ 为非生产性买方的 DM 消费量。因为 $\Delta_t < m_t$，非生产性买方将在 DM 上花掉其所有货币余额，而生产性买方也会花掉其所有余额。由买方获得所有议价的假设，可得 $c(q_t) = \phi_t m_t$ 和 $c(\tilde{q}_t) = \phi_t\Delta_t$。因此式（6.45）意味着

$$c(\tilde{q}_t) = \frac{\rho(\gamma-1)}{1+\rho(\gamma-1)}c(q_t) \tag{6.46}$$

由式（6.46），有 $\tilde{q}_t < q_t$。随着 γ 的增加，q_t 由标准通胀税效应而下降，参见式（6.41）。但通胀也会影响实际余额在买方间的分配。事实上，由 $[c(q_t) - c(\tilde{q}_t)]/c(q_t) = 1/[1+\rho(\gamma-1)]$ 测度的实际余额扩散程度是随着 γ 的增加而下降的。因此政策制定者面临着在买方间平滑消费和保留实际余额购买力之间的抉择。

在测度社会福利时，我们对称地处理所有不同代际的买方和卖方。在这种情况下，通用商品的配置是不相关的，福利可由所有匹配剩余之和来测度

$$\mathcal{W} = \sigma\rho[u(q) - c(q)] + \sigma(1-\rho)[u(\tilde{q}) - c(\tilde{q})] \tag{6.47}$$

在价格稳定的邻域，通胀的增长对生产性买方的匹配剩余只有二阶效应，$\mathrm{d}[u(q) - c(q)]/\mathrm{d}\gamma|_{\gamma=1^+} = 0$。但是，它对非生产性买方的匹配剩余具有一阶效应。将式（6.46）对 γ 求导可得

$$\left.\frac{\mathrm{d}\tilde{q}_t}{\mathrm{d}\gamma}\right|_{\gamma=1^+} = \frac{\rho c(q^*)}{c'(0)}$$

因为 $u'(0)/c'(0) = \infty$，由式（6.47），以价格稳定为起点，通货膨胀增加的福利效应由下式给出

$$\left.\frac{\mathrm{d}\mathcal{W}}{\mathrm{d}\gamma}\right|_{\gamma=1^+} = \sigma(1-\rho)\left[\frac{u'(0)}{c'(0)} - 1\right]\rho c(q^*) > 0$$

因此，由 $\gamma=1$ 开始的通货膨胀增加是福利增强的，因为它允许非生产性买方进行消费，而对生产性买方福利的负效应只是二阶影响的。

6.7 通胀的福利成本

在迄今为止考察的大多数交易机制（如议价、价格接受和价格发布）下，通货膨胀都通过导致代理人减少其实际余额从而减少其在DM上的交易量而导致配置扭曲。从定性的角度看，通货膨胀通常减少了社会福利。下一步就是要量化这一效应以便确定通货膨胀成本的大小。如果温和通货膨胀的成本很小，那么通货膨胀就将不是一个重要的政策考虑因素。

一个典型的标定程序是采用迄今所研究模型的典型代理人版本。CM效用函数的形式为$B\ln x-h$，其中x为消费，h为工作时间，而且h小时生产h单位通用商品。根据迄今所用的线性规定，CM产出将是非确定的。显然，根据拟线性偏好，CM上的生产最大化$B\ln x-h$，因此有$x=B$。我们可以将B解释为不需要货币交易的商品数量。DM上效用的函数形式为$u(q)=q^{1-\eta}/(1-\eta)$和$c(q)=q$。参数(η,B)的选择是使模型中所描述的货币需求与数据相匹配。持有实际余额的成本i由商业票据利率所测度，M用M1来衡量，也就是现金加上活期存款。这个模型已经被刻画了很长时间，如从1900年到2000年。通胀成本的典型度量方法是CM和DM两个市场总消费中代理人愿意为了零通胀率而非10%通胀率而放弃的一个份额。表6-1总结了现有研究的结果。

表6-1　通货膨胀成本研究的总结

交易机制	通货膨胀成本（GDP的百分比）
买方获得一切	1.2~1.4
纳什解	3.2~3.3
一般纳什	至5.2
平均主义	3.2
价格发布（私有信息）	6.1~7.2
价格接受	1~1.5
带外部边界的一般纳什	3.2~5.4
带外部边界的比例解	0.2~5.5
带外部边界的竞争性搜索	1.1

在买方获得一切的议价解下，10%通货膨胀率的福利损失一般在每年GDP的1%~1.5%。类似程度的通胀福利损失发生在瓦尔拉斯价格接受或竞争性发布，即竞争性搜索均衡下。这是一个相当大的数字。

从图形上来说，这个数字接近于需求曲线下方的面积。为了弄清楚这一点，

对由 $\sigma\{u'[q(z)]/c'[q(z)]-1\}$ 给出的反（个人）货币需求曲线求积分，参见式（6.8）。这可以得到

$$\int_{z_{1.1}}^{z_1} i(z)\mathrm{d}z = \sigma\{u[q(z_1)] - c[q(z_1)]\} - \sigma\{u[q(z_{1.1})] - c[q(z_{1.1})]\}$$

式中，z_1 代表当 $\gamma=1$ 时的实际余额；$z_{1.1}$ 代表 $\gamma=1.1$ 时的实际余额。上面表达式的左边为个人货币需求曲线下方的面积，而右边为社会福利的变化。

在图 6－6 中我们展示了个人货币需求函数 $i(z)$。当名义利率趋近于 0 时，实际余额趋近于其最高水平 z^*。在买方获得一切的议价协议下，有 $z^*=c(q^*)$。考虑两种名义利率：$i>0$ 和 $i'>0$。名义利率从 i 提高到 i' 所带来的福利成本相当于货币需求曲线下方的面积 *ABDE*。将利率从弗里德曼规则要求的 0 利率提高 i' 所带来的福利成本为面积 *ABC*。

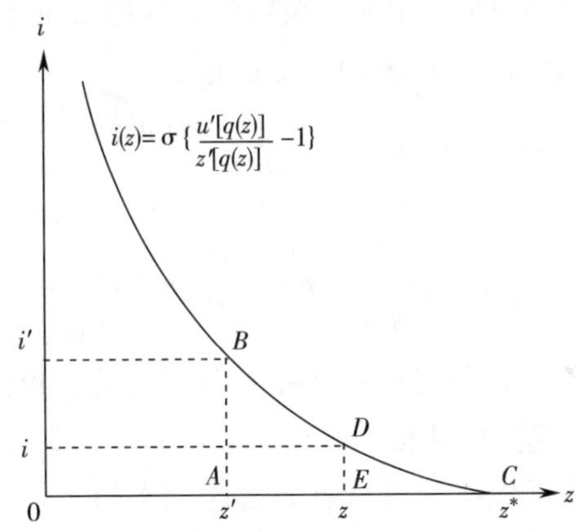

图 6－6　通货膨胀成本与货币需求曲线下方面积

如果买方拥有部分议价能力，那么通货膨胀的福利成本将会更大。在（对称）纳什解下或者在平均主义解（即 $\theta=0.5$ 的比例解）下，10% 通货膨胀的福利成本在 GDP 的 3%～4%。对通货膨胀造成这么大福利成本的解释如下：只要 $\theta<1$ 且 $i>0$，任何议价解都会对货币持有造成套牢问题。在 CM 中，买者会因为投资于实际余额而带来成本，而一旦他们在 DM 上被匹配则无法完全弥补这些成本。这个套牢问题的严重性取决于卖方的议价能力 $1-\theta$，以及持有实际余额的平均成本 i/σ。当通货膨胀上升时，套牢问题将更加严重，这诱使买方对实际余额投资不足。

这一论证可用货币需求函数下方的面积来加以说明，参见图 6－7。反（个人）货币需求函数为 $i(z)=\sigma\{u'[q(z)]/c'[q(z)]-1\}$。货币需求曲线下方的面积为

$$\int_{z_0}^{z_1} i(z)\mathrm{d}z = \sigma\{u[q(z_1)] - z_1\} - \sigma\{u[q(z_{1.1})] - z_{1.1}\}$$

在比例议价下有 $u[q(z)] - z = \theta\{u[q(z)] - c[q(z)]\}$，那么货币需求函数下方的面积为

$$\int_{z_0}^{z_1} i(z)\mathrm{d}z = \theta\sigma\{u[q(z_1)] - c[q(z_1)]\} - \theta\sigma\{u[q(z_{1.1})] - c[q(z_{1.1})]\}$$

由通货膨胀率上涨造成的私人损失对应于上式的左边。它等于上式右边社会福利损失的 θ 部分。

在图 6 –7 中，我们展示了实际余额的个人需求以及这些实际余额的社会回报（虚线）。将名义利率从 0 提高到 i 所带来的社会福利成本由 ADC 面积表示，给买方带来的福利成本为货币需求曲线下方的面积 ABC。要看清这一点，注意不可兑现货币的边际社会回报是由实际余额的边际增长所带来的社会福利增加。由于社会福利为 $\sigma\{u[q(z)] - c[q(z)]\}$，这等于

$$\sigma\{u'[q(z)] - c'[q(z)]\}\frac{\mathrm{d}q}{\mathrm{d}z} = \frac{\sigma[u'(q) - c'(q)]}{z'(q)}$$

买方的私人回报为

$$i(z) = \sigma\frac{u'(q) - z'(q)}{z'(q)} = \theta\sigma\frac{u'(q) - c'(q)}{z'(q)}$$

所以个人货币需求并不能准确描述持有货币的社会价值，因为它忽略了当买方增加其实际余额时卖方所获得的剩余。如当 $\theta = 1/2$，即平均主义解时，通货膨胀的社会福利成本近似于货币持有者私人成本的 2 倍。这一私人成本估计大约为 GDP 的 1.5%，那么社会的通货膨胀总福利成本约为 GDP 的 3%。

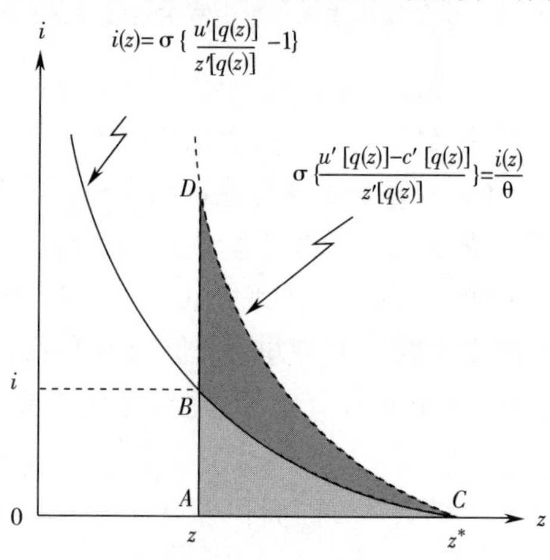

图 6 –7　通货膨胀成本与货币需求曲线下方面积

引入内生性参与决策，如在第 6.5 部分，依赖代理人的议价能力能减轻或加重通货膨胀的成本。正如我们之前所看到的，在某些例子中，轻微通货膨胀的成本可以是负的。

6.8 进一步阅读

关于最优货币政策要求将名义利率为 0 或者等价地通货紧缩等于时间偏好率的结果，来自 Friedman（1969）。Woodford（1990）讨论了弗里德曼规则的不同定义和解释。Shi（1997a）首先研究了可分货币搜索模型中的最优货币政策问题，研究表明，当代理人参与决策为外生时，弗里德曼规则是最优的。Rauch（2000）与 Lagos 和 Wright（2005）讨论了在交易条件由纳什解决定时，弗里德曼规则能否得到有效配置的问题。Aruoba、Rocheteau 和 Waller（2007）证明，即使卖方拥有部分议价能力，只要议价解为单调的，有效配置就能实现。Lagos（2010）分析了对于推行零名义利率而充分必要的众多货币政策的特征。Bhattachary、Haslag 和 Martin（2005，2006）以及 Haslag 和 Martin（2007）讨论了弗里德曼规则在存在异质性代理人的不同货币模型中的最优性问题。Berentsen 和 Monnet（2008），Berentsen、Marchesiani 和 Waller（2014），以及 Williamson（2015a）研究了货币政策通过渠道系统的实施问题。Araujo 和 Camargo（2008）讨论了货币当局的声誉顾虑。

向准备金支付利息的政策被 Friedman（1960）所倡导，并由 Sargent 和 Wallace（1985）、Smith（1991）以及 Freeman 和 Haslag（1996）通过迭代经济模型所研究。Andolfatto（2010）在一个与本书所用类似的模型中研究了向货币支付利息的问题。

利用机制设计方法，Hu、Kennan 和 Wallace（2009）表明，弗里德曼规则在获得良好配置方面并不是必需的。Andolfatto（2008，2013），Hu、Kennan 和 Wallace（2009），以及 Sanches 和 Williamson（2010）讨论了当政府拥有有限强制力时弗里德曼规则的激励可行性。

VictorLi（1994，1995，1997）第一次强调了交易摩擦和搜索外部性对于货币政策设计的重要性，他发现当代理人搜索强度内生时，通胀税可以增进福利。但其结论容易受到质疑，因为价格是外生的。Shi（1997b）在一个价格内生的可分货币模型中发现了相关的结果。在 Shi 的模型中，每个家庭拥有大量成员，后者可被分为买方和卖方。该模型参见第 4 章附录。当买卖双方的组成无效率时，对弗里德曼规则的偏离是可改进福利的。Faig（2008），Aruoba、Rocheteau

和 Waller（2007），以及 Rocheteau 和 Wright（2009）在不同的议价机制下讨论了 Shi 的发现。Berentsen、Rocheteau 和 Shi（2007）发现，当 Hosios 规则和弗里德曼规则都满足时，有效配置是能实现的。偏离弗里德曼规则最优的必要条件是 Hosios 条件被违反。Rocheteau 和 Wright（2005）在不同定价机制下，研究了在卖方自由进入的模型中的最优货币政策。Berentsen 和 Waller（2015）确定了当存在拥挤的外部性时最优状态的货币政策。Camera、Reed 和 Waller（2003）表明，当专业化内生时，搜索外部性和套牢问题就会出现。Shi（1998）与 Shi 和 Wang（2006）刻画了美国时间序列数据的内生外延边际模型，以考察模型对整体变量尤其货币消费周转速度可变性的量化预测能力。

Li（1994，1995，1997）首先试图利用货币搜索模型将通货膨胀的热土豆效应形式化；在其模型中，价格是外生的。Lagos 和 Rocheteau（2005）表明该效应在可分货币和内生价格模型中会消失。此外，Ennis（2009），Nosal（2011）以及 Liu、Wang 和 Wright（2011）都多次尝试重新恢复该热土豆效应。Hu 和 Zhang（2014）表明在最优机制下，购买者的搜索强度会由于较低通货膨胀率而增加。

Levine（1991）研究了货币扩张通过分配效应所带来的福利改进作用，而 Deviatov 和 Wallace（2001），Berentsen、Camera 和 Waller（2004，2005），Molico（2006），Chiu 和 Molico（2010，2011），以及 Rocheteau，Weill 和 Wong（2015a，b）在搜索理论环境下研究了该问题。Zhu（2008）也表明，在偏好严格为凹的迭代搜索模型环境下，正通货膨胀是有益的。Wallace（2014）推测，对于大多数纯货币经济体而言，存在通过货币创造而获得的转移计划（不一定是一次性支付），相对于持有固定货币存量可以实现的收益，这种转移计划改善事前代表一代理人的福利。Rocheteau，Weill 和 Wong（2015a）在连续时间内在 Bewley 模型的背景下检验了这个猜想。同样在 Bewley 型模型中，Lippi，Ragni 和 Trachter（2015）确定了扩张性政策的理想条件，并研究了依赖于状态的最优货币政策。Boel 和 Camera（2009）对新货币主义模型进行了校准，结果表明在这种模式中，大多数人会伤害更富裕、更富有成效的代理人，而那些更贫穷、生产力更低的人可能会受到影响。如果代理商可以通过货币以外的资产来确保消费风险，结果则相反。Berentsen 和 Strub（2009）研究了在具有异构代理的一般均衡模型中确定货币政策的替代制度安排，其中货币政策具有再分配效应。Chiu 和 Molico（2011）表明，在存在不完善保险的情况下，与完全市场、代理经济体相比，通货膨胀估计的长期福利成本平均要低 40% ~55%，而且这种成本在家庭中引起了重要的再分配效应。

用货币需求曲线下方面积来测度通货膨胀成本的传统方法是由 Bailey（1956）提出的。Lucas（2000）重新使用了该方法，并通过货币为效用函数参数的一般均衡模型为其提供了理论基础。Lagos 和 Wright（2005）首先将此方法用于货币交易模型。Rocheteau 和 Wright（2009）以及 Aruoba、Rocheteau 和 Waller（2007）评估了不同交易机制下当存在外延边际时的通货膨胀成本。Ennis（2008）考虑了私有信息下的价格发布模型，Reed 和 Waller（2006）考虑了价格接受模型，而 Faig 和 Jerez（2006）则研究了竞争性价格发布模型。Rocheteau（2012）表明，在最佳机制下，10% 的通货膨胀的福利成本（总消费量）为 0，而 Wong（2016）表明，对于一般的偏好类型，总体最优是不可实现的。

Aruoba、Waller 和 Wright（2011）量化研究了存在资本的搜索模型中的通货膨胀效应。Berentsen，RojasBreu 和 Shi（2012）研究了流动性促进创新和增长时通货膨胀的福利成本。Boel 和 Camera（2011）刻画了一个模型以估计在 23 个不同 OECD 国家预期通货膨胀的福利成本。Gomis - Porqueras 和 Peralta - Ava（2010）以及 Aruoba 和 Chugh（2008）研究了存在扭曲性税收时弗里德曼规则的最优性。Berentsen，Huber 和 Marchesiani（2015）记录并解释了货币需求和利益之间的经验关系的细分。Wang（2014）研究了在内生消费者搜索和价格分散的货币经济中的通货膨胀的福利成本。Craig 和 Rocheteau（2008）对这些文献作了综述。

7 信息、货币政策和通胀—产出权衡

20世纪70年代研究的主要发现在于货币增长的预期变化相对于非预期变化而言有非常不同的效应。一方面，预期的货币扩张具有通货膨胀税效应，并产生名义利率的通胀溢价，但并不如休谟所描述的那样，与促进就业和生产等内容相关。另一方面，非预期货币扩张能刺激产出，同样对称地，非预期收缩会导致衰退。

——Robert E. Lucas，《货币中性》，诺贝尔奖讲稿，1995

货币是怎样影响产出的？这个经典但几乎没有解决的经济学问题至少可以追溯到大卫·休谟。在第3章所描述的货币经济中，我们发现，货币是中性的：货币供给的一次性预期变化是没有实际效应的，名义价格与货币存量呈比例变化。然而，我们也发现，货币并不是超中性的，因为即使是预期的货币供给增长率变化，也会通过减少总的实际余额、实际产出以及社会福利产生实际影响。

在本章中，我们再次考虑货币供应量、产出和福利变化之间的相互关系。与第6章不同，我们在此假设货币供给的变化是随机的并且不能被完全预期的。尽管驱动货币供给的随机过程是众所周知的，我们仍然作出不同的假定，即代理人在交易时知道货币的价值。我们考虑货币价值信息在代理人之间平均分配和不平均分配这两种情况。

我们发现，如果所有代理人都不知晓货币供给的实际情况，那么产出就是固定和与货币供给的变化无关的。相反，如果所有代理人都是完全信息的，那么产出就与通胀负相关：当货币价值高时，代理人的交易量也越大。

在本章中，我们将使用更多的篇幅分析买方——在非集中市场中持有和花费货币的代理人——拥有通货增长率变动过程私人信息的情况。在这种情况下，通胀和产出是正相关的。短期菲利普斯曲线（Phillips，1958）会在均衡时形成，信息是完全被揭示的，价格也是完全柔性的。在低通胀状态下，买方通过囤积其大部分实际余额，从而减少在双边交易中的消费，来显示不可兑现货币的高价值信号。作为结论，模型预测认为在货币流通速度和通胀之间存在正相关关系。

我们通过举例证明，如果代理人赋予高通胀状态一个正概率，那么决策者就可以通过增加该高通胀状态的频率来提高总产出和福利。但是，最优货币政策要求货币当局以货币增长率为目标——使其可确定——并使不可兑现货币的回报率等于时间偏好率，即所谓弗里德曼规则。

如果买方和卖方之间的信息不对称颠倒过来，即卖方拥有关于货币未来价值的某些私人信息，那么通胀和产出之间的正相关关系就会消失。这时，买方会在高通胀状态下花费更少货币，以减少拥有信息的卖方所拥有的信息租金。所以，关于货币政策的信息结构对于理解货币供给的非预期变化的产出效应是至关重要的。

7.1 随机货币增长

我们对第 3 章及第 6 章描述的纯货币经济进行扩展。令 M_t 代表 t 期开始时的货币存量，$\gamma_t \equiv \frac{M_{t+1}}{M_t}$ 为 t 期货币供给的总增长率。在竞争性市场（CM）上，货币以一次性方式被注入或者回笼。这意味着在 t 期，非集中性市场 DM 上的货币供应量为 M_t，在货币转移发生后的 CM 中为 M_{t+1}。我们假定代理人在 CM 开始时总是知道 γ_t 的值，并不失一般性，假定只有买方能获得货币转移。

不可兑现货币在 t 期的价值 ϕ_t，指的是在 t 期能够用 1 单位不可兑现货币购买到的 CM 商品的数量。本章的新颖之处在于，假定货币增长率 γ_t 是随机的。在每一时期，货币增长率可以取两值中的一个，即高值 $\bar{\gamma}$ 或者低值 $\underline{\gamma} < \bar{\gamma}$，其中取高货币增长率的概率为 α，即

$$\gamma_t = \begin{cases} \bar{\gamma} & \text{概率为 } \alpha \in (0,1) \\ \underline{\gamma} & \text{概率为 } 1 - \alpha \end{cases}$$

我们关注货币转移后 CM 中货币供给的真实价值固定不变的静态均衡，$\phi_t M_{t+1} = \phi_{t-1} M_t \equiv Z$。注意如果货币供给增长率是固定不变的，那么由于对于所有 t 有 $M_{t+1} = \gamma M_t$，稳态条件可以表述为 $\phi_t M_t = \phi_{t-1} M_{t-1}$，这一条件正是我们在前面章节为固定实际货币供给所规定的。以 $\gamma_t = \gamma$ 为条件，CM 中的货币价值就是 $\phi_t = \phi_{t-1}/\gamma$。所以在 $t-1$ 期 CM 上信息可用的条件下，货币总预期回报率 $E_{t-1}[\phi_t/\phi_{t-1}]$ 等于 $(1-\alpha)/\underline{\gamma} + \alpha/\bar{\gamma}$。

在 t 期 DM 中，所有代理人都知道当前可用于交易的货币存量 M_t，以及前一期的货币价值 ϕ_{t-1}。但为了确定 t 期 DM 上的交易条件，代理人需要知道在即将到来的 CM 上的货币价值 ϕ_t。所有的代理人都将获知 t 期 CM 上的货币增长率

γ_t，但是某些代理商人能更早知道这一点。

为了对买方问题进行递归表示，我们将买方的货币持有表示为总货币余额的一部分。在 $t-1$ 期 CM 上货币余额转移后的买方价值为

$$W^b\left(\frac{m}{M_t}\right)=\max_{x,y,m'}\left\{x-y+\beta V^b\left(\frac{m'}{M_t}\right)\right\}$$

$$s.t.\ \ x+Z\frac{m'}{M_t}=y+Z\frac{m}{M_t}$$

其中，$\phi_{t-1}=Z/M_t$。注意上面的预算约束并不包括政府的一次性转移，因为买方效用是在转移发生后再测度的。

将预算约束代入目标函数，我们得到

$$W^b\left(\frac{m}{M_t}\right)=Z\frac{m}{M_t}+\max_{m'\geqslant 0}\left\{-Z\frac{m'}{M_t}+\beta V^b\left(\frac{m'}{M_t}\right)\right\} \tag{7.1}$$

如前，买方的价值函数是线性的，$W^b(m/M_t)=Z(m/M_t)+W^b(0)$，而买方的货币余额选择 m' 独立于他进入 CM 时所拥有的余额 m。

买方在 DM 开始时的价值为

$$V^b\left(\frac{m}{M_t}\right)=\mathbb{E}_t\left[u(q_t)+W^b\left(\frac{m-d_t+(\gamma_t-1)M_t}{\gamma_t M_t}\right)\right]$$

买方对未来货币增长率，DM 的交易条件以及 DM 中的交易冲击 σ 形成预期，进而对未来货币价值有预期。注意对于后者而言，买方必须根据代理人关于 DM 开始时货币未来价值所知的内容来形成预期。注意在 W^b 的表达式中，我们考虑了政府的一次性转移。利用 W^b 的线性性，我们可将上面的价值函数重写为

$$V^b\left(\frac{m}{M_t}\right)=\mathbb{E}_t\left[u(q_t)-d_t\frac{Z}{\gamma_t M_t}+m\frac{Z}{\gamma_t M_t}\right]+\mathbb{E}_t\left[\frac{(\gamma_t-1)}{\gamma_t}Z\right]+W^b(0)$$

那么，在给定式（7.1）右边第二项时，买方的货币持有抉择可被表示为

$$\max_{m\geqslant 0}\left\{-Z\frac{m}{M_t}+\beta\,\mathbb{E}_t\left[u(q_t)+(m-d_t)\frac{Z}{\gamma_t M_t}\right]\right\}$$

或者由于 $\phi_{t-1}=Z/M_t$，有

$$\max_{m\geqslant 0}\left\{-\phi_{t-1}m+\beta\,\mathbb{E}_t\left[u(q_t)+(m-d_t)\frac{\phi_{t-1}}{\gamma_t}\right]\right\} \tag{7.2}$$

在研究不同代理人知晓货币增长率不同信息的有趣案例之前，我们首先假设买方和卖方都对称地知道货币增长率信息的情况。

7.1.1 对称无信息的代理人

首先考虑这样一种情况，在 t 期 CM 开始时，所有的买方和卖方都知道实现

的货币增长率 γ_t。这时，买方和卖方将根据货币预期价值 ϕ_t^e 来确定 DM 的交易条件，其中 $\phi_t^e = \mathbb{E}_t(\phi_{t-1}/\gamma_t) = [(1-\alpha)/\underline{\gamma} + \alpha/\overline{\gamma}]\phi_{t-1}$。如果我们假设在 DM 上买方向卖方提出要么接受要么拒绝的报价，这意味着 $c(q_t) = \phi_t^e d$，那么由式（7.2），买方在 $t-1$ 期 CM 上的货币持有选择是下式的解

$$\max_{m \geqslant 0}\{-\phi_{t-1}m + \beta\{\sigma[u(q_t) - c(q_t)] + \phi_t^e m\}\} \tag{7.3}$$

式中，$c(q_t) = \min[c(q^*), \phi_t^e m]$。在 $t-1$ 期，买方积累 m 单位货币的成本为 $\phi_{t-1}m$；在 t 期，买方享有预期交易剩余 $\sigma[u(q_t) - c(q_t)]$，并能预期在 CM 上转售其货币持有以购买 ϕ_t^e 单位的产出。问题（7.3）可以重新整理为

$$\max_{q_t \in [0, q^*]}\{-ic(q_t) + \sigma[u(q_t - c(q_t))]\}$$

式中，$i = \dfrac{1}{\beta[(1-\alpha)/\underline{\gamma} + \alpha/\overline{\gamma}]} - 1$ 为名义利率。该问题的一阶条件为

$$\frac{u'(q_t)}{c'(q_t)} = 1 + \frac{i}{\sigma} \tag{7.4}$$

存在求解式（7.4）的唯一一个 q_t，而且它与时间相互独立。既定 q，货币价值由 $[(1-\alpha)/\underline{\gamma} + \alpha/\overline{\gamma}]\phi_{t-1}M_t = c(q)$ 决定，因此实际余额也是固定不变的。DM 上的交易产出水平可能与有效水平不同，这是因为在代理人的时间偏好率与不可兑现货币预期回报率之间存在一个楔子。然而，如果货币的预期回报率为 $(1-\alpha)/\underline{\gamma} + \alpha/\overline{\gamma} = \beta^{-1}$，那么有 $q_t = q^*$。总而言之，如果货币回报率等于时间偏好率，那么代理人将在 DM 上交易有效产出水平。这意味着存在能实施弗里德曼规则的许多不同的 $\underline{\gamma}$ 和 $\overline{\gamma}$ 的组合。DM 产出依赖于货币预期回报率，而并不依赖于当期实现的货币增长率。因此，该模型预测在通货膨胀和产出之间没有相关性。

7.1.2 对称有信息的代理人

现在考虑这样一种情形，在进入第 t 期 DM 之前，买方和卖方都知道第 t 期货币增长率 γ_t，从而货币价值为 ϕ_t。可以设想，货币当局在每个 DM 开始时作出一个关于 CM 上货币增长率的可信公告。如果货币当局宣布 $\gamma_t = \underline{\gamma}$，那么持有 m_t 单位货币的买方将要求 $q_t = q_H$，其中

$$c(q_H) = \min\left[\frac{\phi_{t-1}}{\underline{\gamma}}m_t, c(q^*)\right]$$

如果相反，其宣布 $\gamma_t = \overline{\gamma}$，那么买方将要求 $q_t = q_L$，其中

$$c(q_L) = \min\left[\frac{\phi_{t-1}}{\overline{\gamma}}m_t, c(q^*)\right]$$

因为 $\bar{\gamma} > \underline{\gamma}$，显然有 $q_L(m_t) \leqslant q_H(m_t)$。买方在货币增长率低以及不可兑现货币价值高的时期消费得更多。

由于代理人在信息获取上是对称的，因此在 t 期 DM 的交易条件取决于 t 期的货币增长率。假设买家向 DM 中的卖家提供要么接受要么拒绝的报价，由 (7.2)，买方在第 $t-1$ 期 CM 上的货币持有抉择由下式的解给出

$$\max_{m \geqslant 0}\{-\phi_{t-1}m + \beta\sigma(1-\sigma)\{u[q_H(m)] - c[q_H(m)]\} + \beta\sigma\alpha\{u[q_L(m)] - c[q_L(m)]\} + \beta\phi_t^e m\} \tag{7.5}$$

式中，$\phi_t^e = [(1-\alpha)/\underline{\gamma} + \alpha/\bar{\gamma}]\phi_{t-1}$。这个问题与式（7.3）不同，因为现在 DM 中的交易量依赖于代理人在被匹配之前获得的关于货币增长率的信息。该问题的一阶条件为

$$\frac{\hat{i}}{\sigma} = \left\{\left(\frac{u'(q_H)}{c'(q_H)} - 1\right)\frac{1-\alpha}{\underline{\gamma}} + \left(\frac{u'(q_L)}{c'(q_L)} - 1\right)\frac{\alpha}{\bar{\gamma}}\right\} \tag{7.6}$$

式中，$\hat{i} \equiv \beta^{-1} - [(1-\alpha)/\underline{\gamma} + \alpha/\bar{\gamma}]$（注意：$i[(1-\alpha)/\underline{\gamma} + \alpha/\bar{\gamma}] = \hat{i}$）。等式 (7.6) 决定了唯一值 $\phi_{t-1}m_t = \phi_{t-1}M_t$（来自货币市场的出清）。如果 $(1-\alpha)/\underline{\gamma} + \alpha/\bar{\gamma} = \beta^{-1}$，那么 $i = \hat{i} = 0$ 且 $q_L = q_H = q^*$，这意味着弗里德曼规则在两种通货膨胀状态下都达到了 DM 产出的有效水平。只要货币预期回报率等于（总）折现率，那么货币增长率为随机的事实与实现 DM 产出有效水平是无关的。

总而言之，当代理人在信息获取上是对称的，在通货膨胀和产出之间要么没有相关性，要么存在负相关性，这分别依赖于代理人是非完全还是完全有信息的。

7.2 不对称信息下的议价

现在我们考虑这样一种情况，其中在 DM 上买方和卖方关于当期货币增长率的信息是不对称的。在第 t 期 DM 开始时，买方接收到关于货币价值或者等价的第 t 期货币增长率的完整私有信息信号 $\chi \in \{L,H\}$。如果 $\chi = L$，那么买方会得知货币价值将会很低，$\phi_t = \phi_L = \phi_{t-1}/\bar{\gamma}$；如果 $\chi = H$，那么买方会得知货币价值将会很高，$\phi_t = \phi_H = \frac{\phi_{t-1}}{\underline{\gamma}}$。如果接收到信号 H，那么该买方被称为 H 型买方；如果接收到信号 L，那么该买方被称为 L 型买方。在 DM 中，尽管卖方不会接收到任何信息信号，但他们会了解到驱使货币供给的随机过程，而且将在 CM 开始时获知真实的货币增长率。典型时期内的事件时间安排如图 7－1 所示。

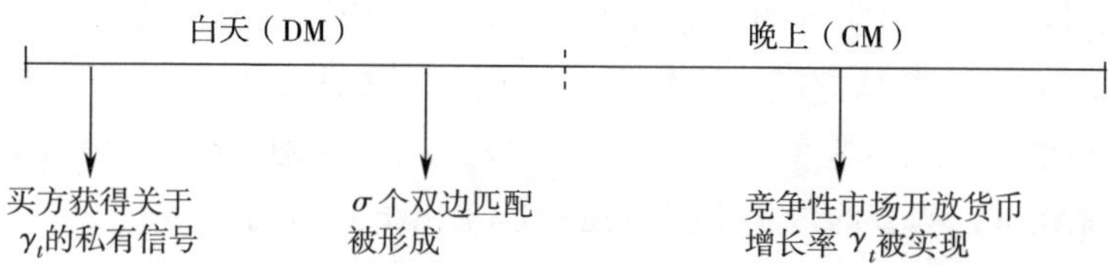

图 7－1　不对称信息下典型时期 t 内的时间安排

考虑在第 t 期 DM 中，一位持有 m 单位货币的买方和一位不持有任何货币的卖方之间的匹配。假设买方的货币持有在匹配中是共有知识。这简化了描述，因为代理人没有激励去歪曲其货币持有。在 DM 上买方和卖方之间的议价博弈具有信号博弈结构。该博弈如图 7－2 所示，其中标签 N 代表博弈方——自然，它选择货币增长率或者等价地选择货币价值，标签 B 代表买方，而标签 S 代表卖方。买方的策略是规定报价（q，d）$\in \mathbb{R}_+ \times [0, m]$，其中 q 为 DM 上卖方生产的产出，d 为从买方向卖方的货币转移。卖方的策略是规定可接受报价集 $\mathcal{A} \subseteq \mathbb{R}_+ \times [0,m]$ 的接受规则。

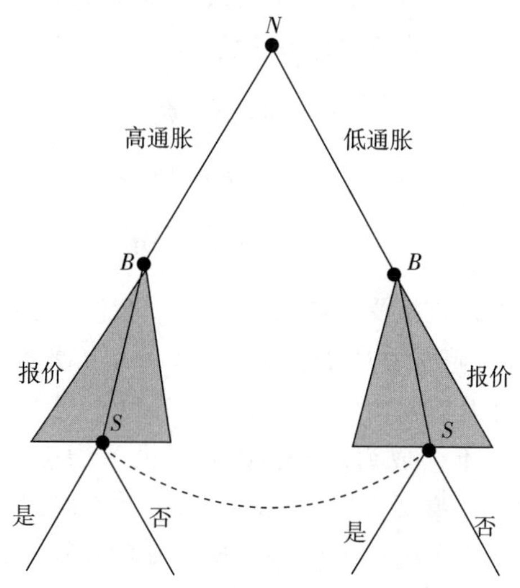

图 7－2　DM 上议价博弈的博弈树

买方报酬为 $[u(q) - \phi d]\mathbb{I}_{\mathcal{A}}(q,d)$，其中 $\mathbb{I}_{\mathcal{A}}(q,d)$ 为指示函数，当 $(q,d) \in \mathcal{A}$ 时它等于 1，否则就等于 0。如果报价被接受，那么买方享有消费效用 $u(q)$ 减去其通过向卖方转移 d 单位货币而放弃的效用 $-\phi d$。卖方报酬为 $-c(q)+\phi d$。卖方通过买方报价（q，d）传递的信息来更新其先前关于在随后 CM 上货币价值的信念。令 $\lambda(q,d) \in [0,1]$ 代表货币价值很高 $\phi = \phi_H$ 的更新后卖方的信念。如果（q，d）为均衡报价，那么根据贝叶斯法则，更新后信念

$\lambda(q,d) \in [0,1]$ 来自卖方的先验信念。如果（q，d）为非均衡报价，那么在某种程度上，$\lambda(q,d)$ 是任意的，正如将在后文所讨论的。

给定其更新后或后验信念，卖方选择接受或者拒绝报价是最优的。对于给定的信念系统 λ，卖方的可接受报价集 $\mathcal{A}(\lambda)$ 由下式给出

$$\begin{aligned}\mathcal{A}(\lambda) = \{(q,d) \in \mathbb{R}_{+} \times [0,m]: -c(q) + \{\lambda(q,d)\phi_H \\ + [1-\lambda(q,d)]\phi_L\} d \geqslant 0\}\end{aligned} \tag{7.7}$$

如果报价（q，d）是可接受的，那么卖方的生产成本 $c(q)$ 必须不大于其获得的货币预期的预期价值。给定卖方的接受规则，买方将选择一个能最大化其剩余的报价。买方的议价问题为

$$\max_{q,d \leqslant m} [u(q) - \phi d] \mathbb{I}_{\mathcal{A}}(q,d) \tag{7.8}$$

式中，货币价值为 $\phi \in \{\phi_L,\phi_H\}$。

非均衡报价后的卖方信念有一定任意性。为了得到更严格的预测，我们要求均衡满足直观准则。用 U_{χ}^{b} 表示χ 型买方，$\chi \in \{L,H\}$，在议价博弈给出的均衡中获得的剩余。如果存在非均衡报价 $(\tilde{q},\tilde{d})$，所提均衡就无法满足直观准则，从而不能成为均衡，那么下面的条件将被满足

$$u(\tilde{q}) - \phi_H \tilde{d} > U_H^b \tag{7.9}$$

$$u(\tilde{q}) - \phi_L \tilde{d} < U_L^b \tag{7.10}$$

$$-c(\tilde{q}) + \phi_H \tilde{d} \geqslant 0 \tag{7.11}$$

根据式（7.9），如果被接受，报价（$\tilde{q}$，$\tilde{d}$）会使 H 型买方严格更好，但根据式（7.10），它会使 L 型买方严格更差。由于 L 型买方没有激励提出这样的报价，卖方会相信它来自 H 型买方，并在条件（7.11）成立时选择接受它。

通过首先证明哪些不会成为均衡，我们提供了均衡报价的特征。特别地，混合报价——即 H 型和 L 型买方提出相同报价——不能成为一个均衡。图 7-3 阐明了这一观点。考虑一个给定的混合均衡，其中在议价博弈中，两种类型的买方都向卖方提出报价 $(\bar{q},\bar{d}) \neq (0,0)$，并且这一报价被接受。报价 $(\bar{q},\bar{d})$ 为 L 型买方产生的剩余为 $U_L^b \equiv u(\bar{q}) - \phi_L \bar{d}$ 和 H 型买方产生的剩余为 $U_H^b \equiv u(\bar{q}) - \phi_H \bar{d}$。图 7-3 中的无差异曲线 U_L^b 和 U_H^b 分别代表了每种类型买方的报价集（q，d），其产生的剩余等于与买方类型相关的均衡剩余。注意，由于 $\phi_H > \phi_L$，U_L^b 比 U_H^b 更加陡峭。相信其面对 H 型买方的卖方的参与约束由轨迹 $U_H^s \equiv \{(q,d): -c(q) + \phi_H d = 0\}$ 表示。所提均衡报价（$\bar{q}$，$\bar{d}$）位于 U_H^s 之上，因为当 $\lambda(\bar{q},\bar{d}) < 1$ 时它被接受。

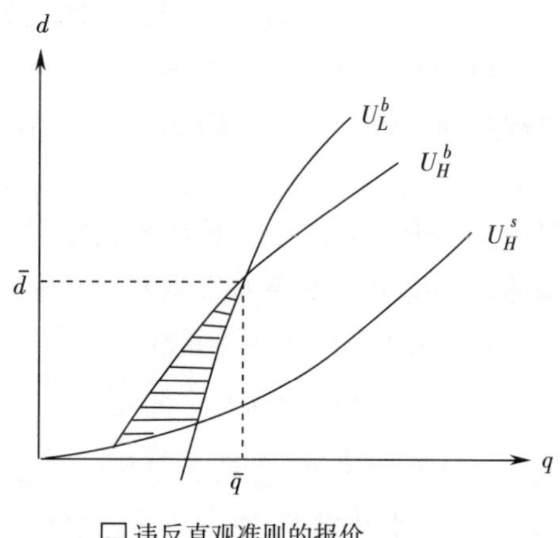

图 7－3　排除混合均衡

当与所提均衡相比较时，图 7－3 中的阴影区域确定了报价集，它包括：（1）提高了 H 型买方的剩余——U_H^b 右侧的报价；（2）降低了 L 型买方的剩余——U_L^b 左侧的报价；（3）在假设 $\lambda=1$ 时对于卖方是可接受的——U_H^s 上方的报价。阴影区域的报价满足条件（7.9）～（7.11），这意味着两种类型买方都报价（$\bar{q}$，$\bar{d}$）的所提均衡违背了直观准则。事实上，H 型买方能提出与（$\bar{q}$，$\bar{d}$）不同的报价，如果其被接受，就将使他的状况更好，同时使 L 型买方的状态严格更差。而且，只要卖方相信该报价来自一个 H 型买方，那么其就是可接受的。

由于在均衡存在时，混合报价与均衡不兼容，它必须是分离报价，即 L 型和 H 型买方作出不同的报价。但如果报价是分离的，卖方在均衡中能将每一报价与买方类型相联系。这意味着在均衡中，卖方确切地知道其所接收货币的类型，其价值是高还是低。

如果报价是分离的，那么 L 型买方能够做到不比在完全信息下提出报价的情况更差，因为完全信息下的报价对于卖方来说总是可接受的，是独立于其信念的。L 型买方无法比这做得更好；否则，报价将和 H 型买方的报价混合。但是这样的报价作为可能的均衡结果已经被排除。因此，L 型买方的报酬由下式给出

$$U_L^b = \max_{q,d\leqslant m}[u(q) - \phi_L d]$$
$$s.t.\ -c(q) + \phi_L d \geqslant 0 \tag{7.12}$$

式（7.12）的解为

$$q_L = \min[q^*, c^{-1}(\phi_L m)] \tag{7.13}$$

$$d_L = \min\left[\frac{c(q^*)}{\phi_L}, m\right] \tag{7.14}$$

如果L型买方的货币持有足够大，那么L型匹配的交易是有效的，即$q_L = q^*$。相反如果货币持有的价值低于生产q^*的成本——其中单位货币的价值为ϕ_L，那么L型买方无法购买到有效产出量，即$q_L < q^*$。在这两种情况下，买方占有匹配的全部剩余。

现在考虑给定L型买方报价（q_L，d_L）下H型买方作出的报价(q_H,d_H)。买方报价(q_H,d_H)将是均衡的一部分，如果L型买方没有用(q_H,d_H)代替(q_L,d_L)的严格偏好的话。因此（q_H，d_H）为下面的问题的解

$$U_H^b = \max_{q,d\leqslant m}[u(q) - \phi_H d] \tag{7.15}$$

$$s.t. \ -c(q) + \phi_H d \geqslant 0$$

$$\text{且 } u(q) - \phi_L d \leqslant U_L^b = u(q_L) - c(q_L) \tag{7.16}$$

由式（7.15），买方最大化其预期剩余，并服从卖方的参与约束——卖方对于其面对一个H型买方有正确的信念——和激励相容条件（7.16），即L型买方不能通过用（q_H，d_H）代替（q_L，d_L）使其境况变得更好。注意该解是满足直观准则的，因为H型买方无法作出任何既能提高其报酬又不会提高L型买方报酬的可接受报价。与均衡报价一致的信念系统使得卖方能将所有违反式（7.16）的报价都归于L型买方，并将其他所有非均衡报价都归于H型买方（见图7-4）。注意直观准则将从所有分离均衡中选择帕累托有效均衡。

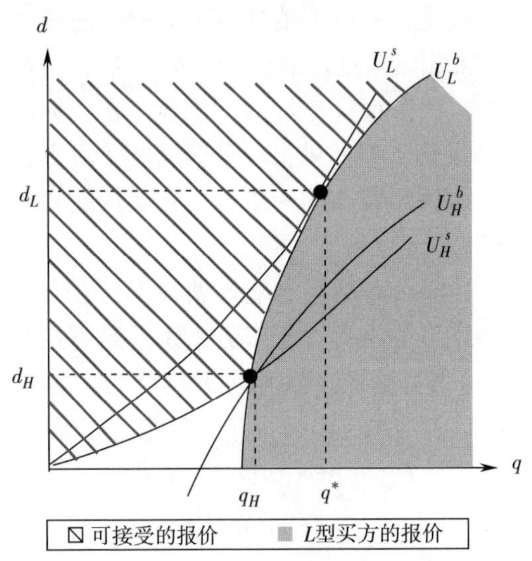

图7-4 分离报价

式（7.15）~（7.16）的解都是约束为紧的。要明白这点，首先考虑激励相容条件（7.16）。假如该条件是非紧的，那么式（7.15）~（7.16）的解

(q_H, d_H) 是由问题（7.15）给出的完全信息报价，而且

$$u(q_H) - \phi_L d_H = u(q_H) - c(q_H) + (\phi_H - \phi_L) d_H > U_L^b$$

其中我们用到了 $c(q_H) = \phi_H d_H$。这个不等式遵循如下观察，即对于给定的 m，状态 H 下的完全信息产出为 $\min\{q^*, c^{-1}(\phi_H m)\}$，所以 H 型买方的完全信息报酬要高于 L 型买方。总之，上述条件表明，通过效仿 H 型买方的报价（q_H，d_H），相对于（q_L，d_L）而言，L 型买方能使境况更好。这与均衡是不兼容的，所以约束（7.16）必须为紧。

现在考虑式（7.15）给出的参与约束 $-c(q) + \phi_H d \geqslant 0$。假如该约束不为紧。那么问题（7.15）～（7.16）就变成

$$U_H^b = \max_{d \leqslant m} (\phi_L - \phi_H) d + U_L^b = U_L^b$$

该问题的解为 $d_H = 0$ 和 $U_H^b = U_L^b > 0$，这意味着 $q_H > 0$。但是这个解违背了卖方的参与约束，这意味着卖方的参与约束必须为紧。

总的来说，问题（7.15）～（7.16）的解满足

$$u(q_H) - \frac{\phi_L}{\phi_H} c(q_H) = u(q_L) - c(q_L) \tag{7.17}$$

$$d_H = \frac{u(q_H) - U_L^b}{\phi_L} \tag{7.18}$$

利用严格相等下的式（7.15）和（7.16），我们发现 H 型买方的报酬为

$$U_H^b = u(q_H) - \phi_H d = U_L^b - (\phi_H - \phi_L) d \tag{7.19}$$

用式（7.18）代替 d，式（7.19）可重写为

$$U_H^b = \frac{\phi_H}{\phi_L} U_L^b - \left(\frac{\phi_H - \phi_L}{\phi_L}\right) u(q_H)$$

它是随 q_H 而下降的。因此，问题（7.15）～（7.16）的解 (q_H, d_H) 是与求解公式（7.17）的最低 q_H 值相一致的。但是，注意式（7.17）在区间（0，q_L）内确定了唯一的 q_H。要明白这一点，注意当 $q_H = 0$ 时，左边要小于右边；当 $q_H = q_L$ 时则相反。而且，对于所有 $q_H \leqslant q^*$，左边随 q_H 而递增。所以式（7.17）有唯一解 $q_H \in (0, q_L)$。给定 q_H，d_H 由式（7.18）决定。该解最值得关注的特征在于 $q_H < q_L$，这意味着 $c(q_H) = \phi_H d_H < c(q_L) \phi_L d_L$，从而 $d_H < d_L \leqslant m$。H 状态下更低的货币流通速度是 H 型买方将其与 L 型买方分离出来的后果。

如果我们采纳函数形式 $c(q) = q$ 及 $u(q) = 2\sqrt{q}$，我们可以获得 DM 中交易量表达式的封闭解。由式（7.13），有 $q_L = \min[1, \phi_L m]$，且（7.17）变为

$$\frac{\phi_L}{\phi_H} q_H - 2\sqrt{q_H} + 2\sqrt{q_L} - q_L = 0$$

求解该等式的 q_H 的最小值为

$$q_H = \left\{\frac{\phi_H}{\phi_L}\left(1 - \sqrt{1 - \frac{\phi_L}{\phi_H}(2\sqrt{q_L} - q_L)}\right)\right\}^2 \tag{7.20}$$

由该表达式显然有，H 状态下的交易量依赖于不同状态下货币价值的差异性 ϕ_H/ϕ_L 以及 L 状态下的交易量 q_L。注意，当 $\phi_H = \phi_L$ 时有 $q_H = q_L$。

图 7 -4 展示了约束条件 $d_L \leqslant m$ 不为紧时的买方报价。L 型买方的报价由知道其面对 L 型买方的卖方的等剩余曲线 $U_L^s \equiv \{(q,d): -c(q) + \phi_L d = 0\}$ 与 L 型买方的等剩余曲线 U_L^b 的切点给出。为了满足卖方的参与约束 $c(q_H) - \phi_H d_H = 0$ 和取等号时的条件（7.16），H 型买方必须在曲线 U_L^b 的左边（包括曲线）和曲线 U_H^s 的上方（包括曲线）的区域内报价。在图 7 -4 中，该区域被标识为“可接受报价”。该区域中的效用最大化报价由曲线 U_L^b 和曲线 U_H^s 的交点给出。

7.3 不对称信息下的均衡

第 t 期 DM 上的交易条件是买方私人信号及其在第 $t-1$ 期 CM 上积累的货币余额的函数。利用式（7.2），在第 $t-1$ 期 CM 上买方的货币持有选择为

$$\max_{m\geqslant 0}\left\{-\phi_{t-1}m + \beta\sigma\left\{\alpha\left[u(q_L) + \frac{\phi_{t-1}}{\bar{\gamma}}(m - d_L)\right]\right.\right.$$
$$\left.\left. + (1-\alpha)\left[u(q_H) + \frac{\phi_{t-1}}{\underline{\gamma}}(m - d_H)\right]\right\}\right\}$$

由于 $(\phi_{t-1}/\bar{\gamma})d_L = c(q_L)$ 、$(\phi_{t-1}/\underline{\gamma})d_H = c(q_H)$ 和 $\phi_t^e = \alpha(\phi_{t-1}/\bar{\gamma}) + (1-\alpha)(\phi_{t-1}/\underline{\gamma})$，该问题变为

$$\max_{m\geqslant 0}\{-\phi_{t-1}m + \beta\sigma\{\alpha[u(q_L) - c(q_L)] + (1-\alpha)[u(q_H) - c(q_H)]\} + \beta\phi_t^e m\} \tag{7.21}$$

其中 q_L 和 q_H 求解

$$q_L = \min\left[q^*, c^{-1}\left(\frac{\phi_{t-1}m}{\bar{\gamma}}\right)\right]$$

和

$$u(q_H) - \frac{\bar{\gamma}}{\underline{\gamma}}c(q_H) = u(q_L) - c(q_L) \tag{7.22}$$

其中式（7.22）与式（7.17）完全相同，因为

$$\frac{\phi_L}{\phi_H} = \frac{\phi_{t-1}/\bar{\gamma}}{\phi_{t-1}/\underline{\gamma}} = \frac{\underline{\gamma}}{\bar{\gamma}}$$

根据式（7.21），买方在第 $t-1$ 期 CM 上积累 $\phi_{t-1}m$ 单位实际余额。以概率 α，t 时的货币价值较低且买方消费 q_L，而在概率 $1-\alpha$ 下 t 时的货币价值较高且买方消费 q_H。在这两种情况下，买方获得第 t 期 DM 上的全部匹配剩余。最后，买方能在进入第 t 期 CM 时以预期价格 $\phi_t^e = [\alpha/\bar{\gamma} + (1-\alpha)/\underline{\gamma}]\phi_{t-1}$ 再次出售其剩下的所有货币。

通过组合 m 项再除以 β，可将（7.21）重整为

$$\max_{m\geqslant 0}\{-\hat{i}\phi_{t-1}m + \sigma\{\alpha[u(q_L)-c(q_L)] + (1-\alpha)[u(q_H)-c(q_H)]\}\} \tag{7.23}$$

式中，$\hat{i} \equiv \beta^{-1} - [(1-\alpha)/\underline{\gamma} + \alpha/\bar{\gamma}]$。买方选择其货币持有以最大化其在 DM 上的减去实际余额持有成本后的预期剩余。实际余额持有成本 $\hat{i}$ 为总时间偏好率和货币预期总回报率之间的差额，L 状态下的剩余为 $S_L = u(q_L) - c(q_L)$，而 H 状态下的剩余为 $S_H = u(q_H) - c(q_H)$。

S_L 和 S_H 都是 L 状态下 DM 产出的递增函数，而且当 $q_L < q^*$ 时是严格递增的。这可通过将买方在低状态和高状态下的剩余对 q_L 求导看出

$$\frac{\mathrm{d}S_L}{\mathrm{d}q_L} \equiv S'_L = u'(q_L) - c'(q_L) \geqslant 0 \tag{7.24}$$

$$\begin{aligned}\frac{\mathrm{d}S_H}{\mathrm{d}q_H} \equiv S'_H &= [u'(q_H) - c'(q_H)]\frac{\mathrm{d}q_H}{\mathrm{d}q_L} \\ &= \left[\frac{u'(q_H) - c'(q_H)}{u'(q_H) - \frac{\underline{\gamma}}{\bar{\gamma}}c'(q_H)}\right][u'(q_L) - c'(q_L)] \geqslant 0\end{aligned} \tag{7.25}$$

其中由式（7.22），我们用到

$$\frac{\mathrm{d}q_H}{\mathrm{d}q_L} = \left[u'(q_H) - \frac{\underline{\gamma}}{\bar{\gamma}}c'(q_H)\right]^{-1}[u'(q_L) - c'(q_L)] \geqslant 0 \tag{7.26}$$

在低状态下额外单位产出的价值 S'_L 仅为边际匹配剩余 $u'(q_L) - c'(q_L)$，其得到式（7.24）。L 状态下额外单位产出放松了激励相容约束（7.16），后者允许买方将其消费提高 H 状态下式（7.26）给出的数量。由于买方获得全部匹配剩余，DM 上每个额外单位消费都将其消费提高 $u'(q_H) - c'(q_H)$，这得到了式（7.25）。

由于 H 状态和 L 状态下的剩余都是 q_L 的增函数，且由于买方绝不会持有多于在 L 状态下购买 q_L 所要求的货币，因为持有货币是有成本的且 $q_H < q_L$，我们可将买方问题（7.23）重新表示为 q_L 的一种选择。给定买方选择 $\phi_{t-1}m =$

$\bar{\gamma}c(q_L)$，买方的选择可以重新表示为

$$\max_{q_L \in [0,q^*]} \{-\hat{i}\bar{\gamma}c(q_L) + \sigma\{\alpha[u(q_L) - c(q_L)] + (1-\alpha)[u(q_H) - c(q_H)]\}\} \tag{7.27}$$

由式（7.24）和（7.25），边际剩余函数 $\mathrm{d}S'_L/\mathrm{d}q_L$ 和 $\mathrm{d}S'_H/\mathrm{d}q_H$ 对于所有 q_H，$q_L \in [0,q^*]$ 都随 q_L 和 q_H 而递减。由于 q_H 随 q_L 递增，我们可以得出在问题（7.27）中的买方目标函数对于 q_L 是凹的。L 状态下买方产出选择的一阶（充分必要）条件为

$$\hat{i} = \sigma\left\{(1-\alpha)\left[\frac{u'(q_H) - c'(q_H)}{\bar{\gamma}u'(q_H) - \gamma c'(q_H)}\right] + \frac{\alpha}{\bar{\gamma}}\right\}\left(\frac{u'(q_L)}{c'(q_L)} - 1\right) \tag{7.28}$$

式（7.28）左边的货币持有成本必须等于其在 DM 上持有货币的边际收益，即式（7.28）的右边。当 q_L 从 0 向 q^* 变化时，式（7.28）的右边从 $+\infty$ 变为 0。所以存在求解式（7.28）的唯一 q_L。市场出清要求 $m = M$，从而第 $t-1$ 期的货币价值由 $c(q_L) = (\phi_{t-1}/\bar{\gamma})M_t$ 唯一决定，即 $\phi_{t-1} = \bar{\gamma}c(q_L)/M_t$。

最后，注意式（7.24）和式（7.25）意味着有

$$\frac{\mathrm{d}S_H}{\mathrm{d}q_H} = \left[\frac{u'(q_H) - c'(q_H)}{u'(q_H) - \frac{\gamma}{\bar{\gamma}}c'(q_H)}\right]\frac{\mathrm{d}S_L}{\mathrm{d}q_L} \tag{7.29}$$

由于在 q_L 与 $\phi_{t-1}m$ 之间存在一一对应关系，即 $q_L = c^{-1}[(\phi_{t-1}/\bar{\gamma})m]$，可将 S'_H 和 S'_L 分别解释为 H 状态和 L 状态下实际余额的流动性价值。所以，由于式（7.29）右边方括号内的项小于 1，H 状态下额外单位实际余额的流动性价值要小于 L 状态下，即 $S'_H \leqslant S'_L$（且当 $q_L < q^*$ 时取严格不等号）。那么不同寻常的是，当货币市场价值高或等价地通货膨胀低时，其流动性价值要更低。

7.4 通胀与产出抉择

现在我们讨论不对称信息下均衡的一些基本属性。模型对通货膨胀、产出和货币流通速度间的相关性作出了某些预测。首先，模型预测产出和通货膨胀之间存在正相关关系。如 $\gamma_t = \bar{\gamma}$，那么 $q_t = q_L \leqslant q^*$；如 $\gamma_t = \underline{\gamma}$，那么 $q_t = q_H < q_L$。因此，模型产生了一条向上倾斜的菲利普斯曲线以及通货膨胀和产出间明显的相互替代关系。

其次，模型预测货币流通速度和通货膨胀间存在正相关关系。如 $\gamma_t = \underline{\gamma}$，那么 $d_t = d_H < M_t$；如 $\gamma_t = \bar{\gamma}$，那么 $d_t = d_L = M_t$。在高通货膨胀状态下，买方将花

掉其持有的所有货币，但在低通货膨胀状态下只花掉其一部分。图 7 - 5 表明了这些相关性，其中我们将 DM 上的交易量和货币转移表示为通货膨胀率的函数。

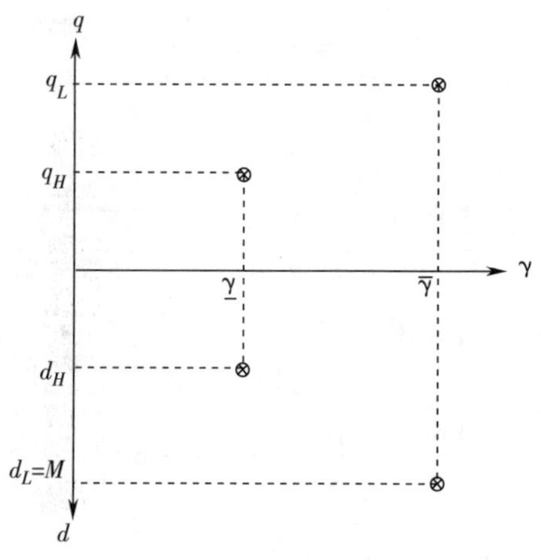

图 7 - 5 产出、流通速度和通货膨胀

短期菲利普斯曲线的产生是由于买方和卖方之间关于未来货币价值存在的信息不对称。当买方了解到通货膨胀率很低而不可兑现货币的价值很高时，他们通过保留一部分（有价值的）货币持有并减少其 DM 上消费而将这一信息显示给卖方。这是因为买方希望持有货币余额以使得卖方相信不可兑现货币有很高价值。如果通货膨胀率很高而不可兑现货币的价值很低，买方就没有必要显示其价值信号，从而会在 DM 上花掉其所有货币持有。

在我们的模型中，不对称信息机制的结构为货币的非中性和通货膨胀—产出抉择提供了一种新的解释。一个基于代理人对货币政策拥有不完全信息的相关解释认为，当通货膨胀很高时产出会增加，因为代理人无法摆脱名义和实际冲击。面临这种“信号提取问题”的代理人将其所生产商品的高名义价格归因于该商品实际价格的上升以及货币存量的增加。实际和名义部分之间准确的区分将依赖货币当局制造高通货膨胀的频率。因此，当通货膨胀较高时产出较高的原因是代理人错误地将其所生产商品价格的提高归因于实际因素而不是货币因素。相反，我们模型中产出和通货膨胀之间的正相关关系不是因为代理人作出了错误的判断，因为在均衡中买方和卖方都知道不可兑现货币的真实价值。

货币供应量变动具有实际效应的另一种解释是价格刚性的存在。如果基于某种原因，生产者设定名义价格且只能很少调节这些价格，那么货币供给的未预期增长可能导致对那些价格尚未调整商品的更高需求。在我们的模型中，货币政策的实际效应不是基于由于信息不对称而可能产生的任何名义刚性。要明白这点，假设卖方在 DM 的成本函数是线性的，$c(q) = q$。那么根据式（7.12）和式（7.15），第 t 期 DM 上的产出价格被定义为货币支付与交易产出的商，为

$$\frac{d_H}{q_H} = \frac{1}{\phi_H} = \frac{\underline{\gamma}}{\phi_{t-1}}$$

$$\frac{d_L}{q_L} = \frac{1}{\phi_L} = \frac{\bar{\gamma}}{\phi_{t-1}}$$

在高通货膨胀和低通货膨胀状态下，名义价格都与货币增长率成比例。

现在我们要问的是，货币当局是否可以通过经常实施高货币增长率来利用通货膨胀和产出间明显存在的相互替代关系。假设货币当局提升高货币状态的频率，即提高 α。均衡条件（7.28）可以简洁地重新表述为 $\Gamma(\alpha,q_L) = 0$，其中

$$\Gamma(\alpha,q_L) = \beta^{-1} - \left(\frac{1-\alpha}{\underline{\gamma}} + \frac{\alpha}{\bar{\gamma}}\right) - \sigma\left\{(1-\alpha)\left[\frac{u'(q_H) - c'(q_H)}{\bar{\gamma}u'(q_H) - \underline{\gamma}c'(q_H)}\right] + \frac{\alpha}{\bar{\gamma}}\right\}\left(\frac{u'(q_L)}{c'(q_L)} - 1\right)$$

且由式（7.17），q_H 是 q_L 的增函数。通过对均衡条件求全微分，我们得到 $\mathrm{d}q_L/\mathrm{d}\alpha = -\Gamma_\alpha/\Gamma_{qL}$，其中 Γ_α 和 Γ_{qL} 分别是 Γ 对 α 和 q_L 的偏微分。由 Γ 随 q_H 和 q_L 递增的事实，易知 $\Gamma_{qL} > 0$。对 $\Gamma(\alpha,q_L)$ 关于 α 求微分，我们得到

$$\Gamma_\alpha = \frac{1}{\underline{\gamma}} - \frac{1}{\bar{\gamma}} + \sigma\left[\frac{u'(q_H) - c'(q_H)}{\bar{\gamma}u'(q_H) - \underline{\gamma}c'(q_H)} - \frac{1}{\bar{\gamma}}\right]\left(\frac{u'(q_L)}{c'(q_L)} - 1\right)$$

考虑 $\hat{i}$ 趋近 0 以至于 q_L 趋近于 q^* 的情况，参见式（7.28）。这意味着低状态下的流动性溢价 $[u'(q_L)/c'(q_L) - 1]$ 趋近于 0，从而 $\Gamma_\alpha \approx (1/\underline{\gamma}) - (1/\bar{\gamma}) > 0$。因此，当 $\hat{i}$ 趋近 0 时，α 的上升在所有状态下都降低了货币的价值和产出。如果政策制定者试图以更系统的方式利用通货膨胀和产出之间的相互替代关系，那么代理人将改变其关于不同状态发生的预期；反过来，这将不利于不同状态下货币的价值和产出。

然而，提升高通货膨胀状态的频率对总产量的整体效应是模糊的，这是由于与高产出水平联系在一起的高通货膨胀状态是经常发生的。要明白这点，假设 $\underline{\gamma} = \beta < \bar{\gamma}$ 且 $\alpha \approx 0$。于是有 $\hat{i} = \beta^{-1} - [(1-\alpha)/\underline{\gamma} + (a/\bar{\gamma})] \approx 0$ 和 $q_H < q_L = q^*$。由式（7.17），有

$$\left.\frac{\mathrm{d}_{q_H}}{\mathrm{d}_\alpha}\right|_{\alpha\approx 0^+} = \frac{\mathrm{d}_{q_L}[u'(q_L) - c'(q_L)]/\mathrm{d}_\alpha}{u'(q_H) - \underline{\gamma}c'(q_H)/\bar{\gamma}} = 0$$

α 的变动通过 L 状态下的买方剩余间接影响 q_H。由于 $q_L = q^*$，α 的变动对 L

状态下的买方剩余从而对 H 状态下的交易量只有二阶效应。令 $\Upsilon=\sigma[\alpha q_L+(1-\alpha)q_H]$。那么有

$$\left.\frac{\mathrm{d}\Upsilon}{\mathrm{d}\alpha}\right|_{\alpha\approx 0^+}=\sigma(q_L-q_H)>0$$

如果货币回报率趋近于时间偏好率，而且高货币增长率很少发生，那么提升高货币增长率的频率可导致更高的总产出。

这种相互替代的存在也对在此处通过 DM 上预期剩余测度的社会福利 $\mathcal{W}=\sigma\{\alpha[u(q_L)-c(q_L)]+(1-\alpha)[u(q_H)-c(q_H)]\}$ 具有影响。使用与上述相同的逻辑看，有

$$\left.\frac{d\mathcal{W}}{d\alpha}\right|_{\alpha\approx 0^+}=\sigma\{[u(q_L)-c(q_L)]-[u(q_H)-c(q_H)]\}>0$$

通过提升高货币增长率状态的频率，政策制定者可以提高福利。当 $\gamma=\underline{\gamma}=\beta$ 和 $\alpha\approx 0$ 时，价格（平均意义上）将随时间而下降。在此情况下，买方并不希望花掉其全部现金（在 H 状态下）而是更偏好于等到接下来的 CM 上以实现货币的价值。这一描述与下面普遍持有的观点是有一点联系的，即因为当代理人在预期货币价值将随时间而增长时会贮藏其货币余额，通货紧缩会损害社会，而被预期的轻微通胀将增加产出和福利，因为代理人会更快地花掉其持有的货币。这一观点难以在我们的对称信息环境下被考虑，但在信息不对称时它是很自然的。

值得强调的是，配置和产出水平在 $\alpha=0$ 处并不是连续的。如果 α 刚好等于 0，那么货币增长率将是确定的，而且货币价值也不存在不确定性。在 DM 上不存在信息不对称，那么买方就不需要向卖方传递货币价值的信号。在这种情况下，如果 $\underline{\gamma}=\beta$，那么 $q_H=q^*$。相反，如果政策制定者有机会选择高货币增长率，那么无论 α 有多小，这种可能性都会影响低货币增长率状态下的交易量。政策制定者可能实行高货币增长率的仅有可能性，即使这是非常罕见的情况，都会对低通货膨胀状态下的交易量产生非趋零的负外部性。模型的这一特征是由直观准则所选择的分离均衡导致的，其中低通货膨胀状态下的交易条件由激励相容条件（7.16）所决定。如果均衡选择的直观准则被抛弃，那么非连续性就不会再在混合（完美贝叶斯）均衡中存在。但在这种情况下，通货膨胀和产出之间就会不存在相关关系。

目前为止得到的关于货币政策对总产出和福利效应的分析结果在 α 取值较小时是有效的。现在我们使用一个简单的数值例子来考察当 α 不趋近于 0 的情况。我们使用函数形式 $c(q)=q$ 和 $u(q)=2\sqrt{q}$，并设 $\sigma=1$ 且 $\beta=0.9$。我们假设 $\underline{\gamma}=\beta$，并为高通货膨胀状态取三个可能的值，$\bar{\gamma}\in\{1.1,1.5,2\}$。在图 7－6

中，我们将总产出和福利——由 DM 上的预期匹配剩余测度——表示为 α（高货币增长率状态发生的频率）的函数。只要两种状态下货币增长率的差异不是特别大，模型就能预测在通货膨胀和产出之间存在一个可利用的替代关系。而且，提高货币当局实施高货币增长率的频率能提高社会福利。

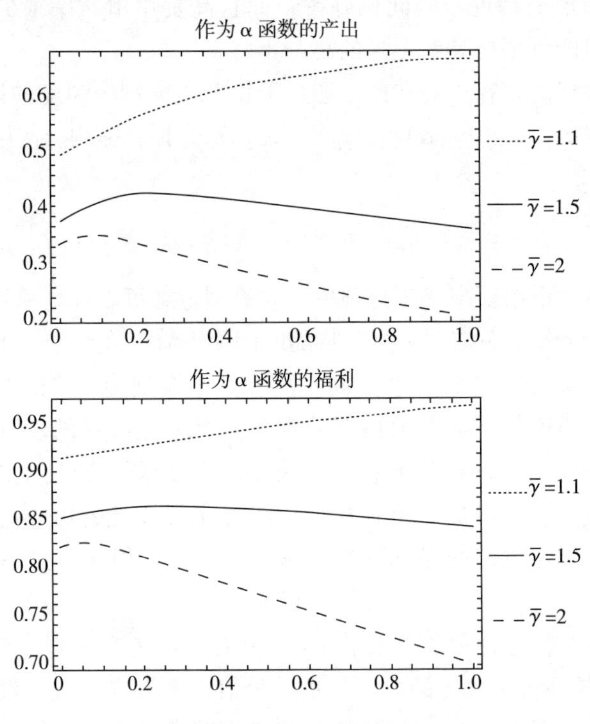

图 7-6 通货膨胀和产出之间替代关系

在该可用替代关系背后的隐含逻辑是：在低货币增长率的状态下，买方为了向卖方显示高货币价值的信号而贮藏货币余额。结果，DM 上的产出水平非常低，这对社会来说也是代价高昂的。相反，在高货币增长率状态下，由于买方不贮藏任何现金，产出要高于低货币增长率状态下。如果我们假设货币价值是固定的，那么通过更经常地实行高货币增长率状态，货币当局能降低与信号显示相关的社会成本。我们将此称为与提高 α 相关的（正）产出合成效应。当然，如果货币当局更频繁地实行高货币增长率状态，货币价值就不会保持固定；它将会下降。结果，在高或者低货币增长状态下，被购买的产量都会下降。我们将此称为与提高 α 相关的通货膨胀税效应。如果产出合成效应超过了通货膨胀税效应，那么增加高通货膨胀状态的频率就会实际上提高产量和福利。

我们的数值例子表明，如果货币增长率之间的差异不是特别大，那么对于所有 $\alpha \neq 0$，产出合成效应都会超过通货膨胀税效应。当货币增长率之间的差异并不特别大时，例如在我们的数值例子中 $\bar{\gamma}=1.1$，如果货币当局不能确定实行 $\gamma=\underline{\gamma}$，那么实际上以概率 1 选择高货币增长率是最优的。然而，如果货币增长率间的差异不太小，例如在我们的数值例子中 $\bar{\gamma}=1.5$ 或 $\bar{\gamma}=2$，那么产出和福利在 α 上都是非单调的。这意味着当货币当局增加高货币增长率状态的频率时，在某种情况下通货膨胀税效应会超过产出合成效应，这意味着产出和福利将下降。对于这些情况，存在实行高货币增长率状态的一个最优频率，且其小于 1。

迄今为止，政策采取的形式是选择 α，并让 $\underline{\gamma}$ 和 $\bar{\gamma}$ 是既定的。现在让我们考察政策制定者也能选择 $\underline{\gamma}$ 和 $\bar{\gamma}$ 时的最优货币政策。可能会奇怪的是，通货膨胀和产出之间的替代关系是否证明偏离弗里德曼规则是合理的。我们在第 6 章中看到，货币供给以常数比率增长的环境下的最优货币政策使得持有实际余额的成本为 0。在我们的模型中，弗里德曼规则将要求 $\beta^{-1}=(1-\alpha)/\underline{\gamma}+(\alpha/\bar{\gamma})$。由于在弗里德曼规则下，不可兑现货币的预期回报率必须等于总时间偏好率，在 $\alpha\in(0,1)$ 且 $\underline{\gamma}\neq\bar{\gamma}$ 时，我们有

$$\underline{\gamma}<\beta<\bar{\gamma}$$

因此，在低通货膨胀状态下，不可兑现货币的事后回报率要大于时间偏好率，但在高通货膨胀状态下要更小。由式（7.28），当持有实际余额的预期成本 i 趋近于 0 时，高通货膨胀状态下的交易量趋近于最优水平 q^*。而且由式（7.17），低通货膨胀状态下的交易量 q_H 是下式的解

$$u(q_H)-\frac{\underline{\gamma}}{\bar{\gamma}}c(q_H)=u(q^*)-c(q^*) \tag{7.30}$$

由于 $\underline{\gamma}/\bar{\gamma}<1$，式（7.30）的最小解有 $q_H<q^*$。所以使通货的预期回报率等于时间偏好率并不足以实现有效配置。买方和卖方之间的信息不对称导致在弗里德曼规则下低通货膨胀状态时的交易量无效率地低下。这种无效率是无法被移除的，除非货币当局消除货币供给的波动，即

$$\underline{\gamma}=\beta=\bar{\gamma} \tag{7.31}$$

显然，如果式（7.31）成立，那么由式（7.30）有 $q_H=q^*$。因此，以名义利率作为目标是不足以确保有效配置的可实施性的；最优政策应该坚持以货币供给增长率为目标。这是这两种政策——以名义利率为目标与以货币增长率为目标——之间的差异确实有关系的一个实例。

7.5 其他信息结构

到目前为止，我们都假设买方收到关于货币供给增长率从而收到货币未来

价值的信息信号，而卖方却没有。这一假设与代理人有更大激励或机会去获知其所持资产未来价值的观点是一致的。同样貌似合理的是，卖方收到关于货币政策的先验信息。

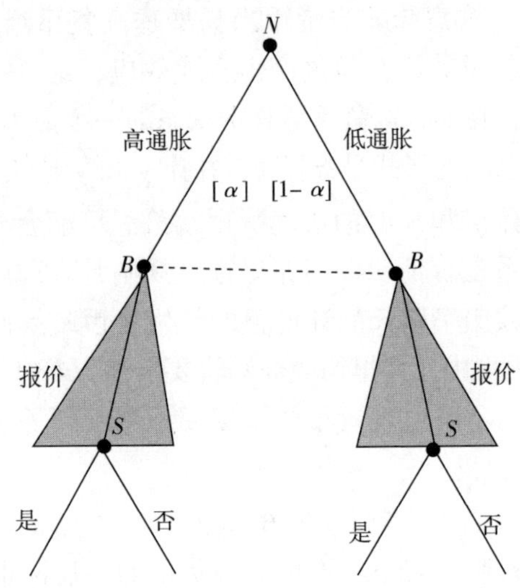

图 7-7 买方没有信息时的议价博弈

为了明白信息结构对通货膨胀和产出之间关系的影响，我们现在将假设卖方拥有关于货币政策的信息，而买方没有。图 7-7 所描述的发生在 DM 上的议价博弈具有甄别博弈的结构。买方没有关于货币政策信息的假设由图 7-7 中的虚线给出，它代表了一个信息集。

买方报价是由一个包含多个交易条件的菜单组成的。由于卖方能收到两种可能的信号，所以我们只需要考虑包含两项的菜单，$\{(q_H,d_H),(q_L,d_L)\}$，其中 (q_H, d_H) 为低通货膨胀状态下为卖方准备的交易条件——当不可兑现货币价值很高时——而 (q_L,d_L) 为高通货膨胀状态下为卖方准备的交易条件。持有 m 单位货币的买方提出满足下式的菜单 $\{(q_H,d_H),(q_L,d_L)\}$

$$\max_{q_H,q_L,d_H,d_L}\{(1-\alpha)[u(q_H)-\phi_H d_H]+\alpha[u(q_L)-\phi_L d_L]\} \tag{7.32}$$

$$s.t.\ \ d_L \leqslant m, d_H \leqslant m$$

以及

$$-c(q_H)+\phi_H d_H \geqslant 0 \tag{7.33}$$

$$-c(q_L)+\phi_L d_L \geqslant 0 \tag{7.34}$$

$$-c(q_H)+\phi_H d_H \geqslant -c(q_L)+\phi_H d_L \tag{7.35}$$

$$-c(q_L)+\phi_L d_L \geqslant -c(q_H)+\phi_L d_H \tag{7.36}$$

根据式（7.32）～（7.36），买方在个体理性和激励相容约束下最大化其预期剩余。条件（7.33）和（7.34）分别为低通货膨胀和高通货膨胀状态下卖方的个体理性约束，而条件（7.35）和（7.36）为激励相容约束。根据式（7.35），知道货币增长率将在当期很低的卖方更偏好于配置（q_H，d_H）而不是为高通货膨胀型卖方准备的交易条件。不等式（7.36）有着类似的解释。

在附录中，我们将证明式（7.32）～（7.36）的解使个体理性约束（7.34）和激励相容约束（7.35）为紧

$$-c(q_L)+\phi_L d_L=0 \tag{7.37}$$

$$-c(q_H)+\phi_H d_H=-c(q_L)+\phi_H d_L>0 \tag{7.38}$$

由式（7.37），在高通货膨胀状态下，买方没有给卖方留下剩余。相反，由式（7.38），在低通货膨胀状态下，卖方能够获取正的剩余或信息租金，它等于

$$-c(q_H)+\phi_H d_H=-c(q_L)+\phi_L d_L+(\phi_H-\phi_L)d_L=(\phi_H-\phi_L)d_L \tag{7.39}$$

直观地，低通货膨胀状态（H 状态）下卖方是有激励歪曲其私人信息的，因为当货币价值很低时，对于相同的货币转移，他就不需要生产那么多了。H 状态下卖方的这一撒谎激励解释了为什么其激励相容约束是紧的。由于当通货膨胀事实上很高（L 状态）时，卖方没有激励声称通货膨胀很低（H 状态），买方就有能力在高通货膨胀状态下获取所有匹配剩余。这就是为什么在 L 状态下卖方的个体理性约束是紧的。

可验证（参见附录），有 $d_L\leqslant d_H$ 以及 $q_L\leqslant q_H$，而且 $d_L=d_H, q_H=q_L$ 或者 $d_L<d_H, q_H>q_L$。所以，当配置是分离的时，产出和流通速度都与通货膨胀率负相关。因此，买方和卖方间信息不对称的特征对于通货膨胀和产出之间相关性的信号是至关重要的。一方面，如果买方具有信息，那么通货膨胀和产出之间就存在正相关关系。该相互替代关系的出现是因为买方通过保留其部分货币持有显示了货币价值很高的信号。另一方面，如果卖方具有信息，那么通货膨胀和产出之间是负相关关系。在这种情况下，买方通过在高通货膨胀状态下花费少量的货币来减少其获取卖方信息的成本，这减少了卖方的租金。

考虑持有实际余额的成本为 0（$i=1$）的政策。对于该政策，买方问题式（7.32）～（7.36）将被极大地简化。首先，买方将积累足够的实际余额以使其在所有状态下都不受约束，这意味着约束条件 $d_L\leqslant m$ 和 $d_H\leqslant m$ 可被忽略。其次，由于卖方在低通货膨胀状态下获得等于 $(\phi_H-\phi_L)d_L$ 的信息租金，买方的目标函数式（7.32）借助于式（7.39）可被写为

$$(1-\alpha)[u(q_H)-c(q_H)-(\phi_H-\phi_L)d_L]+\alpha[u(q_L)-\phi_L d_L]$$

最后，由于卖方在高通货膨胀状态下没有获得任何剩余，式（7.37），买方的目标函数可进一步重写为

$$(1-\alpha)\left[u(q_H)-c(q_H)-\frac{(\phi_H-\phi_L)}{\phi_L}c(q_L)\right]+\alpha[u(q_L)-c(q_L)] \quad (7.40)$$

那么买方的问题就是简单地选择 q_H 和 q_L 以最大化式（7.40）。该问题关于 q_H 和 q_L 的一阶条件分别为 $u'(q_H)=c'(q_H)$ 或 $q_H=q^*$ 和

$$\frac{u'(q_L)}{c'(q_L)}=1+\left(\frac{1-\alpha}{\alpha}\right)\left(\frac{\bar{\gamma}}{\underline{\gamma}}-1\right) \quad (7.41)$$

当实行弗里德曼规则时，只要 $\underline{\gamma}<\bar{\gamma}$，低通货膨胀状态下的交易量就是社会有效的，而高通货膨胀状态下的交易量则是无效率的和低水平的。正如前文所述，当买方和卖方获取信息不对称时，使持有实际余额的预期成本等于 0 的政策不足以获得有效配置。为了实现有效配置，货币增长率必须也是常数，$\bar{\gamma}=\underline{\gamma}$。

7.6 进一步阅读

Lucas（1972，1973）引入了不完全信息模型来解释未预期货币冲击是如何影响产出的。Lucas（1972）采用了迭代模型，其中年轻生产者不均匀地分布在各市场上，而且货币供给是随机的。生产者能观察到其所在市场的价格，但是他们不知道平均价格水平。因此，受其所观察到的价格的约束，生产者将必须从名义扰动中辨别出实际数据。Wallace（1992）提出了带有总体冲击的一个易于处理的模型版本。Benassy（1999）提出了该模型的解析解。Wallace（1997）在一个随机匹配模型中考虑了货币供给的未预期变化，并表明短期效应绝大多数是实际上的，而长期效应则大多是名义上的。Faig 和 Li（2009）将 Lucas 的信号获取问题引入 Lagos – Wright 模型，并估计了预期且不稳定通货膨胀的福利损失。

Araujo 和 Camargo（2006）考虑了一个搜索理论模型，其中不可分不可兑现货币的价值信息是不完全的而且学习是分散的。Araujo 和 Shevshenko（2006）考虑了代理人拥有关于货币价值的不完全信息并从私人经验中进行学习的经济。

带黏性价格的模型包括 Taylor（1980）、Rotemberg（1982）以及 Calvo（1983）。Benabou（1988）和 Diamond（1993）在没有货币的搜索理论模型中引入了菜单成本，并且表明通货膨胀可以促进福利的提高。Craig 和 Rocheteau（2008）开发了 Lagos – Wright 模型带菜单成本的连续时间版本。最优货币政策对应的是通货紧缩。Aruoba 和 Schorfheide（2011）也将名义刚性引入可分货币

的搜索模型。

Head，Liu，Menzio 和 Wright（2012）在新货币主义模型中引入了价格分散和不频繁的价格调整——且价格是非常灵活的，并像 Burdett 和 Judd（1983）的价格分散模型中假设的那样认为消费者可以通过异质信息获知消息。Rocheteau，Weill 和 Wong（2015b）考虑的环境与本书中的环境相同，即买家受制于约束 $y \leq \bar{y}$。当这种约束为紧时，均衡就是货币持有量的非退化分布。在一次性注资后，价格的增加不会像货币供应增加那么多并且即使价格完全灵活且没有市场细分，产量也会上升。

在可分货币的搜索模型背景下，Williamson（2006）假设代理人仅能很少参与货币注入发生的竞争性市场。最后，Sanches 和 Williamson（2010）在 Lagos - Wright 模型背景下，引入了关于卖方货币价值的信息不对称。

附录

有信息的卖方和无信息的买方

考虑一位持有 m 单位货币的买方和一位卖方之间的匹配。买方不拥有关于未来货币价值的信息，但他知道货币价值在概率 α 下为 ϕ_L，而在概率 $1-\alpha$ 下为 ϕ_H。卖方拥有关于货币价值的信息。

买方提出菜单 $\{(q_H,d_H),(q_L,d_L)\}$，其中 (q_H,d_H) 为高状态下为卖方准备的交易条件，而 (q_L,d_L) 为低状态下为卖方准备的交易条件。买方承诺这些交易条件。买方的问题为

$$\max_{q_H,q_L,d_H,d_L} \{\alpha[u(q_L)-\phi_L d_L]+(1-\alpha)[u(q_H)-\phi_H d_H]\} \tag{7.42}$$

条件是可行约束 $d_H \in [0,m], d_L \in [0,m]$，并遵循下列激励约束

$$-c(q_L)+\phi_L d_L \geqslant 0 \tag{7.43}$$

$$-c(q_H)+\phi_H d_H \geqslant 0 \tag{7.44}$$

$$-c(q_L)+\phi_L d_L \geqslant -c(q_H)+\phi_L d_H \tag{7.45}$$

$$-c(q_H)+\phi_H d_H \geqslant -c(q_L)+\phi_H d_L \tag{7.46}$$

条件（7.43）和（7.44）分别为低和高状态下卖方的个体理性约束。条件（7.45）和（7.46）为激励相容约束。

我们现在确定对于任何最优菜单，式（7.43）和式（7.46）都是紧的

$$-c(q_L)+\phi_L d_L = 0 \tag{7.47}$$

$$-c(q_H)+\phi_H d_H = -c(q_L)+\phi_L d_L = (\phi_H-\phi_L)d_L \tag{7.48}$$

首先，式（7.44）和式（7.46）不可能都在严格不等式下成立，因为如果这样的话，买方就能通过增加 q_H 和保持（q_L，d_H，d_L）不变来提高其预期剩余，而不必违反式（7.43）~（7.46）。基于同样的逻辑，式（7.43）和式（7.45）同样不可能都在严格不等式下成立。其次，式（7.46）必须是紧的。要清楚这一点，假设反命题：式（7.46）在严格不等式下成立。那么式（7.46）和式（7.43）意味着

$$-c(q_H)+\phi_H d_H > -c(q_L)+\phi_H d_L \geqslant 0$$

这组不等式意味着，只要式（7.46）在严格不等式下成立，式（7.44）就会出现同样的情况。这与我们的第一点是相矛盾的。所以，式（7.46）必须是紧的。最后，式（7.43）为紧的与式（7.43）在严格不等式下成立是自相矛盾的。那么，基于上面的逻辑，式（7.45）必须为紧。由式（7.46）和式（7.45），在等号时有

$$\phi_L(d_H-d_L)=c(q_H)-c(q_L)=\phi_H(d_H-d_L)$$

这意味着买方提出的菜单是合成的，$d_H=d_L$ 且 $q_L=q_H$。但这样式（7.43）就不能放松，否则卖方就能通过降低 q_L 和 q_H 来增加其预期报酬，而不必违反式（7.43）~（7.46）。同样自相矛盾。

上面的推理表明，在低状态下买方没有留下任何剩余给卖方，而在高状态下卖方能获取等于 $(\phi_H-\phi_L)d_L$ 的信息租金。而且，低状态下的卖方转让的货币要少于高状态下的卖方，$d_L\leqslant d_H$。要清楚这一点，将式（7.45）和（7.46）重新整理为

$$\phi_L(d_H-d_L)\leqslant c(q_H)-c(q_L)\leqslant\phi_H(d_H-d_L) \tag{7.49}$$

这同样意味着 $q_L\leqslant q_H$。

我们将利用前面的见解将买方问题缩减为在约束（7.47）和（7.48）下实现式（7.42）的最大化。由式（7.48）即有式（7.44）成立。而且由式（7.47）~（7.48），只要 $d_L\leqslant d_H$，式（7.45）就成立，这正如我们上面所证明的，确实如此。

买方的最大化问题可被分解为两步。首先，将 d_L 看作既定，买方在 H 状态下选择交易条件，约束条件是卖方必须获得相当于 $(\phi_H-\phi_L)d_L$ 的剩余。买方在 H 状态下的剩余满足

$$\mathcal{S}_H^b(d_L)=\max_{(q_H,d_H)}[u(q_H)-\phi_H d_H] \tag{7.50}$$

$$s.t.\ -c(q_H)+\phi_H d_H=(\phi_H-\phi_L)d_L \tag{7.51}$$

$$\text{且 } d_H\in[0,m] \tag{7.52}$$

再将式（7.51）中的 $\phi_H d_H$ 代入式（7.50），买方在高状态下的剩余变为

$$\mathcal{S}_H^b(d_L) = \max_{q_H}[u(q_H) - c(q_H)] - (\phi_H - \phi_L)d_L$$
$$s.t.\ \ c(q_H) + (\phi_H - \phi_L)d_L \in [0, \phi_H m]$$

如$c(q^*)+(\phi_H-\phi_L)d_L \leqslant \phi_H m$，那么$q_H = q^*$且$\phi_H d_H = c(q^*)+(\phi_H-\phi_L)d_L$。如果买方持有足够货币余额，他将通过生产$q^*$来补偿卖方，并将向其提供信息租金以确保他会选择为$H$状态准备的交易规则。如$c(q^*)+(\phi_H-\phi_L)d_L > \phi_H m$，那么可行条件$d_H \leqslant m$为紧，且$q_H = c^{-1}(\phi_H m-(\phi_H-\phi_L)d_L)$。结果

$$\mathcal{S}_H^b(d_L) = u(q^*) - c(q^*) - (\phi_H - \phi_L)d_L \quad 如\ c(q^*) + (\phi_H - \phi_L)d_L \leqslant \phi_H m \tag{7.53}$$

$$= u \circ c^{-1}[\phi_H m - (\phi_H - \phi_L)d_L] - \phi_H m \quad 其他 \tag{7.54}$$

由式（7.53）和式（7.54）立知$\mathcal{S}_H^b$是d_L的减函数，且是可微的

$$\mathcal{S}_H^{b'}(d_L) = -(\phi_H - \phi_L) \quad 如\ c(q^*) + (\phi_H - \phi_L)d_L \leqslant \phi_H m$$
$$= -\frac{u'(q_H)}{c'(q_H)}(\phi_H - \phi_L) \quad 其他$$

而且，由于q_H是d_L的减函数，易知$\mathcal{S}_H^b(d_L)$是d_L的凹函数。

第二步，买方在L状态下选择交易条件以最大化其预期剩余。买方的预期剩余为

$$\mathcal{S}^b = \max_{q_L, d_L}\{(1-\alpha)\mathcal{S}_H^b(d_L) + \alpha[u(q_L) - \phi_L d_L]\} \tag{7.55}$$

$$s.t.\ \ -c(q_L) + \phi_L d_L = 0 \tag{7.56}$$

$$和\ d_L \in [0, m] \tag{7.57}$$

根据式（7.55），买方要考虑到H状态下的剩余是通过激励相容条件依赖于L状态下的货币转移的。将式（7.56）中的$\phi_L d_L$代入式（7.55），该问题可重写为

$$\mathcal{S}^b = \max_{q_L}\left\{(1-\alpha)\mathcal{S}_H^b\left(\frac{c(q_L)}{\phi_L}\right) + \alpha[u(q_L) - c(q_L)]\right\}$$
$$s.t.\ \ c(q_L) \in [0, \phi_L m]$$

如约束$c(q_L) \leqslant \phi_L m$不为紧，那么$q_L$的选择由下面的一阶条件给出

$$-(1-\alpha)\frac{u'(q_H)}{c'(q_H)}\left(\frac{\phi_H - \phi_L}{\phi_L}\right)c'(q_L) + \alpha[u'(q_L) - c'(q_L)] = 0 \tag{7.58}$$

我们区分了三种情况。

1. $d_H \leqslant m$和$d_L \leqslant m$都是非紧的。由式（7.53）有$q_H = q^*$，且由式（7.58），q_L为下式的解

$$\frac{u'(q_L)}{c'(q_L)} = 1 + \left(\frac{1-\alpha}{\alpha}\right)\left(\frac{\phi_H - \phi_L}{\phi_L}\right) \tag{7.59}$$

令 $\tilde{q}_L < q^*$ 表示式（7.59）的解。由式（7.56）有 $d_L = c(\tilde{q}_L)/\phi_L$，且由式（7.51）有 $d_H = d_L + [c(q^*) - c(\tilde{q}_L)]/\phi_H$。条件 $d_H \leqslant m$ 与 $m \geqslant c(\tilde{q}_L)/\phi_L + [c(q^*) - c(\tilde{q}_L)]/\phi_H$ 是等价的。

2. $d_H \leqslant m$ 为紧但 $d_L \leqslant m$ 是非紧的。由式（7.54），$q_H = c^{-1}\{\phi_H m - [(\phi_H - \phi_L)/\phi_L]c(q_L)\}$。由式（7.58），$q_L$ 为下式的解

$$\frac{u'(q_L)}{c'(q_L)} = 1 + \left(\frac{1-\alpha}{\alpha}\right)\frac{u'(q_H)}{c'(q_H)}\left(\frac{\phi_H - \phi_L}{\phi_L}\right) \tag{7.60}$$

当 q_L 从0增长 q^* 时，式（7.60）的左边从∞下降到1，而式（7.60）的右边是随 q_L 而递增的（因为 q_H 随 q_L 而递增）且当 $q_L = 0$ 时大于1。这使得存在唯一的 $q_L = \hat{q}_L \in [0, q^*]$ 能求解式（7.60）。条件 $d_L \leqslant m$ 等价于 $c(q_L) \leqslant \phi_L m$，后者可被重整为 $q_L \leqslant q_H$。可知 q_L 和 q_H 是随 m 递增的。而且由式（7.60），$[u'(q_L)/c'(q_L)]/[u'(q_H)/c'(q_H)]$ 也是随 m 递增的。所以，存在 m 的一个阈值，当低于该值时 $d_L \leqslant m$ 为紧。该阈值由式（7.60）定义，其中 $q_L = q_H = q = c^{-1}(\phi_L m)$，$\frac{u'(q_H)}{c'(q_H)}\left(\frac{\phi_L - (1-\alpha)\phi_H}{\alpha\phi_L}\right) = 1$。

该阈值在 $\phi_L > (1-\alpha)\phi_H$ 时存在。

3. $d_H \leqslant m$ 和 $d_L \leqslant m$ 都是紧的。由式（7.54），$q_H = c^{-1}\{\phi_H m - [(\phi_H - \phi_L)/\phi_L]c(q_L)\}$ 且由式（7.56）有 $q_L = c^{-1}(\phi_L m)$。这得到 $q_H = q_L = c^{-1}(\phi_L m)$。

现在我们已决定了双边匹配中的交易条件，这样就能解决买方在第 t 期 CM 上的货币持有选择问题。在这种情况下，有 $\phi_H = \phi_t/\underline{\gamma}$ 和 $\phi_L = \phi_t/\bar{\gamma}$。买方问题为

$$\max_{m \geqslant 0}\left\{-\hat{i}\phi_t m + \sigma(1-\alpha)\left[u(q_H) - c(q_H) - \left(\frac{\bar{\gamma} - \underline{\gamma}}{\underline{\gamma}}\right)c(q_L)\right]\right\} + \sigma\alpha[u(q_L) - c(q_L)] \tag{7.61}$$

式中，$\hat{i} = \beta^{-1} - [(\alpha/\bar{\gamma}) + (1-\alpha)/\underline{\gamma}]$。在式（7.61）中，我们用到了买方在 H 状态下剩余未整个匹配剩余减去卖方获得的信息租金 $(\phi_H - \phi_L)d_L$ 的事实，且 q_H 为下式的解

$$q_H = \begin{cases} q^* & \text{如 } \phi_t m \geqslant \underline{\gamma} c(q^*) + (\bar{\gamma} - \underline{\gamma})c(q_L) \\ c^{-1}\left(\frac{\phi_t m}{\underline{\gamma}} - \left(\frac{\bar{\gamma} - \underline{\gamma}}{\underline{\gamma}}\right)c(q_L)\right) & \text{否则} \end{cases}$$

而 q_L 为下式的解

$$q_L = \min\left[c^{-1}\left(\frac{\phi_t m}{\bar{\gamma}}\right), \hat{q}_L\right]$$

由于持有货币有成本，显然约束 $d_H \leqslant m$ 必须为紧，此时有 $q_H = c^{-1}\{\phi_t m/\underline{\gamma} - [(\bar{\gamma}-\underline{\gamma})/\underline{\gamma}]c(q_L)\}$。针对 $\phi_t m$ 的一阶条件为

$$\frac{\hat{i}}{\sigma} = \left(\frac{1-\alpha}{\underline{\gamma}}\right)\left[\frac{u'(q_H)}{c'(q_H)}-1\right] + \left\{\frac{\alpha}{\bar{\gamma}}\left[\frac{u'(q_L)}{c'(q_L)}-1\right] - \left(\frac{1-\alpha}{\bar{\gamma}}\right)\frac{u'(q_H)}{c'(q_H)}\left(\frac{\bar{\gamma}-\underline{\gamma}}{\underline{\gamma}}\right)\right\} \tag{7.62}$$

如约束 $d_L \leqslant m$ 不为紧，那么右边第二项为0 且 $q_L = \hat{q}_L$。当 i 趋近于0 时，q_H 趋近于 q^* 而 q_L 趋近于 $\tilde{q}_L < q^*$。

8 货币和信用

货币交易与信用交易最关键的区别在于货币交易是等价交换：商品和服务与通货的交换是同步的，而并不涉及未来债务。相反，信用交易是跨期的且涉及延迟交付。在现实中，一些交易是通过信贷安排进行的，而其他则是以货币交易为基础的。这两种不同支付方式的共存引发一些有意思的问题：那些使得货币交换至关重要的摩擦，例如缺乏承诺和记录维持，与信用的存在是兼容的吗？货币交易的存在是如何影响信用的使用和可用性的？另外，信用的可用性是如何影响货币的价值的？我们将在本章讨论这些问题。

模拟货币交易与信贷安排共存的一个直接方法就是引入交易匹配之间的异质性。例如，假设在一些市场中不存在记录维持技术，而在另一些市场中存在记录维持技术并且代理人身份的确认是无成本的。在前一种市场，代理人只能选择使用货币交易，而在后一种市场，则可以诉诸信用安排。我们考虑这样一种环境，在其中一些市场上存在一种迫使债务合约实施的无成本技术，而在另一些市场上则不存在。在这种经济中，我们实现了货币与信用的共存，但货币与信用两部门是相互分离的。信用交易的产出量独立于货币交易的产出量。另外，货币政策对信用的使用无影响。

由于这种二分是无成本强迫实施的人造结果，但我们可以通过使记录维持的使用有成本且为一个个体选择变量来打破这种状况。只有小部分买家受到监控，而剩下的买家要么没有受到监控，要么无法偿还债务。这种有限承诺的经济显示出三种均衡。对于低通货膨胀率，信用不具有激励可行性，所有交易仅以货币进行。对于中级通货膨胀率，货币和信用共存：受监管的买方以信用支付而不受监管的买方使用法定货币。此外，内生性债务的限制取决于货币政策：债务限额随通货膨胀的增加而增加。最后，对于高通货膨胀率，代理商停止使用货币，以至于所有交易均以信用方式进行。

或者，我们通过使用声誉的概念来获得承诺的概念。我们假设，一些分散的市场匹配只是昙花一现，只持续那么一个时期，而其他的则是长期存在的，并且在许多时期内富有成效。在短期匹配中使用信用不具有激励可行性，因为缺少承诺和记录维持，买方在履行偿还义务时总是会违约。相比之下，买方在较长期匹配中的行为受到出于声誉方面考虑因素的约束，这些因素会在违约后触发有价值的关系的解散。在这种环境下，我们看到信用的可行性取决于货币的价值和货币政策，以及交易摩擦的程度。

为了解释信用和货币交易之间的构成，我们认为记录维持成本高昂且是个体的一个选择变量。假设交易收益在分散市场的匹配中变化，货币和信用交易之间的混合是内生的，并且取决于货币政策。信用用于大额交易，货币用于较小的交易，且随着通货膨胀的增加，信用交易的比例也增加。同样，如果验证要求卖方进行事前投资，则可能出现多重均衡，其中不同的均衡以不同的支付组合为特征。在这种情况下，货币政策的短暂变化可能导致支付组合的永久性变化。因此，我们得出结论，支付系统的出现不仅取决于基本问题和政策，还取决于历史和社会习俗。

我们目前所考虑的借贷种类都是代理人借入商品并用商品偿还。也就是说，信用交易不涉及货币。我们考虑存在代理人可借贷货币的可贷资金市场的情况。这个市场在存在异质性冲击时是有用的，因为它使得流动资产可以从低流动性需求的代理人流向高流动性需求的代理人。

8.1 货币与信用间的两分法

在本部分，我们通过将白天市场分为上午（DM1）和下午（DM2）两个子期对第 3.1 部分所描述的可分货币模型进行了修改。上午和下午两个子期就代理人的偏好和专业化而言是相似的，即买方在两个子期都可消费但不能生产，而卖方可以生产但不能消费；并且就交易过程而言两者也是相似的，即买方和卖方都通过双边匹配进行交易。买方的瞬时效用函数为

$$U^b(q_1,q_2,x,h) = \upsilon(q_1) + u(q_2) + x - h$$

式中，q_1 是第一个子期的消费；q_2 是第二个子期的消费；x 是第三个子期通用商品的消费；h 是生产 h 单位通用商品的效用成本。效用函数 $\upsilon(q)$ 和 $u(q)$ 严格递增且是凹的，其中 $\upsilon(0) = u(0) = 0$、$\upsilon'(0) = u'(0) = +\infty$ 且 $\upsilon'(+\infty) = u'(+\infty) = 0$。不失一般性，我们假设两个子期间没有贴现。跨期的贴现因子为 β。

卖方效用函数为

$$U^s(q_1,q_2,x,h) = -\Psi(q_1) - c(q_2) + x - h$$

式中，$\Psi(q)$ 和 $c(q)$ 是严格递增且凸的，且 $\Psi(0) = c(0) = 0$、$\Psi'(0) =$

$c'(0)=0$ 且 $\Psi'(+\infty)=c'(+\infty)=+\infty$。我们用 q_1^* 表示 $\upsilon'(q)=\Psi'(q)$ 的解，用 q_2^* 表示 $u'(q)=c'(q)$ 的解。这些都是最大化最初两个子期匹配剩余的数量。图 8－1 描述了代表性期间的时间安排和偏好。

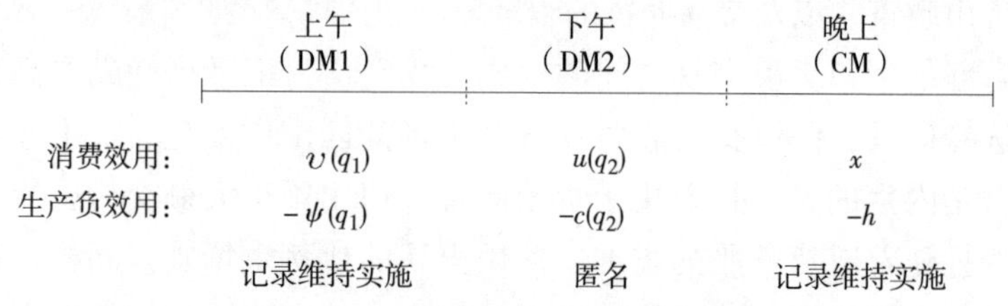

图 8－1　代表性期间的时间安排

上午市场 DM1 和下午市场 DM2 的特点都是存在搜索摩擦。买方在 DM1 与卖方相匹配的概率为 $\sigma_1\in[0,1]$，在 DM2 的相应概率为 $\sigma_2\in[0,1]$，其中买方—卖方在上午和下午的匹配是独立事件。DM1 与 DM2 在以下重要方面有所不同：在前者，存在记录维持技术且所有代理人的身份对于其他代理人都是已知的，然而在后者不存在记录维持技术且所有代理人都是匿名的。另外，在 DM1 签订的任何合同都在晚上被执行，因为违约的代理人将在 CM 遭受任意的巨额罚款。因此，买方能在 DM1 上通过利用在晚上被偿付的信用或是等价地通过发行借据获得产品。

我们假设所有借据在本质上都是一期的，即它们都在连续的竞争性晚上市场 CM 上被偿还。另外，在 DM1 发行的借据的真伪无法在 DM2 上被确认，因此它们不能在下午用作交换媒介（例如因为伪造借据可被零成本生产）。要记住，买方在 DM2 是匿名的，所以卖方不会接受用借据换取在该子期所生产的产出，因为买方会在晚上违约。由于在 DM2 上代理人的匿名性，货币在该环境下具有至关重要的作用。

我们假设货币存量以固定比率 $\gamma\equiv M_{t+1}/M_t$ 增长，并且是通过在 CM 上向买方的一次性转移来实现的。我们将重点放在静态均衡上，这时在不同子期实际余额和交易量都是不随时间变化的常量。前者意味着 $\phi_{t+1}/\phi_t=M_t/M_{t+1}=\gamma^{-1}$。

考虑在 CM 期初持有 $z=\phi_t m$ 单位实际余额并在前次 DM1 上发行 b 单位借据的一位买方，其中每个单位都标准化为价值 1 单位通用商品。该买方的价值函数 $W^b(z,-b)$ 为

$$W^b(z,-b)=\max_{x,h,z'}\{x-h+\beta V^b(z')\} \tag{8.1}$$

$$x+b+\gamma z'=z+h+T \tag{8.2}$$

式中，V^b 为买方在白天市场开始初时的价值。根据式（8.2），买方用其当前实

际余额 z、其劳动收入 h 以及来自政府的一次性转移（用通用商品表示）$T = \phi_t(M_{t+1} - M_t)$ 为其晚间消费 x、其借据偿付 b 及其下期实际余额 $\gamma z'$ 提供融资。回忆一下，实际余额的回报率为 $\phi_{t+1}/\phi_t = \gamma^{-1}$。因此，为在下一期持有 z' 单位实际余额，买方必须在当期获得 $\gamma z'$ 单位实际余额。将式（8.2）中的 $x - h$ 代入式（8.1），得到

$$W^b(z, -b) = z - b + T + \max_{z' \geqslant 0}\{-\gamma z' + \beta V^b(z')\} \tag{8.3}$$

如上，效用函数与买方当期资产组合是线性的，且买方的实际余额选择独立于其当期资产组合。

在 CM 初期持有 z 单位实际余额和 b 单位借据的卖方的价值函数用 $W^s(z,b)$ 表示。由于卖方没有在晚上积累实际余额的激励，该价值函数为

$$W^s(z,b) = z + b + \beta V^s \tag{8.4}$$

式中，V^s 是卖方在下一期开始时的价值函数。记住，卖方在 CM 上是不接受转移的。

现在考虑 DM2 上持有 z 单位实际余额的买方和卖方间的双边匹配。买方是匿名的且不能使用信用。因此他最多能向卖方转移 z 单位实际余额以交换下午的产出。我们假设买方提出要么接受要么拒绝的报价。因为实际余额以线性方式进入买方和卖方在晚上开始时的价值函数，买方向卖方提出的报价为下面这一简单问题的解

$$\max_{q_2, d_2}[u(q_2) - d_2]$$

$$s.t. \quad -c(q_2) - d_2 \geqslant 0$$

$$\text{且 } d_2 \leqslant z$$

其中，第一个不等式表示卖方的参与约束，而第二个不等式为可行性约束。该最大化问题的解为

$$q_2 = \min[q_2^*, c^{-1}(z)] \tag{8.5}$$

$$d_2 = c(q_2) \tag{8.6}$$

也就是说，如果买方有足够的实际余额就会购买产出的有效水平；否则的话他将花光其所有余额来购买产出。

在 DM2 初期持有 z 单位实际余额和 b 单位债务的买方的价值函数为

$$V_2^b(z, -b) = \sigma_2\{u[q_2(z)] - c[q_2(z)]\} + W^b(z, -b) \tag{8.7}$$

相似地，卖方的价值函数为 $V_2^s(z,b) = W^s(z,b)$。

我们现在转而考虑 DM1 上买方的议价问题。持有 z 单位实际余额的买方所提出的要么接受要么拒绝的报价满足

$$\max_{q_1, d_1, b_1}[\upsilon(q_1) + V_2^b(z - d_1, -b_1)]$$

$$s.t.\ -\Psi(q_1)+W^s(d_1,b_1)\geqslant W^s(0,0)$$
$$\text{且}\ d_1\leqslant z$$

利用 W^s 的线性性与取等号时的卖方参与约束 $d_1+b_1=\Psi(q_1)$，买方问题可简化为

$$\max_{d_1,b_1}[\upsilon\circ\Psi^{-1}(d_1+b_1)+V_2^b(z-d_1,-b_1)] \tag{8.8}$$

忽略约束 $d_1\leqslant z$，一阶条件为

$$\frac{\upsilon'(q_1)}{\Psi'(q_1)}-1\leqslant 0,\text{当}\ b_1>0\ \text{时取等号} \tag{8.9}$$

$$\frac{\upsilon'(q_1)}{\Psi'(q_1)}-\sigma_2\left\{\frac{u'(q_2)}{c'(q_2)}\right]-1\leqslant 0,\text{当}\ d_1>0\ \text{时取等号} \tag{8.10}$$

如果 $q_2<q_2^*$，那么立即有 $d_1=0$。如果买方受其在 DM2 上的实际余额约束，他就不会在 DM1 上花费，且只会通过信用进行交易。如果 $q_2=q_2^*$，那么只要买方在 DM2 保留足够的实际余额来购买 q_2^* 就无所谓是使用信用还是使用现金。所以，不失一般性，我们可以假设在 DM1 上买方只能使用信用进行交易。由式（8.9）立知 $q_1=q_1^*$。

我们现在可写出买方在一个时期期初的价值函数

$$V^b(z)=\sigma_1\{\upsilon(q_1^*)+V_2^b[z,-\Psi(q_1^*)]\}+(1-\sigma_1)V_2^b(z,0) \tag{8.11}$$

利用 V_2^b 针对其第二个参数的线性性，并将式（8.7）给出的 V_2^b（z，0）表达式代入式（8.11），我们得到

$$\begin{aligned}V^b(z)&=\sigma_1[\upsilon(q_1^*)-\Psi(q_1^*)]+V_2^b(z,0)\\&=\sigma_1\{\upsilon(q_1^*)-\Psi(q_1^*)\}+\sigma_2\{u[q_2(z)]-c[q_2(z)]\}+z+W^b(0,0)\end{aligned} \tag{8.12}$$

如果将式（8.12）中的 $V^b(z)$ 代入式（8.3），那么买方在 CM 的资产组合问题就可以被表示为

$$\max_{z\geqslant 0}\{-iz+\sigma_2\{u[q_2(z)]-c[q_2(z)]\}\} \tag{8.13}$$

式中，$i\equiv(\gamma-\beta)/\beta$。注意，买方的实际余额只影响其在 DM2 上的剩余。问题（8.13）的一阶（充分必要）条件为

$$\frac{u'(q_2)}{c'(q_2)}=1+\frac{i}{\sigma_2} \tag{8.14}$$

这个关于 DM2 上交易产出的表达式与我们在第 6.1 部分导出的等式（6.8）是相同的。

满足 $q_1=q_1^*$、$b_1=\Psi(q_1^*)$、式（8.6）、式（8.14）和 $\phi_t=c(q_2)/M_t$ 的一个均衡为列表 $(q_1,q_2,b_1,d_2,\{\phi_t\})$。该配置是二分的，即在 DM1 上的交易产出

q_1 是独立于 DM2 上的交易产出 q_2 以及货币价值 ϕ_t 的。另外，当通货膨胀增加时，q_1 不受影响且保持在有效水平，而 q_2 则下降；参见等式（8.14）。所以在 DM1 与 DM2 间并不存在相互影响。

这一模型另一个有价值的特点是，在 DM1 上有 σ_1 部分的买方发行债务，并同时持有数量为正的货币。信用是一种更好的支付手段，因为它没有机会成本。然而，信用只在代理人身份可知且债务合约可被执行时才能被用于交易。即使成本比信用更高，买方也会持有货币，因为这样他们就能在其匿名 DM2 上进行消费。

最后，当持有货币的成本 i 趋于 0 时，DM2 的交易量趋近其有效水平 q_2^*。当货币的持有成本刚好等于零时，持有实际余额就不存在相关成本，买方在 DM1 上是使用货币还是信用进行交易是没有差异的。

8.2 有限承诺下的货币和信用

我们现在假设，如第 2.4 部分所述，买家不能在 DM 中作出承诺。在这种情况下，只有在债务偿还是自我执行时，卖方才愿意向买方提供信用。显然，如果债务偿还要自我执行，则需要某种公共的记录维持设备。我们假设存在不完善的公共记录维持设备，并且设备只能记录 ω 部分的买家。记录维持设备在以下意义上是不完美的：如果被记录的买方在偿还债务时违约，则这笔违约将以概率 ρ 被计入公共记录，$\rho \in [0,1]$。参数 ρ 可以被认为是衡量金融系统的复杂性和可靠性的。如果 $\rho=0$，则该笔违约永远不会被记录，卖方也没有动机向买方提供信贷；如果 $\rho=1$，那么所有违约都是公开记录的。独立于 ρ 值，未被记录的 $1-\omega$ 部分的买家永远无法借入。我们假设买方的类型——被记录或未被记录——是公共信息。

对这种经济的另一种解释是，当买家的一小部分 ω 被视为是可信赖的，而 $1-\omega$ 部分被视为不可信赖时，所有买家都受到记录并且我们关注（非对称）均衡。受债务限制，只有值得信赖的买家才能获得信贷。不值得信赖的买家无法借入资金，因为卖家理性地预期他们会拖欠贷款。回想一下，在纯信用经济中，存在一个连续的此类均衡，其中 ω 在 [0, 1] 之间变化。

设 $W^b(z,-b)$ 是被记录买方的价值函数，该买方进入 CM 时持有来自先前 DM 的 z 单位实际余额和 b 单位债务欠款。债务欠款用 CM 商品衡量。CM 的价值函数由下式的解给出

$$W^b(z,-b)=z-b+T+\max_{Z'\geqslant 0}\{-\gamma z'+\beta V^b(z')\} \tag{8.15}$$

其中，V^b 是 DM 初始时被记录的买方的价值函数。式（8.15）的解释类似于式（8.3）。注意，价值函数 W^b 在总财富 $z-b$ 中是线性的，即

$$W^b(z,-b)=z-b+W(0,0)$$

我们所关注的均衡是，如果被记录的买方在其公共记录中出现违约，则永久性地将其排除在信用交易之外。这一结果与均衡行为一致。例如，假设卖方没有动机向过去违约的买方提供信贷，因为他们认为他将违约。由于买方不希望将来收到贷款，如果非均衡时他获得了信贷，他实际上会违约贷款。这种行为印证了卖家的信念。有违约记录的买方并不是（必然）处于自给自足状态：他可以用货币购买 DM 商品。

现在考虑一个因为没有被记录或不值得信任而无法获得信贷的买方的价值函数。无法获得 DM 信用的买方的 CM 价值函数 W^b 由下式的解给出

$$\widehat{W}^b(z)=z+T+\max_{z'\geqslant 0}[-\gamma z'+\beta\widehat{V}^b(z')] \tag{8.16}$$

其中，$\widehat{V}^b$ 是在 DM 中无法获得信贷的买方的价值函数。请注意，所有买家都会收到一次性转移支付 T，而与是否被记录无关（是值得信赖的）。若 $T<0$，如前几章所述，我们假设政府有一项执法技术以确保缴纳税款。

考虑卖家和持有 z 单位实际余额的买家之间的 DM 匹配。买方和卖方就合约 (q,b,d) 进行交易，其中 q 是卖方生产的产出，b 是卖方提供给买方的将在后续 CM 中偿还的无担保贷款，d 是从买方转移到卖方的实际余额。合约的条件由比例的议价确定，其中 $\theta\in[0,1]$ 代表买方在总剩余中的份额。合约由下式得出

$$\max_q \theta[u(q)-c(q)] \tag{8.17}$$

$$s.t.\ b+d=(1-\theta)u(q)+\theta c(q)\leqslant \bar{b}+z, b\leqslant \bar{b} \tag{8.18}$$

其中，$\bar{b}$ 是买方的内生债务限额。根据式（8.18），从买方到卖方的财富转移 $(1-\theta)u(q)+\theta c(q)$ 是卖方生产的产出的非线性函数。根据这种转移规则，选择 DM 的产出 q 以最大化买方的剩余，其等于总匹配剩余的 θ 部分。当 $(1-\theta)u(q^*)+\theta c(q^*)\leqslant \bar{b}+z$ 时，议价问题的解为 $q=q^*$，否则 $(1-\theta)u(q^*)+\theta c(q^*)=\bar{b}+z$。如果买方有足够的支付能力 $b+z$，则代理商交易 DM 产出的最优水平。如果买方的支付能力“不足”，则买方借入其信用额度并花费他所有的实际余额。如果买方未被记录或不值得信任，那么他就无法获得信贷，这意味着 $b=\bar{b}=0$。

在 DM 中获得信贷的买方的预期折扣效用 $V^b(z)$ 由下式给出

$$\begin{aligned} V^b(z) &= \sigma[u(q)+W^b(z-d,-b)]+(1-\sigma)W^b(z,0) \\ &= \sigma\theta[u(q)-c(q)]+W^b(z,0) \end{aligned} \tag{8.19}$$

交易条件 (q,b,d) 取决于买方的债务限额和通过解决议价问题的实际余额式（8.17）～（8.18）。根据式（8.19），买方以概率 σ 与卖方匹配，在这种情况下，买方使用 b 单位债务和 d 实际余额购买 q 单位产出。在概率 $1-\sigma$ 的情况下，买方没有 DM 的交易机会，因此，他进入 CM 而没有任何负债。式（8.19）的第二行使用 W^b 的线性，并且如果买方匹配——以概率 σ 发生的事件——则他享受总匹配剩余的 θ 分数部分。同样，无法获得信贷的买方的预期终身效用由下式给出

$$\hat{V}^b(z) = \sigma\theta[u(\tilde{q}) - c(\tilde{q})] + \hat{W}^b(z) \tag{8.20}$$

其中，DM 产出 $\tilde{q}$ 由议价问题的解式（8.17）～（8.18）决定，其中 $\bar{b}=0$。

买方对实际余额 z 的选择是通过将式（8.19）给出的 $V^b(z)$ 的表达式代入式（8.15）中来确定的，并由下式的解得到

$$\max_{z\geqslant 0}\{-iz + \sigma\theta[u(q) - c(q)]\} \tag{8.21}$$

其中，由式（8.17）～（8.18）知，q 解决了 DM 的议价问题。特别地，如果 $\bar{b}+z \geqslant (1-\theta)u(q^*) + \theta c(q^*)$，$q=q^*$；否则，$q$ 为 $(1-\theta)u(q)+\theta c(q)=\bar{b}+z$ 的解。问题（8.21）的一阶条件为

$$-i + \sigma\theta\left[\frac{u'(q) - c'(q)}{(1-\theta)u'(q) + \theta c'(q)}\right] \leqslant 0, \text{当 } z>0 \text{ 时等号成立} \tag{8.22}$$

式（8.22）左侧的第一项是持有额外单位实际余额的机会成本，第二项是持有 DM 中实际余额的预期边际收益。

无法获得信用的买方解决了与式（8.21）相同的问题——除了 z 和 q 分别用 $\tilde{z}$ 和 $\tilde{q}$ 代替——其中 $\tilde{q}$ 由 $\bar{b}=0$ 时议价问题式（8.17）～（8.18）的解给出。特别地，若 $\tilde{z} \geqslant (1-\theta)u(q^*)+\theta c(q^*)$，$\tilde{q}=q^*$；否则，$\tilde{q}$ 为 $(1-\theta)u(q)+\theta c(q)=\tilde{z}$ 的解。不值得信任的买家的问题可以重新写作

$$\max_{\tilde{q}\geqslant 0}\{[\sigma\theta - i(1-\theta)]u(\tilde{q}) - (i+\sigma)\theta c(\tilde{q})\} \tag{8.23}$$

在 $u'(0)=\infty$ 的假设下，$\tilde{q}>0$ 的充分必要条件为 $\sigma\theta > i(1-\theta)$。

我们现在转向确定债务上限。考虑一个以债务水平 b 进入 CM 的买方。如果买方没有偿还他的债务，那么他的违约将以概率 ρ 被记录。如果记录了他的违约，在这种情况下，买方将不再能够在未来的 DM 交易中获得信贷（尽管他总是可以用货币交易）。如果他的违约没有被记录，在这种情况下，买方能够在未来的 DM 交易中获得信贷。因此，买方将偿还其在 CM 中的债务 b，当

$$-b + W^b(z,0) \geqslant \rho\,\hat{W}^b(z) + (1-\rho)\,W^b(z,0) \tag{8.24}$$

式（8.24）的左侧是如果买方没有违约时的预期终生效用：他偿还了他的债务并以 z 单位实际余额和未来获得信贷的方式进入 CM。右侧是买方没有违约时的预期终生效用：他以概率 ρ 被发现，在这种情况下他变得不值得信任。在没有执法技术的情况下，如果买方违约，他的实际余额不会被没收。利用 W^b 和 $\widehat{W}^b$ 的线性，买方的信用约束式（8.24）可以简化为

$$b \leqslant \rho[W^b(0,0) - \widehat{W}^b(0)] \equiv \bar{b} \tag{8.25}$$

买方的债务 b 不能超过违约的预期成本。违约的预期成本等于记录违约的概率乘以获得信贷的买方的终身效用与无法获得信贷的买方的终身效用之间的差值。请注意，内生债务限额 $\bar{b}$ 与买方在进入 CM 时所持有的资产无关：这是准线性偏好的含义。使用式（8.15）和式（8.16）在 $z = b = 0$ 时的估计，债务限额式（8.25）可以重写为

$$\bar{b} = \rho\{[-\gamma z + \beta V^b(z)] - [-\gamma \tilde{z} + \beta \widehat{V}^b(\tilde{z})]\} \tag{8.26}$$

其中，z 代表有权获得信贷的买方的最佳实际余额，而 $\tilde{z}$ 是无法获得信贷的买方的最佳实际余额。对 V^b 使用式（8.15）和式（8.19），对 $\widehat{V}^b$ 使用式（8.16）和式（8.20），我们得到

$$\beta V^b(z) = \frac{\sigma\theta[u(q) - c(q)] - (\gamma - 1)z + T}{r}$$

$$\beta \widehat{V}^b(z) = \frac{\sigma\theta[u(\tilde{q}) - c(\tilde{q})] - (\gamma - 1)\tilde{z} + T}{r}$$

将这些表达式代入式（8.26）得到

$$r\bar{b} = \Gamma(\bar{b}) \tag{8.27}$$

其中，$\Gamma(\bar{b}) \equiv \rho\{-iz + \sigma\theta[u(q) - c(q)]\} - \rho\{-i\tilde{z} + \sigma\theta[u(\tilde{q}) - c(\tilde{q})]\}$

请注意，Γ 是债务限额 $\bar{b}$ 的函数，因为当买方获得信贷时，DM 中的产出 q 是 $z + \bar{b}$ 的函数（当买方无法获得信贷时，DM 中的输出 $\tilde{q}$ 仅为 $\tilde{z}$ 的函数）。债务限额 $\bar{b}$ 的确定如图 8-2 所示。射线 $r\bar{b}$ 是流回获得信用额度为 $\bar{b}$ 的买方的回报。如果未来 DM 交易的债务限额等于 $\bar{b}$，则曲线 $\Gamma(\bar{b})$ 表示与买方违约相关的流量成本。它等于记录违约的概率 ρ 乘以与无法获得信贷相关的损失。这个流量成本随着信用额度的增加而增加，因为 q 随 $\bar{b}$ 增加；这意味着 Γ 向上倾斜。请注意，$\Gamma(0) = 0$，这意味着总是存在没有无担保信用的均衡。如果买方预期他在未来无法获得信贷，即 $\bar{b} = 0$，那么，由于没有违约成本，如果买方获得信贷他将违约。卖方理解这种行为，其结果是卖方将不发放信贷。

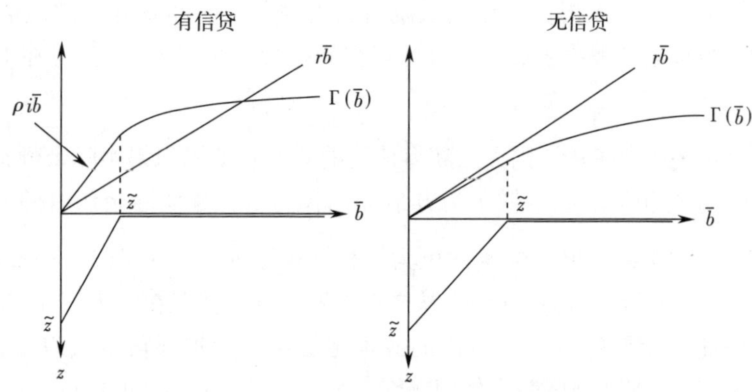

图8-2 内生信用限额

为了更详细地描述Γ,我们区分了两种情况。在第一种情况下,信用额度 $\bar{b}$ 小于无法获得信贷的买方的支付能力 $\tilde{z}$。当 $\bar{b} < \tilde{z}$ 时,获得信贷的买方选择与无信用额度的买方相同的支付能力,即 $\bar{b} + z = \tilde{z}$ 和 $q = \tilde{q}$。直观地说,当 $q = \tilde{q}$ 时,两种类型的买方在边际上面临相同的交易。因此,由于 $z = \tilde{z} - \bar{b}$,式(8.27)的右侧是 $\Gamma(\bar{b}) \equiv \rho i \bar{b}$。违约所产生的成本等于违约被记录的概率 ρ 乘以买方为替换信贷额度而积累的实际余额的数量 $\tilde{z} - z = \bar{b}$,其中持有1单位实际余额的成本等于 i。在图8-2的左侧和右侧区域中,$\Gamma(\bar{b})$ 对于所有 $\bar{b} < \tilde{z}$ 都是线性的。

在第二种情况下,债务限额 $\bar{b}$ 大于无法获得信贷的买方的支付能力 $\tilde{z}$。当 $\bar{b} > \tilde{z}$,$q > \tilde{q}$ 以及式(8.22)中我们知道的获得信贷的买家选择不累积任何实际余额,即 $z = 0$。在这种情况下,Γ 的导数是

$$\Gamma'(\bar{b}) \equiv \rho\sigma\theta\left[\frac{u'(q) - c'(q)}{(1-\theta)u'(q) + \theta c'(q)}\right] > 0 \tag{8.28}$$

因此,$\Gamma(\bar{b})$ 是所有 $\bar{b}$ 的严格凹函数,所以有 $\bar{b} > \tilde{z}$ 和 $\bar{b} < (1-\theta)c(q^*) + \theta c(q^*)$;$\Gamma(\bar{b})$ 是所有 $\bar{b} \geqslant (1-\theta)c(q^*) + \theta c(q^*)$ 的常数函数。

为了使无担保债务成为一种均衡,$\bar{b} = 0$ 时的 $\Gamma(\bar{b})$ 的斜率必须大于 r,见图8-2的左图。直观地说,在任意小的信用额度上违约的成本必须大于时间偏好率。这种情况所能发生的最优的情况是,无法获得信贷的买家认为累积实际余额是不值得的,即 $\tilde{z} = 0$,这种情况在 $i \geqslant \sigma\theta/(1-\theta)$ 时发生。从式(8.28)开始,我们得到 $\Gamma'(0) = \rho\sigma\theta/(1-\theta)$,因此,如果 $r < \rho\sigma\theta/(1-\theta)$,那么信用是可持续的。一旦偿还债务违约是自我执行的,买家就必须足够谨慎并且对未来

的惩罚足够关心。当无担保信用是激励可行的时候，时间偏好率的阈值随着在违约情况下被记录的概率 ρ 而增加，并且交易机会的频率为 σ，买方在 DM 中的市场力量为 θ。

如果 $i < \sigma\theta/(1-\theta)$，则无法获得信贷的买方有动机积累实际余额，即 $\tilde{z} > 0$。这使得与违约相关的成本低于买方最佳选择为不积累实际余额时的成本；因此，信用作为均衡结果出现的条件更为严格。由于 $\bar{b} < \tilde{z}$ 时 $\Gamma(\bar{b}) = \rho i \bar{b}$，条件 $r < \Gamma'(0)$ 可以重新表达为 $r < \rho i$。从图形上看，这种情况在图 8－2 的左侧区域中表示。因此，如果持有实际余额的成本足够高，无担保信贷可以维持均衡。如果 $r > \rho i$，则不存在激励兼容信用额度 $\bar{b} > 0$，参见图 8－2 的右侧区域。

最后，当 $i < \sigma\theta/(1-\theta)$ 且 $r = \rho i$ 时存在难以确定的形势。在这种情况下，$r\bar{b}$ 和 $\Gamma(\bar{b})$ 重合，这意味着存在连续的均衡债务限额 $\bar{b}$，$\bar{b} \in [0, \tilde{z}]$。

该模型提供了通货膨胀和货币政策影响均衡债务上限的一种方式。图 8－3 描述了可以获得信贷的买方的支付能力。如果 $i < r/\rho$，则无担保信用不具有激励可行性——如图 8－2 的右侧区域——并且所有买方类型选择相同的实际余额 $z = \tilde{z}$。此外，买方的支付能力 $z = \tilde{z}$ 随 i 减小。

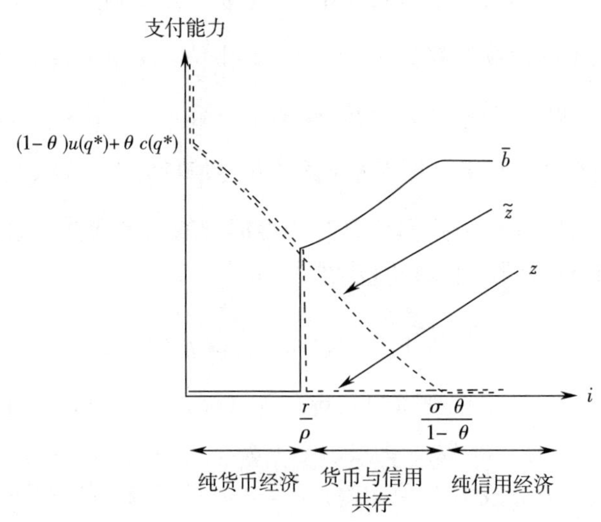

图 8－3　有限承诺下货币与信用共存

如图 8－3 所示，当 $0 \leqslant i < r/\rho$ 时，经济对应于纯粹的货币经济。如果 $i > r/\rho$，则无担保信贷变得具有激励可行性。随着 i 的增加，由于持有实际货币余额的成本增加，被排除在信贷之外的买家变得更糟。结果，随着名义利率 i 的增加，被排除在使用信贷之外的惩罚和债务限额 $\bar{b}$ 也会增加。该结果在图 8-3 中由标记为 $\bar{b}$ 的实心向上的倾斜线表示。对于所有 $i \in (r=\rho, \sigma\theta=(1-\theta))$，货币和信贷作为支付工具共存：一些买家只用货币支付，而其他买家只用信用支付。当 $i > \sigma\theta = (1-\theta)$ 时，持有货币的成本太高，以至于无法获得信贷的买方选择不持有任何货币并且自给自足。在图 8-3 中，虚线表示无法获得信贷的买方的货币持有量，它位于超过 $\sigma\theta = (1-\theta)$ 的名义利率横轴上。在这个区域，经济是纯粹的信用经济。

值得注意的是，如果 $i=r$——货币供应量是恒定的，并且 $\rho=1$——存在完美的记录，那么就存在债务限额 $\bar{b} \in [0, \tilde{z}]$ 下的连续均衡。这些均衡有相同的分配，并具有同等的回报。实际上，$\bar{b}$ 的任何变化都被实际余额 z 中相同幅度的变化所抵消，因此买方的支付能力不变。这符合我们之前的结论，即在完美记录下，货币不起重要作用。

8.3 有成本的记录维持

现在我们考虑货币和信用共存，且货币政策对货币和信用交易的构成有影响的环境。这个模型与第 5.1.3 部分的模型很相似，其中一个典型的期间包括一个非集中市场 DM 和一个竞争性晚上市场 CM，并且在 DM 上的交易盈余在不同双边匹配中各不相同。对于此环境，我们加入了一个有成本的记录维持技术。因此，信用交易是可行但有成本的。

买方的瞬时效用函数为

$$U^b = \varepsilon u(q) + x - h$$

式中，$\varepsilon \in \mathbb{R}_+$ 是匹配特定的偏好冲击。偏好冲击 ε 是从支持集为 $[0, \varepsilon_{\max}]$ 的累积分布 $F(\varepsilon)$ 中抽取而来的。在 DM 上被匹配的代理人可以选择以效用成本 $\zeta>0$ 记录信用交易。我们假设买方承担这一成本。该成本包括认证买方身份及其借据所需的资源。如果信用交易在 DM 上被记录，我们就假设其支付在晚上被执行。买方和卖方在 CM 期初的价值函数 $W^b(z, -b)$ 和 $W^s(z, b)$ 分别由等式 (8.3) 和 (8.4) 给出。

考虑在 DM 中具有匹配特定偏好冲击 ε 并持有 z 单位实际余额的买方与卖方之间的匹配。我们假设买方向卖方提出要么接受要么拒绝的报价。由于买方和卖方 CM 价值函数的线性性，交易条件 (q, b, d) 由下式的解给出

$$\max_{q,d,b}\left[\varepsilon u(q) - d - b - \zeta \mathbb{I}_{\{b>0\}}\right]$$
$$s.t. \quad -c(q) + d + b \geqslant 0$$

$$且\ d \leqslant z$$

其中，当 $b > 0$ 时，则 $\mathbb{I}_{\{b>0\}} = 1$，否则 $\mathbb{I}_{\{b>0\}} = 0$。买方选择其消费量 q、转移给卖方的实际余额量 d 和贷款规模 b。如果买方选择使用信用作为支付手段，他就必须承担记录维持产生的固定成本 ζ。如果买方承担固定成本，那么解为 $q = q_\varepsilon^*$ 且 $d + b = c(q_\varepsilon^*)$，其中 q_ε^* 为 $\varepsilon u'(q_\varepsilon^*) = c'(q_\varepsilon^*)$ 的解。不失一般性，我们假设在这种情况下，买方在交易中只能使用信用。如果买方不承担使用信用的固定成本，那么有 $q = q_\varepsilon(z) = \min\{q_\varepsilon^*, c^{-1}(z)\}$ 且 $d = c(q)$。换句话说，如果拥有足够的实际余额，那么买方就会因为其特定的偏好冲击而购买有效水平的产出；否则，他将花光其所有的实际余额。从而，买方在 DM 上的交易匹配剩余为

$$S^b(z,\varepsilon) = \max\{\varepsilon u(q_\varepsilon^*) - c(q_\varepsilon^*) - \zeta, \varepsilon u[q_\varepsilon(z)] - c[q_\varepsilon(z)]\} \quad (8.29)$$

在图 8－4 中，我们描绘了买方通过使用信用安排所获得的效用增益。灰色区域代表在买方只使用货币时激励可行的效用水平集［对卖方来说为 $u^s = -c(q) + d$，对买方来说为 $u^b = \varepsilon u(q) - d$］。虚线为买方使用信用时议价集的帕累托前沿，它排除了记录维持及实施相关的固定成本 ζ。此帕累托前沿是线性的，因为匹配剩余为最大值且等于 $\varepsilon u(q_\varepsilon^*) - c(q_\varepsilon^*)$。买方使用信用的收益可在横轴上看到：其为两条帕累托前沿的截距间的距离，其中一条是只使用货币，而另一条则为使用信用。

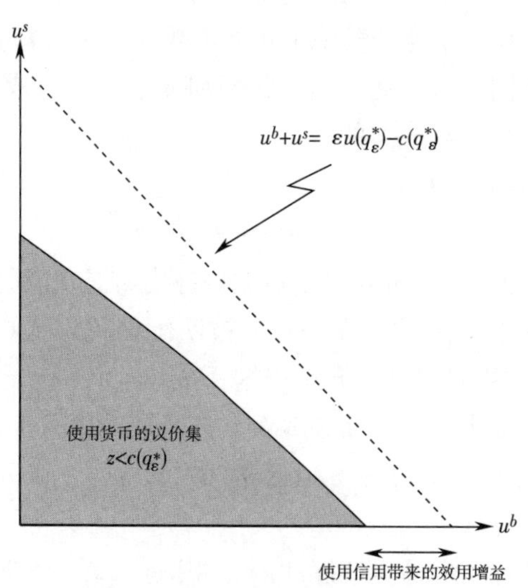

图 8－4 使用信用的效用增益

注意，$S^b(z,\varepsilon)$ 是随 ε 而递增的；也就是说，最大化问题（8.29）中的两项都随 ε 而递增。我们在图 8－5 中将这两项都表示为 ε 的函数。由包络参数，第

一项的斜率为 $u(q_\varepsilon^*)$；第二项的斜率为 $u[q_\varepsilon(z)]$。

用 $\bar{\varepsilon}$ 表示使得 $c(q_\varepsilon^*)=z$ 或等价地 $\bar{\varepsilon}u'[c^{-1}(z)]=c'[c^{-1}(z)]$ 的 ε 值，即 $\bar{\varepsilon}$ 为给定 z 的异质性偏好冲击的阈值，当低于该值时买方有充足的实际余额来购买DM产出的有效水平。对于所有的 $\varepsilon<\bar{\varepsilon}$，有 $u[q_\varepsilon(z)]=u(q_\varepsilon^*)$，这意味着在最大化问题（8.29）中两项的斜率是相等的。对于所有 $\varepsilon>\bar{\varepsilon}$，有 $u[q_\varepsilon(z)]<u(q_\varepsilon^*)$，且最大化问题（8.29）中第二项的斜率独立于 ε 且小于第一项的斜率。当 $\varepsilon=0$ 时，第一项等于 $-\zeta$，而第二项等于零。对于 $\varepsilon>\bar{\varepsilon}$ 足够大时，有

$$\{\varepsilon u(q_\varepsilon^*)-c(q_\varepsilon^*)-\zeta\}-\{\varepsilon u[q_\varepsilon(z)]-c[q_\varepsilon(z)]\}>0$$

因为对于较大的 ε，q_ε 相比于 q_ε^* 是微不足道的，从而不等式左边趋于无穷大。所以，存在一个阈值 $\varepsilon_c>\bar{\varepsilon}$，在该值之上时买方使用信用作为支付手段，即最大化问题（8.29）的第一项超过第二项，而在该值之下时他使用货币。该阈值为

$$\varepsilon_c u(q_{\varepsilon_c}^*)-c(q_{\varepsilon_c}^*)-\zeta=\varepsilon_c u[c^{-1}(z)]-z \tag{8.30}$$

从图形来看，最大化问题（8.29）的第一项从下往上与第二项相交于 $\varepsilon=\varepsilon_c$（见图 8－5）。

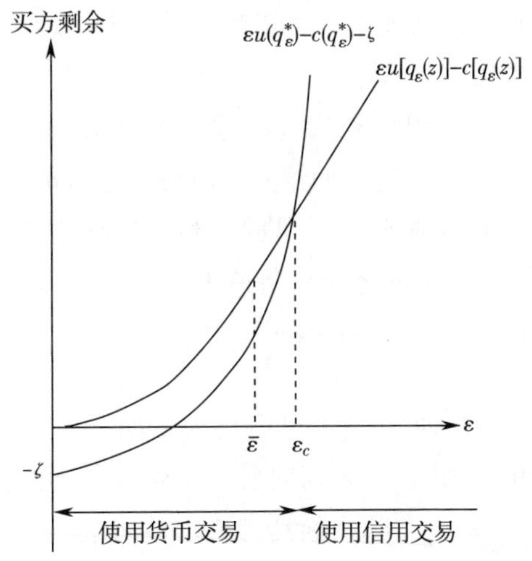

图 8－5 信用交易与货币交易的比较

需要（再次）强调的是，阈值 ε_c 的值是对于给定的实际余额水平 z 的。由式（8.30），ε_c 随 z 增加，即由于 $q_{\varepsilon_c}^*>c^{-1}(z)$ 有

$$\frac{\mathrm{d}\varepsilon_c}{\mathrm{d}z}=\frac{[\varepsilon_c u'(c^{-1}(z))c'(c^{-1}(z))]-1}{u(q_{\varepsilon_c}^*)-u(c^{-1}(z))}>0$$

如图 8－5 所示，随着 z 的增大，$\bar{\varepsilon}$ 也增大，且对于所有 $\varepsilon>\bar{\varepsilon}$，最大化问题

（8.29）的第二项向上移动。买方在所有不会交易有效数量的交易中持有更多的实际余额，以增加他们的剩余。所以，两项在一个更大的 ε 值处相交。随着买方持有更多的实际余额，使用信用的交易比例将减少：货币与信用是替代品。

利用 W^b 的线性性，买方期初的价值 $V^b(z)$ 为

$$V^b(z) = \sigma\int_0^{\varepsilon_{\max}} S^b(z,\varepsilon)\mathrm{d}F(\varepsilon) + W^b(z,0) \tag{8.31}$$

买方有 σ 的概率与卖方相遇，且他从分布 $F(\varepsilon)$ 抽取获得一个偏好冲击。买方享有式（8.29）给出的剩余 $S^b(z,\varepsilon)$，它取决于买方的实际余额和匹配特定的组合。

将式（8.31）给出的 $V^b(z)$ 代入（8.3），并简化得到

$$\max_{z\geqslant 0}\left[-iz + \sigma\int_0^{\varepsilon_{\max}} S^b(z,\varepsilon)\mathrm{d}F(\varepsilon)\right] \tag{8.32}$$

买方选择其实际余额以最大化其在 DM 上的期望剩余，该期望值与随机偏好冲击相关，并减去持有实际余额的成本。式（8.32）中的目标函数是连续的，并且对于所有的 $i>0$，式（8.32）的解必须在区间 $[0,c(q^*_{\varepsilon_{\max}})]$ 内。如果 $z>c(q^*_{\varepsilon_{\max}})$，那么在所有匹配中剩余都达到最大值，且独立于 z。但通过减少 z，买方可以减少其持有实际余额的成本而不影响到他在 DM 的预期剩余。由于连续函数在一个紧集内是最大化的，式（8.32）存在解。

均衡对应于求解式（8.30）和式（8.32）的（ε_c，z），且能被递归决定：z 的值独立地由式（8.32）所决定，而给定 z 值后，式（8.30）决定了唯一的 ε_c。

我们现在研究货币政策对不可兑现货币和信用作为支付手段的影响。与式（8.32）相联系的一阶（必要不充分）条件为

$$i = \sigma\int_{\underline{\varepsilon}(z)}^{\varepsilon_c(z)}\left\{\frac{\varepsilon u'[c^{-1}(z)]}{c'[c^{-1}(z)]} - 1\right\}\mathrm{d}F(\varepsilon) \tag{8.33}$$

由式（8.33），在偏好冲击的实现不是太低时——从而买方的预算约束为紧，以及在偏好冲击的实现不是太高时——从而买方使用信用是没有利润的，即当 $\bar{\varepsilon}(z) < \varepsilon < \varepsilon_c(z)$ 时，实际余额具有流动性回报。

假设通货膨胀从而持有货币的成本增加。这意味着式（8.33）的右边也必然增加。可以推测通货膨胀的增长降低了实际货币余额 z。为了检验这一推测，考虑导致名义利率 i 和 i' 且 $i<i'$ 的两种货币政策（记住，i 是指名义利率，因为它是由只能在 CM 交易的非流动名义债券所支付的利率）。令 z 和 z' 分别表示式（8.32）对 i 和 i' 时的解。由式（8.32）我们有

$$-iz + \sigma\int_0^{\varepsilon_{\max}} S^b(z,\varepsilon)\mathrm{d}F(\varepsilon) \geqslant -iz' + \sigma\int_0^{\varepsilon_{\max}} S^b(z',\varepsilon)\mathrm{d}F(\varepsilon) \tag{8.34}$$

$$-i'z' + \sigma\int_0^{\varepsilon_{\max}} S^b(z',\varepsilon)\mathrm{d}F(\varepsilon) \geqslant -i'z + \sigma\int_0^{\varepsilon_{\max}} S^b(z,\varepsilon)\mathrm{d}F(\varepsilon) \quad (8.35)$$

这两个不等式意味着

$$i(z-z') \leqslant \sigma\int_0^{\varepsilon_{\max}} [S^b(z,\varepsilon) - S^b(z'\varepsilon)]\mathrm{d}F(\varepsilon) \leqslant i'(z-z')$$

这反过来意味着 $z \geqslant z'$，因为按假设由上面的不等式有 $i < i'$ 且 $i(z-z') \leqslant i'(z-z')$。而且还可验证，当 $i < i'$ 时 $z = z'$ 是与式（8.33）不符的。故而 $z > z'$。通货膨胀的上升降低了买方的实际余额并增加了有成本的信用使用。随着持有实际余额的成本趋于零，由式（8.32）可立知实际余额趋于 $c(q^*_{\varepsilon_{\max}})$，且买方发现只用货币交易是有利可图的。

8.4 策略互补与支付

到目前为止，我们已经描述了买方向卖方提出报价并且选择将被用于双边匹配的支付手段的环境。但通常为了能接受信用，卖方必须在事前——在交易发生之前——投资于一种能验证买方借据的技术。买方将对卖方的投资决策形成合理的期望并选择代入匹配的支付手段数量。正如我们将看到的，这个决策由买方作出，而卖方为支付选择创造策略互补性和网络外部性。

存在网络外部性的模型与先前部分的模型类似，但是在以下几个方面有所改变。首先，为了简化，假设所有匹配都是相同的，即 $\varepsilon = 1$。其次，更显著的假设是卖方投资于记录维持技术并且该投资是在 DM 开始时匹配形成之前进行的。投资于该技术的效用成本为 $\zeta > 0$。价格机制必须从先前部分转变为允许卖方获得一部分匹配剩余；否则，卖方就不能弥补其事前的投资成本，从而就没有激励投资于记录维持技术。我们将采用第 3.2.3 部分所描述的比例议价解，其中买方获得固定比例 $\theta \in [0,1)$ 的匹配剩余，而卖方获得剩余的 $1-\theta$ 部分，$1-\theta > 0$。

我们首先描述在 DM 双边匹配中交易条件的决定，这取决于卖方是否投资于记录维持技术。首先考虑持有 z 单位实际余额的买方与投资于该技术的卖方之间的匹配。交易条件由下面问题的解给出

$$\max_{q,d,b}[u(q) - d - b] \quad (8.36)$$

$$s.t. \quad -c(q) + d + b = \frac{1-\theta}{\theta}[u(q) - d - b] \quad (8.37)$$

$$\text{且 } d \leqslant z \quad (8.38)$$

其中，我们利用了买方和卖方价值函数关于自身财富的线性性。根据问题

(8.36) ~ (8.38)，买方最大化其消费 DM 商品的效用减去实际余额 d 和借据 b 的转移，并受到如下约束：（1）卖方报酬等于 $(1-\theta)/\theta$ 乘以买方的报酬；(2) 买方转移的货币不能大于他所拥有的货币。鉴于 b 是不受约束的——买方在 DM 上可以想借多少就借多少——显然 $d \leqslant z$ 不会限制 q 的购买。当卖方投资于记录维持技术时，买方可以仅用信用为其所有白天购买提供融资。DM 上所生产的产出也将达到有效水平，$q = q^*$，且有 $d + b = (1-\theta)u(q^*) + \theta c(q^*)$，即卖方获得 $1-\theta$ 部分的匹配剩余。不失一般性，假设 $d = 0$，那么交易只会通过信用来进行。

下面考虑卖方没有投资于记录维持技术的情况。交易条件仍然取决于问题 (8.36) ~ (8.38)，但是增加了约束条件 $b = 0$。如果 $z \geqslant (1-\theta)u(q^*) + \theta c(q^*)$，那么买方就拥有足够的货币余额去购买有效水平的产出且 $q = q^*$；否则，DM 的产出水平 $q(z)$ 将满足

$$z = z(q) \equiv (1-\theta)u(q) + \theta c(q) \tag{8.39}$$

式中，$q(z) < q^*$。

我们现在转向卖方投资记录维持技术的决策。我们考虑所有买方都持有同样数量货币余额 z 的情况。那么如果满足以下条件，投资该技术将是卖方的最优选择

$$\sigma(1-\theta)[u(q(z)) - c(q(z))] \leqslant \sigma(1-\theta)[u(q^*) - c(q^*)] - \zeta \tag{8.40}$$

其中，我们用到了卖方在 CM 上价值函数的线性性。等式的左边是卖方在其不投资于记录维持技术时的期望报酬。在这种情况下，卖方只能接受买方的实际余额而不提供信用。右边是卖方在其投资记录维持技术从而接受借据时的期望报酬。由式（8.40）可知，投资于记录维持技术的流成本必须小于由接受信用代替货币所引起的期望剩余的增加。式（8.40）的左边随着 z 的增加而增加：如果 $z = 0$ 则它等于 0；如果 $z \geqslant (1-\theta)u(q^*) + \theta c(q^*)$，则它等于 $\sigma(1-\theta)[u(q^*) - c(q^*)]$。因此，如果 $\zeta < \sigma(1-\theta)[u(q^*) - c(q^*)]$，那么买方实际货币余额就存在一个阈值 $z_c > 0$，当低于该值时，卖方就会投资于记录维持技术。该阈值由下式的解给出

$$u[q(z_c)] - c[q(z_c)] = u(q^*) - c(q^*) - \frac{\zeta}{\sigma(1-\theta)} \tag{8.41}$$

令 Λ 表示投资于记录维持技术的卖方的测度。那么有

$$\Lambda \begin{cases} = 1 \\ \in [0,1] \\ = 0 \end{cases} \quad 如\ z \begin{Bmatrix} < \\ = \\ > \end{Bmatrix} z_c \tag{8.42}$$

卖方的反应函数如图 8－6 所示。它是一个随卖方实际余额而递减的阶梯函数。随着买方持有更多的货币，卖方越发没有激励投资于高成本的记录维持技术。

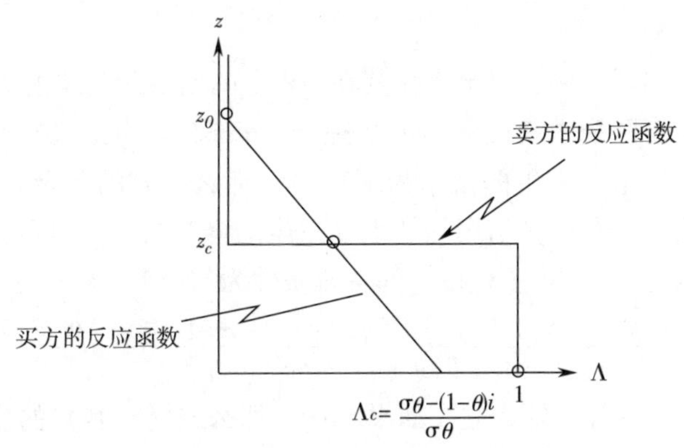

图 8－6　买方和卖方的反应函数

在图 8－7 中，我们说明了使用信用给买方和卖方带来的收益。灰色区域代表买方只使用货币时激励可行的剩余集，虚线代表买方使用信用时议价集的帕累托前沿。比例议价问题的结果由直线 $u^s/u^b = (1-\theta)/\theta$ 与相关帕累托前沿的交点给出。卖方的增益为帕累托前沿和直线 $(1-\theta)/\theta$ 交点间的垂直距离，而买方的增益为相应的水平距离。那么立即可知，买方从使用信用所获得的收益为乘以卖方的收益。卖方不能获得使用要求事前投资的信用技术所带来的全部收益，这一情况造成了一个标准的套牢问题。

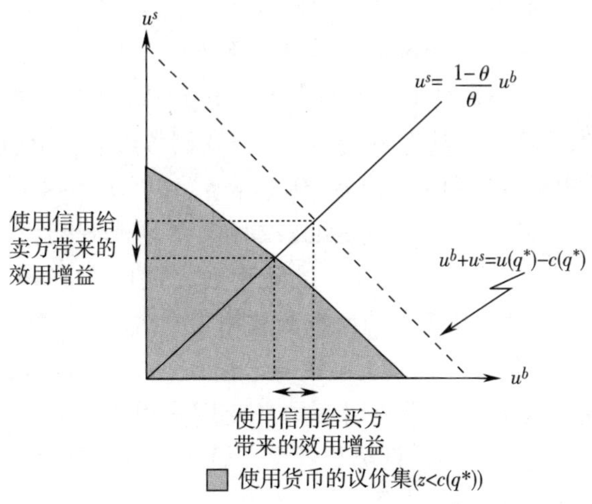

图 8－7　使用有成本信用的收益

给定卖方投资于记录维持技术的决策式（8.42），现在我们考虑买方持有实际余额的决策。遵循类似于第6.3部分的逻辑，买方的决策问题为

$$\max_{z\geq 0}\{-iz+\sigma(1-\Lambda)\theta\{u[q(z)]-c[q(z)]\}+\sigma\Lambda\theta\{u(q^*)-c(q^*)\}\} \tag{8.43}$$

买方选择其实际余额，以最大化其在DM上的期望剩余减去实际余额的持有成本。买方在所有匹配中获得全部匹配剩余的θ部分。由式（8.43），只要卖方不拥有记录维持技术（发生的概率为$1-\Lambda$），那么买方的剩余就只取决于其实际余额。如果卖方拥有接受信用的技术（发生的概率为Λ），匹配剩余达到其最大值且交易量为q^*。问题（8.43）的一阶条件为

$$\frac{[\sigma(1-\Lambda)\theta-i(1-\theta)]u'(q)-[i+\sigma(1-\Lambda)]\theta c'(q)}{(1-\theta)u'(q)+\theta c'(q)}\leqslant 0 \tag{8.44}$$

且当$z>0$时在等号处成立。如果$z>0$，那么式（8.44）的分子将为0，并且有

$$\frac{u'(q)}{c'(q)}=\frac{[i+\sigma(1-\Lambda)]\theta}{[i+\sigma(1-\Lambda)]\theta-i} \tag{8.45}$$

式（8.45）的右边随着Λ的增加而增加，这意味着Λ的增加将会减少q从而减小z。因此，正如图8-6所说明的，买方的实际余额选择随Λ而递减。从直观上讲，如果更容易找到一名愿意接受信用的卖方，那么只有在更小部分的匹配中才需要货币，因为持有货币是有成本的，买方将会发现持有更少实际余额是最优的。此外，Λ存在一个关键值，在大于该值时买方将不再持有实际余额，这发生在等式（8.45）的分母为零时，或当$\Lambda_c=[\sigma\theta-(1-\theta)i]/\sigma\theta$时，其中当$i<\sigma\theta/(1-\theta)$时，$\Lambda_c>0$。

静态对称均衡为满足式（8.42）和式（8.43）的(z,Λ)。如果$\zeta>\sigma(1-\theta)[u(q^*)-c(q^*)]$，那么对于卖方而言不投资于记录维持技术是一个严格占优策略。此时存在唯一均衡，其中$\Lambda=0$。现在我们考虑$\zeta<\sigma(1-\theta)[u(q^*)-c(q^*)]$的情况。由式（8.41）知$z\in(0,(1-\theta)u(q^*)+\theta c(q^*))$。令$z_0$表示当$\Lambda=0$时式（8.43）的解，即$z_0$为在卖方没有投资于记录维持技术时买方的货币持有量。如果$z_0>z_c$，这种情况在i足够小时，此时存在多重均衡。这可在图8-6中看到，其中买方和卖方的反应函数相交三次。当$\Lambda=0$和$z>0$时，存在一个纯货币均衡；当$\Lambda=1$和$z=0$时，存在一个纯信用均衡；还存在一个“混合”货币均衡，其中买方既使用信用又使用货币，并累积$z_c>0$的实际余额。$1-\Lambda\in(0,1)$比例的卖方只接受货币，而$\Lambda\in(0,1)$比例的其他卖方既愿意接受货币又愿意接受信用。

均衡的多重性产生于持有实际余额的买方决策和投资于记录维持技术的卖

方决策之间的策略互补性。为了理解这一点，假设买方相信所有卖方都投资了记录维持技术，那么他们就没有持有实际余额的需要。但是，如果卖方认为买方没有持有任何货币，那么他们就有激励投资于记录维持技术，当然前提是记录维持技术的成本不会太高。而且基于完全相同的基本面，买方可能预期卖方会选择不投资于记录维持技术。在这种情况下，买方将持有大量的实际余额。但是如果卖方相信买方持有足够的实际余额，那么他们就没有激励投资于记录维持技术。

在存在多重均衡时，历史可以解释为什么看起来似乎一样的经济会出现不同的支付体系。例如，考虑一个低通货膨胀的经济，其中代理人实施纯货币均衡。假设该经济接下来经历了一个时期的高通货膨胀。按照图 8－6，买方的反应函数将向下移，而且只要通货膨胀率的增加足够大，就有 $z_0 < z_c$。在这个更高水平的通货膨胀下，均衡是唯一的，且所有卖方都投资于记录维持技术，$\Lambda = 1$。假设该高通货膨胀时期只是暂时的，且通胀会回到其初始的低水平；那么代理人会回到货币均衡吗？既然纯信用均衡也是一个均衡，可以想象在通货膨胀率回到其初始水平后代理人将继续维持该均衡。有趣的是，即使通货膨胀的变动只是暂时性的，支付体系的改变也会是永久性的：支付体系呈现出滞后性。

在这部分的结尾我们转向一些规范性的讨论。当存在多重均衡时，从社会观点来看，哪一个才是更好的呢？社会福利通过 DM 上所有匹配的剩余减去卖方为了接受信用而承担的实际资源成本

$$\mathcal{W} = \sigma\Lambda\{u(q^*) - c(q^*)\} + \sigma(1 - \Lambda)\{u[q(z)] - c[q(z)]\} - \Lambda\zeta$$

考虑 z_0 大于但接近 z_c 的情况。此时存在一个纯货币均衡，其中 $z = z_0$、$\Lambda = 0$ 且社会福利为 $\mathcal{W}_0 = \sigma\{u[q(z_0)] - c[q(z_0)]\}$。也存在一个纯信用均衡，其中 $\Lambda = 1$，社会福利为 $\mathcal{W}_1 = \sigma\{u(q^*) - c(q^*)\} - \zeta$。那么，给定 z_c 在式（8.41）中的定义，有

$$\begin{aligned}\zeta &\approx \sigma(1 - \theta)\{[u(q^*) - c(q^*)] - [u(q(z_0)) - c(q(z_0))]\} \\ &< \sigma\{[u(q^*) - c(q^*)] - [u(q(z_0)) - c(q(z_0))]\}\end{aligned}$$

其中，因为 $\theta > 0$，我们得到了严格不等式。在这种情况下，信用和货币交易相关剩余之间的差严格超过记录维持技术的投资成本。因此有 $\mathcal{W}_1 > \mathcal{W}_0$，这意味着从社会福利视角来看，纯信用均衡要优于纯货币均衡。然而，由于套牢问题的外部性，社会无效率的货币均衡也会盛行。如果卖方决定采用技术以接受信用，那么他要承担全部的技术采纳成本，但是只能得到匹配剩余增额的 $1 - \theta < 1$ 部分。因此卖家无法将信用技术对买方剩余的影响内部化，这导致在记录维持技术采纳决策上的过度惯性。

接下来考虑货币持有成本 i 趋近于 0 的情况。在这种情况下，z_0 将趋近于 $\theta c(q^*)+(1-\theta)u(q^*)$ 且 $q(z_0)\approx q^*$。因此有 $\mathcal{W}_0=\sigma\{u(q^*)-c(q^*)\}$。只要 $\zeta>0$，从社会福利视角来看，纯货币均衡就要优于纯信用均衡。由于货币均衡避免了与记录维持相关的成本并提供了一种至少与信用配置一样好的配置，将资源配置到记录维持技术就是一种“浪费”。如果 $\zeta<\sigma(1-\theta)[u(q^*)-c(q^*)]$，由于买方和卖方选择间的策略互补性，代理人依然会最终处于次优（信用）均衡。

8.5 信用与流动性再配置

在本部分我们描述这样一个经济，其中信用被用于将流动性从拥有超额货币供给的代理人重新分配到拥有超额货币需求的代理人。要实现这点，我们引入代理人流动性需求上的部分异质性：一些买方要比其他买方需要更多货币以在 DM 上进行交易。我们将 DM 上的匹配冲击重新解释为偏好冲击。在 DM 上，买方以 σ 的概率拥有正的边际消费效用，同时以互补概率 $1-\sigma$ 其边际效用为 0。在代理人被匹配之间的期间开始时，这些冲击被实现且是跨买方和跨时间独立的。在 DM 上偏好冲击实现之后，每位买方都能以概率 1 与卖方实现匹配。

显然，该模型与我们目前为止所研究的模型是同构的。如果买方在匹配之前无法进行借贷，那么当货币供应恒定时，静态货币均衡下的 DM 交易量满足下面这个熟悉的方程

$$\frac{u'(q)}{c'(q)}=1+\frac{r}{\sigma} \tag{8.46}$$

式（8.46）的一个重要特征是当买方面临一个更大风险的负偏好冲击时，即当 σ 较低时，交易量就会减少，因为买方的货币持有会更经常性地是非生产性的。

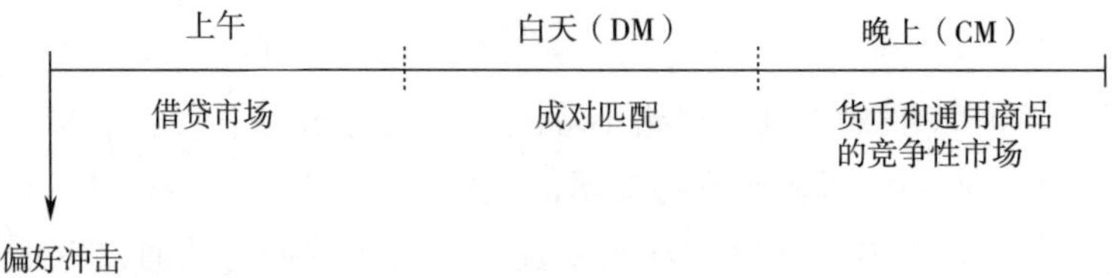

图 8－8　时间安排

我们现在改变经济环境，以允许在每期开始时，在偏好冲击实现之后到双边匹配形成之前的这段时间内运行着一个借贷市场。这些事件的时序如图 8－8

所示。在借贷市场，代理人不能生产，但是可以买卖贷款，即可以借入或借出货币并在之后的 CM 上承诺偿还或回收货币。贷款的名义利率为 i_ℓ:1 美元贷款将在随后的 CM 上偿还 $1+i_\ell$ 美元。最后，在期间开始时存在强迫贷款合约偿还的技术。然而，代表贷款的借据无法在 DM 上流通，因为它无法在该市场上被验证。我们用 ℓ 表示一笔贷款的规模。如果 $\ell>0$，则买方是债权人，而如果 $\ell<0$，则买方是债务人。

定义 m_ℓ 为借贷市场关闭后的货币持有量。在 DM 上拥有正边际消费效用并持有 m_ℓ 单位货币和有 ℓ 美元贷款的买方的预期生命期效用为

$$\hat{V}^b(m_\ell,\ell) = u(q) - c(q) + W^b(m_\ell,\ell) \tag{8.47}$$

式中，$c(q) = \min[c(q^*),\phi m_\ell]$，因为我们假设买方向卖方提出要么接受要么拒绝的报价。在 CM 上买方的价值函数 $W^b(m_\ell,\ell)$ 为

$$W^b(m_\ell,\ell) = \phi m_\ell + (1+i_\ell)\phi\ell + \max_{m'\geqslant 0}\{-\phi m' + \beta V^b(m')\} \tag{8.48}$$

式中，$V^b(m)$ 为期初偏好性冲击实现之前的买方期望效用。根据式（8.48），在 CM 上的买方可以以竞争性价格 ϕ 出售每一单位货币，且其所拥有的每一单位贷款获得 $1+i_\ell$ 美元。下一期的货币持有选择 m' 独立于贷款规模 ℓ 和买方所持有货币量 m_ℓ。因此有 $W^b(m_\ell,\ell) = \phi m_\ell + (1+i_\ell)\phi\ell + W^b(0,0)$。

在期初偏好冲击实现之前，持有 m 单位货币的买方的期望效用为 $V^b(m)$，满足

$$V^b(m) = \sigma \max_{\ell^d\geqslant 0}\hat{V}^b(m+\ell^d, -\ell^d) + (1+\sigma)\max_{\ell^s\leqslant m}W^b(m-\ell^s,\ell^s) \tag{8.49}$$

其中，我们将 $\ell^d\geqslant 0$ 解释为贷款需求，将 $\ell^s\geqslant 0$ 解释为贷款供给。以概率 σ，买方受到一个正的偏好冲击并希望在 DM 上消费。在这种情况下，他需求规模为 ℓ^d 的一笔贷款。以概率 $1-\sigma$，买方不希望消费，但他愿意借出其部分或全部货币持有。因此，如果买方是借入者，那么有 $m_\ell = m+\ell^d$，而如果他是借出者，那么有 $m_\ell = m-\ell^s\geqslant 0$。

由式（8.49），贷款的最优需求满足 $\hat{V}^b_{m_\ell} - \hat{V}^b_\ell \leqslant 0$，且当 $\ell^d>0$ 时严格取等号［$\hat{V}^b_{m_\ell}(\hat{V}^b_\ell)$ 表示 $\hat{V}^b$ 对其第一个（第二个）参数的导数］。由式（8.47），借入 1 单位货币的收益为 $\hat{V}^b_{m_\ell} = [u'(q)/c'(q)]\phi$，而成本为 $\hat{V}^b_\ell = (1+i_\ell)\phi$。因此

$$\frac{u'(q)}{c'(q)} - 1 - i_\ell \leqslant 0,\ \text{当}\ \ell^d > 0\ \text{时取“=”} \tag{8.50}$$

式中，$c(q) = \min[c(q^*),\phi(m+\ell^d)]$。注意，当式（8.50）的解为内解时，买

方在进入 DM 之前的货币持有量是独立于其在该期期初的货币持有量的。如果式（8.50）的解为内解，那么

$$\max_{\ell^d \geqslant 0} \hat{V}^b(m+\ell^d, -\ell^d) = \max_{m_\ell}\{u \circ c^{-1}(\phi m_\ell) - (1+i_\ell)\phi m_\ell\} + (1+i_\ell)\phi m + W^b(0,0)$$

由式（8.49），贷款的个人供给在 $i_\ell > 0$ 时都有 $\ell^s = m$，而当 $i_\ell = 0$ 时有 $\ell^s \geqslant 0$。因此

$$\max_{\ell^s \leqslant m} W^b(m-\ell^s, \ell^s) = (1+i_\ell)\phi m + W^b(0,0)$$

之后我们将证明卖方没有严格激励去进行借贷。

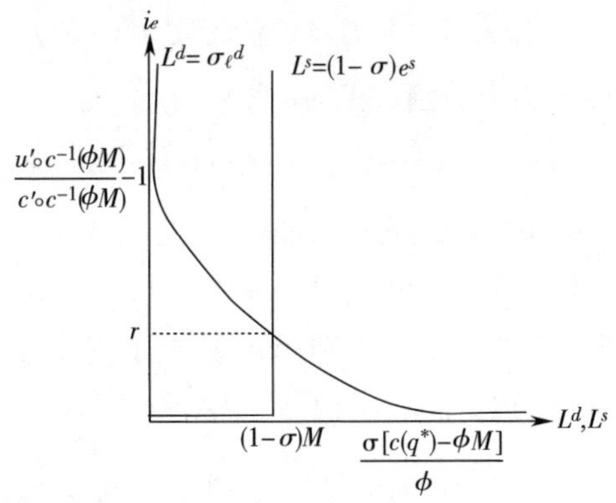

图 8-9 借贷市场的均衡

图 8-9 描述了借贷市场的均衡。贷款的总需求 $L^d = \sigma\ell^d$ 是向下倾斜的，因为随着贷款利率的上升，个人的贷款需求将下降。如果 $[u' \circ c^{-1}(\phi M)]/[c' \circ c^{-1}(\phi M)] \leqslant 1+i_\ell$，那么借入货币的收益将小于其成本，买方将不会觉得借入资金是有利可图的，即 $L^d = \ell^d = 0$。如果 $i_\ell = 0$，那么买方将借入足够的货币以在 DM 上交易 q^*。个人贷款的规模将大于或等于 $[c(q^*) - \phi m]/\phi$。贷款总供给 $L^s = (1-\sigma)\ell^s$ 垂直于 $L^s = (1-\sigma)M$ 处。

让我们转向 CM 上的货币需求。由式（8.48）和式（8.49），货币持有的最优选择满足

$$\phi = \left\{\beta\sigma\frac{u'(q)}{c'(q)}\phi + (1-\sigma)(1+i_\ell)\phi\right\} \tag{8.51}$$

与往常一样，式（8.51）的左边表示累积 1 单位额外货币的成本，而式（8.51）的右边表示持有额外 1 单位货币的收益。该收益包括两个部分。在概率 σ 下，买方有正的边际消费效用，此时他可以用其边际单位的货币在 DM 上购买

$\phi/c'(q)$ 单位的产出。在概率 $1-\sigma$ 下，买方不愿消费，此时他能借出其单位货币以在 CM 上获得 $1+i_\ell$ 单位货币。所以，与没有借贷的环境相比，在没有机会消费时，买方能获得额外的货币持有回报。这种额外的回报使得货币更有价值。

我们现在将表明借贷市场是活跃的，为此，相反假设 $\ell^s = \ell^d = 0$。因为$\ell^d = 0$，式（8.51）表示了对货币的需求，如式（8.46）一样，且拥有较低边际消费效用的买方将不会借出其货币余额，即仅当 $i_\ell = 0$ 时，$\ell^s = 0$。这意味着

$$\frac{u'(q)}{c'(q)} - 1 - i_\ell = \frac{u'(q)}{c'(q)} - 1 = \frac{r}{\sigma} > 0$$

但此不等式与式（8.50）不相符。显然在 $i_\ell = 0$ 时，具有正边际消费效用的买方会有激励去借入一些货币以在双边匹配中放松其预算约束。因此，借贷市场是活跃的：$i_\ell > 0$ 且 $\ell^s = m$。

由式（8.50）与式（8.51），我们可以解出 DM 上的交易量和贷款利率

$$\frac{u'(q)}{c'(q)} = 1 + r \tag{8.52}$$

$$i_\ell = r \tag{8.53}$$

通过比较式（8.46）与式（8.52），可以看出借贷市场活跃时的交易量要大于没有借贷市场来对流动性资产进行重新配置时的交易量。这表明，在偏好冲击实现之后但在 DM 上代理人尚未得到匹配之前的这段时间里，借贷市场的存在能改进福利。所以，信用的使用对于 DM 上交易所需的流动性再配置是至关重要的。另外，如果买方在 CM 上选择其货币持有时知晓了其偏好冲击，那么活跃借贷市场所实现的配置将是占优配置。在这种情况下，就不存在对货币的预防性需求。

贷款的市场出清要求 $\sigma\ell^d = (1-\sigma)\ell^s$。因为在均衡时有 $\ell^s = M$，买方的贷款规模为

$$\ell^d = \left(\frac{1-\sigma}{\sigma}\right)M$$

因为我们假设买方向卖方提出要么接受要么拒绝的报价，DM 上的交易量满足 $c(q) = \phi(M + \ell^d)$。因此，均衡时的货币价值为

$$\phi = \frac{\sigma c(q)}{M} \tag{8.54}$$

每位活跃买方的货币存量为 M/σ。当 σ 上升时，每位活跃买方的货币量会下降，从而货币价值上升。

根据式（8.53），贷款利率刚好等于时间偏好率 r。具有较高边际消费效用的买方会愿意支付最高到时间偏好率的利率以借入额外单位的货币，即在 DM 上

持有货币的边际收益。

现在我们证明卖方没有严格激励参与借贷市场。显然，卖方不希望以正利率借入货币，因为他们在 DM 上不需要货币。同时，是否在 CM 上累积货币并将其在下一个 DM 上以利率 r 借出，对于卖方而言是无差异的。

在货币供给不断增长的情况下，可以验证贷款的名义利率为 $i_{\ell} = i \equiv (\gamma - \beta)/\beta \approx (\gamma - 1) + r$。根据费雪效应，通胀率的一次增长 $\gamma - 1$ 对名义利率有一对一的影响。

8.6 短期与长期伙伴关系

如第 8.2 部分所述，我们假定没有执行技术，买方也无法承诺偿还债务。因此，债务合同必须是自我执行的。与第 8.2 部分不同，在本部分我们假设没有公共记录维持技术。然而，我们允许能与卖方进行重复交互，这样买方就可以产生偿付债务的声誉，而买方对这一声誉的渴望就会导致合约的自我实施。

我们允许同时存在短期和长期的伙伴关系，并通过将第 3.1 部分中存在短期伙伴关系的纯货币环境与第 2.7 部分所描述的长期伙伴关系环境结合起来进行建模。在期间开始时，未匹配的代理人可以概率 σ_L 进入长期交易匹配或以概率 σ_S 进入短期交易匹配。短期匹配对应的情况是买卖双方都知道他们在未来不会再匹配交易，而在长期匹配中，买卖双方有机会进行超过一期的匹配交易。我们假设 $0 < \sigma_L + \sigma_S < 1$。短期匹配在 CM 开始时以概率 1 被解除，而长期匹配在 CM 开始时以概率 $\lambda < 1$ 被外生解除。此外，没有被解除的长期匹配中的任何一方总是可以在 DM 开始时终止此关系。

相关事件的时间安排如图 8－10 所示。买方以被依附（即在长期交易匹配中）或未被依附的方式进入白天市场。此时，长期伙伴关系中匹配的买卖双方同时决定是继续还是分开。未被依附的买方和卖方进入随机匹配过程。由于买方和卖方的测度是相等的，未被依附的买方和卖方的测度也是相等的。在匹配过程结束后，所有匹配的卖方——无论是长期还是短期伙伴关系——都将为买方生产 DM 商品。晚上期间开始时，如果交易是在前面的 DM 中由信用为媒介的，长期伙伴关系中的买方就为卖方生产通用商品。长期伙伴关系中的 λ 部分买方受到冲击，他们与其当前匹配卖方间的关系被解除，且所有短期伙伴关系也都被解除。随后 CM 开始，通用商品和货币被交易。对于定价机制，我们假设买方在 DM 上向卖方提出要么接受要么拒绝的报价，并且晚上市场是竞争性的，其中 1 单位货币与 ϕ_t 单位通用商品进行交易。

我们将注意力集中于具有如下两个特点的特定类型均衡。首先，货币是有价值的，但只被用于短期交易匹配。其次，长期匹配中的买方激励相容约束——买方愿意为卖方生产通用商品以偿还其债务——是非紧的。后一个假设意味着长期伙伴关系中的买方仅靠信用就能购买 DM 商品的有效数量 q^*。因此，这些均衡将是货币与信用共存，但与前面章节一样被用于不同类型的匹配，不过我们没有必要要求强制执行或承诺。

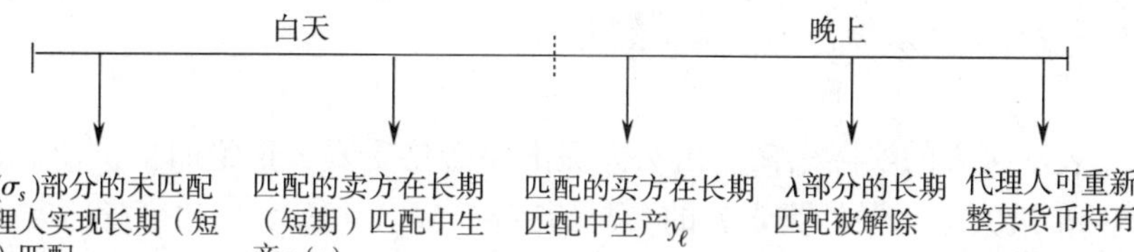

图 8－10　代表期间的时间安排

在 CM 中成为未匹配买方的价值 $W_u^b(z)$ 为

$$W_u^b(z) = z + T + \max_{z' \geq 0}\{-\gamma z' + \beta V_u^b(z')\} \tag{8.55}$$

式中，$V_u^b(z')$ 为在期初持有 z' 单位实际余额的未匹配买方的价值。买方可用其 z 单位实际余额消费 z 单位通用商品，并在 $\gamma > 1$（$\gamma < 1$）时获得实际余额的一次性转移（税收），并在当期累计 $\gamma z'$ 单位的实际余额以在下一期开始时拥有 z' 单位实际余额，其中 $\gamma^{-1} = \phi_{t+1}/\phi_t$ 为稳态均衡时的货币回报率。

在 DM 上持有 z 单位实际余额的未匹配买方的价值函数 $V_u^b(z)$ 为

$$V_u^b(z) = \sigma_L V_L^b(z) + \sigma_S V_S^b(z) + (1 - \sigma_L - \sigma_S) W_u^b(z) \tag{8.56}$$

在概率 σ_L 下，买方寻找到一个长期伙伴关系，此时其价值为 $V_L^b(z)$，而在概率 σ_S 下，寻找到一个短期匹配，其价值为 $V_S^b(z)$。在概率 $1 - \sigma_L - \sigma_S$ 下，买方保持未依附状态进入晚上市场，并持有 z 单位实际余额，这提供的价值为 $W_u^b(z)$。

基于类似的推理，晚上未匹配卖方的预期生命期效用为

$$W_u^s(z) = z + \beta V_u^s \tag{8.57}$$

其中我们考虑到卖方在 DM 上没有激励持有实际余额。因此，在晚上持有 z 单位实际余额的未匹配卖方将消费 z 单位通用商品，在下期开始时仍处于未匹配状态且不持有任何货币。在 DM 上，未匹配卖方的价值为

$$V_u^s = \sigma_L V_L^s + \sigma_S V_S^s + (1 - \sigma_L - \sigma_S) W_u^s(0) \tag{8.58}$$

式中，$V_L^s(V_S^s)$ 为 DM 上长期（短期）匹配中卖方的价值。除了 DM 开始时卖方不持有实际余额以外，式（8.58）的解释类似于式（8.56）。

短期交易匹配中的买方向卖方提出要么接受要么拒绝的报价 (q_S, d_S)，其中

q_S 为卖方生产的 DM 商品数量，d_S 为从买方转移到卖方的实际余额数量。短期交易匹配中持有 z 单位实际余额的买方的价值函数 $V_S^b(z)$ 为

$$V_S^b(z) = u[q_S(z)] + W_u^b[z - d_S(z)] = u[q_S(z)] - d_S(z) + z + W_u^b(0) \tag{8.59}$$

其中，第二个等式是由 W_u^b 的线性性得到的。卖方在白天消费 q_S 单位搜寻商品，然后以 $z - d_S$ 单位实际余额进入竞争性通用商品市场。类似地，短期交易匹配中卖方（不持有实际余额）的价值函数为

$$V_S^s = -c[q_S(z)] + d_S(z) + W_u^s(0) \tag{8.60}$$

式中，z 表示买方的实际余额。由买方提出要么接受要么拒绝的报价使买方剩余 $u(q_S) - d_S$ 最大化，条件为卖方的参与约束 $-c(q_S) + d_S \geqslant 0$ 和可行约束 $d_S \leqslant z$。其特征为，当 $z \geqslant c(q^*)$ 时有 $q_S(z) = q^*$，而当 $z < c(q^*)$ 时有 $q_S = c^{-1}(z)$。因此，式（8.59）变为

$$V_S^b(z) = u[q_S(z)] - c[q_S(z)] + z + W_u^b(0) \tag{8.61}$$

且由式（8.60）有 $V_S^s = W_u^s(0)$。

在期初处于长期关系中并持有 z 单位实际余额的买方的价值函数为

$$V_L^b(z) = u[q_L(z)] + W_L^b[z - d_L(z), -y_L(z)] \tag{8.62}$$

式中，$W_L^b(z - d_L, -y_L)$ 为在晚上持有 $z - d_L$ 单位实际余额并承诺为其交易匹配伙伴生产 y_L 单位通用商品的匹配买方的价值。于是长期伙伴关系中的买方消费 q_L 单位搜寻商品，并交换 d_L 单位实际余额和承诺偿还 y_L 单位通用商品。即使我们允许交易条件（q_L，d_L，y_L）依赖于买方的实际余额 z，但我们仍需要考虑买方不在长期伙伴关系中使用货币，$d_L = 0$ 且（q_L，y_L）独立于 z 的均衡情况。在晚上开始时处于长期伙伴关系中的买方的价值函数 $W_L^b(z, -y_L)$ 满足

$$\begin{aligned} W_L^b(z, -y_L) = {} & z - y_L + T + \lambda \max_{z' \geqslant 0}\{-\gamma z' + \beta V_u^b(z')\} \\ & + (1-\lambda)\max_{z'' \geqslant 0}\{-\gamma z'' + \beta V_L^b(z'')\} \end{aligned} \tag{8.63}$$

在晚上开始时，买方履行其承诺并为卖方生产 y_L 单位通用商品。如果交易匹配未被外生解除，那么买方进行生产以在 CM 上持有 z''单位实际余额。如果伙伴关系在晚上破裂——该事件发生的概率为 λ——那么买方在进入下一期搜索新交易伙伴之前，在 CM 上进行生产以持有 z'单位实际余额。

基于类似逻辑，期初长期关系中卖方的价值函数为

$$V_L^s = -c[q_L(z)] + W_L^s[d_L(z), y_L(z)] \tag{8.64}$$

卖方在 DM 上为买方生产 q_L，以交换在晚上获得 y_L 单位通用商品的承诺以及 d_L 单位实际余额（其中 z 代表买方的实际余额）。卖方在晚上的价值函数为

$$W_L^s(z,y_L) = z + y_L + (1-\lambda)\beta V_L^s + \lambda\beta V_u^s \tag{8.65}$$

卖方从他所匹配的买方那里获得 y_L 单位通用商品，并在 CM 上花掉其 z 单位实际余额。长期伙伴关系以概率λ被解除，此时卖方在下一期开始时处于未匹配状态。

我们现在转向考虑长期伙伴关系中交易条件的形成。假设买方提出要么接受要么拒绝的报价（q_L，y_L，d_L）。如果报价被拒绝，该期就没有交易发生，但买卖双方在下一期依然保持匹配状态，除非外生解除冲击以概率 λ 发生（在均衡时，卖方对于是被匹配还是未被匹配是无差异的）。更进一步地，这一报价必须满足激励相容约束，根据这一约束买方愿意在晚上偿还其债务。因此，买方选择（q_L，y_L，d_L）以在卖方参与约束 $-c(q_L)+W_L^s(d_L,y_L)\geqslant W_L^s(0,0)$ 和激励相容约束 $W_L^b(z-d_L,y_L)\geqslant W_u^b(z-d_L)$ 下最大化 $V_L^b(z)$。激励相容约束表明，买方偿付其债务要比终止其伙伴关系更好。由式（8.62）并利用 W_L^s、W_L^b 和 W_u^b 的线性性，买方问题可表示为

$$\max_{q,y,d}[u(q)-y-d] \tag{8.66}$$

$$s.t.\ -c(q)+y+d\geqslant 0, d\geqslant z$$

$$\text{且 } y\leqslant W_L^b(0,0)-W_u^b(0) \tag{8.67}$$

我们将关注其激励相容约束式（8.67）对于 z 的所有值不为紧的均衡状态。

因此有 $q_L=q^*$ 和 $y_L+d_L=c(q^*)$。这一发现证实，长期伙伴关系中的交易条件是独立于买方实际余额的。不失一般性，我们可以假设买方仅用信用支付，$d_L=0$。由式（8.62）和式（8.63）也可立知，晚上长期伙伴关系中的买方不会积累实际余额［在式（8.63）中，$z''=0$］。

考虑未匹配买方的实际余额选择。由式（8.55）~（8.63），未处于长期关系中的买方在晚上的最优实际余额选择 z 满足

$$\max_{z\geqslant 0}\{-iz+\sigma_S\{u[q_S(z)]-c[q_S(z)]\}\} \tag{8.68}$$

由于长期伙伴关系中不需要实际余额，买方在选择货币持有时只考虑其在短期匹配中的期望剩余。这得到了如下熟悉的一阶条件

$$\frac{u'(q_S)}{c'(q_S)} = 1+\frac{i}{\sigma_S} \tag{8.69}$$

最后我们需要验证激励相容条件（8.67）是非紧的。利用 $y_L=c(q^*)$，式（8.67）变为

$$c(q^*)\leqslant W_L^b(0,0)-W_u^b(0) \tag{8.70}$$

结合公式（8.56）~（8.63），并重新整理后（参见附录），不等式（8.70）可被重写为

$$c(q^*) \leqslant (1-\lambda)\beta\{(1-\sigma_L)u(q^*)+ic(q_S)-\sigma_S[u(q_S)-c(q_S)]\} \tag{8.71}$$

其中，q_S 满足式（8.69）。如果不等式（8.71）成立，那么存在如下均衡，其中长期关系中的买卖双方在白天消费和生产 $q_L = q^*$ 单位的搜寻商品，在晚上消费和生产 $y_L = c(q^*)$ 单位通用商品，并且使用信用安排来进行这些交易。短期伙伴关系中的买卖双方在白天用 q_S 单位搜寻商品交易 $y_S = c(q_S)$ 单位实际余额。

也许不值得奇怪的是，如果 $\sigma_S = 0$，那么由式（8.69）可知，$q_S = 0$ 且激励条件（8.71）与从不存在货币且长期关系中的交易由信誉支持的模型中获得的条件是一致的；参见第2.7部分式（2.61）对 $\mathcal{A}^R$ 的定义。如果短期匹配的频率 σ_S 增加，则由式（8.69）可知，代理人将增加其实际余额持有；因此，激励约束式（8.71）会更难满足。于是，在存在长期伙伴关系时的货币交换的可获得性将增加承诺违约的吸引力。然而，若通货膨胀上升，那么由包络定理可知，$-ic(q_S)+\sigma_S[u(q_S)-c(q_S)]$ 项将减少，这放松了激励约束式（8.71）。因此，一个更高的通货膨胀率会减少买方对其长期伙伴关系债务违约的激励。

8.7 进一步阅读

Shi（1996）考虑了一种搜索理论环境，其中不可兑现货币和信用可以共存，即使在回报率上信用比货币占优。当两个代理人被匹配且匹配中买方没有货币时，信用交易就会发生。抵押品被用于使偿付激励相容，且债务由货币偿还。在该方法中，货币交易优于信用交易，因为货币交易可以让代理人交易速度变快。Li（2001）通过允许私人债务流通拓展了Shi的模型，并研究了许多政府政策，包括公开市场业务。

Telyukova 和 Wright（2008）建立了一个类似于第8.1部分的模型，其中借据在竞争性市场上发行。他们表明，这样的模型可以解释信用卡债务困惑，即观察到大部分美国家庭在拥有相当大规模的信用卡债务的同时也持有流动性资产。在 Camera 和 Li（2008）中，代理人是匿名的，且在使用货币还是使用信用来便利交易间进行选择。存在允许有限记录维持和执行的有成本技术。当该技术的使用成本足够小时，货币和信用可以共存。

第8.2部分中的在有限承诺下的货币和信用模型基于 Bethune、Rocheteau 和 Rupert（2015）的研究。Sanchez 和 Williamson（2010）提供了对违约和盗窃不同处罚的早期处理方法。Rojas Breu（2013）发现，通过减少外部货币的价值，增加获得信贷的机会对福利产生了不确定的影响。Lotz 和 Zhang（2016）在第

8.4 部分中将该模型扩展到对记录维持技术进行大量投资的情况。Hu 和 Araujo（2016）应用机制设计方法研究货币和信用在有限承诺和一些政策影响下的共存。关于 Shi – Trejos – Wright 模型的背景，可以参见 Cavalcanti 和 Wallace（1999）以及 Deviatov 和 Wallace（2014）的早期版本。Berentsen 和 Waller（2011）将具有外部流动性的经济和纯信用（内部债券）经济下的分配情况进行了比较，发现信用经济中的任何分配都可以在具有外部流动性的经济中复制，反之则不成立。Gu、Mattesini 和 Wright（2016）概述了这些文献及其各自面临的一些挑战。

Lucas 和 Stokey（1987）提出了一个现金购买与信用购买商品之间的区别为外生的模型。Schreft（1992）与 Dotsey 和 Ireland（1996）将现金或信用交易的构成内生化。他们假设代理人在不同市场上进行交易，在市场上他们可以雇佣可识别买方身份的金融中介服务。买方与卖方家庭位置间的距离越远，支付给中介的成本也就越高。这种形式化也与 Prescott（1987）与 Freeman 和 Kydland（2000）建立的模型相关，其中一些商品用现金购买，而其他的用活期存款购买。第二种支付手段涉及与银行票据相关的固定记录维持成本。Li（2011）提出了一种带有货币和支票存款的相关搜索模型。Gomis – Porqueras 和 Sanches（2013）考虑了一种政府支付货币利息的计划，以促使代理商支付记录维持技术的成本。Gomis – Porqueras、Peralta – Alva 和 Waller（2014）通过与货币交易的代理人是匿名的并且可以避免纳税的事实来解释信贷成本。当买家受到大量流动性冲击时，即使他们将被征税他们也愿意要求交易信用。

Townsend（1989）研究了具有不同区位的经济中的最优交易机制，其中一些代理人位于同一个区位，而另一些代理人在区位间移动。最优安排意味着通货与信用的共存：通货被用于陌生人（即代理人的历史不被相互间所知晓）之间，而信用被用于互相知晓历史的代理人之间。Kocherlakota 和 Wallace（1998）考虑了一个随机匹配经济，其中存在一个被极少更新的针对所有过去交易的公共记录。他们表明，在该经济中，货币交易和某种形式的信用都能发挥作用。Jin 和 Temzelides（2004）则考虑了一个存在本地和远程交易的搜寻理论模型。在本地层面存在记录维持，这使得本地匹配的代理人能使用信用进行交易。相比之下，处于不同邻域的代理人则需要货币进行交易。Li（2007）考虑了存在随机匹配部门和有组织市场的环境，其中在有组织市场上汇票作为通用交易媒介而流通。Araujo 和 Minetti（2011）认为一个经济体中某些代理商（机构）相对值得信赖，因为它们可以被更好地记录。当交易有限时，这些机构即使没有银行也能维持合作。但是，当交易扩大时，银行和内部资金变得至关重要。

关于信用和流动性再配置的模型产生于 Berentsen、Camera 和 Waller（2007）对银行业务的研究工作。与考虑借贷市场不同，他们引入了发放贷款和接受存款的银行。另一个解释来自 Kocherlakota（2003）对非流动性债券的社会收益的研究。在 Kocherlakota 的模型中，代理人用其超额流动性交易有利息的非流动性政府债券。Kahn（2009）利用一个类似的模型研究了顺时针私人支付安排。Ferraris 和 Watanabe（2008，2011）将模型扩展为以资本抵押贷款。

Williamson（1999）构建了银行为投资收益支付与代理人消费需求之间的时间错配提供中介服务的模型，并表明银行要求权可以作为交易媒介，即所谓私人货币。Cavalcanti、Erosa 和 Temzelides（1999）构建了由货币和持有储备的银行所构成的模型，其中私人债务可以作为交易媒介流通。Li（2006）研究了在存在交易摩擦和金融中介的经济中内部和外部货币的竞争。

Corbae 和 Ritter（2004）考虑了与第 8.5 部分所提出的模型类似的长期和短期伙伴关系模型。Williamson（1998）构建了存在关于代理人禀赋私人信息的动态风险分担模型。其中风险分担是通过涉及信用交易和货币交换的动态合约来实现的。Aiyagari 和 Williamson（2000）则构造了一个代理人能进入存在金融中介的长期关系的动态风险分担模型。他们通过假设金融市场的随机有限参与，引入了货币的交易职能。在每期，代理人都可以背弃其长期合约，然后在竞争性货币市场上进行交易。Aiyagari 和 Williamson 表明，这种外部选择的价值取决于货币政策。

附录

式（8.71）的推导

根据式（8.62）和式（8.63）可以得出

$$\begin{aligned} W_L^b(0,0) &= T + (1-\lambda)\beta[u(q^*) - c(q^*) + W_L^b(0,0)] \\ &\quad + \lambda[-\gamma z + \beta V_u^b(z)] \end{aligned} \tag{8.72}$$

式中，z 为未匹配买方的实际余额最优选择，且长期伙伴关系中的买方不积累实际余额。由式（8.55）可知

$$W_u^b(0) = T - \gamma z + \beta V_u^b(z) \tag{8.73}$$

由式（8.72）和式（8.73），有

$$W_L^b(0,0) - W_u^b(0) = (1-\lambda)\beta\left\{u(q^*) - c(q^*) + W_L^b(0,0) - \left[-\frac{\gamma}{\beta}z + V_u^b(z)\right]\right\} \tag{8.74}$$

由式（8.56）、（8.61）和（8.62），有

$$V_u^b(z)=\sigma_L[u(q^*)-c(q^*)+W_L^b(0,0)-W_u^b(0)]+\sigma_S[u(q_S)-c(q_S)]+z+W_u^b(0)$$

将 $V_u^b(z)$ 的表达式代入式（8.74）可得

$$[1-(1-\lambda)(1-\sigma_L)\beta][W_L^b(0,0)-W_u^b(0)]$$
$$=(1-\lambda)\beta\{(1-\sigma_L)[u(q^*)-c(q^*)]-[-iz+\sigma_S[u(q_S)-c(q_S)]]\}$$

式中，我们利用了 $i\equiv(\gamma-\beta)/\beta$。条件（8.70），即 $c(q^*)\leqslant W_L^b(0,0)-W_u^b(0)$，可被重新表示为

$$[1-(1-\lambda)(1-\sigma_L)\beta]c(q^*)$$
$$=(1-\lambda)\beta\{(1-\sigma_L)[u(q^*)-c(q^*)]-[-iz+\sigma_S[u(q_S)-c(q_S)]]\}$$

并简化为

$$c(q^*)\leqslant(1-\lambda)\beta\{(1-\sigma_L)u(q^*)+ic(q_S)-\sigma_S[u(q_S)-c(q_S)]\}$$

其中，我们利用了 $z=c(q_S)$。

9 企业进入、失业和支付

“所谓‘自然失业率’是这样一种失业率，它可以根据瓦尔拉斯一般均衡方程体系计算得到，只要在其中嵌入劳动力市场和商品市场的实际结构性特征，这些特征包括市场不完全性、需求和供给的随机变动性、关于工作空缺和可用劳动力的信息收集成本、劳动力流动成本等。”

——Milton Friedman（1969）

根据 Milton Friedman（1969），自然或稳态失业率取决于困扰商品市场和劳动力市场的各类摩擦，如不完全竞争、信息收集成本和劳动力流动成本。Mortensen 和 Pissarides（1994）的劳动力市场模型通过引入议价能力和搜索匹配摩擦，以一种简约而优雅的方式实现了对 Friedman 概念的形式化。但他们的模型没有考虑将商品市场和劳动力市场紧密联系在一起的流动性问题，如货币和信用。在本章中，我们将把货币和信用引入存在摩擦的商品市场和劳动力市场模型。

我们将分两步把我们的货币和信用模型与 Mortensen－Pissarides 失业模型整合在一起。第一步，我们将企业引入我们的基准模型。我们假设存在大量企业，他们能参与到商品市场，但必须花费一定的成本。企业能尝试将其可分产出在非集中商品市场上出售，该市场的特征在于有搜索和议价。如果该企业运气不佳从而无法匹配买家，或者虽然匹配了一个买家但无法卖出其所有产出，那么他还可以在集中市场出售商品存货。我们对基准模型的这一简单推广产生了一系列新的认识。首先，由于在买家的实际余额选择和企业的商品市场参与决策之间存在策略互补性，可能会存在多重稳态均衡。这一多重性在所有交易均通过完美信用实施的“无现金”经济中会消失。其次，即使是在 Friedman 规则下，这些均衡一般也是无效率的，因为企业参与商品市场的决策会产生“搜索”外部性。这些外部性只能在买方特定的议价能力水平下被内部化。最后，进入水平在完美信用经济中要比纯货币经济更高，因为买方在前者中的支付能力要比在后者中更高。但是，企业进入和信用之间的关系可能并不是单调的。

我们的第二步将继续基于 Mortensen 和 Pissarides（1994）的开创性模型对劳

动力市场进行形式化。为了生产产出，企业必须在有搜索匹配摩擦的劳动力市场上雇佣工人。工人和企业生产的总剩余根据议价协议进行分配，这使得劳动力市场的描述与商品市场是对称的。模型能产生多重稳态均衡，其中就业和货币价值在不同均衡中均为正相关。在“高”均衡（具有最高货币价值和最高就业水平的均衡）中，通货膨胀水平的增长会增加失业水平。因此，模型预测得到一条向上倾斜的长期菲利普斯曲线，这一可能性在 Friedman（1977）的诺贝尔奖演讲中得到了讨论。我们还表明，完美信用经济要比纯货币经济拥有更低的失业率。

我们将通过考虑有限承诺下的信用问题来总结全章。结果表明，存在内生债务限额的情况下，信用的可获得性取决于劳动力市场的状态。如果失业率较低，那么商品市场的企业数量就会较多，交易机会较频繁，信用的获取就更有价值，从而导致信用限额较高。信用限额与失业之间的这一联系同样会导致多重稳态均衡。

9.1 存在企业的模型

我们现在将卖方解释为一家企业。所谓企业就是一种能生产 $\bar{q} \geq q^*$ 单位产出的技术。企业的产出既能在 DM 上也能在 CM 上被出售。如果企业在 DM 上的一次双边匹配中售出 $q<\bar{q}$，那么剩余产出 $\bar{q}-q$ 能在 CM 上被售出。因此，在 DM 上销售 q 单位产出的机会成本，以 CM 商品度量就等于 q，即 $c(q)=q$ 且 $u'(q^*)=1$。图 9-1 描绘了商品的生产和销售过程。

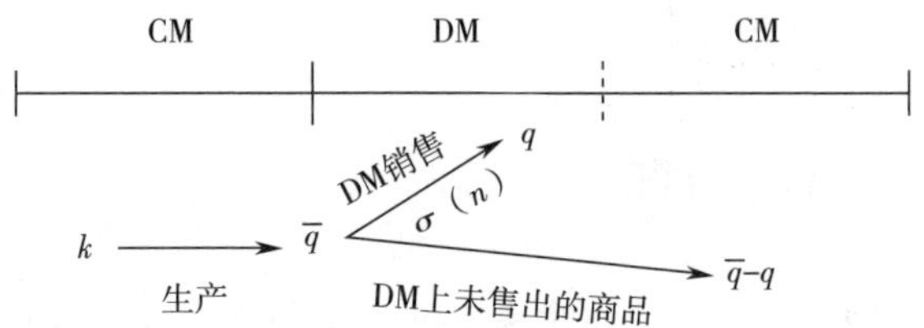

图 9-1 生产与销售

我们假设存在大量能选择参与市场的企业。参与企业的测度为 n（注意，本章的 n 与前面章节具有不同的含义）。企业能参与 $t+1$ 期商品市场的条件是其在 t 期末会产生 $k>0$ 的成本，其中 k 由 t 期的 CM 商品度量。现在，我们可以将 k 考虑为企业的进入或参与成本。在后续章节引入工人时，我们提供了对这一成本的不同解释。在本节我们假设 $k>\beta\bar{q}$，这意味着如果无法在 DM 上以概率 1 出售任何产出，企业就没有激励来支付进入成本。

在前面章节中，买方和卖方的测度假设是相等的。因此，卖方（或企业）的测度 n 是内生且一般不会等于买方的单位测度。因此我们需要更为清晰地描述买方和卖方之间的匹配过程（当企业在 DM 上出售其产出时，我们有时会将其称为卖方）。匹配数量由匹配函数 $\mathcal{M}(B,S)$ 给出，其中 B 为买方测度，S 为卖方测度。对于两个参数，匹配函数均严格递增且为凹，且规模报酬不变。买方与卖方相匹配的概率为 $\sigma \equiv \mathcal{M}(B,S)/B = \mathcal{M}(1,S/B)$，而卖方与买方相匹配的概率为 $\mathcal{M}(B,S)/\mathrm{S} = \mathcal{M}(B/S,1)$。既然 $\mathcal{M}$ 规模报酬不变，匹配概率均为比例 S/B 的函数。我们将比例 S/B 称为“市场紧度”。由于我们将买方测度和卖方测度分别标准化为 1 和 n，商品市场的市场紧度即为 n。根据匹配函数的性质，有 $\sigma'(n)>0$ 和 $\sigma''(n)<0$。此外，我们假设有 $\sigma(n)\leqslant \min\{1,n\}$，$\sigma(0)=0$，$\sigma'(0)=1$ 和 $\sigma(\infty)=1$。由于“厚市场”外部性的存在，买方在 DM 上的匹配概率随市场企业测度的增加而增加。由于“拥堵”外部性的存在，企业的匹配概率 $\sigma(n)/n$ 随企业测度的增加而下降。

买方有两种支付手段：货币和信用。在 μ 比例的匹配中，买方的债务凭证被记录下来，并且存在完美的债务执行机制。那么，未担保信用能被用于这些匹配（我们将在章末放松该完美执行机制假设）。在 $1-\mu$ 比例的匹配中，不存在执行技术且买方不受监督。在这些匹配中，信用不是激励可行的，只有货币能用作支付手段。在匹配中信用是否能被接受与特定企业无关：所有企业都有相同的机会获取执行技术。因此，信用的可接受性是一个只要匹配形成就会发生的随机事件，且企业在事前是同质的（货币和信用共存的其他方法见第 8 章）。货币供给 M_t 以总增长率 γ 增长，即 $M_{t+1}/M_t=\gamma$。我们关注于货币回报率为 $\phi_{t+1}/\phi_t=1/\gamma$ 时的稳态均衡。

9.2 企业进入与流动性

我们假设买方拥有企业。令每个买方的企业利润为 Δ，其中利润为减去其进入成本后的企业销售收入。对企业预期收益的要求权被假设是无流动性的，不能在 DM 上被用作支付手段（我们将在后续章节允许对生产性资产的要求权具有流动性）。

首先从买方开始。在 CM 开始时买方已偿还所有债务并持有实际余额 z，其预期贴现生命期效用 $W(z)$ 由下式给出

$$W(z) = \max_{x,y,z'\geqslant 0}\{x-y+\beta V(z')\} \tag{9.1}$$

$$s.t.\ \ x+\gamma z' = y+z+\Delta+T \tag{9.2}$$

其中，T 为一笔一次性转账。买方根据预算约束式（9.2）选择净的 CM 消费 $x-y$ 和下一期实际余额 z'。买方的 DM 贝尔曼公式 $V(z)$ 为

$$\begin{aligned} V(z) &= \sigma(n)\{\mu[u(q^c)] - b^c + W(z) + (1-\mu)[u(q) + W(z-d)]\} \\ &\quad + [1-\sigma(n)]W(z) \\ &= \sigma(n)\{\mu[u(q^c) - b^c] + (1-\mu)[u(q) - d]\} + W(z) \end{aligned} \tag{9.3}$$

其中，(q^c,b^c) 为信用匹配中的交易条件（买方消费 q^c，代价为承诺偿付 b^c 单位 CM 商品），(q,d) 为货币匹配中的交易条件（买方消费 q，代价为数量为 d 的实际余额）。买方在 DM 上以概率 $\sigma(n)$ 进行消费。以概率 μ，买方能用信用偿付其在 DM 上的消费，而在概率 $1-\mu$ 下其必须使用货币（在信用匹配中，买方能使用货币和信用的组合方式，但该安排与仅使用信用在偿付上是等价的。不失一般性，我们假设买方在信用匹配中仅使用信用）。

DM 上双边匹配的交易条件由比例议价解所决定，其中买方在匹配剩余中的份额为 θ。正如我们在下面将要看到的，赋予企业一定议价能力以将商品市场中的流动性与企业进入决策联系起来，是很重要的。在信用匹配中，比例议价解意味着 (q^c,b^c) 为下列规划的解

$$\max_{q^c \leqslant q, b^c} [u(q^c) - b^c] \ s.t.\ u(q^c) - b^c = \frac{\theta}{1-\theta}(b^c - q^c) \tag{9.4}$$

根据式（9.4），(q^c,b^c) 最大化买方剩余，约束条件为买方剩余等于 $\theta/(1-\theta)$ 乘以企业剩余。企业剩余为消费函数 $u(q^c)$ 减去用 CM 商品 b^c 偿还债务的负效用。企业剩余等于企业收益 b^c 减去如果其在 CM 上出售同样产出 q^c 能获得的收益。由于偿付是能被强制执行的，b^c 不受到债务限额的约束。式（9.4）的解为 $q^c=q^*$ 且 $b^c=(1-\theta)u(q^*)+\theta q^*$。

在货币匹配中，(q,d) 由下式的解给出

$$\max_{q \leqslant q, d} [u(q) - d] \ s.t.\ u(q) - d = \frac{\theta}{1-\theta}(d - q) \text{ 和 } d \leqslant z \tag{9.5}$$

注意，问题式（9.5）类似于问题式（9.4）加上一个额外约束，即买方不能花费多于其所持有的实际余额，也即 $d \leqslant z$。当 $z \geqslant (1-\theta)u(q^*)+\theta q^*$ 时，式（9.5）的解为 $q=q^*$ 和 $d=(1-\theta)u(q^*)+\theta q^*$，否则为 $d=z=(1-\theta)u(q)+\theta q$，其中 $q \leqslant q^*$。

利用式（9.4）中的上述交易条件，$V(z)$ 可被重写为

$$V(z) = \sigma(n)\theta\{\mu[u(q^*) - q^*] + (1-\mu)[u(q) - q]\} + W(z) \tag{9.6}$$

买方以概率 $\sigma(n)$ 被匹配，并获得 θ 比例的匹配剩余，其中在信用匹配中为 $u(q^*)-q^*$，在货币匹配中为 $u(q)-q \leqslant u(q^*)-q^*$。

如果将式（9.2）代入式（9.1），买方在CM上的实际余额选择问题就等同于最大化 $-\gamma z+\beta V(z)$。利用式（9.6）并意识到 $W(z)=z+W(0)$，买方问题的解（假设为内解）由下式给出

$$i=\sigma(n)(1-\mu)\theta\left[\frac{u'(q)-1}{\theta+(1-\theta)u'(q)}\right] \tag{9.7}$$

注意，式（9.7）意味着 q 和 n 之间存在正相关关系。随着企业测度 n 的增加，买方在DM上将有更多的消费机会，这导致其会增加其的实际余额 z 和DM消费 q。

现在回到企业问题。企业期间内的预期收益为

$$\rho=\frac{\sigma(n)}{n}\left[\mu(b^c+\bar{q}-q^c)+(1-\mu)(d+\bar{q}-q)\right]+\left[1-\frac{\sigma(n)}{n}\right]\bar{q} \tag{9.8}$$

企业有机会在DM上出售其产出，如果其与某买方实现了匹配，这发生的概率为 $\sigma(n)/n$。如果信用是可接受的（其概率为 μ），企业将在DM上出售 q^c 以交换 b^c 的CM商品，剩余 $\bar{q}-q^c$ 的商品在CM上以单位价格售出。类似地，如果企业匹配了买方，那么在概率 $1-\mu$ 下进入货币匹配，其收益为 $d+\bar{q}-q$。如果企业在DM上没有与消费者实现匹配，那么其会在CM上出售其所有产出 $\bar{q}$。利用议价问题式（9.4）和式（9.5）的解，企业预期收益可重写为

$$\begin{aligned}\rho&=\frac{\sigma(n)}{n}\left[\mu(b^c-q^c)+(1-\mu)(d-q)\right]+\bar{q}\\&=\frac{\sigma(n)}{n}(1-\theta)\{\mu[u(q^*)-q^*]+(1-\mu)[u(q)-q]\}+\bar{q}\end{aligned} \tag{9.9}$$

式（9.9）右边第一项为企业在DM上的预期剩余。企业获得匹配剩余的 $1-\theta$ 部分。最后一项 $\bar{q}$ 为以CM商品测度的企业产出。

只要参与成本 k 不大于下一期的预期贴现收益 $\beta\rho$，企业的最优选择就是进入市场。这一“自由进入”条件可被写为

$$-k+\beta\rho\leqslant 0,\text{当 } n>0 \text{ 时取等号} \tag{9.10}$$

企业预期收益的贴现率 $r=\beta^{-1}-1$ 为与非流动性资产相关的实际利率。确实，对企业收益的要求权在DM上是不能作为支付手段的，因为其不具有流动性。注意，我们的假设 $-k+\beta\bar{q}<0$ 意味着企业进入是受限的。用表达式（9.9）替换 ρ 并假设存在内解，自由进入条件变为

$$\frac{\sigma(n)}{n}(1-\theta)\{\mu[u(q^*)-q^*]+(1-\mu)[u(q)-q]\}+\bar{q}=(1+r)k \tag{9.11}$$

式（9.11）的左边为企业预期收益，右边为进入的“资本化”成本。既然

$u(q)-q$ 随 z 的增加而增加，那么进入市场的企业测度随买方的实际余额的增加而增加。确实，如果买方持有更多余额，那么企业将预期在 DM 上能以高于 CM 上的单位价格售出更多产出。这激励了企业参与商品市场。如果买方拥有所有议价能力，$\theta=1$，那么商品市场将会关闭，因为企业预期收益 $\bar{q}$ 将小于资本化进入成本（$1+r$）k。

一个稳态均衡可被描述为式（9.7）和式（9.11）的解 (q,n)。首先考虑在所有匹配中有完美执行机制的情况，即 $\mu=1$，那么信用将被用于所有匹配。货币没有起关键作用，$z=q=0$。企业测度 n 由式（9.11）唯一决定。当且仅当 $(1-\theta)[u(q^*)-q^*]+\bar{q}>(1+r)k$ 时，存在严格为正的企业测度，$n>0$。

企业预期收益必须大于进入成本。注意，式（9.11）意味着进入量 n 随消费者议价份额 θ 递减，而随 DM 交易收益 $u(q^*)-q^*$ 和企业生产率 $\bar{q}$ 递增。

现在考虑在任何匹配中都不存在执行技术的情况，即 $\mu=0$。在这种情况下，货币必须在所有匹配中作为支付手段。一个稳态均衡就是满足式（9.7）和式（9.11）的 (q,n)。这两个条件都表明 q 和 n 之间的正相关关系。如果货币没有价值，$z=0$，那么因为有 $(1+r)k>\bar{q}$，企业就不会进入，市场也会关闭。若要企业进入，买方的实际余额就必须足够大，以使 $q\geqslant q_0$，其中 q_0 为 $(1-\theta)[u(q_0)-q_0]+\bar{q}=(1+r)k$ 的解。

如果 $q=q^*$，那么企业测度等于完美信用经济中存在的企业测度，我们将其表示为 n_1。

假设 $u'(0)=+\infty$，当 $n>n_0$ 时，买方就有激励在 CM 上积累实际余额，其中 n_0 由下式间接给出

$$i=\sigma(n_0)\frac{(1-\mu)\theta}{(1-\theta)} \tag{9.12}$$

如果 $i<(1-\mu)\theta/(1-\theta)$，那么就存在满足条件的 n_0。当企业测度趋于无限时，DM 上的交易量趋于 q_1，其中 q_1 为下式的解

$$i=(1-\mu)\theta\left[\frac{u'(q_1)-1}{\theta+(1-\theta)u'(q_1)}\right] \tag{9.13}$$

由式（9.13），只要 $i>0$，就有 $q_1<q^*$。当货币持有具有成本时，即使买方能在 DM 上确定找到一家企业，他们的消费就会少于 q^*。此外，当 $i<(1-\mu)\theta/(1-\theta)$ 时，有 $q_1>0$。

在图 9-2 中，我们展示了作为 n 的函数的 DM 消费选择式（9.7）和作为 q 的函数的企业进入式（9.11）。由上面的讨论，代表自由进入条件的曲线（标识为 n 曲线）在 $n=n_0$ 和 $n=n_1$ 处是位于代表 DM 消费的曲线（标识为 q 曲线）的

上方的。因此，一般存在偶数个均衡。直观来说，存在多重均衡的逻辑如下：假设企业预期买方持有大量实际余额，那么他们相信 q 在 DM 匹配中会较高，从而其预期收益 ρ 同样较高。因此，大量企业就有激励参与市场，n 也就较高。但如果 n 较高，那么 DM 上消费机会出现的次数 $\sigma(n)$ 也同样较高，买方将发现持有大量实际余额将是最优的，这又支持了企业的信念。否则，如果企业预期买方将持有少量实际余额，那么企业进入就会较少。这导致 $\sigma(n)$ 较低，且买方持有较低实际余额。

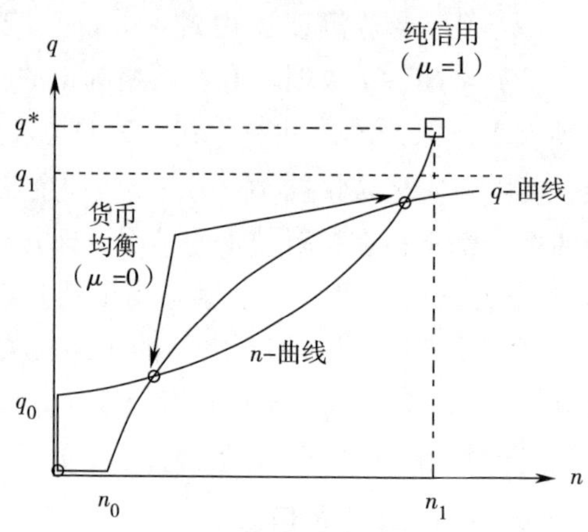

图 9–2 企业自由进入下的纯货币均衡

我们现在关注于“高”均衡——具有最高 q 值和最高 n 值的均衡，并作一些比较静态分析。由式（9.11）可知，当进入成本 k 下降，或者企业生产效率 $\bar{q}$ 上升时，n 曲线将向右移。这导致 q 和 n 都将增长。从由 i 的选择所描述的货币政策来看，由式（9.7）可见，i 的增长会引起 q 曲线下移，这意味着 q 和 n 都将下降（n 曲线并非名义利率的函数，因此不受到 i 变化的影响）。更高的通货膨胀率会提高货币持有成本，这导致家庭减少其实际余额持有。从而企业将在 DM 匹配中售出更少产出，其预期收益下降，且企业进入减少。

当完美执行技术在 $\mu \in (0, 1)$ 的匹配中可行时，其导致的均衡结果图形与图 9–2 类似。当使用信用的能力 μ 增加时，将引起 q 曲线下移和 n 曲线右移。均衡效应是不确定的，虽然信用增长会提高企业预期收益，从而激励企业进入，但同时也激励买方减少实际余额，从而降低企业在货币匹配中的收益。但是，从纯货币经济（$\mu=0$）向纯信用经济（$\mu=1$）的迁移会提高企业预期收益并导致更多的企业进入，这一点是毋庸置疑的。

在图 9–3 中，我们考虑了下列函数形式和参数值的一个数值例子：$u(q) = 2\sqrt{q}$，$\sigma(n) = n/(1+n)$，$\theta=0.5$，$(1+r)k-\bar{q}=0.4$，$i=0.01$。实线对应于 $\mu=$

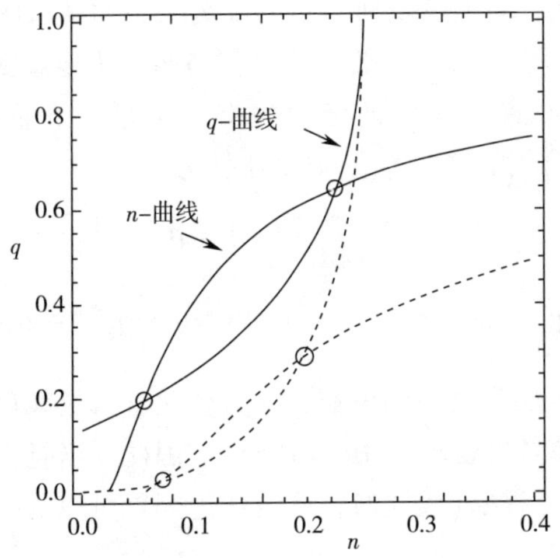

图 9-3 均衡条件（实线：$\mu=0.5$；虚线：$\mu=0.8$）

0.5 时的均衡条件，而虚线对应于 $\mu=0.8$ 时的情况。首先，可以看到存在着多重静态均衡。其次，当 q 和 n 均降低时，最高均衡随着 μ 的增加而增加。因此，即使企业能在信用匹配中享有更高的利润，随着匹配频数增加，买方实际余额会降低，从而整体利润降低。

最后，我们来考察福利。我们通过计算所有买方从 CM 在 $t=0$ 开始后的效用贴现和来测度社会福利

$$\mathcal{W}=x_0-y_0+\sum_{t=1}^{+\infty}\beta^t\{\sigma(n_t)[\mu u(q_t^c)+(1-\mu)u(q_t)]+x_t-y_t\} \quad (9.14)$$

社会规划者将在如下可行条件以及双边匹配中的可行条件（$q_t^c\leqslant\bar{q}$ 和 $q_t\leqslant\bar{q}$）约束下基于 $\{(q_t,q_t^c,n_t)\}_{t=1}^{+\infty}$ 实现 $\mathcal{W}$ 的最大化

$$\sigma(n_t)[\mu q_t^c+(1-\mu)q_t]+x_t+kn_{t+1}=y_t+n_t\bar{q},\text{对于所有 } t\geqslant 0 \quad (9.15)$$

由于经济是在 $t=0$ 的 CM 上开始的，我们设置 $n_0=q_0^c=q_0$。式（9.15）的右边为买方的商品产量 y_t 和企业的商品产量 $n_t\bar{q}$。这些商品分别在 DM 上被消费（$\sigma(n_t)[\mu q_t^c+(1-\mu)q_t]$）、在 CM 上被消费（$x_t$）或者被投资于企业（$kn_{t+1}$）。该规划问题的解为

$$q_t=q_t^c=q^* \quad (9.16)$$

$$(1+r)k=\sigma'(n_t)[u(q^*)-q^*]+\bar{q} \quad (9.17)$$

DM 产出水平最大化匹配剩余 $u(q)-q$，并独立于这些匹配中信用的可获得性。企业的社会最优测度使净进入成本 $(1+r)k-\bar{q}$ 等于一个进入卖方对匹配形成的边际贡献 $\sigma'(n_t)$ 乘以 DM 上的匹配剩余。

那么，均衡能实现与上述规划者解决方案相关的结果吗？由式（9.7），当且仅当 $i=0$ 时有 $q_t=q^*$。也就是说，当且仅当弗里德曼规则被实施时（这时实际余额持有是无成本的），DM 匹配中的交易量是社会最优的。进入条件式（9.11）和式（9.17）相一致的充分必要条件为

$$\frac{\sigma'(n)n}{\sigma(n)}=1-\theta \tag{9.18}$$

注意有 $\frac{\mathrm{d}\mathcal{M}(B,S)/\mathcal{M}(B,S)}{\mathrm{d}S/S}=\frac{\sigma'(n)n}{\sigma(n)}$，这意味着如果匹配函数对卖方测度的弹性等于卖方在匹配剩余中的份额，那么企业进入决策就是社会最优的。搜索模型中的这一效率条件被称为 Hosios 条件。因此，当且仅当货币政策实施弗里德曼规则以及 Hosios 条件成立时，社会最优配置可以是一个均衡结果。相关结果见 6.5 节。

9.3 有摩擦的劳动力市场

我们现在引入一个新的代理人范畴——工人。每位工人拥有一个不可分单位的劳动力，并根据线性偏好 x 评估 CM 消费。存在 1 个单位的此类代理人测度。我们还改变了企业技术，以使 $\bar{q}$ 单位产出刚好需要 1 单位工人劳动力。此外，工人劳动力不能用于企业外。因此，对于工人和企业而言，形成双边匹配以生产产出是具有共同利益的。工人的劳动力状态为 $e\in\{0,1\}$，其中当工人未被雇佣时有 $e=0$，而被雇佣时则有 $e=1$。买方的偏好和行为与 9.2 节相同。

该模型有两种等价解释。一种是买方与工人视为不同代理人，他们有各自的预算约束。另一种是经济由单位家庭（由一位买方和一位工人组成）测度。每个家庭在买方和工人联合预算约束下最大化其成员的效用之和如下

$$x+\gamma z'=y+ew_1+(1-e)w_0+\Delta+T \tag{9.19}$$

其中 w_1 为以 CM 商品测度的企业给被雇佣工人的工资支付，$w_0<w_1$ 为未被雇佣工人的收入支付。值得注意的是，由于不存在财富效应，家庭对 z' 的选择不受到工人收入支付的影响。

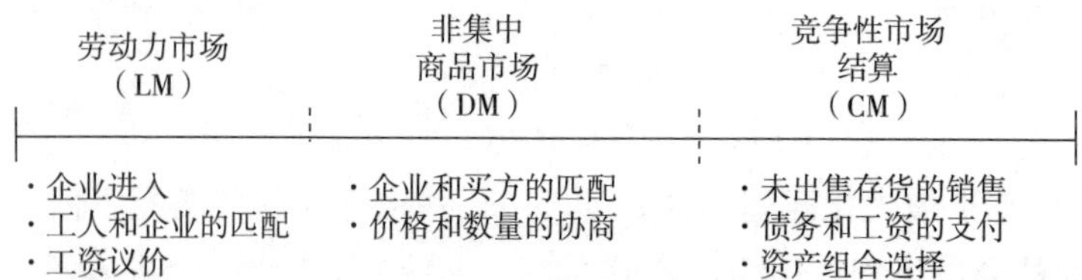

图 9-4 三子期时各事件的事件安排

企业可以在存在搜索匹配摩擦的劳动力市场上雇佣工人。劳动力市场（LM）在DM之前的每期期初开启，如图9-4所示。在前一个CM上支付k的企业能提出一个工作空缺，并搜索一位未被雇佣的工人。我们可将k解释为一个工作空缺的广告成本。存在着将空缺工作岗位V与岗位应聘方U进行匹配的技术$\mathcal{H}(U,V)$（$\mathcal{H}$意为"雇佣"）。对于其两个参数而言，匹配技术$\mathcal{H}$递增且为凹，且规模报酬不变。我们定义劳动力市场的紧度为每个岗位应聘方所对应的空缺工作岗位测度，并将其记作$\tau \equiv V/U$。求职者找到工作的概率为$f(\tau) \equiv \mathcal{H}(U,V)/\mathrm{U} \equiv \mathcal{H}(1,\tau)$，空缺岗位被发现的概率为$f(\tau)/\tau$。我们对$\mathcal{H}$的假设意味着有$f'(\tau) > 0$和$f''(\tau) < 0$，且假设$f(\tau) \leqslant \min\{1,\tau\}$，$f(0) = 0$，$f'(0) = 1$和$f(\infty) = 1$。因此，找到工作的概率$f(\tau)$随市场紧度的提高而提高，空缺岗位被发现的概率$f(\tau)/\tau$随市场紧度的提高而降低。在LM期间，每个工作关系以概率$\delta \in [0, 1]$被终止。雇员失业后，只能从下一期开始找工作。

强调企业成本在本节和9.2节之间的差别是很重要的。在9.2节，企业必须为其在每个t期的生产而在第$t-1$期承担参与成本k。在本节，企业招聘一个空缺岗位的成本为k。一旦工人被雇佣，企业就不用承担成本k，但必须在雇佣了一位工人的每个时期进行w_1的工资支付。

在劳动匹配完成后，即LM期末与DM期初交界时，我们测度了工人的终生预期效用。将工人的终生预期效用记作U_e，其中$e \in \{0, 1\}$为工人的劳动力市场状态。首先考虑在DM开始时已被雇佣的工人，即$e=1$。该工人的终生预期效用U_1由下列贝尔曼公式给出

$$U_1 = w_1 + (1-\delta)\beta U_1 + \delta\beta U_0 \tag{9.20}$$

被雇佣工人在CM上获得工资w_1，以交换其在前一个LM上向企业提供的劳动服务。在概率$1-\delta$下，工人维持被雇佣状态，其持续终生预期效用为βU_1。在概率δ下，工人失去其工作，其连续终生预期效用为βU_0。未雇佣工人在DM开始时的预期终生效用为

$$U_0 = w_0 + (1-f)\beta U_0 + f\beta U_1 \tag{9.21}$$

未被雇佣工人获得收入w_0，这可被解释为未雇佣收益（且通过一次性税收获得资金）。在随后的LM上，工人找到工作并成为就业者的概率为f，与此同时，有$1-f$概率的工人仍处于未雇佣状态。

一个被占据工作岗位的预期利润贴现和记作J，为

$$J = \rho - w_1 + \beta(1-\delta)J \tag{9.22}$$

其中，ρ是企业在DM和CM两期上的预期收益，由CM商品表示。一个工作的价值J等于企业预期收益减去其支付给工人的工资再加上工作关系（未终止时）

的预期贴现利润，后者发生的概率为 $1-\delta$。与 9.2 节相同，未来利润的贴现率等于代理人的时间偏好率，$r=\beta^{-1}-1$，因为对企业利润的要求权是无流动性的。求解式（9.22）中的 J，可得

$$J=\frac{\rho-w_1}{1-\beta(1-\delta)} \tag{9.23}$$

工作岗位的价值等于每期利润的贴现和，其中贴现率已经过工作关系终止概率的调整。

企业自由进入意味着，空缺岗位招聘广告的成本在均衡时等于在下一期 LM 上空位被占概率乘以被占岗位的贴现值，即

$$k=\beta\frac{f(\tau)}{\tau}J \tag{9.24}$$

工资由工人和企业间的议价决定。我们使用比例议价解（或者，本文中等价的一般纳什解），其中 $\lambda\in[0,1]$ 代表工人的议价能力。工资被设置为使工人获得总匹配剩余的 γ 部分，企业获得 $1-\lambda$ 部分，即

$$U_1-U_0=\frac{\lambda}{1-\lambda}J \tag{9.25}$$

被雇佣所带来的剩余 U_1-U_0，可用由贝尔曼公式得到的工资来表示

$$U_1-U_0=\frac{w_1-(1-\beta)U_0}{1-(1-\delta)\beta} \tag{9.26}$$

$(1-\beta)U_0$ 为工人的保留工资——工人在雇佣与未雇佣之间无差异的工资。因此，被雇佣的剩余 U_1-U_0 为工资与保留工资之差的贴现和，其中贴现率和式（9.23）一样，都经过了工作关系终止概率的调整。现在由式（9.23），式（9.25）的工人剩余（工资）也可表示为

$$U_1-U_0=\frac{\lambda}{1-\lambda}\left[\frac{\rho-w_1}{1-\beta(1-\delta)}\right] \tag{9.27}$$

由式（9.26）和式（9.27）可得

$$w_1-(1-\beta)U_0=\frac{\lambda}{1-\lambda}(\rho-w_1) \tag{9.28}$$

根据式（9.28），议价解适用于每期剩余：工人的每期剩余 $w_1-(1-\beta)U_0$ 等于 $\lambda/(1-\lambda)$ 乘以企业每期利润 $\rho-w_1$。由式（9.28）可得如下工资表达式

$$w_1=\lambda\rho+(1-\lambda)(1-\beta)U_0 \tag{9.29}$$

工资为企业预期收益 ρ 和工人保留工资 $(1-\beta)U_0$ 的加权平均值。由式（9.21），工人保留工资可表示为

$$(1-\beta)U_0=w_0+f\beta(U_1-U_0) \tag{9.30}$$

工人保留工资等于未被雇佣时的收入加上雇佣剩余的贴现值。为了得到式

(9.30) 右边 $U_1 - U_0$ 关于模型参数和市场紧度的表达式，注意到议价规则式(9.25) 为 J 的一个简单函数，由式 (9.24)，有 $U_1 - U_0 = \frac{\lambda}{1-\lambda}\left[\frac{k\tau}{\beta f(\tau)}\right]$。

将该式代入式 (9.30) 的右边，可得

$$(1-\beta)U_0 = w_0 + \frac{\lambda}{1-\lambda}k\tau \tag{9.31}$$

将式 (9.31) 得到的保留工资代入工资等式 (9.29)，可得由模型参数和市场紧度表示的工资表达式，即

$$w_1 = \lambda\rho + (1-\lambda)w_0 + \lambda k\tau \tag{9.32}$$

式 (9.32) 的头两项为未被雇佣时企业预期收益和工人收入的加权平均值(从现在开始，我们将企业预期收益 ρ 看作为外生参数。之后，其由商品市场活动来解释)。第三项为招聘每个工人总成本的 λ 部分。有意思的是，如果工人具有部分议价能力，他就可以利用招聘成本的存在来通过威胁离开企业从而要求更高的工资。最后一项相当重要，因为它使工资和劳动力市场状态τ之间建立了联系。

我们现在来决定均衡的劳动力市场紧度。首先将式 (9.23) 中的 J 代入自由进入条件式 (9.24)，用模型参数和工资 w_1 的函数表示市场紧度

$$(r+\delta)k = \frac{f(\tau)}{\tau}(\rho - w_1) \tag{9.33}$$

将式 (9.32) 的工资代入 (自由进入) 条件式 (9.33) 并简化得到

$$\frac{\tau}{f(\tau)}(r+\delta)k + \lambda k\tau = (1-\lambda)(\rho - w_0) \tag{9.34}$$

注意，式 (9.34) 左边是随τ的增加而增加。只要 $(r+\delta)k > (1-\lambda)(\rho - w_0)$，劳动力市场紧度就是正的，随 ρ 的增加而增加，并随 w_0、λ 和 k 的增加而降低。

劳动力市场状态的另一个测度 (相对于τ) 是未雇佣工人在 DM 期初的测度，记作 u。u 的运动定律为

$$u_{t+1} = u_t(1 - f_{t+1}) + \delta(1 - u_t) \tag{9.35}$$

被雇佣工人在 $t+1$ 时的测度等于在 t 时未被雇佣工人的测度减去在 $t+1$ 时的 *LM* 上找到工作的工人数量 $f_{t+1}u_t$，再加上失去工作的被雇佣工人测度 $\delta(1-u_t)$ (回想一下存在着 1 单位的工人测度)。失业的稳态水平正是 $u_{t+1} = u_t = u$，由式 (9.35) 可得

$$u = \frac{\delta}{f(\tau) + \delta} \tag{9.36}$$

因此，稳态失业率是劳动力市场紧度τ的递减函数和工作关系终止概率 δ 的

递增函数。

在图9－5中，式（9.36）由向下倾斜的BC曲线（贝弗里奇曲线）表示。自由进入条件式（9.34）由水平线VS（代表空缺岗位供给）。劳动力市场上的均衡由这两条曲线的交点唯一决定。注意，企业预期收益ρ的增加会使VS曲线上移，从而使得劳动力市场紧度τ增加和失业率u降低。

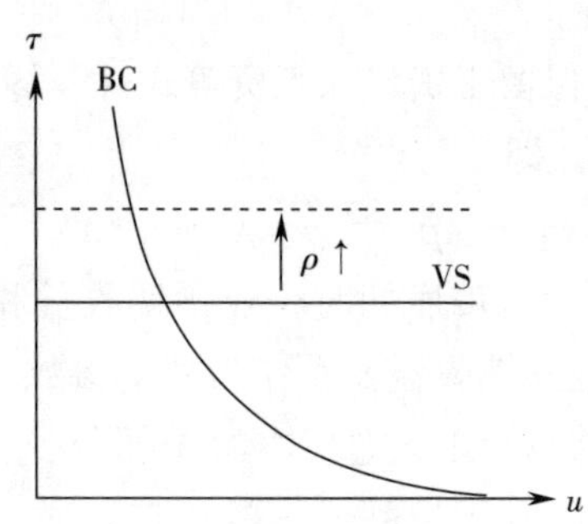

图9－5 劳动力市场的均衡

9.4 失业、货币和信用

上一节将企业收益ρ处理为外生的。为了刻画一般均衡状态，我们通过将9.2节对商品和货币市场的分析与9.3节对劳动力市场的分析结合起来，并放松了这一假设。均衡可被特征化为四个内生变量：劳动力市场紧度τ、失业率u、企业预期收益ρ和买方DM消费q。

当给定企业预期收益ρ，市场紧度由式（9.34）的解给出

$$\frac{\tau}{f(\tau)}(r+\delta)k+\lambda k\tau=(1-\lambda)(\rho-w_0) \tag{9.37}$$

当给定DM消费——信用匹配中的q^*和货币匹配中的q，企业预期收益由式（9.9）给出

$$\rho=\frac{\sigma[n(\tau)]}{n(\tau)}(1-\theta)\{\mu[u(q^*)-q^*]+(1-\mu)[u(q)-q]\}+\bar{q} \tag{9.38}$$

其中，由式（9.36）可知，DM商品市场上的企业测度为

$$n(\tau)=1-u=\frac{f(\tau)}{f(\tau)+\delta} \tag{9.39}$$

结合式（9.37）和式（9.38），得到劳动力市场紧度τ和货币匹配中DM消费q或者等价的买方实际余额z之间成正相关

$$\frac{\tau}{f(\tau)}(r+\delta)k+\lambda k\tau$$
$$=(1-\lambda)\left\{\frac{\sigma[n(\tau)]}{n(\tau)}(1-\theta)\{\mu[u(q^*)-q^*]+(1-\mu)[u(q)-q]\}+\bar{q}-w_0\right\} \tag{9.40}$$

式（9.40）的左边随τ的增加而增加，而右边则随τ的增加而降低。因此，当给定q，式（9.40）存在唯一解。相对于规范的劳动力市场模型而言，这里的新颖之处在于劳动力市场紧度τ的增加会使商品市场上产生竞争效应，$n'(\tau)>0$，这将降低企业的预期销售，因为是$\sigma[n(\tau)]/n(\tau)$随τ的增加而降低的。q的增加会引起式（9.40）的右边增加。结果，式（9.40）意味着当买方实际余额增加时，τ也必须增加。直观上，如果买方持有大量实际余额，他们就能在DM上消费更多产出，这会增加企业收益；增加的收益又会激励企业提供更多的岗位。

货币匹配中的DM消费由式（9.7）给出，可重写为

$$i=\sigma[n(\tau)](1-\mu)\theta\left[\frac{u'(q)-1}{\theta+(1-\theta)u'(q)}\right] \tag{9.41}$$

均衡条件式（9.41）反映出劳动力市场紧度和DM产出之间成正相关。直观来说，如果劳动力市场紧度τ上升，DM商品市场上企业的稳态测度n也会增加，从而DM上的交易机会出现的次数对于买方来说也会更多。买方的反应是积累更多的实际余额，而这会提高DM产出。因此，均衡会缩减为能求解式（9.40）和式（9.41）的(τ,q)。

我们现在描述一些特殊场景。首先考虑纯信用经济，$\mu=1$。由式（9.40），市场紧度由下式唯一决定

$$\frac{\tau}{f(\tau)}(r+\delta)k+\lambda k\tau=(1-\lambda)\left\{\frac{\sigma[n(\tau)]}{n(\tau)}(1-\theta)[u(q^*)-q^*]+\bar{q}-w_0\right\} \tag{9.42}$$

该模型将商品市场和劳动力市场联系了起来。例如，在DM商品市场上买方议价能力θ的降低会引起VS曲线上移，这将导致更高的劳动力市场紧度和更低的失业。

下面考虑纯货币经济，即当$\mu=0$时的情形。我们在图9－6中展示了两个均衡条件式（9.40）和式（9.41）。数量τ_0为特定劳动力市场紧度，低于该值时实际余额需求为0，因为商品市场上的卖方测度过低（参见图9－6中的q曲线）。数量τ_1则是当DM产出为其效率水平$q=q^*$时，由自由进入条件给出的市场紧度（参见图9－6中的τ曲线）。如果$(1-\lambda)(\bar{q}-w_0)<(r+\delta)k$，那么存在着DM产出的一个阈值$q_0$，低于该值时企业会停止开启工作空缺岗位，$\tau=0$，因为其预期收益相对于其进入成本而言过低了。当市场紧度趋于无限时，就业水

平达到最大，对实际余额的需求会使 DM 消费水平达到 q_1。如同9.2节，成正相关的劳动力市场紧度、就业和货币价值是有可能达到多重稳态均衡的。

对于比较静态，我们关注于高实际余额、高市场紧度和低失业率的最高均衡点。通货膨胀率的上升只会使 q 曲线下移。这导致更低的实际余额、更高的市场紧度和更低的失业。因此，我们的模型预测在长期上通货膨胀与失业率之间成正相关关系。直观上说，通货膨胀是对 DM 上交易的税收，而税收降低了买方持有的流动性金额和从企业购买商品的数量。结果导致，企业的预期收益下降，工作产生的效益不再可观。企业会缩减岗位，失业率会上升。

相反地，该模型预测劳动力市场政策会溢出到商品市场，并影响货币价值。例如，失业收益 w_0 的提高会使τ曲线左移；这降低了市场紧度和货币价值（因为 q 下降了），提高了失业水平。事实上，w_0 的提高会增加工资和降低企业利润，参见式（9.34）。这导致商品市场上活跃企业的测度下降，从而 DM 上的交易机会减少。买方会减少实际余额，货币价值会降低。类似地，如果工人的议价能力 λ 增加，那么市场紧度和货币价值将降低，从而失业率会上升。

最后，考虑货币和信用共存的经济，$\mu \in (0, 1)$。首先假设买方在 DM 商品市场上拥有全部议价能力，$\theta = 1$，由式（9.38）可知，企业预期收益为 $\rho = \bar{q}$。这意味着劳动力市场紧度由式（9.37）决定，并独立于对流动性的考量。在图9－6中，τ曲线是垂直的。在 $\theta \in (0, 1)$ 的更为一般情况下，τ曲线是向上倾斜的，均衡的决定类似于图9－6。

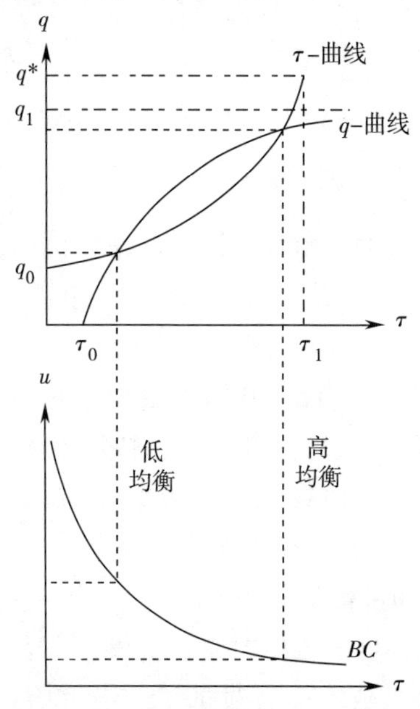

图9－6　有摩擦的劳动力市场的纯货币均衡

9.5 有限承诺下的失业和信用

目前为止，我们都假设信用是完美的，即存在这种确保债务偿付的执行技术。这使得信用匹配中代理人的交易量为 q^*。假设这样的执行技术并不存在，但存在一种记录维持技术，能跟踪买方个人的交易历史。现在买方不能被迫偿付其债务了。如果在DM上使用了债务，债务偿付就必须是自我实施的。公共监管技术的存在允许企业通过将其排挤到所有未来信用交易之外来惩罚那些债务违约的买方。为了简化起见，且由于货币在存在完美监督时并非至关重要，我们将在下面部分将抽象掉货币交易，从而假设 $\mu=1$。

将买方的债务限额记为 $\bar{b}$，并定义为买方愿意偿付的最大值。与买方的偿付激励一致，最大债务限额为 $\bar{b}=\beta V$ 的解。违约收益 $\bar{b}$ 等于买方获取信用时的连续价值。与2.4节类似，$\bar{b}$ 为下式的解

$$r\bar{b} = \sigma(n)\theta[u(q^c) - q^c] \tag{9.43}$$

其中，由比例议价解可得 q^c：当 $\theta q^* + (1-\theta)u(q^*) \leqslant \bar{b}$ 时，有 $q^c=q^*$；否则有 $\bar{b} = \theta q^c + (1-\theta)u(q^c)$。

式（9.43）的左边与 $\bar{b}$ 线性相关，而右边则为递增和凹的。只要 $r<\sigma(n)\theta/(1-\theta)$（利用 $u'(0)=+\infty$），式（9.43）就有 $\bar{b}>0$ 的唯一解。而且，式（9.43）的右边随 n 的增大而增大。因此，商品市场上的债务限额随企业的增多而增大。事实上，如果市场上卖方更多，买方就会有更多的交易机会，从而获取信用变得更有价值，即回到自给自足状态的惩罚就显得更加严厉。

由式（9.38），企业在纯信用经济中的预期收益由下式给出

$$\rho(\bar{b}) = \frac{\sigma[n(\tau)]}{n(\tau)}(1-\theta)\{u[q^c(\bar{b})] - q^c(\bar{b})\} + \bar{q} \tag{9.44}$$

由于匹配剩余随买方债务限额的增加而增加，可知 ρ 随 $\bar{b}$ 的增加而增加。直观来说，如果买方有更高的借款能力，那么其能在DM上购买更多数量，这会增加企业预期收益。由式（9.37），则有劳动力市场紧度为 $\bar{b}$ 的递增函数。

稳态均衡可被简化为满足式（9.37）和式（9.43）的 (q^c,τ)。这两个条件可通过图9－6中的两条向上倾斜曲线来表述。与在纯货币经济中相同，也可能存在多重稳态均衡。如果企业相信买方有较大借贷能力，那么其就会预期在DM上有较高销售，且认为开启大量工作空位是最优的。这导致生产性工作的数量较多，且买方在DM上获取较多交易机会。由于买方交易频繁，未来交易的成本就较小。因此，买方在自给自足的威胁下会大量借款，这与企业的初始信念一致。

9.6 进一步阅读

生产方自由进入的模型是根据 Rocheteau 和 Wright（2005）而来。相对于该模型，我们加入了信用并采用比例议价解。有摩擦的商品和劳动力市场模型是基于 Shi（1998），Berentsen、Menzio 和 Wright（2011）的。Shi 构建了大家庭模型，该模型用保险使成员免于劳动力市场和商品市场上的异质风险。Berentsen、Menzio 和 Wright（2011）假设个人具有拟线性偏好，并会在周期性的竞争性市场上［Lagos、Wright（2005）］重新调整货币持有量。Mei（2011）采用竞争性搜索均衡的概念来研究通货膨胀和失业之间的关系。Gomis – Porqueras、Julien 和 Wang（2013）研究了最优货币和财政政策。在所有这些模型中，信用并不是激励可行的，这是因为缺乏记录维持，所以不可兑现货币在商品市场上能解决需求的双重契合问题。其他的失业和通胀模型都基于 Mortensen – Pissarides 框架，包括 Cooley 和 Quadrini（2004）以及 Lehmann（2012）。有摩擦的商品市场和劳动力市场模型还包括 Lehmann 和 Van der Linden（2010）以及 Petrosky – Nadeau 和 Wasmer（2015）。Williamson（2015b）提出了货币/劳动力搜索模型，他发现经济代理人难以合理分配交易剩余，并考虑纠正凯恩斯低效率的货币和财政政策。

失业和信用模型包括 Bethune、Rocheteau 和 Rupert（2015）以及 Branch、Petrosky – Nadeau 和 Rocheteau（2014）。在前者中，信用是无担保且债务限额是内生的。而且，只有一部分家庭能获得信用，其余的则能积累流动性资产。在后者中，信用是由家庭资产提供担保的，且劳动力市场包括两个部门：一般商品部门和修建住宅的建筑部门。Silva（2016）研究了内生债务限额和产品多样性之间的关系：更大的债务限额促进了商品需求并鼓励出售新商品的企业进入；更多的多样性增加了违约的机会成本，从而提高了均衡债务水平。Guerrieri 和 Lorenzoni（2009）识别出了非集中交易模型中支出和生产的协调因素，其中代理人可使用货币或信用来购买商品，我们的模型与之类似。这导致了总体波动的加剧以及厂商之间联动效应的加强。Beaudry、Galizia 和 Portier（2015）提出了失业和高成本信贷的模型，其提供了内生的限额循环。

Wasmer 和 Weil（2004）以及 Petrosky – Nadeau（2013）对 Mortensen – Pissarides模型进行了扩展，引入了信用市场可以帮助公司寻找投资者融资，以解决增设岗位的成本。Dromel、Kolakez 和 Lehmann（2010）刻画了信用摩擦对失业持续性的影响。

10 货币、可转让债务和结算

在大额支付系统中，比如美联储电传系统（Fedwire），参与者整天都在发出和接收支付。在理想的世界中，支付过程可以是无缝的，也就是说，代理人在发出支付时，或者在发出支付前收到支付。在这样的理想世界里，代理人手头上总是有充足的流动性来对付他们需要作出的支付。但是，在实际生活中，支付过程并不是如此完美地同时发生，当代理人想要或必须完成一笔支付时，他的手头可能没有足够的流动性。在这种情况下，代理人需要等待汇入支付。但是，等待可能会是代价高昂的。作为一种选择，支付网络可以向代理人提供流动性，也就是说，通过日间贷款的方式，代理人可以及时地完成时间关键性支付（time critical payment），当代理人收到该延迟的支付时，就可以归还这笔贷款。支付时序的重要性并不仅仅局限于大额支付系统。同样的问题也会来自短期货币市场，比如三方回购，以及金融证券的清算和结算，如此等等。

在本章，我们将讨论与结算摩擦相关的影响以及当这种摩擦对经济具有负面影响时可能采取的政策。为了解决这个问题，我们修改经济环境，让法币扮演双重角色：既作为便利交易的交换媒介，同时作为结算债务的工具，即对某个先期债务进行支付。我们在私人债务的结算中引入摩擦，从而产生可转让债务（negotiable debt）。可转让债务可以被卖给第三方，且当出示该债务要求偿付时，由债务签发人承兑。结算摩擦是指代理人立即需要流动性或货币，但当时没有流动性，正在等待支付。代理人也可以卖出代表这笔汇入支付的债权以获得目前所期望的流动性。根据该摩擦的大小，如果可转让债务市场流动性充足，可转让债务的卖方将收到足值的要求权。在这种情况下，可转让债务市场消除了结算摩擦。但是，事情并非总是如此，市场上常常会产生与结算摩擦相关的流动性问题。

当可转让债务市场无法克服结算摩擦时，结算中产生的流动性问题将外溢到信贷和生产市场，将对实际经济产生负面影响。这种情况下，中央银行的干预将起到提高福利的作用。中央银行可以使用公开市场或者贴息窗口等操作方式在经济过程的结算阶段提供额外的流动性。恰当的政策设计可以在结算阶段提供流动性，但对货币供应不产生长期的影响。任何因流动性原因的货币注入都会因为央行持有的私人债务的赎回或清偿而终结。如果中央银行遵循上述思路，那么，将恢复到有效配置状态。这一推理逻辑支撑货币供给弹性的思想，也是建立联邦储备系统的基本原则。当因债务人的利益原因而导致外生违约风险时，我们发现我们的基本思想并没有改变。

10.1 环境

我们考虑信用和货币并存且货币用于结算债务的环境。为了以最常用的经济方法描述这一思想，我们将修改基准模型。现在，一个时期将被划分为四个子时期：早晨、白天、晚上和深夜。

在基准模型中，白天子期是一个分散市场，用DM表示，其特征为搜寻商品的双边匹配和交换；晚上子期是一个竞争性市场，用CM_2表示，通用商品在该市场内生产和交易。而对于另外两个新的子期，早晨子期类似于晚上子期，是一个竞争性市场，用CM_1表示，通用商品在该市场内生产和交易；在深夜子期，不能生产和消费。在深夜子期中，代理人有机会结算其在以前阶段产生的债务。如果代理人选择在深夜子期结算其债务，那么，债务必须用货币结算，因为此子期不能生产。

为了处理货币和信用的并存以及用货币结算债务，我们给出以下假设条件。

1. 代理人仅生活在四个子期。买方在一个时期的开始阶段出生，即早晨，在同一时期的深夜结算阶段死去。卖方在白天子期的开始出生，死于早晨子期的结束时间，也就是子期序列中的 CM_1。

2. 当买方生产时，买方是异质的。一半的买方仅在 CM_1 生产，而另一半买方在 CM_2 生产。我们将前者称为早期生产者，而将后者称为晚期生产者。

3. 在 DM 双边匹配时，卖方具有验证发行者身份的技术。在深夜子期，存在验证 DM 市场里发行的借据（IOU）的技术，以及偿付借据的强制措施。

4. 在 CM 中，借据不能验证，并且不能无成本伪造。

假设 1 蕴含在任意 CM_1 中，经济中的人口由年轻的买方和年老的卖方构成；在其他子期，经济中的人口由同一时期出生的买方和卖方构成。由于所有的买方都开始于没有货币余额的时期，因此假设存在有限个活着的买方是合适的。另外，预期不能在 CM_1 中生产的买方可能希望在前期积累货币余额。假设 1 与假设 2 蕴含着如果晚期生产者在 DM 中交易，他们只能通过发行借据完成交易，因为，他们不可能积累货币余额。假设 3 蕴含在 DM 的匹配中，可以发行借据。

假设4蕴含着在DM中发行和验证的借据不能作为支付手段在CM中流通，并且，也不能发行新的借据，因为，在这些子期中存在识别问题。概括地说，以上假设蕴含早期生产者可以在DM中使用货币或债务，晚期生产者在DM中只能使用债务，并且，所有的债务将在深夜结算子期用货币结算（注意，此处的结构类似于第6.6部分，以前的结构和本章的结构的重要联系是买方在生产能力方面是异质的）。

根据买方的类型，买方能够在CM_1或CM_2中生产通用商品，但是，他们没有愿望消费通用商品。他们不能生产搜寻商品，但是希望消费该种商品。买方的偏好可用如下瞬时效用函数描述

$$U^b(q,y) = u(q) - y$$

式中，y是买方在CM_1或CM_2上的通用商品产量，它依赖于买方的类型；q是搜寻商品的消费量。

卖方能够在DM中生产搜寻商品，但是没有意愿消费搜寻商品。他们不能生产通用商品，但却希望消费通用商品。卖方的偏好给出如下

$$U^s(q,x) = -c(q) + x$$

式中，x是卖方在CM_1和CM_2上的通用商品消费量；q是所生产的搜寻商品的数量。注意，代理人在整个生命期的各个子期里不会贴现效用。

在DM期间，买方和卖方将匹配，买方消费搜寻商品，而卖方生产搜寻商品。为了简单起见，我们通过将匹配概率σ设为1，以取消任何搜寻匹配摩擦。

图10-1总结了一个有代表性的时期内的事件时序和交易模式。在某一时序的开始，出生了一定数量的买方。其中的一半，即早期生产者，能够在CM_1中从事生产。在CM_1中，这些年轻的买方生产通用商品，用来交换货币，而年老的卖方通过货币交换获得通用商品。年老卖方在早晨结束时死去，而在DM开始时新生的一定数量的卖方将取而代之。在DM中，每个买方与某个卖方匹配。一半的买方，早期生产者使用货币进行交易，而另一半买方，晚期生产者使用信用进行交易（早期生产者也可以在DM中选择使用信用进行交易，但为了简化阐述过程，图10-1中没有标出）。为了在深夜子期结算他们的债务，使用信用进行交易的买方在CM_2生产通用商品用来交换货币；卖方交换货币获得通用商品。在深夜结算子期，买方和卖方来到某个碰头地点以结算债务。在深夜结算子期收到货币的卖方将在下一个时期的CM_1中（在死前）花掉这些货币。

我们将主要讨论静态均衡。因为货币在两个不同的子期的竞争市场里用来交换通用商品，所以，将货币区分为两种价格：令ϕ_1表示CM_1中通用商品的货币价格，ϕ_2表示CM_2中的货币价格。

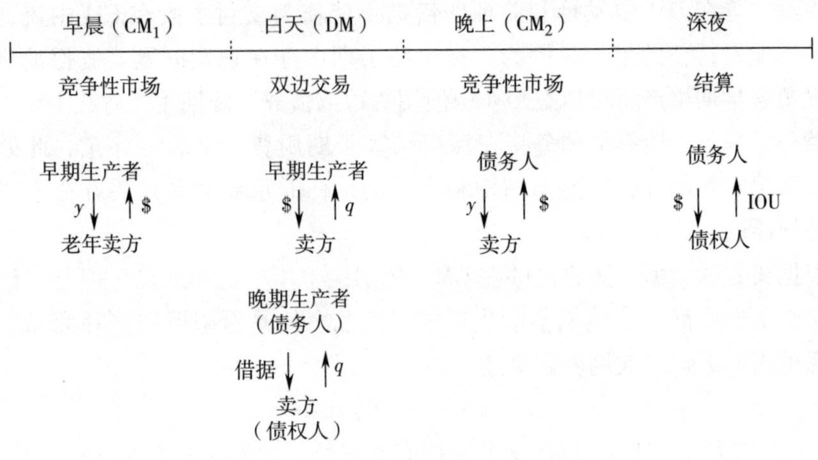

图 10－1 时间安排与交易模式

10.2 无摩擦结算

首先，我们讨论在结算阶段不存在摩擦的经济。特别是，所有的债务人和债权人在深夜子期同时到达中央碰头地点，并且，所有的债务同时结算。

先考虑DM中早期生产者和卖方之间的一个匹配。该买方在早晨生产通用商品，得到 m 单位的货币。假设买方在白天购买 q^m 单位的搜寻商品，花掉 m 单位的货币。数量 q^m 取决于买方要么接受要么放弃的报价。卖方的参与约束为

$$-c(q^m)+\max(\phi_1,\phi_2)m\geqslant 0 \tag{10.1}$$

因为卖方可以选择以 ϕ_1 的价格在 CM_2 中花掉货币，或者在后面的 CM_1 中以 ϕ_1 的价格花掉货币，因此卖方以 $\max(\phi_1,\phi_2)$ 估算货币的价值。我们可以运用简单均衡论证得到 $\max(\phi_1,\phi_2)=\phi_2$。如果 $\phi_2<\phi_1$，那么卖方将在后续的 CM_1 中花掉他们的货币。但是，这个结果与 CM_2 的出清是不一致的，因为后期生产者必须在晚上获得货币以清算他们的债务。因此，卖方的参与约束式（10.1）可以简化为 $-c(q^m)+\phi_2 m\geqslant 0$。注意，早期生产的买方没有动机在 CM_1 中积累货币和在DM中发行债务，因为，卖方（弱）偏好于收到他们能在 CM_2 中花掉的货币。

既然买方对一般消费品不进行估价，DM中早期买方对卖方的出价可由下式的解给出

$$\max_{q^m} u(q^m) \tag{10.2}$$

$$s.t.\ \ c(q^m)=\phi_2 m \tag{10.3}$$

该问题的解为 $q^m(m) = c^{-1}(\phi_2 m)$，即买方花掉所有的货币，以满足卖方的参与。

在 CM_1 中，早期生产买方选择持有的货币量 m，可由下式的解给出

$$\max_m[-\phi_1 m + u(q^m(m))] \tag{10.4}$$

由于式（10.2）～（10.3）有 $dq^m/dm = \phi_2/c'(q^m)$，（10.4）的解为

$$\frac{u'(q^m)}{c'(q^m)} = \frac{\phi_1}{\phi_2} \tag{10.5}$$

由式（10.5），当且仅当 $\phi_1 = \phi_2$，有 $q^m = q^*$；如 $\phi_2 > \phi_1$，则有 $q^m > q^*$。所以，CM_1 中早期生产者的货币需求为

$$m = \frac{c(q)^m}{\phi_2} \tag{10.6}$$

CM_1 中的货币供给来自老年卖方，这些老年卖方持有全部的货币存量 M。由于存在 1/2 的买方是早期生产者，所以 CM_1 货币市场均衡意味着 $M = m/2$，且由式（10.6）可知，q^m 满足

$$c(q^m) = 2M\phi_2 \tag{10.7}$$

现在，我们转而研究在 DM 中进行双边匹配的晚期生产买方问题。在双边匹配时，晚期生产买方必须发行借据用于支付搜寻商品，这些借据将在深夜结算子期偿付。请回忆一下，买方之所以能够在双边匹配中发行借据，其原因是借据和买方的身份能够被鉴别，而唯一的另外一个鉴别借据的地方是结算阶段。买方通过在 CM_2 中生产产品换取货币以清偿负债。匹配交易条件（q^b，b）由买方基于要么接受要么放弃的报价确定，q^b 表示卖方生产的搜寻商品数量，b 表示买方承诺在深夜结算子期偿付的货币数量（为了便于理解，可以将 q^m 中的 m 理解为使用货币的买方购买的搜寻商品，将 q^b 中的 b 理解为发行债券或借据的买方购买的搜寻商品）。买方的报价可由下式的解给出

$$\max_{q^b,b}[u(q^b) - \phi_2 b] \tag{10.8}$$

$$s.t. \ -c(q^b) + \phi_1 b = 0 \tag{10.9}$$

卖方按价格 ϕ_1 给买方的债务估值，因为他在深夜结算子期收到的货币只能在下一个早晨花掉。买方问题（10.8）～（10.9）的解为

$$\frac{u'(q^b)}{c'(q^b)} = \frac{\phi_2}{\phi_1} \tag{10.10}$$

根据式（10.10），当且仅当 $\phi_1 = \phi_2$ 时有 $q^b = q^*$；如果 $\phi_1 < \phi_2$，则有 $q^b < q^*$。由式（10.9），买方在匹配中发行的名义债务数量为

$$b = \frac{c(q^b)}{\phi_1} \tag{10.11}$$

考虑CM_2的均衡情况。如果$\phi_2 > \phi_1$，那么在CM_2开始时持有货币的卖方将花掉所有的货币，这使得在晚上子期结束时，所有的货币由晚期生产者买方持有，即$b/2 = M$。如果$\phi_2 = \phi_1$，那么持有货币的卖方在CM_2或者接下来的CM_1中花掉货币并无不同。既然如此，有$b/2 \leqslant M$。归纳如下

$$b\begin{Bmatrix} = \\ \leqslant \end{Bmatrix}2M \quad 如当\ \phi_2\begin{Bmatrix} > \\ = \end{Bmatrix}\phi_1 \tag{10.12}$$

稳态均衡是一个满足式（10.5）、（10.7）、（10.10）、（10.11）和（10.12）的列表$(q^m, q^b, \phi_1, \phi_2, b)$。易证$q^m = q^b = q^*$和$b = 2M$，且$\phi_1 = \phi_2 = c(q^*)/2M$是一个均衡。如果$\phi_1 = \phi_2$，那么由式（10.5）和式（10.10），有$q^m = q^b = q^*$。又根据式（10.7），有$\phi_1 = \phi_2 = c(q^*)/2M$。根据式（10.11），有$b = 2M$，这与式（10.12）是一致的。在附录中我们说明了当参数u和c取某些值时，如$u(q) = 2\sqrt{q}$和$c(q) = q$时，存在唯一均衡。在下面的章节中，我们将重点关注无摩擦结算情况下存在唯一均衡的各种规范。在该均衡下，CM_1与CM_2中货币的价格是相等的，所有匹配都交易搜寻商品的有效数量q^*。

10.3 结算和流动性

现在，我们引入结算摩擦。当债务人和债权人在不同的时间点到达和离开深夜结算子期时，结算摩擦便产生了。更具体地说，深夜结算子期的时序如下：所有的债权人（即卖方）、α部分的债务人（即晚期生产买方）在结算子期的开始时点到达中央碰头的地方，然后，δ部分的债权人离开，在此之后，剩余的$1-\alpha$部分的债务人到达，最后，剩余的$1-\delta$部分的债权人和所有的债务人离开结算子期。此时点，所有的买方死去，所有的卖方移动到下一个时期的早晨。到达与离开的时序如图10-2所示。我们有时令债权人（债务人）较早离开（较早到达），有时令债权人（债务人）较晚离开（较晚到达），其意自明。这种到达与离开的摩擦将导致在深夜结算子期需要债务转售市场。我们假设这种转售市场是竞争性的，用ρ表示用货币表示的1美元债务的价格。

为获得货币而生产DM商品的卖方既不是债权人也不是债务人。这些卖方有放弃在CM_2中消费而换之以提供结算期流动性的激励。他们可以通过买入由较晚到达债务人偿付的较早离开债权人的借据来实现这一点。为简单起见，我们假设持有货币并在CM_2中不全部花掉的卖方总是在结算子期的开始时点到达，

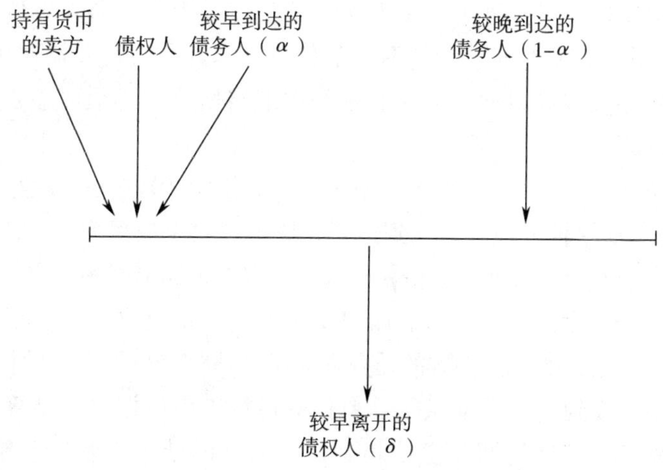

图 10-2 结算阶段的摩擦

并且总是一直待到结束时（见图 10-2）。如果持有货币的 δ 部分的卖方不得不早点离开结算阶段，那么，我们论证的逻辑将是：这种情况下，持有货币的卖方能够以 $1-\delta$ 的概率购买二手债务。

现在，买方 DM 议价问题需要考虑生产 DM 商品而收到货币的卖方可能希望在结算子期使用这些货币购买债务的概率。特别是，在 DM 期间的双边匹配中收到一个单位货币的卖方可以在 CM_2 中花掉它，以换取 ϕ_2 单位的通用商品，或者，在结算子期购买 $1/\rho$ 的借据，然后在接下来的 CM_1 中购买 ϕ_1/ρ 单位的通用商品。在均衡时，卖方必须要在 CM_2 中花掉一定量的货币，以使得晚期生产买方在深夜子期获得货币以结算他们的债务。由于 CM_2 中的均衡要求 $\phi_2 \geqslant \phi_1/\rho$，所以，卖方的参与约束仍然由 $c(q^m) = \phi_2 m$ 给出。因此，早期生产买方的议价问题与无摩擦结算环境一样，该问题的解由（10.5）描述，而该匹配的生产量 q^m 满足公式（10.7）。

现在考虑晚期生产买方的议价问题。因债务而交易其产出的卖方的参与约束会受到结算阶段摩擦的影响。更详细地，如果债权人卖方需要在他们的债务人到达之前离开结算阶段，那么，他们可能不得不打折卖掉他们的借据。令 $\overline{\omega}$ 表示卖方以美元表示的 1 美元借据的预期值。买方的议价问题可表示如下

$$\max_{q^b,b}[u(q^b) - \phi_2 b] \tag{10.13}$$

$$s.t. \quad -c(q^b) + \overline{\omega}\phi_1 b = 0 \tag{10.14}$$

其中，$\overline{\omega}$ 满足

$$\overline{\omega} = \delta[\alpha + (1-\alpha)\rho] + (1-\delta)\left[\frac{\alpha}{\rho} + (1-\alpha)\right] \tag{10.15}$$

由式（10.13），买方将使其消费效用减去 CM_2 中生产 $\phi_2 b$ 单位通用商品的成本的差最大化，以偿付他在结算阶段的债务。卖方参与约束式（10.14）说明在下一个 CM_1 中交易的以通用商品表示的预期借据价值必须覆盖卖方在 DM 中的生产负效用。

公式（10.15）有如下的解释。持有 1 美元借据的卖方必须较早离开结算地点，概率为 δ。如果他的债务人也到达了，该事件发生的概率为 α，那么，借据以 1 美元清偿。否则，借据以价格 ρ 出售，持有 1 美元借据的卖方不需要较早离开，概率为 $1-\delta$。因此，卖方持有的以 1 美元清偿的借据，独立于他的债务人的到达时间。但是，如果某卖方的债务人较早到达，该事件发生的概率为 α，债权人可以使用他收到的美元购买 $1/\rho$ 单位的借据，该借据将在结算阶段结束时以 $1/\rho$ 美元清偿。借据的期望值依赖到达与离开的结果以及这些结果的概率，这些期望值参见表 10－1。

表 10－1　　结算期 1 美元借据的价值（无违约）

债务人到达…… 债权人离开……	较早（α）	较晚（$1-\alpha$）
较早（δ）	1	ρ
较晚（$1-\delta$）	$1/\rho$	1

晚期生产买方的议价问题式（10.13）～（10.14）的解为

$$\frac{u'(q^b)}{c'(q^b)}=\frac{\phi_2}{\overline{\omega}\phi_1} \tag{10.16}$$

如果 $\phi_2=\overline{\omega}\phi_1$，那么在 DM 上用于交换借据的交易量就是有效的。由式（10.14），买方在 DM 上发行的债务量为

$$b=\frac{c(q^b)}{\overline{\omega}\phi_1} \tag{10.17}$$

考虑 CM_2 的均衡。用 Δ 表示每个持有货币的卖方的资金量，卖方一直待到深夜以便于能够在深夜结算子期购买二手借据，这样的卖方占总数的 1/2。CM_2 中总的货币供应等于总存量 M 减去卖方在结算子期为购买现存的借据所持有的货币量，即 $\Delta/2$。来自需要结算债务的买方的货币需求量等于 $b/2$。因此，CM_2 的均衡须满足

$$\frac{b}{2}+\frac{\Delta}{2}=M \tag{10.18}$$

如果 $\phi_2>\phi_1/\rho$，那么在晚上开始时持有货币的卖方偏好于在 CM_2 花掉货币，而不是在接下来的 CM_1 中。但如果 $\phi_2=\phi_1/\rho$，那么卖方在 CM_1 与 CM_2 中花钱并

无不同。归纳如下

$$\Delta\begin{cases} = 0 & \text{如 } \phi_2 > \dfrac{\phi_1}{\rho} \\ \geqslant 0 & \text{如 } \phi_2 = \dfrac{\phi_1}{\rho} \end{cases} \tag{10.19}$$

现在，我们转而讨论结算期现存债务市场的均衡。注意，结算期借据的价格ρ不能大于1。$\rho>1$意味着任何购买借据的人将得到一个严格负的净回报。因此有$\rho\leqslant 1$。在结算阶段，有两种可能的资金供给来源用于购买现存借据。首先，较早获得偿付并且较晚离开的债权人，他们持有总计$(1-\delta)\alpha b/2$单位的货币（请回忆，DM 中一半的卖方是由借据偿付的）。其次，存在在 DM 阶段收到货币并在结算期提供$\Delta/2$单位货币的卖方。较早离开债权人的资金需求为$\rho\delta(1-\alpha)b/2$。如果资金供给$(1-\delta)\alpha b/2+\Delta/2$大于需要购买的二手借据数量$\delta(1-\alpha)b/2$，那么这些借据买方将竞相出高价，直到$\rho=1$为止。否则，二手借据的价格将调整，以使资金供给$(1-\delta)\alpha b/2+\Delta/2$等于需求$\delta(1-\alpha)b/2$。以上总结起来，二手债务的市场出清价格$\rho$满足

$$\rho=\begin{cases} 1 & \text{如}(1-\delta)\alpha\dfrac{b}{2}+\dfrac{\Delta}{2}\geqslant\delta(1-\alpha)\dfrac{b}{2} \\ \dfrac{(1-\delta)\alpha b+\Delta}{\delta(1-\alpha)b} & \text{其他情况} \end{cases} \tag{10.20}$$

如果资金供给远大于偿付较早离开债权人借据的面值，那么现存债务的价格为1。如果资金出现短缺，那么，现存债务将被打折出售。

稳态均衡是满足公式（10.5）~（10.7）和（10.16）~（10.20）的一个列表$(\phi_1,\phi_2,\rho,q^m,q^b,b,\Delta)$。我们区分两种类型的均衡：一种情况为$\rho=1$，另一种为$\rho<1$。如果$\rho=1$，那么，在结算期将不存在流动性短缺：现存借据以面值售出，且根据式（10.15），DM 上1美元借据的期望值是1，即$\overline{\omega}=1$。可以得出，均衡条件等同于在结算阶段没有摩擦的经济类型，即$q^m=q^b=q^*$，$\phi_1=\phi_2=c(q^*)/2M$，$b=2M$，以及$\Delta=0$。注意由式（10.20），$\rho=1$要求$(1-\delta)\alpha/\delta(1-\alpha)\geqslant 1$，或者等价的$\alpha\geqslant\delta$。直觉上，如果较早到达结算地点的债务人的数量（$\alpha$）大于较早离开的债权人的数量（$\delta$），将不会存在流动性短缺。由较早到达的债务人偿付的债权人能够使用这些货币来购买那些需要售出借据债权人（更早离开的债权人）的借据。

现在考虑在结算期折价售出现存债务的多种均衡，即$\rho<1$。根据式（10.20），有

$$\rho=\frac{(1-\delta)\alpha b+\Delta}{\delta(1-\alpha)b}$$

该均衡受流动性约束，也就是说，在较早离开的债权人离去之前的结算期里，没有足够的可用货币以面值出清债务。一个重要的结论是，如果$\rho<1$，那么$\Delta>0$，这意味着持有货币的卖方在CM_2阶段只花掉一部分货币余额而在结算阶段提供额外的流动性。为了理解这一点，从反方向来设想一下，设$\Delta=0$。然后根据式（10.20），有$\rho=(1-\delta)\alpha/\delta(1-\alpha)<1$，根据式（10.15）有$\bar{\omega}=1$。但这意味着确定（$q^m$，$q^b$，$\phi_1$，$\phi_2$）的方程与那些前面导出的无结算摩擦的模型是相等的，从而得出$\phi_1=\phi_2$（请回忆，我们曾重点讨论一些解释说明在无摩擦结算情况下，均衡是唯一的）。但是，$\phi_1=\phi_2$与无套利条件$\phi_2\geqslant\phi_1/\rho$矛盾，因为$\rho<1$。因此，每当$\rho<1$，总有$\Delta>0$。

当$\rho<1$和$\Delta>0$时，条件（10.19）蕴含着$\phi_2=\phi_1/\rho$，这意味着持有货币的卖方在CM_2或接下来的CM_1中花掉货币是无差异的。

现在我们转而研究流动性短缺对于均衡配置的影响。由式（10.15）知$\bar{\omega}<1/\rho$，从而有$\phi_2/\bar{\omega}\phi_1>\rho\phi_2/\phi_1=1$。结合$\phi_2>\phi_1$，式（10.5）和式（10.16）意味着

$$\frac{u'(q^m)}{c'(q^m)}=\frac{\phi_1}{\phi_2}<1<\frac{u'(q^b)}{c'(q^b)}=\frac{\phi_2}{\bar{\omega}\phi_1}$$

DM中的交易量必须满足$q^b<q^*<q^m$：DM中使用货币进行交易的买方比使用信用的买方得到更多的产出。直觉上，由货币偿付的卖方能用其购买结算期的生息债务；相反，由债务偿付的卖方将面对在结算期折价出售其借据的风险。

结算期的流动性短缺将通过货币在CM_2中比CM_1中更具价值来影响资源的配置。的确，由于未结算的债务在结算期以折价出售，因此在晚上存在额外的流动性需求。CM_2中货币更有价值的事实使得早期生产买方消费更多，而晚期生产买方的消费下降。

10.4 结算和违约风险

我们现在引入晚期生产买方债务违约的异质风险。我们将违约风险形式化为：假设债务人能够在晚上生产的概率为ϱ，并以概率$1-\varrho$不能生产，从而产生债务违约。假设债务人在晚上之前不知道他是否会违约。该假设意味着在DM阶段，买方和卖方在双边匹配过程中信息是对称的。我们假设不能够生产从而出现债务违约的债务人将不出现在结算阶段。这意味着售出其借据的较早离开债权人并不知道这些借据是否可以得到偿付。

因为违约风险与使用货币的交易无关，早期生产买方的议价以及货币持有

选择问题将仍然分别由式（10.2）、（10.3）和式（10.4）给出。而晚期生产买方的议价问题现在由下式给出

$$\max_{q^b,b}[u(q^b) - \varrho\phi_2 b] \tag{10.21}$$

$$s.t.\quad -c(q^b) + \overline{\omega}\phi_1 b = 0 \tag{10.22}$$

根据式（10.21），买方从卖方收到 q^b，并且能够在晚上以概率ϱ进行生产，在这种情况下，他能够偿付其债务。根据式（10.22），收到 b 美元偿付承诺的卖方预期在该期结束时得到 $\overline{\omega}b$ 美元，这些美元可以在下一个早晨里花掉，其中 1 美元借据的预期价值 $\overline{\omega}$ 不但反映了任何结算摩擦，而且也反映了违约概率。问题（10.21）~（10.22）的解意味着

$$\frac{u'(q^b)}{c'(q^b)} = \frac{\varrho\phi_2}{\overline{\omega}\phi_1} \tag{10.23}$$

如果没有任何结算风险，情形将是 $\overline{\omega} = \varrho$。那么式（10.23）将等同于式（10.10），且结果也类似于没有违约风险的经济。违约风险只是反映在买方承诺偿付（更高的）货币量，而双边匹配的交易产出量仍保持有效。这让我们回忆起第 2.2 部分的外生违约结果。

现在考虑存在结算摩擦的可能性时，在结算期开始时持有货币并打算从较早离开债权人处购买现存借据的卖方。卖方需要评估现存借据在债权人没有较早到达的情况下得到偿付的概率。该概率为

$$\begin{aligned}\Pr[\text{无违约} \mid \text{没有早到}] &= \frac{\Pr[\text{无违约} \cap \text{没有早到}]}{\Pr[\text{没有早到}]}\\ &= \frac{\varrho(1-\alpha)}{1-\varrho+\varrho(1-\alpha)}\\ &= \frac{\varrho(1-\alpha)}{1-\varrho\alpha}\end{aligned}$$

我们在导出上述条件概率时利用了借据存在三种可能事件这一事实：借据没有被偿付，其发生的概率为 $1-\varrho$；它被较早偿付，其发生的概率为$\varrho\alpha$；它被较晚偿付，其发生的概率为 $\varrho(1-\alpha)$。代理人在结算期愿意为单位面值现存借据支付的最高价格为精算价格 ρ^*，该价格等于偿付的条件概率，即

$$\rho^* = \frac{\varrho(1-\alpha)}{1-\varrho\alpha} \tag{10.24}$$

如果结算摩擦的可能性存在，DM 中 1 美元借据的期望值为

$$\overline{\omega} = \varrho\alpha\left(\delta + (1-\delta)\frac{\rho^*}{\rho}\right) + \varrho(1-\alpha)(1-\delta) + \delta(1-\varrho\alpha)\rho \tag{10.25}$$

或等价地由式（10.24）有

$$\overline{\omega} = \varrho\left(\delta\alpha + (1-\delta)\alpha\frac{\rho^*}{\rho} + (1-\delta)(1-\alpha) + \delta(1-\alpha)\frac{\rho}{\rho^*}\right) \quad (10.26)$$

公式（10.25）有如下解释：债务人较早到达的概率是$\varrho\alpha$。债权人较早离开的概率为δ，该情况下他得到借据的面值。以概率$1-\delta$，债权人可以多等一会以使用其货币按价格ρ购买二手借据，即购买$1/\rho$单位借据。二手借据被偿付的概率为ρ^*。债权人晚到的概率为$\varrho(1-\alpha)$。如果债权人能够以概率$1-\delta$等待，他将在结算阶段结束时收到1美元。最后，如果债权人没有较早到达，或者因为违约，或者因为较晚到达，该事件发生的概率为$1-\varrho\alpha$，并且如果债权人较早离开，此事件发生的概率为δ，那么债权人可以按价格ρ出售其借据。不同事件下借据期望价值在表10－2中描述。

表10－2　结算期1美元借据的预期价值（存在违约）

债务人到达…… 债权人离开……	较早（$\varrho\alpha$）	较晚［$\varrho(1-\alpha)$］	从不（$1-\varrho$）
较早（δ）	1	ρ	ρ
较晚（$1-\delta$）	ρ^*/ρ	1	0

根据第10.3部分的推理，CM_2出清要求

$$\frac{\Delta}{2} + \frac{\varrho b}{2} = M \quad (10.27)$$

其中如上所述，Δ表示待在深夜的持币卖方（该种类的卖方占1/2）在结算期购买现存借据所需的资金量。CM_2中的货币需求来自晚期生产买方，他需要b单位货币以能在结算期清偿其借据。与市场出清条件式（10.18）的唯一不同在于，只有ϱ部分的晚期生产买方能够在CM_2中为偿付其债务而生产。如果$\phi_2 > (\rho^*/\rho)\phi_1$，在DM的结束时点持有货币的卖方将严格地偏好于在紧接着来临的CM_2中购买。因此在CM_2开始时，来自持币卖方的资金供给Δ满足

$$\Delta\begin{cases} = 0 & \text{如 } \phi_2 > \frac{\rho^*}{\rho}\phi_1 \\ \in [0, 2M] & \text{如 } \phi_2 = \frac{\rho^*}{\rho}\phi_1 \end{cases} \quad (10.28)$$

与式（10.19）相比，式（10.28）的唯一不同在于，在后者中现存借据的清偿概率为ρ^*，而后者中的清偿概率为1。

最后，我们考虑现存债务市场的出清。市场出清价格ρ满足

$$\rho = \begin{cases} \rho^* & \text{如果}\frac{(1-\delta)\alpha\varrho b}{2} + \frac{\Delta}{2} \geqslant \frac{\delta(1-\varrho\alpha)bp^*}{2} \\ \frac{(1-\delta)\alpha\varrho b + \Delta}{\delta(1-\varrho\alpha)b} & \text{其他} \end{cases} \quad (10.29)$$

如果资金的供给（上面一行不等式的左侧）足以按其精算价格清偿较早到达的债权人的借据（不等式右侧），那么二手债务的价格为ρ^*。如果资金短缺，那么现存债务将不得不打折出售以出清市场。将式（10.24）给出的$1-\varrho\alpha$的表达式代入式（10.29）并重新整理后，可以得到

$$\frac{\rho}{\rho^*}=\begin{cases}1 & \text{如果}\dfrac{(1-\delta)\alpha\varrho b}{2}+\dfrac{\Delta}{2}\geqslant\dfrac{\delta(1-\alpha)\varrho b}{2}\\ \dfrac{(1-\delta)\alpha\varrho b+\Delta}{\delta(1-\alpha)\varrho b} & \text{其他}\end{cases}\tag{10.30}$$

违约风险模型的均衡是一个满足式（10.2）、（10.3）、（10.4）、（10.22）、（10.23）、（10.27）、（10.28）以及式（10.30）的列表$(\phi_1,\phi_2,\rho,q^m,q^b,b,\Delta)$。可证明，无违约概率$\varrho$仅通过变量$\varrho b$、$\rho/\rho^*$和$\overline{\omega}/\varrho$影响均衡条件。例如，当被替换为$b$时，式（10.30）中的$\rho/\rho^*$与式（10.20）中的$\rho$相一致。因此，$(\phi_1,\phi_2,q^m,q^b,\Delta)$与其在无违约经济中的值相一致。DM中的货币价值和交易量不受违约概率的影响，DM中的债券价格和债券转移将考虑这一因素。详细内容可参见附录。

只要来自其借据由较早到达债务人偿付的较晚离开债权人的流动性供给$\varrho\alpha(1-\delta)b/2$大于来自较早离开债权人的流动需求$\delta(1-\alpha\varrho)\rho^*b/2$时，该均衡是无流动性约束的。根据式（10.24），条件$\varrho\alpha(1-\delta)\geqslant\delta(1-\alpha\varrho)\rho^*$等同于$\alpha\geqslant\delta$。这正是我们在无违约风险条件下得到的条件。偿付率$\varrho$不影响流动性短缺条件的事实可被解释如下：考虑偿付率的一次增加。一方面，较早被偿付债权人的数量$\varrho\alpha(1-\delta)/2$增加，从而在深夜结算期存在更多的流动性。另一方面，流动性需求$\delta\rho^*(1-\alpha\varrho)b/2=\delta\varrho(1-\alpha)b/2$也随$\varrho$一起增加。当$\alpha=\delta$时，这两种影响刚好互相抵消。

总的来说，异质违约风险存在并不会使得结算摩擦产生流动性短缺从而导致资源错配的可能性更高。

10.5 结算和货币政策

当结算子期的流动性“充足”时，有效配置（即最大化DM中剩余的配置）作为均衡得以实现，并且该配置独立于违约概率。但是，如果存在流动性短缺，那么配置将不再是有效的，即$q^b<q^*<q^m$。那么货币政策有可能改善这种情形吗？

为解决这一问题，我们假设不存在违约风险，即$\varrho=1$，因为正如我们已知的那样，违约风险仅仅是内化于价格机制的。当存在流动性短缺时（发生于当

较早离开的债权人比例 δ 大于较早到达的债务人比例 α 时），债务在结算期的市场出清价格 ρ 将低于 1，这将最终导致 DM 中生产的低效水平。

现在假设存在一个货币当局或中央银行能够向结算期提供“流动性”。更详细地，中央银行从较早离开的债权人处购买 $\Delta^{cb} \leqslant \delta(1-\alpha)b/2$ 数量的借据以交换不可兑现货币。当较晚到达的债务人来到结算期时，中央银行将用借据交换不可兑现货币。假如借据售出的价格为 $\rho=1$，该操作对于不可兑现货币存量而言是中性的。回忆一下，较早支付并留到较晚的债权人的资金供给为 $(1-\delta)\alpha b/2$，而由较早离开债权人拥有且其发行人较晚到达的债券的面值为 $\delta(1-\alpha)b/2$。如果 $(1-\delta)\alpha\dfrac{b}{2}+\Delta^{cb} \geqslant \delta(1-\alpha)\dfrac{b}{2}$，那么流动性问题即可解决：较晚离开债权人和中央银行的资金供给足以满足较早离开债权人的资金需求。在这种情况下，借据以面值交易，$\rho=1$，且卖方在 CM_2 上花掉其所有货币，因此$b/2=M$。结果，如果在没有中央银行时存在流动性短缺，那么为了使有效结果成为均衡，中央银行的流动性供给必须满足

$$(\delta-\alpha)M \leqslant \Delta^{cb} \leqslant \delta(1-\alpha)M$$

中央银行的资金供给大到足以弥补较早离开债权人提供的借据与来自较晚离开债权人的借据需求之间的差 $(\delta-\alpha)M$，但是不大于较早离开债权人的流动性需求 $\delta(1-\alpha)M$。

这种由货币当局提供的暂时性流动性供给类似于贴现窗口政策或公开市场操作。与公开市场操作一样，中央银行在较早离开的债权人离开之前买入 $(\delta-\alpha)M$ 单位的债券，并在较晚离开的债务人到达之后卖出债券。而对于贴现窗口操作而言，中央银行准备好以面值购买现存的借据，并知道这些借据必须在结算期结束前由较晚到达的债务人以面值赎回。公开市场操作或贴息窗口政策产生的货币供给增加不会导致通胀问题，因为货币当局购买的借据将在该期内全部清偿，这使得货币存量在整个期间内保持不变。这种政策与真实票据理论是一致的，该理论认为可以通过使用自我清偿贷款（self - liquidating loan）的方式，允许货币存量波动以满足交易需求。

克服流动性问题也不是非中央银行不可。假设某个较晚离开的债权人，作为清算所，用自己的借据购买较早离开债权人的债务，并知道该清算所的借据能够在下一个早晨交换为货币（这里假设由清算所在下一期清偿是强制执行的）。当较晚到达的债务人到达时，清算所将所持有的债务交换为货币。清算所在下一个早晨用货币买回债务。因此，只要清算所能够赎回他所发行的债务，因结算摩擦而引起的流动性问题是可以由私人机构克服的。

10.6 进一步阅读

本部分提出的结算模型与 Freeman（1996a，b）的工作紧密相关。Freeman 考虑了异质代理人的一个迭代经济。某些代理人用债务交易，而其他人则用货币交易。Freeman（1999）扩展了该模型以允许存在整体违约风险。Green（1999）指出中央银行作为清算所的角色可以由普通私人机构完成。Zhou（2000）讨论了该文献。

Temzelides 和 Williamson（2001）考虑了两个相关的模型：空间分离模型和随机匹配模型。他们研究了支付安排的不同类型，例如货币交换、存在结算功能的银行业、存在银行间贷款的银行业等。他们指出净额结算的支付系统能产生有效收益，而银行间贷款可以在不存在异质性冲击时支持帕累托最优配置。

Koeppl、Monnet 和 Temzelides（2008）开发了支付的一个动态一般均衡模型，该模型包含了私人信息摩擦并运用了机制设计方法。而在 Lagos 和 Wright（2005）的工作中，存在集中交易和结算阶段的周期循环，其中代理人具有线性偏好，并可交易一种通用商品。虽然没有货币，但存在可以记录个体交易并向参与者分配余额的支付系统。因为某些双边匹配没有被监管，该支付系统依赖于个体诚实地报告他们的交易。这种类型的模型能够被用于确定最优的结算频率，以及权衡交易规模和结算频率。Chiu 和 Wong（2015）也采用机制设计方法来研究支付系统。

Kahn 和 Roberds（2009）综述了有关支付方面的文献。他们认为支付问题与交易需求和有限承诺履行之间的暂时性错配有关。他们主要关注两类支付系统的混合：包括货币的储值系统和包含信用的账户系统。对于后者，他们指出质押品有助于便利支付。他们也讨论了关于净额和全额结算的问题，并且对零售支付的产业组织进行了简要的回顾。

附录

当 $c(q)=q$ 且 $u(q)=2\sqrt{q}$ 时无摩擦结算经济的均衡

根据式（10.5）和（10.10），有

$$q^{m}=\left(\frac{\phi_2}{\phi_1}\right)^2 \tag{10.31}$$

$$q^b = \left(\frac{\phi_1}{\phi_2}\right)^2 \tag{10.32}$$

根据式（10.7）和（10.11），有

$$q^m = 2M\phi_2 \tag{10.33}$$

$$q^b = b\phi_1 \tag{10.34}$$

将式（10.33）给出的 q^m 表达式代入式（10.31）得到

$$\phi_2 = 2M(\phi_1)^2 \tag{10.35}$$

类似地，将式（10.34）给出的 q^b 表达式代入式（10.32）得到

$$\phi_1 = b(\phi_2)^2 \tag{10.36}$$

式（10.35）～（10.36）存在唯一的正解，且为

$$\phi_2 = \frac{1}{(2M)^{1/3}b^{2/3}}$$

$$\phi_1 = \frac{1}{(2M)^{2/3}b^{1/3}}$$

于是有

$$\frac{\phi_2}{\phi_1} = \left(\frac{2M}{b}\right)^{1/3} \tag{10.37}$$

由（10.12）有

$$b\begin{Bmatrix} = \\ \leqslant \end{Bmatrix}2M \quad 如\frac{\phi_2}{\phi_1}\begin{Bmatrix} > \\ = \end{Bmatrix}1 \tag{10.38}$$

根据式（10.37）和（10.38），唯一解为 $b = 2M$ 且 $\phi_2/\phi_1 = 1$。这使得 $\phi_2 = \phi_1 = 1/2M$ 且 $q^b = q^m = 1$。

无违约和有违约模型均衡条件之间的等价关系

将内生变量重新定义为 $\tilde{b} = \varrho b, \tilde{\rho} = \frac{\rho}{\rho^*}$ 和 $\tilde{\tilde{\omega}} = \frac{\overline{\omega}}{\varrho}$。均衡条件式（10.22）、（10.23）、（10.26）、（10.27）、（10.28）和（10.30）可以改写为

$$-c(q^b) + \tilde{\tilde{\omega}}\phi_1\tilde{b} = 0$$

$$\frac{u'(q^b)}{c'(q^b)} = \frac{\phi_2}{\tilde{\tilde{\omega}}\phi_1}$$

$$\tilde{\tilde{\omega}} = \delta\alpha + \frac{(1-\delta)\alpha}{\tilde{\rho}} + (1-\delta)(1-\alpha) + \delta(1-\alpha)\tilde{\rho}$$

$$\frac{\Delta}{2}+\frac{\tilde{b}}{2}=M$$

$$\Delta\begin{cases}=0 & \text{如 } \phi_2>\tilde{\rho}\phi_1\\ \in[0,2M] & \text{如 } \phi_2=\tilde{\rho}\phi_1\end{cases}$$

$$\tilde{\rho}=\begin{cases}1 & \text{如}\dfrac{(1-\delta)\alpha\tilde{b}}{2}+\dfrac{\Delta}{2}\geqslant\dfrac{\delta(1-\alpha)\tilde{b}}{2}\\ \dfrac{(1-\delta)\alpha\tilde{b}+\Delta}{\delta(1-\alpha)\tilde{b}} & \text{其他情况}\end{cases}$$

可以验证，当（$\tilde{b},\tilde{\rho},\tilde{\bar{\omega}}$）被（$b,\rho,\bar{\omega}$）替换时，这些均衡条件分别与式（10.14）、（10.16）、（10.15）、（10.18）、（10.19）和式（10.20）完全一致。

11 货币和资本

尽管不可兑现货币实践中在便利交易上发挥了重要作用，仍然存在大量不同的资产和商品可以并正在用作支付手段，例如黄金和白银等商品、活期存款和可开支票的共同基金等金融资产以及在一定程度上用于交易目的的政府证券。此外，还有很多资产（如资本、资本索赔权和股票等）可以作为支付手段但并没有或者只是在一个有限程度内被用作支付手段。

交易媒介竞争的存在引出了“货币纯理论的核心问题”，它能解释为什么在存在生息资产的情况下，不可兑现货币依然有价值。用 John Hicks（1935，第5页）的原话说：

“当我们去寻求偏好持有货币而不是资本品的解释时，关键问题就出现了。因为资本品通常会产生一个正的回报率，而货币不会。真正需要解释的是持有无收益形式的货币资产的决策，而非有利息或有收益证券的决策是如何作出的。”

这段著名的引文就是关于所谓回报率占优难题的陈述。大多数包含多种资产——如货币、债券和资本——的宏观经济学模型都回避这个问题。通常，货币是通过预付款约束（要求部分消费品必须由货币购买）或者作为效用函数的参数而被引入这些模型的。资产作为支付手段的角色是被假设而不是被解释的。Hicks（1935，第6页）指出：

伟大的逃避者都无法否认这一难题一定有某种解释可以说明。不过他们会将其归结于“摩擦”范畴之下，然而既然在他们经济学理论的剩余部分中已经没有“摩擦”的足够位置，基于摩擦的货币理论在经济学分析中看起来就不是一个有希望的领域。

按照 Hicks 的建议，我们的办法就是如何面对“摩擦”。本章和下一章我们阐述为什么即使在其他资产能被用作交易媒介时，不可兑现货币依然是有用的。本章重点关注实际的资本品（如上面 Hicks 的论述），而下一章主要论述名义资产（多种货币和名义债券）。我们将首先表明如果没有不可兑现货币，从社会视角来看，在资本存量不足以满足流动性需求即流动性稀缺时，代理人将过度积累资本。如果不可兑现货币被引入经济且有价值，由于出于交易目的所需的资本更少，资本存量就会减少。而且，资本和通胀之间存在正相关关系：所谓的托宾效应（Tobin，1965）。

在标准交易机制下（如纳什和讨价还价），货币和资本为了共存必须具有相同的回报率。因此，基准模型不能生成 Hicks 描述的占优的回报率。但是，如果为了社会福利最大化，在配对会面中交易机制被最优化选择，如第 4 章中所述，那么在受约束的有效配置中资本的回报率将会优于货币。最优机制偏离了标准的讨价还价解决方案，它不受配对会面中货币和资产对称性的约束，因此资产允许不同资产回报率的差异。高回报的资本是最优的，因为它放松了买方在集中市场的参与约束，这给了他们更高的积累流动性的激励。因此，回报率占优不是一个难题：这是货币经济中良好分配的一个特征。

11.1 线性存储技术

买方在非集中市场 DM 的双边匹配中向卖方购买搜寻商品的最直接方式，是给予卖方其对在集中市场 CM 上所生产的通用商品的估值。在基准模型中，进行易货贸易在技术上不可行，因为它假设货物易腐烂变质，即在它们被生产的子期结束时完全贬值。在 CM 上被生产出来的商品不能被代入下一个白天的 DM 上来偿付 DM 商品。我们现在通过假设代理人可以访问存储技术来修改基准模型的经济环境，使得他们能够将 CM 商品从一个时期带到下一个时期。储存技术由函数 f 表示。储存 k 单位 CM 商品的代理人在下一期得到 $f(k)$ 单位。仍然假设搜寻商品为易腐，并在 DM 结束时完全贬值。

我们首先考虑储存技术 f 为线性的情况，这意味在晚上储存 1 单位通用商品将在下一期得到 $R\geqslant 0$ 单位的通用商品。我们可以将储存的 CM 商品视为资本。储存总回报率为 R：晚上的 k 单位资本将在下一期变成 $f(k)=Rk$ 单位 CM 商品。Rk 单位 CM 商品能够在 DM 充当交换媒介，并在晚上被消费和/或用作资本。技术 f 在 $R=1$ 时为纯储存，在 $R>1$ 时为生产技术，而在 $R<1$ 时的特征是贬值。

除了资本以外，代理人还可以使用不可兑现货币作为价值储藏。在 t 时 1 单位货币余额在 CM 上的实际价值为 ϕ_t，从 t 到 $t+1$ 期的总回报率等于 ϕ_{t+1}/ϕ_t。由 m 单位不可兑现货币和 k 单位资本构成的资产组合（m，k）的实际价值在第 t 期晚上到第 $t+1$ 期白天的演变如图 11－1 所示。

假设对时间而言货币供给是不变的，且关注不可兑现货币价值同样不变的稳态均衡。考虑在 DM 开始时持有资产组合 (m,k) 的买方。用 (q,d_m,d_k) 表示

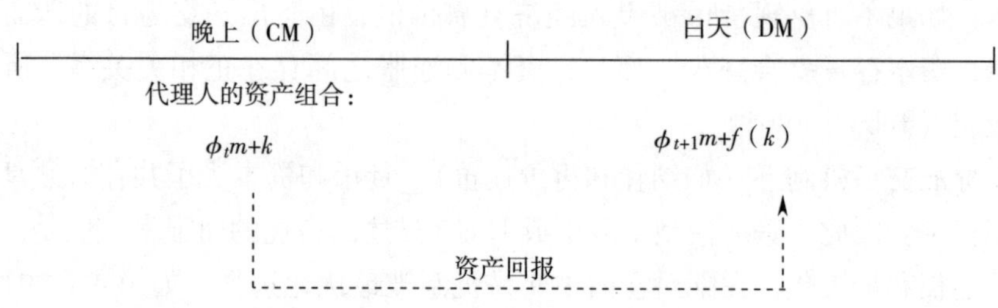

图 11－1 时间安排和资产回报

DM 上双边匹配的交易条件，其中 q 为买方从卖方那里获得的 DM 商品数量，d_m 为买方向卖方转移的（名义）货币余额，而 d_k 则为资本转移。我们考虑交易条件（q，d_m，d_k）仅依赖于买方资产组合的定价机制。持有资产组合（m，k）的买方在期初的终生的预期效用 $V^b(m,k)$ 为

$$V^b(m,k)=\sigma\{u[q(m,k)]+W^b[m-d_m(m,k),k-d_k(m,k)]\}+(1-\sigma)W^b(m,k) \tag{11.1}$$

根据式（11.1），一个与卖方匹配的买方消费 q 单位 DM 商品，并转移 d_m 单位货币余额和 d_k 单位资本给卖方。在 CM 开始期持有资产组合（m，k）的买方的价值函数 $W^b(m,k)$ 满足

$$W^b(m,k)=\phi m+k+\max_{m',k'}\{-\phi m'-k'+\beta V^b(m',Rk')\} \tag{11.2}$$

在 CM 上调整买方资产组合的成本为 $\phi(m'-m)+k'-k$，其中在 CM 结束期被储存的 k' 单位通用商品，将在下一个 DM 产生 Rk' 单位通用商品。根据现在的标准，价值函数 $W^b(m,k)$ 与买方财富是线性关系。

双边匹配的交易条件是由买方提出的要么接受要么拒绝的报价所决定的（我们将在 11.4 节中阐述最优机制）。如果买方在 DM 上持有资产组合（m，k），其向卖方提出的最优报价有下式的解给出

$$\max_{q,d_m,d_k}[u(q)-d_k-\phi d_m]$$
$$s.t.\quad -c(q)+d_k+\phi d_m\geqslant 0 \tag{11.3}$$
$$d_m\leqslant m,d_k\leqslant k$$

换句话说，买方将最大化其剩余，条件是要覆盖卖方的成本。问题式（11.3）的解为

$$q(m,k)=\begin{cases}q^* \\ c^{-1}(\phi m+k)\end{cases}\quad 如\ \phi m+k\begin{Bmatrix}\geqslant \\ <\end{Bmatrix}c(q^*)$$

这意味着如 $\phi m+k\geqslant c(q^*)$ 有 $\phi d_m+d_k=c(q^*)$，否则有 $(d_m,d_k)=(m,k)$。注意，如果买方没有足够的资源来购买产出效率水平，那么有 $\partial q/\partial m=$

$\phi/c'(q)$ 和 $\partial q/\partial k = 1/c'(q)$。

如果我们用式（11.1）所给出的 V^b 代入式（11.2）所给出的 W^b，并意识到买方将获取交易匹配的所有剩余，那么买方的最优组合为下式的解

$$\max_{m\geqslant 0,k\geqslant 0}\left\{-\left(\frac{1-\beta}{\beta}\right)\phi m-\left(\frac{1-\beta R}{\beta R}\right)Rk+\sigma\{u[q(m,Rk)]-c[q(m,Rk)]\}\right\} \tag{11.4}$$

括号中的表达应该看起来很熟悉：前两项分别代表持有货币和资本进入随后的 DM 的成本。更具体地，持有额外 1 单位实际余额进入 DM 的成本为 $\beta^{-1}-1$，且在 DM 上持有额外 1 单位资本的成本为 $(\beta R)^{-1}-1$（因为在晚上只需要投资 R^{-1}单位资本以在 DM 得到 1 单位）。式（11.4）的第三项表示在 DM 上的预期剩余。问题式（11.4）的一阶（充分必要）条件为

$$-r+\sigma\left[\frac{u'(q)}{c'(q)}-1\right]\leqslant 0,\text{当 } m>0 \text{ 时取“}=\text{”} \tag{11.5}$$

$$-\frac{1-\beta R}{\beta R}+\sigma\left[\frac{u'(q)}{c'(q)}-1\right]\leqslant 0,\text{当 } k>0 \text{ 时取“}=\text{”} \tag{11.6}$$

根据式（11.5）和（11.6），买方使在 DM 上持有额外 1 单位资产的成本等于它在 DM 的预期流动性回报。资产的流动性回报相当于在 DM 上持有额外 1 单位资产给买方带来的剩余增加。对于资本和实际余额而言，流动性回报均为 $u'(q)/c'(q)-1$。要清楚这一点，请注意如果在 DM 上积累额外一个单位实物资产，买方盈余的增加为 $[u'(q)-c'(q)]\partial q/\partial k=[u'(q)-c'(q)]\partial q/\partial(\phi m)$。当 $q<q^*$ 时，由 $\phi m+k=c(q)$ 有 $\partial q/\partial k=\partial q/\partial(\phi m)=1/c'(q)$；当 $q=q^*$ 时，两种资产的流动性回报均为 0。

到这时为止，我们只考虑了买方的组合问题。卖方的资产持有选择问题由下式的解给出

$$\max_{m\geqslant 0,k\geqslant 0}\left\{-\left(\frac{1-\beta}{\beta}\right)\phi m-\left(\frac{1-\beta R}{\beta R}\right)Rk\right\}$$

因为在我们所选择的交易机制下，卖方的资产持有不会影响双边匹配中的交易条件。卖方在 $\beta<1$ 情况下，将不会积累货币。如果 $\beta R=1$，那么卖方对于是否积累资本是无差异的。

当且仅当 $R=1$ 时，由条件式（11.5）和式（11.6）显然买方愿意同时持有货币和资本，因为这意味着两种资产提供了相同的实际回报。如果 $R>1$，那么资本在回报率上要优于货币，买方愿意仅持有资本商品用于交易。这种情况下，不可兑现货币将没有价值，且 DM 上的交易量满足

$$\frac{u'(q)}{c'(q)}=1+\frac{1-\beta R}{\sigma\beta R} \tag{11.7}$$

双边匹配中的DM商品交易量随资本回报率的增加而增加。而且，当存储技术的回报率$R-1$趋近于折现率r时（等价于$R\beta$趋近于1），交易量q趋近于其有效值q^*（注意，$R\beta$不能大于1，否则买方问题不会有解）。若$R\beta<1$，无摩擦经济中的社会有效资本水平为零。因此，我们可以看到在我们的经济中买方“过度积累”资本：他这样做是因为DM中交易需要资金。这个结果让我们想起第4.3节中过量生产的结果。

如果$R<1$，那么资本的回报率低于不可兑现货币。在稳态均衡状态，买方将只会使用货币用于交易目的，即买方不会储存任何通用商品。应该指出的是，存在产出固定以及货币和资本共存的非稳态均衡。在这样的非稳态均衡中，不可兑现货币的回报率是固定且等于$R<1$的。这意味着总实际余额将随时间而缩减。但DM上的交易量q由式（11.7）决定，因此也是固定不变的。由于$c(q)=Rk_t+\phi_{t+1}M$也是固定不变的，资本k_t必须随时间增长。

在货币和资本作为支付手段共存的货币均衡中，DM上的交易量对应于在上一部分所研究的货币经济的交易量，即求解$u'(q)/c'(q)=1+r/\sigma$的q。由于货币和资本是完全替代品，这意味着$R=1$，就资本和货币持有而言的买方组合的构成将是不确定的。但组合的总价值受$\phi M+k=c(q)$的约束。因此，货币的价值可为区间$[0,c(q)/M]$内的任意值。然而，这种不确定性在如下意义上不是中性的：如果不可兑现货币完全取代资本作为支付手段，那么社会福利会改善，因为消费被积累用于交易媒介的所有资本带来了一次性收益。正是这类论据被用于证明不可兑现货币制度优于商品货币标准。

11.2 凹性存储技术

当储存技术线性且货币供给固定不变时，货币和资本仅在货币价值固定不变的稳态均衡中$R=1$时的特殊情况下共存。如果储存技术严格为凹，那么共存可更为稳健。现在考虑将CM上的k单位通用商品在下一期开始时转化为$f(k)$单位通用商品的储存技术，其中$f(0)=0$、$f'>0$且$f''<0$。出于简化，我们设置了稻田条件（Inada condition）：$f'(0)=+\infty$和$f'(+\infty)=0$。

买方的组合选择问题（11.4）现在由下式的解给出

$$\max_{m\geqslant0,k\geqslant0}\left\{-\left(\frac{1-\beta}{\beta}\right)\phi m-\frac{k-\beta f(k)}{\beta}+\sigma[u(q)-c(q)]\right\} \tag{11.8}$$

其中，根据买方通吃的议价假设有$c(q)=\min\{c(q^*),f(k)+\phi m\}$。式（11.8）的中间项表示在DM上持有$f(k)$单位资本的成本；为在DM上获得$f(k)$单位，必须在CM上储存$k$单位，（净）成本为$k\beta^{-1}-f(k)$。与式（11.8）相关

的一阶条件为

$$-r+\sigma\left[\frac{u'(q)}{c'(q)}-1\right]\leqslant 0, \text{当 } m>0 \text{ 时取“=”} \tag{11.9}$$

$$-\frac{1-\beta f'(k)}{\beta f'(k)}+\sigma\left[\frac{u'(q)}{c'(q)}-1\right]\leqslant 0, \text{当 } k>0 \text{ 时取“=”} \tag{11.10}$$

如果 $q=q^*$，然后根据取等号的式（11.10），有 $k=k^*$，其中 k^* 求解 $\beta f'(k)=1$。数量 k^* 也对应能在 CM 和 DM 中决定配置的社会计划者所选择的数量。但由式（11.9）立即可知这与货币均衡是不一致的。

11.2.1 非货币均衡

首先考虑非货币均衡。根据 f 的稻田条件，（11.10）的解为内解且买方资本存量满足

$$\frac{1}{\beta f'(k)}-1=\sigma\left[\frac{u'\circ c^{-1}[f(k)]}{c'\circ c^{-1}[f(k)]}-1\right]^+ \tag{11.11}$$

式中，$[x]^+\equiv\max(x,0)$。式（11.11）的左边随 k 从 -1（当 $k=0$）增长到无穷大（当 $k=\infty$），且当 $k=k^*$ 时等于0；式（11.11）的右边则随 k 从无穷大（当 $k=0$）递减到0［当 $f(k)\geqslant c(q^*)$］。因此，如图 11－2 所示，存在唯一的 $k^n\geqslant k^*$ 可解式（11.11）。

易知，如果 $f(k^*)\geqslant c(q^*)$，则在图 11－2 中式（11.11）的右边与横轴的交点的值要小于左边，从而有 $k^n=k^*$。如果被匹配，在 DM 上持有 $f(k^*)$ 单位通用商品的买方有足够资源来购买 DM 商品的有效水平 q^*。这意味着式（11.11）的右边等于0。且由于 $\beta f'(k^*)=1$，式（11.11）的左边也等于0。

如果相反，$f(k^*)<c(q^*)$，那么资本的社会有效存量 k^* 不足以使买方在 DM 上能购买 q^*。在这种情况下，买方将过度积累资本，即如图 11－2 所示有 $k^n>k^*$。这里，买方愿意接受一个较低的回报率，因为他们持有的资本在 DM 的双边匹配中作为支付手段能产生一个正的流动性回报。

现在我们转向卖方的资本选择。卖方不需要积累支付手段。从而他们将选择独立于任何流动性考量的资本水平，这与在无摩擦经济中代理人的选择相同。卖方最大化 $-k+\beta f(k)$ 且其资本选择为 k^*。

11.2.2 货币均衡

下面考虑不可兑现货币有价值的均衡。条件式（11.9）在等号处成立，由式（11.10）意味着 $(1-\beta)/\beta=[1-\beta f'(k)]/\beta f'(k)$ 从而 $f'(k)=1$。定义 $k^m>k^*$ 为 $f'(k)=1$ 的解，即 $k^m=f'^{-1}(1)$。在货币均衡状态，买方愿意同时持有资

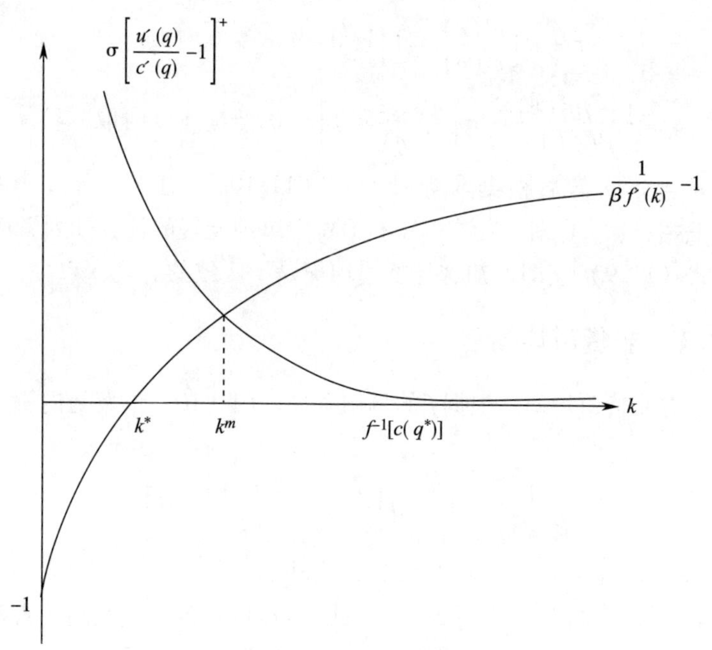

图 11-2 非货币均衡

本和实际余额，因为这两种资产在 DM 拥有同样的预期边际流动性回报 $\sigma[u'(q)/c'(q)-1]$，且在不同 CM 上具有相同的回报率 $f'(k)-1$。因此，我们的模型能解释不可兑现货币和资本作为支付手段的共存，但并不能解释回报率占优之谜。

DM 的产出 q 由式（11.9）在取等号时的解给出，即

$$\frac{u'(q)}{c'(q)}=1+\frac{r}{\sigma}$$

且货币价值由 $f(k^m)+\phi M=c(q)$ 给出，即 $\phi=[c(q)-f(k^m)]/M$。由于货币均衡的必要条件为 $\phi>0$，这反过来意味着 $c(q)>f(k^m)$，货币均衡存在的条件为

$$\frac{u'\circ c^{-1}[f(k^m)]}{c'\circ c^{-1}[f(k^m)]}>1+\frac{r}{\sigma} \tag{11.12}$$

或由于 $f'(k^m)=1$ 而等价于

$$\sigma\left[\frac{u'\circ c^{-1}[f(k^m)]}{c'\circ c^{-1}[f(k^m)]}-1\right]>\frac{1}{\beta f'(k^m)}-1 \tag{11.13}$$

式（11.13）与式（11.11）的比较说明，货币均衡下的资本存量 k^m 要小于

非货币均衡下的 k^n。因此，如果条件式（11.12）［或条件式（11.13）］成立，那么非货币均衡下的（总）资本回报率小于1，因为 $f'(k^m)=1$。在此情况下，引入有价值的不可兑现货币使得买方能减少其无效的高资本存量以提高其对 DM 商品的消费。

11.3 资本与通胀

为了研究通胀对资本积累和产出的影响，我们令货币供给以固定比率增长或收缩。正如第6章所述，货币在 CM 上通过对买方的一次性转让（税收）被注入（回收）。货币增长率为 $\gamma \equiv M_{t+1}/M_t > \beta$。我们将关注静态均衡，其中货币回报率 ϕ_{t+1}/ϕ_t 为常数且等于 γ^{-1}。

采用与之前章节相同的方法，假设买方在 DM 提出要么接受要么拒绝的报价，那么买方在第 t 期 CM 上的资产组合问题为

$$\max_{m \geqslant 0, k \geqslant 0} \{-\phi_t m - k + \beta\{\sigma[u(q) - c(q)] + \phi_{t+1} m + f(k)\}\}$$

式中，$c(q) = \min\{c(q^*), f(k) + \phi_{t+1} m\}$。该问题也被重整为

$$\max_{m \geqslant 0, k \geqslant 0} \left\{-i\phi_{t+1} m - \frac{k - \beta f(k)}{\beta} + \sigma[u(q) - c(q)]\right\} \tag{11.14}$$

这里的买方资产组合问题与问题式（11.8）相同，但现在价格必须有时间指标，且持有货币的机会成本为 $i = (\gamma - \beta)/\beta$（如第6.1部分所示，货币机会成本 i 可被解释为名义利率，因为正是该利率可被支付给在 DM 上不能作为支付手段的非流动性名义债券）。问题式（11.14）的一阶条件为

$$-i + \sigma\left[\frac{u'(q)}{c'(q)} - 1\right] \leqslant 0, \text{当 } m > 0 \text{ 时取“=”} \tag{11.15}$$

$$-\frac{1 - \beta f'(k)}{\beta f'(k)} + \sigma\left[\frac{u'(q)}{c'(q)} - 1\right] \leqslant 0, \text{当 } k > 0 \text{ 时取“=”} \tag{11.16}$$

注意，条件式（11.15）和式（11.16）推广了式（11.9）和式（11.10），因为当货币存量为常数 $\gamma = 1$ 时有 $i = r$。

如果存在一种货币均衡，则式（11.15）和式（11.16）均在等号处成立，则有

$$\frac{1 - \beta f'(k)}{\beta f'(k)} = i$$

或

$$f'(k) = \gamma^{-1} \tag{11.17}$$

也就是说，资本的回报率等于不可兑现货币的回报率。回报率相等原则再

次成立。在货币均衡时，资本存量为 $k^m = f'^{-1}(\gamma^{-1})$。注意，根据式（11.17），随着通货膨胀率 $\gamma - 1$ 的增加，不可兑现货币的回报率将下降，且买方积累更多的资本用作支付手段。因此，当资本被用作支付手段时货币政策能影响资本积累。货币政策还能够影响 DM 上的产出水平，这由下式的解给出

$$\frac{u'(q)}{c'(q)} = 1 + \frac{i}{\sigma}$$

货币均衡的决定如图 11－3 所示。左上象限描述资本存量 k 与资本回报率 $f'(k)$ 之间的关系。右上象限描述不可兑现货币回报率 γ^{-1} 与实际余额持有成本 $i = (\gamma - \beta)/\beta$ 之间的关系。最后，右下象限将 DM 上的资产预期流动性收益 $\sigma[u'(q)/c'(q) - 1]$ 描绘为该市场交易产出 q 的函数。对于给定的货币回报率 γ^{-1}，均衡资本存量 k^m 由左上象限决定。持有实际余额的相关成本能从右上象限的水平轴上读出。给定实际余额的持有成本，DM 上的均衡产出 q^m 由右下象限决定。

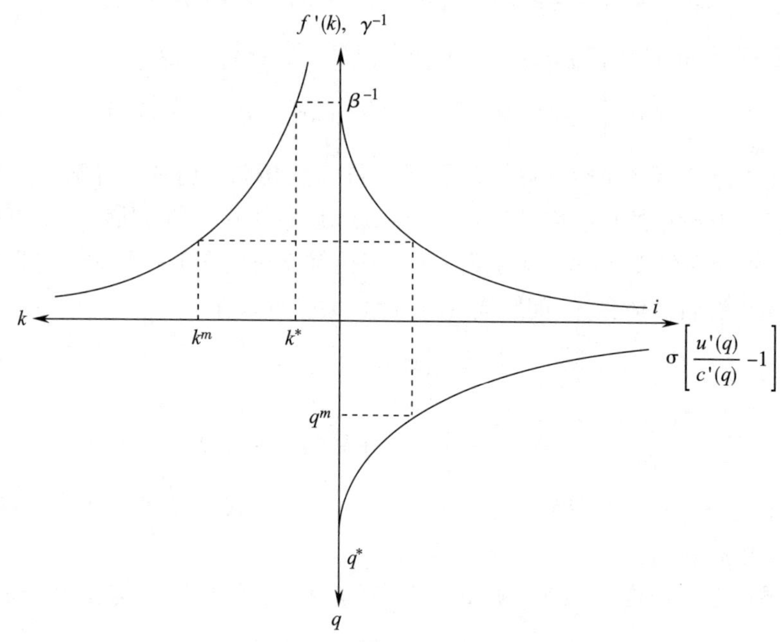

图 11－3 货币均衡的决定

如果 $\phi_t M_t = c(q) - f(k^m) > 0$ 或等价地如果公式（11.12）在用 i 代替 r 时成立，则货币均衡存在。正如前一部分所述，这要求 k^n 大于 k^m。当 γ 趋近于 β 时，k^m 趋近于 k^* 且货币均衡的条件变为 $k^n > k^m$。只要买方在货币均衡中积累比

社会有效水平更多的资本，不可兑现货币就有改善福利的作用。在这种情况下，如果不可兑现货币有价值且弗里德曼规则 $\gamma = \beta$ 满足，则社会福利达到最大值：在弗里德曼规则中，有 $q^m = q^*$ 和 $k^m = k^*$。

11.4 一种机制设计方法

与前面的章节相反，但是与第 4 章类似，考虑代理人在机制中的参与激励，DM 配对会面中的交易机制现在由计划者或“机制设计者”作出最优选择。配对会面的一般交易机制规定一个报价 (q, d_z, d_k)，其中 d_z 是实际余额的支付（$z = \phi m$ 表示实际余额），d_k 是资本 k 的支付，而 d_z 和 d_k 都是买方投资组合 (z, k) 的函数。这个报价 (q, d_z, d_k) 必须是独立的且是合理的——意味着买方和卖方都能接受它——而且是配对帕累托有效的——意味着买方和卖方都不能找到其他解使得双方的结果都变得更好。注意到目前为止我们所研究的机制，例如买方通吃的议价机制、纳什和比例解决方案都满足这两个特性。

为简单起见我们关注线性技术，$f(k) = Rk$，其中在 CM 的 t 期间积累 k 单位的资本在 CM 的 $t+1$ 期间产生 Rk 单位的通用商品（注意，在不失一般性的情况下，我们现在假设资本品在 CM 期间而不是在 DM 的开始时得到回报）。机制设计者的目标是最大化社会福利。我们对社会福利的衡量标准为

$$\sigma[u(q) - c(q)] + Rk - (1 + r)k \tag{11.18}$$

通俗地说，社会福利是由 DM 中的盈余总和 $\sigma[u(q) - c(q)]$ 和 CM 中的由资本存量 Rk 产生的产出，扣除 CM 前期产生的资本化投资成本 $(1 + r)k$ 所给出。激励—可行性约束要求买方和卖方均可接受任何 DM 的报价，这意味着

$$u(q) - d_z - Rd_k \geqslant 0 \tag{11.19}$$

$$-c(q) + d_z + Rd_k \geqslant 0 \tag{11.20}$$

根据式（11.19），买方对 DM 消费的效用 $u(q)$ 必须超过转移给卖方的资产价值 $d_z + Rd_k$（DM 中持有每单位的资本在随后的 CM 中产生 R 单位的产出）。同样，卖方收到的资产价值必须超过 DM 的生产成本，即式（11.20）。机制设计者还必须确保买方愿意在 CM 中积累投资组合 (z, k)。买方持有投资组合 (z, k) 的必要条件是

$$-iz - (1 + r - R)k + \sigma[u(q) - d_z - Rd_k] \geqslant 0 \tag{11.21}$$

式（11.21）表示持有投资组合 (z, k) 的成本由 $iz + (1 + r - R)k$ 衡量，且必须小于买方在 DM 中的预期盈余 $\sigma[u(q) - d_z - Rd_k]$。假设 $R < 1 + r$，如果式（11.21）成立，那么式（11.19）也成立（事实上，必须是 $R \leqslant 1 + r$ 的情况，否

则买方将积累无限量的资产，并将获得无限的净收益）。因此，机制设计者将为DM选择一种实现机制，将其作为DM报价（q^p, d_z^p, d_k^p）和CM上买方积累的投资组合（z^p, k^p）的均衡结果。

沿着均衡的路径，我们可以不失一般性地假设选择（q^p, d_z^p, d_k^p）使得卖方接受或者拒绝没有区别，即 $c(q) = d_z + Rd_k$。实际上，这个报价放宽了买方在CM的参与约束，即式（11.21）。选择非均衡路径的报价将会惩罚那些没有积累机制设计者选择的投资组合的买方。特别是如果他没有持有由 $z \geqslant z^p$ 和 $k \geqslant k^p$ 构成的资产组合，机制将会给买方分配的盈余为零，即

$$u(q) - d_z - Rd_k = 0 \text{ } if \text{ } z < z^p \text{ } or \text{ } k < k^p$$

如果买方积累多于 z^p 或者 k^p 的资产，机制不会增加买方的盈余，即

$$u(q) - d_z - Rd_k = u(q^p) - d_z^p - Rd_k^p \text{ } if \text{ } z \geqslant z^p \text{ } and \text{ } k \geqslant k^p$$

如果买方积累的资产小于（z^p, k^p），则他在DM中没有获得盈余，因此他的净效用为负。如果买方积累的资产超过（z^p, k^p），那么他的DM盈余不会增加，而且持有投资组合的成本会（弱）增加。因此，如果机制满足式（11.21），那么买方积累的最优资产为（z^p, k^p）。

机制设计者选择的均衡产出可以被简化为一个三元组（q^p, z^p, k^p），基于这个三元组，人们总是可以放弃满足 $c(q^p) = d_z^p + Rd_k^p$ 的报价。选择三元组来求解如下的最优化问题

$$\max_{q,z,k} \{\sigma[u(q) - c(q)] + Rk - (1 + r)k\} \tag{11.22}$$

$$s.t. \ \sigma[u(q) - c(q)] - iz - (1 + r - R)k \geqslant 0 \tag{11.23}$$

$$- c(q) + z + Rk \geqslant 0 \tag{11.24}$$

如果结果（q^p, z^p, k^p）满足买方式（11.23）和卖方式（11.24）的参与约束，那么则是可行的。根据式（11.23），持有实际余额和资本的总和不能超过卖方预期在DM中匹配的盈余；否则DM的报价不会促使买家持有投资组合（z^p, k^p）。根据式（11.24），DM中的实际余额和资本的价值 $z + Rk$ 不能超过卖方的非效用成本；否则卖方不会因为其工作的无效而获得补偿。

最优分配是计划者不受激励—可行性约束——计划者有权执行交易。根据式（11.22），最优分配是 $q = q^* = \arg\max\{u(q) - c(q)\}$ 以及 $k = k^* = \arg\max\{Rk - (1 + r)k\}$。鉴于我们假设 $R < 1 + r$，有 $k^* = 0$。

现在我们转向激励—可行性的分配。我们首先确定可实现最优结果的条件，$(q^p, z^p, k^p) = (q^*, c(q^*), 0)$，通过推导，卖方的参与约束式（11.24）是满足的，对于买方的参与约束，我们有

$\sigma[u(q^p) - c(q^p)] - iz^p \geqslant 0 \Leftrightarrow i \leqslant i^* \equiv \dfrac{\sigma[u(q^*) - c(q^*)]}{c(q^*)}$，或者等价为 $\gamma \leqslant$

γ^*，其中

$$\gamma^* = \beta\left\{1 + \frac{\sigma[u(q^*) - c(q^*)]}{c(q^*)}\right\} \tag{11.25}$$

（回想 $i=\gamma/\beta$）假设通胀率 γ 不是很大，那么不可兑现货币作为唯一的交易媒介可以实现最优分配。则货币增长率的阈值低于与第 4 章的纯货币经济相同的最优分配。这一点可以进行如下解释：公式 $\gamma^*/\beta-1$ 是由于通货膨胀和贴现而持有的实际余额的成本。而 $\sigma[u(q^*)-c(q^*)]/c(q^*)$ 在式（11.25）的右边，表示预期的非货币收益率，即买方有机会在 DM 中交易到代表生产 q 的成本的一部分的最优盈余的概率。如果持有实际余额的成本不超过预期非货币收益，那么最优分配是可实现的。因为 $\gamma^*>\beta$，注意弗里德曼规则不是实现最优分配所必需的：有很多低通货膨胀率可以实现最高的可能福利。

接着我们考虑下一个 $\gamma>\gamma^*$ 的情况。显然最优分配 $q^p=q^*$ 和 $k^p=0$ 是不可能实现的。在这种情况下，最优解同时满足等式（11.23）和式（11.24）。实际上，如果等式（11.23）或式（11.24）满足严格不等，那么机制设计者可以减少 k^p 或者增加 q^p 来提高社会福利。首先假设 $\gamma^{-1}\geqslant R$，意味着货币的回报率高于资本的回报率。由于资本是一种低回报率（相对于不可兑现货币）的低效支付方式，在这种情况下，有约束的有效分配将满足 $k^p=0$。根据等式（11.23）和式（11.24），有 $z^p=c(q^p)$，其中 $q^p\in(0,q^*)$ 是其唯一的正解

$$-ic(q^p) + \sigma[u(q^p) - c(q^p)] = 0 \tag{11.26}$$

输出结果是与买方参与约束一致的最高值。

考虑接下来 $\gamma>\gamma^*$ 和 $\gamma^{-1}<R$ 的情况；后面的不等式意味着不可兑现货币的回报率低于资本的回报率。现在，在选择买方的投资组合时，机制设计者有一个非常重要的权衡。实际余额的使用没有社会成本，但是由于货币回报率低于资本，当用货币取代资本时，它会使买方的参与约束更严格。相反，由于资本回报率低于代理人的时间偏好率，资本具有社会成本。由于式（11.23）等号成立，机制设计者的目标函数简化为：$\sigma[u(q)-c(q)]+Rk(q)-(1+r)k(q)=iz(q)$。

社会福利等于持有实际余额的成本。计划者希望买方在（激励）可行前提下尽可能多地持有实际余额，这样就可以节省持有资本。机制设计者的问题可以进一步简化——本质上是将其简化为 q 的选择——因为我们可以将注意力局限在同时满足式（11.23）和式（11.24）上。给定任意的 q，约束式（11.23）和式（11.24）的等式具体由下式得出唯一解

$$k(q) = \beta\left\{\frac{\sigma[u(q) - c(q)] - ic(q)}{R\gamma - 1}\right\} \tag{11.27}$$

$$z(q) = \beta\left\{\frac{\sigma R[u(q) - c(q)] - (1 + r - R)c(q)}{R\gamma - 1}\right\} \tag{11.28}$$

因此，机制设计者式（11.22）~（11.24）的最大化问题可以重新写为

$$\max_{q \geqslant 0}\{iz(q)\} s.t.\ k(q) \geqslant 0 \tag{11.29}$$

首先假设非负性约束 $k(q) \geqslant 0$ 没有约束力，即 $k(q) > 0$。最大化式（11.28）中的 $z(q)$ 得到 $q = \tilde{q}$，其中 $\tilde{q} \leqslant q^*$ 由下式求解得到

$$u'(\tilde{q}) = \left[1 + \left(\frac{1 + r - R}{\sigma R}\right)\right]c'(\tilde{q}) \tag{11.30}$$

注意 $\tilde{q}$ 是买方在资本作为唯一交易媒介的经济中所获得的产出水平，参见式（11.7）。因此可以认为机制设计者可以分两步进行选择分配。首先，它确定了仅用资本进行融资的最佳产出量。该数量对应于 $\tilde{q}$，而且 $u'(\tilde{q})$ 和 $c'(\tilde{q})$ 之间的楔子来源于持有资本的成本。其次，机制设计者通过要求买方积累实际余额直到达到他是否参与无差异的程度，从而降低了低效率的高资本存量，这对应于 $z(\tilde{q})$。条件 $k(\tilde{q}) \geqslant 0$ 可以改写为 $\gamma \geqslant \tilde{\gamma}$，其中

$$\tilde{\gamma} = \beta\left\{1 + \frac{\sigma[u(\tilde{q}) - c(\tilde{q})]}{c(\tilde{q})}\right\} \tag{11.31}$$

可以证明 $\tilde{\gamma} > \gamma^*$ 以及 $\lim_{R \to 1+r}\tilde{\gamma} = \gamma^*$。由于 $1/\tilde{\gamma} < R$ 且货币和资本在 $\gamma \geqslant \tilde{\gamma}$ 时作为支付手段共存，即 $1/\gamma < 1/\tilde{\gamma} < R$。从这种意义上讲，回报率的优势是货币经济中"良好"分配的财产。

最后，当 $\gamma \in (\gamma^*, \tilde{\gamma}]$ 时，通货膨胀不足以低至实现最优分配，但是它也没有足以高到使得积累资本作为支付手段。事实上，在这种情况下 $\tilde{q}$ 只能用货币实现，通过构造

$$-\frac{\gamma - \beta}{\beta}c(\tilde{q}) + \sigma[u(\tilde{q}) - c(\tilde{q})] \geqslant 0 \tag{11.32}$$

结果，当 $\gamma \in (\gamma^*, \tilde{\gamma}]$ 时，资本存量为 0，$k^p = 0$，DM 的产出 q^p 由式（11.26）求解得到，实际余额 z^p 由 $c(q^p)$ 给出。

机制设计者的选择分配如图 11-4 所示。对于低通货膨胀率，$\gamma \in (\beta, \gamma^*]$，最优分配只能单独通过货币来实现：$q^p = q^*$，$k^p = k^* = 0$ 以及 $z^p = c(q^*)$。当通货膨胀率增加到高于 γ^* 时，最优分配不可实现。机制设计者将 q^p 降低到 q^* 以下，但保持最优分配时的资本存量 $k^p = 0$。如果货币增长率超过 $\tilde{\gamma}$，那么积累资

本以保存实际余额并在仅有资本的经济体中保持产出水平不变是最优的，$q^p=\tilde{q}$。所有的这些都意味着，在最优机制下，只有当通货膨胀率足够高时，通货膨胀才会导致资本的过度积累。这种情况下，机制设计者有代理人代替货币——这种代价太大了，以至于无法积累资本。

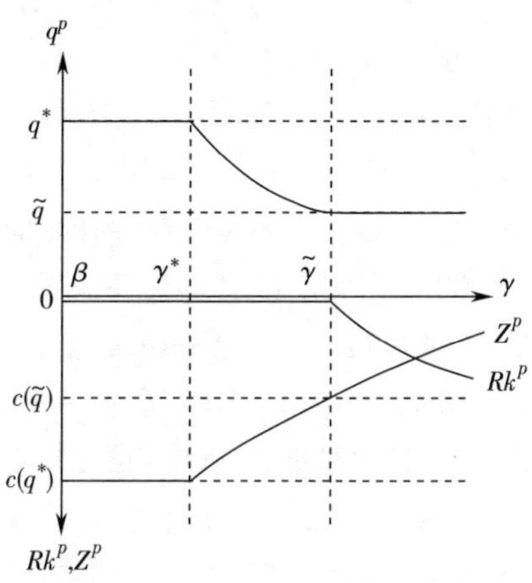

图 11－4　约束有效的分配

我们分析的一个重要发现是，在最优机制下，只要货币和资本共存，货币的回报率就会低于资本，这意味着回报率占优是最优分配的一部分。我们在图 11－5 中说明这个结果。资本回报率在横轴上测量，不可兑现货币的回报率在纵轴上测量。45°线表示回报率相等；回报率占优在 45°线下面刻画。第 11.1 节中，在买方通吃的议价机制下，不可兑现货币和资本共存只出现在两个资产具有相同的收益率的特殊情况，$R=\gamma^{-1}$。相反，在最优机制下，如果存在回报率相等的情况，即使 DM 输出效率低代理人也不会持有资本。不可兑现货币和资本的均衡（暗灰色区域）仅存在于 45°线以下，其中资本的回报率严格高于不可兑现货币。

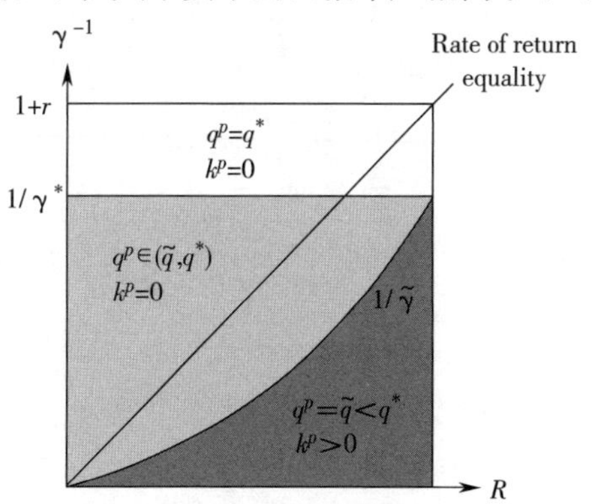

图 11－5　最优机制下的回报率占优

11.5 进一步阅读

Kiyotaki 和 Wright（1989）构建了一个商品可储存并可作为支付手段但在存储成本上各不相同的环境。他们发现，作为支付手段出现的商品取决于存储成本，并通过专业化模式取决于偏好和技术。

商品货币模型还包括 Sargent 和 Wallace（1983），Li（1995），Burdett、Trejos 和 Wright（2001），以及 Velde、Weber 和 Wright（1999）。Wallace（1980）在迭代模型环境下研究了当代理人能获得线性存储技术时货币均衡的存在性。

Lagos 和 Rocheteau（2008）在一个搜索环境下研究了货币和资本在支付手段上相互竞争的情况。Shi（1999a，b），Aruoaba 和 Wright（2003），Molico 和 Zhang（2006），Aruoba，Waller，Wright（2011）和 Waller（2011）描述了代理人能积累资本的搜寻经济，但资本是非流动性的，即不能在双边匹配中被用作支付手段。Ferraris 和 Watanabe（2012）考虑了部分资本可以承诺回报的情况。Andolfatto、Berentsen 和 Waller（2016）研究了在非流动资本模型中资产支持的使用。Tobin（1965）和 Stockman（1981）在简式货币模型中研究了通货膨胀对资本积累的影响。Aruoba（2011）研究了不同版本模型的上工业周期。Aruoba、Davis 和 Wright（2015）将资本解释为住宅，并研究预期通货膨胀对房屋（建筑）生产的影响。

关于机制设计的部分来自 Hu 和 Rocheteau（2013），他们采用机制设计的方法研究经济中货币和资本的共存以及以回报率占优为特征的结果最优性。Hu 和 Rocheteau（2015）考虑资本品（卢卡斯树）处于固定供给状态。

12 汇率、名义债券和公开市场操作

在第 11 章，我们研究了货币和生产资本的共存。在本章，我们研究不可兑现货币和名义资产（另一种货币和名义债券）的共存，以及它对汇率和货币政策的影响。我们首先考虑两币种经济，我们发现，就标准定价机制而言，货币间的名义汇率是不可决定的：两种货币之间分配相同但是相对的价格不同的均衡是连续的。这一结果并不令人惊奇，因为两种无内在价值的物品之间的汇率可以是代理人相信的任何值。如果交易机制不对称的对待这两种货币，这种不确定性就将不存在。我们提出了偏向于国内货币的帕累托有效交易机制：代理人可以提供本国货币作为支付手段来获得更好的交易条件，而这种机制不会有重新谈判的余地。在这种情况下，代理人在均衡时将只持有国内货币，而汇率将由基本面和货币因素所决定。

在存在不可兑现货币和名义政府债券的经济中，如果这两种资产作为支付手段是完全替代品时，货币回报率将等于债券的回报率。那么，流动性债券将不会支付任何利息，其买价将等于其面值。它是回报率占优之谜中的一种表现形式。但是，如果债券没有货币那么有流动性，例如人们无法将其所有债券用于交易目的，那么债券在回报率上将优于货币。

可以说，假设债券没有货币那么有流动性，则它并不是回报率占优之谜的满意答案。我们从两个不同角度解释债券的非流动性。首先，我们假设债券存在可识别性问题。那么卖方将只接受支付一定限额的债券。当代理人必须为持有债券得到补偿时，他们就无法将其用于交易目的，债券的回报率就将超过货币。这种情况下公开市场操作对产出水平没有影响。我们的第二种解释类似于我们用来解释汇率不可决定的问题：如果代理人使用帕累托有效交易机制，买方使用货币交易而不是债券交易能得到更大的盈余。

其次，为了研究公开市场操作，我们研究分割市场的经济体，其中一个市场中货币和债券都可以作为支付手段，而另一个市场不可兑现货币是唯一的交易媒介。例如，假设因为零售商无法验证债券，而货币和政府债券可以作为公司或者金融机构之间交易媒介，使得不可兑现货币是零售行业唯一的支付工具。

我们发现，当债券的相对供给过低或者过高时，公开市场操作都是无效的。而对于中间的水平，公开市场出售债券会提高实际利率和名义利率，同时提高产出水平。当政府债券的名义利率为零而且货币和债券完全替代时，我们的模型会产生“流动性陷阱”。

12.1 双币支付系统

在本部分，我们将研究两种无内在价值的对象作为支付手段的并存。这是一个相关的工作，因为现实经济中有许多不同的货币，包括“虚拟货币”（不受监管的数字货币）。这就产生了多种货币能否有价值且被用于支付、多种货币的存在是否有意义以及汇率又是如何决定的等诸多问题。国际宏观经济学模型通常使用支付上的外生限制来解释货币价值的决定，如预付现金约束。我们移除这些外生限制，将要说明其是如何内生形成的。

12.1.1 汇率的不确定性

假设一个经济中存在两种不可兑现货币——货币 1 和货币 2，且均能被用作交易媒介。为方便起见，可将货币 1 看作是美元，货币 2 看作是欧元。两种货币的固定存量分别为 M_1 和 M_2，且代理人可以自由选择使用哪种货币。1 单位货币 1 可以购买 ϕ_1 单位 CM 商品，而 1 单位货币 2 可以购买 ϕ_2 单位 CM 商品。我们将关注 ϕ_1 和 ϕ_2 均不随时间变化的静态均衡。

考虑一位在 DM 上持有 m_1 单位货币 1 和 m_2 单位货币 2 的买方。其期初价值函数 $V^b(m_1,m_2)$ 满足

$$V^b(m_1,m_2) = \sigma\{u[q(m_1,m_2)] + W^b[m_1 - d_1(m_1,m_2), m_2 - d_2(m_1,m_2)]\} + (1-\sigma)W^b(m_1,m_2) \tag{12.1}$$

价值函数式（12.1）的解释类似于式（11.1）给出的价值函数 $V^b(m,k)$。买方在 CM 开始时的价值函数为

$$W^b(m_1,m_2) = \phi_1 m_1 + \phi_2 m_2 + \max_{\hat{m}_1 \geq 0, \hat{m}_2 \geq 0}\{-\phi_1\hat{m}_1 - \phi_2\hat{m}_2 + \beta V^b(\hat{m}_1,\hat{m}_2)\} \tag{12.2}$$

其解释类似于式（11.2）给出的 $W^b(m,k)$。在 DM 上的交易条件取决于买方提出的要么接受要么拒绝报价，即

$$q(m_1,m_2) = \begin{cases} q^* \\ c^{-1}(\phi_1 m_1 + \phi_2 m_2) \end{cases} \text{如 } \phi_1 m_1 + \phi_2 m_2 \begin{Bmatrix} \geq \\ < \end{Bmatrix} c(q^*)$$

且当 $\phi_1 m_1 + \phi_2 m_2 \geqslant c(q^*)$ 时，$\phi_1 d_1 + \phi_2 d_2 = c(q^*)$，否则 $(d_1 + d_2) = (m_1 + m_2)$。将式（12.1）中的 V^b（m_1，m_2）代入式（12.2），并利用买方议价问题的解，买方的资产组合问题为

$$\max_{m_1 \geqslant 0, m_2 \geqslant 0} \{-r(\phi_1 m_1 + \phi_2 m_2) + \sigma\{u[q(m_1, m_2)] - c[q(m_1, m_2)]\}\} \tag{12.3}$$

买方选择其投资组合（m_1，m_2），以最大化其在 DM 上的预期剩余减去按时间偏好率 r 衡量的实际余额持有成本。由于交易条件只取决于买方资产组合 $\phi_1 m_1 + \phi_2 m_2$ 的实际价值，式（12.3）的解不会确定组合的唯一构成。由式（12.3）的一阶条件可知，q 满足

$$\frac{u'(q)}{c'(q)} = 1 + \frac{r}{\sigma} \tag{12.4}$$

式中，$c(q) = \phi_1 m_1(j) + \phi_2 m_2(j)$ 且 $j \in [0,1]$ 标示买方的名称。对 j 积分，我们得到 $c(q) = \phi_1 \int_{[0,1]} m_1(j)\,\mathrm{d}j + \phi_2 \int_{[0,1]} m_2(j)\,\mathrm{d}j$。

且市场出清有 $M_1 = \int_{[0,1]} m_1(j)\,\mathrm{d}j$ 和 $M_2 = \int_{[0,1]} m_2(j)\,\mathrm{d}j$。因此在均衡时有

$$c(q) = \phi_1 M_1 + \phi_2 M_2 \tag{12.5}$$

公式（12.4）唯一确定了 q 的值，而公式（12.5）则确定了剩下的 ϕ_1 和 ϕ_2。显然 ϕ_1 和 ϕ_2 并不存在唯一值。存在仅有一种货币有价值的静态均衡，要么 $\phi_1 = 0$，要么 $\phi_2 = 0$，同时也存在两种货币都有价值的均衡。在这些不同均衡中，DM 上的交易量和社会福利都是一样的。对于任意汇率 $\varepsilon = \phi_1/\phi_2$，其中货币 1 的价值由货币 2 表示（例如，单位美元的欧元数量），存在着一个求解式（12.5）的货币 2 价格，即 $\phi_2 = c(q)/[\varepsilon M_1 + M_1]$。因此名义汇率 ε 是非确定的。这种不确定性的结果不应该令人感到惊讶。两种不可兑现货币首先都是无内在价值的物体，其相对价格取决于信念。

12.1.2 两国模型中带扭转的预付现金

国际宏观经济学模型一般采用代理人在本国只能用本国货币交易的限制。该预付现金约束容许汇率是确定的，因此汇率可与偏好和技术等基本面以及政策相关。然而这种方式并非完全令人满意，因为它假设而不是解释为什么一些代理人仅使用可用货币的一个子集来作为支付手段。当货币有不同的通货膨胀率从而有不同回报率时，预付现金约束似乎没有什么特别的吸引力。在本部分，我们将提出一个简单方法，以产生与传统国际宏观经济学模型类似的见解，而无须对使用货币作为支付手段施加任何限制。其基本思想是在 DM 上选择一种有

良好效率属性但不对称对待本国货币和外国货币的交易机制。

现在讨论我们模型的两国版本。经济由国家1和国家2组成，每个国家都有与基准模型环境相同的结构。所有相关变量都用国家名称标识。不同国家的基本面可不同，同时我们假设所有代理人有相同的时间偏好率 r。在CM上，代理人可以在一个一体化的竞争性市场上交易CM商品和两种货币。因此一价定律成立，即 $\phi_1 = \varepsilon\phi_2$（CM商品的美元价格为 $1/\phi_1$ 而欧元的价格为 $1/\phi_2$。由于一美元等价于 ε 欧元，$\varepsilon/\phi_1 = 1/\phi_2$）。在DM上，代理人仅能在其“本土”市场交易。

为消除两国货币间名义汇率的不确定性，我们避免确定在DM上由买方给出的要么接受要么拒绝的报价决定交易条件。相反，我们采用符合直观感受的交易机制，即在一个国家使用本国货币可比外国货币获得更好的交易条件。例如，如果买方打算在美国花费欧元，则卖方将接受欧元，因为他知道他可以在CM中销售它们，但买方得到的产出会少于用美元购买所得。关键的观点是，尽管不对称处理这两种货币，在DM上也不会有任何未被发现的交易收益。与预付现金模型不同，我们不会对使用货币用作支付手段施加任何约束，且所导致的DM配置是配对帕累托最优的。

模型的关键组成部分是DM上的定价机制，这也是我们现在将详细介绍的。考虑国家1的买方与同一国家卖方之间的匹配。买方资产组合表示为 (m_1, m_2)。从概念上可以把定价机制看作两个阶段。在第一阶段，买方回报被设定为等于他作出要么接受要么拒绝的报价并被限制只能使用本国货币作为支付手段时的回报，这与预付现金经济相同。在第二阶段，对所有使用货币作为支付手段的限制都被去除，且实际配置由选择使配置达到配对帕累托有效的卖方报酬所决定，且买方报酬等于其第一阶段报酬。这意味着买方使用外国货币得不到任何额外剩余，但是，代理人不会像预付现金市场那样从未开发的贸易中获得收益。

定价机制第一阶段所实现的买方报酬或剩余 $U_1^b(m_1, m_2)$ 由下式给出

$$U_1^b(m_1, m_2) = \max_{q, d_1}[u_1(q) - \phi_1 d_1]$$
$$s.t.\ c(q) \leqslant \phi_1 d_1$$
$$\text{且 } d_1 \leqslant m_1 \tag{12.6}$$

正如在预付现金经济中，买方报酬的获取是通过选择其消费和本国货币的转移以最大化其剩余来实现的，条件是消费成本不超过转移的价值，且转移的货币不会超出买方所持有的。值得注意的是，上述问题所选择的交易条件不（必要）是将实施的实际交易条件。第一阶段的目的仅是为了确定买方的报酬或报酬水平。式（12.6）所定义的买方剩余的一个重要特征是它独立于买方的国

外货币持有 m_2。

我们现在来看第二阶段，它确定了实际交易条件以及卖方盈余。最终的配置是为了卖方剩余的最大化，约束条件是买方剩余至少等于 $U_1^b(m_1, m_2)$，即

$$U_1^s(m_1, m_2) = \max_{q, d_1, d_2}[-c_1(q) + \phi_1 d_1 + \phi_2 d_2] \tag{12.7}$$

$$s.t.\ u_1(q) - \phi_1 d_1 - \phi_2 d_2 \geqslant U_1^b(m_1, m_2) \tag{12.8}$$

$$\text{且 } d_1 \leqslant m_1, d_2 \leqslant m_2 \tag{12.9}$$

此两阶段定价过程保证了配置是配对帕累托最优，这意味着在双边匹配中没有其他配置能同时提高买方和卖方的报酬。也请注意，根据式（12.9），在 DM 上代理人并不限于使用本国货币作为唯一的支付手段。

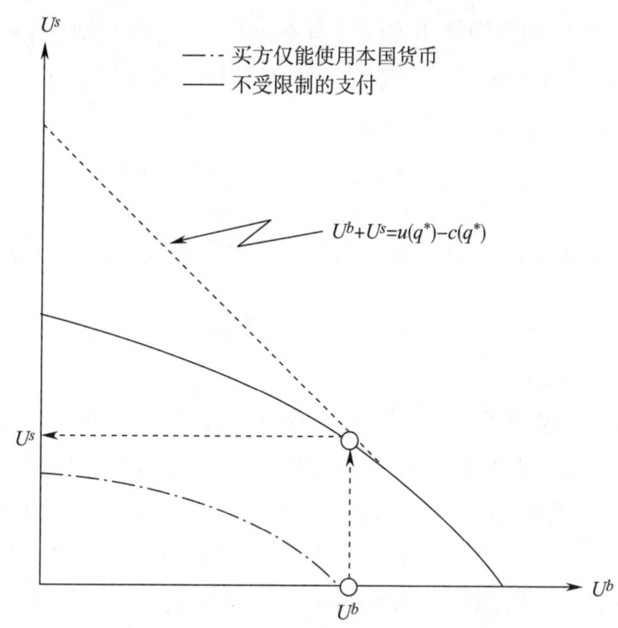

图 12－1 交易条件的决定

买方和卖方剩余的决定如图 12－1 所示。上方由虚线构成的直线表示当 $q = q^*$ 时买方和卖方的盈余组合。中间由曲线和直线线段构成的实线前沿代表在 DM 上买方能同时使用本国和外国货币作为支付手段时的帕累托前沿。在前沿的曲线部分，买方转移其全部组合给卖方以换取 DM 商品，当沿着前沿向左上方移动时，DM 商品的交易量下降。该前沿的位置取决于买方组合的价值 (m_1, m_2)。图 12－1 所示的中间前沿假设有 $\phi_1 m_1 + \phi_2 m_2 > c(q^*)$。或者如果假设 $\phi_1 m_1 + \phi_2 m_2 < c(q^*)$，则全部中间前沿将弯曲并处于上方前沿之下。图 12－1 所示的下方的虚线前沿表

示当买方被限制只能使用本国货币用于支付手段时所能实现的成对效用水平。对于该前沿，假设有 $\phi_1 m_1 < c(q^*)$。如图 12－1 所示，我们的定价机制表明买方剩余由下方虚线前沿和横轴的交点给出：它是当买方只能在交易中使用本国货币时能够获取的最大剩余。给定买方剩余 U^b，卖方剩余 U^s 位于帕累托前沿上 $(U^b,0)$ 点的正上方。注意给定买方组合（m_1，m_2）时，（U^b，U^s）是成对帕累托有效的。

我们现在转向 CM 上的买方组合选择问题。使用推导式（12.3）的同样逻辑，居住于国家 1 的买方组合选择问题由下式给出

$$\max_{m_1 \geqslant 0, m_2 \geqslant 0} \{-r(\phi_1 m_1 + \phi_2 m_2) + \sigma_1 U_1^b(m_1, m_2)\}$$

由于根据式（12.6），m_2 不会对买方剩余有影响，立即可知买方将选择 $m_2 = 0$。因此，我们的模型使买方仅持有本国货币的预付现金约束合理化。根据式（12.6），有 $U_1^b(m_1, m_2) = u(q_1) - c(q_1)$，其中 $c(q_1) = \min[c(q_1^*), \phi_1 m_1]$。买方组合问题关于 m_1 的一阶条件为

$$\frac{u'_1(q_1)}{c'_1(q_1)} = 1 + \frac{r}{\sigma_1} \tag{12.10}$$

且 $c_1(q_1) = \phi_1 M_1$。以此类推，居住于国家 2 的买方的货币持有选择为

$$\frac{u'_2(q_2)}{c'_2(q_2)} = 1 + \frac{r}{\sigma_2} \tag{12.11}$$

且 $c_2(q_2) = \phi_2 M_2$。

买方仅持有本国货币的结论背后的含义是显而易见的。如果买方使用外国货币购买商品，他获得的交易条件要比那些持有本国的货币差得多。具体而言，由式（12.6），持有额外 1 单位实际本国货币，即 $1/\phi_1$ 单位货币 1，国家 1 中的买方能够获得 $1/c'_1$（q_1）单位产出。根据式（12.8），持有额外 1 单位实际国外货币，即 $1/\phi_2$ 单位货币 2，买方能获得 $1/u'_1(q_1) < 1/c'_1(q_1)$ 单位产出。这意味着使用国外货币的边际剩余 $u'_1(q_1)[\partial q_1/\partial(\phi_2 m_2)] - 1$ 为 0，而在使用本国货币时其严格为正。因此，每个国家的代理人将仅持有本国货币，即使对哪种货币能被作为支付手段没有限制，且外汇市场上的交易没有成本。

名义汇率 $\varepsilon \equiv \phi_1/\phi_2$ 等于

$$\varepsilon = \frac{c_1(q_1) M_2}{c_2(q_2) M_1} \tag{12.12}$$

该汇率通过第一项取决于技术和偏好，并通过第二项取决于两个国家的货币因素。为获得更容易理解的汇率表达式，我们采用如下函数形式：两个经济中的代理人对于 DM 商品有相同的效用函数 $u_1(q) = u_2(q) = q^{1-a}/(1-a)$，其中

$a \in (0,1)$。生产的负效用为 $c_j(q) = A_j q$，这意味着生产性国家有一个较低的 A。由式（12.10）和式（12.11），有 $q_j = A_j^{-1/a}[1 + (r/\sigma_j)]^{-1/a}$。根据式（12.12），那么汇率表达式为

$$\varepsilon = \left(\frac{A_2}{A_1}\right)^{(1-a)/a}\left[\frac{1 + (r/\sigma_2)}{1 + (r/\sigma_1)}\right]^{1/a}\frac{M_2}{M_1} \tag{12.13}$$

如果国家1变得更有生产性，或者如果其货币供应收缩，则其货币会相对于国家2的货币升值。汇率也依赖于交易摩擦。如果在国家1更容易找到交易伙伴，则汇率也会上涨。

此模型很容易扩展用来解释每个国家货币政策对汇率的影响。假设国家 $j=1$，2 的总货币增长率为 $\gamma_j \equiv M_{j,t+1}/M_j$，且 $t > \beta$（如果两个国家的代理人有不同的贴现因子，则每个国家的货币增长率一定大于最有耐心代理人的贴现因子）。在国家 j 持有实际余额的成本为 i_j，其中 $1 + i_j = (1+r)\gamma_j$。由于买方在 DM 上持有国外货币获得的剩余为零，他就只会积累本国货币，即使其通货膨胀率高于外国货币。从而该模型能够解释回报率占优之谜的一个版本，其中代理人使用其本国货币进行交易，即使外国货币在回报率上更占优。每个国家的 DM 产出可由类似于式（12.10）和式（12.11）的公式给出，即

$$\frac{u'_j(q_j)}{c'_j(q_j)} = 1 + \frac{i_j}{\sigma_j}, j = 1,2$$

使用与上述相同的函数形式，我们得到第 t 期汇率的表达式为

$$\varepsilon_t = \left(\frac{A_2}{A_1}\right)^{(1-a)/a}\left[\frac{1 + (i_2/\sigma_2)}{1 + (i_1/\sigma_1)}\right]^{1/a}\frac{M_{2,t}}{M_{1,t}}$$

汇率的（总）增长速度 $\varepsilon_{t+1}/\varepsilon_{t+1}$ 等于 γ_2/γ_1。

12.2 货币和名义债券

在前一部分我们考察了多种无内在价值物体（不可兑现货币）作为支付手段的经济。我们现在研究拥有不可兑现货币和名义债券（对不可兑现货币的要求权）的经济。名义债券的存在使我们能够决定一个关键的政策变量——名义利率。我们首先表明，在目前为止所用的标准假设下，模型显示名义利率为零。这个结果形成一个谜题——回报率占优谜题，因为在现实中债券在回报率上要优于货币。然后我们提供回报率占优谜题能被解决的条件，并讨论解决该谜题对于决定名义利率的意义。

12.2.1 回报率占优之谜

考虑代理人可使用货币和政府债券作为交易媒介的经济。一种一期政府债券在 CM 上被发行，并在下一期 CM 上被偿付 1 单位货币。政府每期所出售的债券流不变且等于 B。我们也将假设货币供应总量不变，即 $M_{t+1} = M_t$，或等价地 $\gamma = 1$。政府债券为纯贴现类型，并且完全可分、见票即付和无违约风险。这些假设使货币和债券相互成为密切的替代品。因为到期的债券和货币被一比一兑换，到期债券以 CM 商品衡量的价格为 ϕ。令新发行债券以 CM 商品衡量的价格为 ω。如果 $\omega < \phi$，新发行债券为货币贴现发行的。新发行债券的一期实际回报率为

$$r_b = \phi/\omega - 1 \tag{12.14}$$

事实上，一单位 CM 商品可以购买 $1/\omega$ 单位的债券，其中每单位的债券支付 1 单位的在接下来的期间价值 ϕ 单位商品的货币。在没有通货膨胀时，政府债券的实际利率也就是名义利率（在之后章节用 i_b 表示）。如果 $r_b > 0$，则政府通过在 CM 上的一次性税收为债券利息支付提供融资。每位买方承担的税收为 $(\phi - \omega)B = r_b\omega B$。

我们假设 DM 上双边匹配的交易条件由买方所提出的要么接受要么拒绝的报价决定。基于与前面部分相同的逻辑，在期初持有资产组合 (m,b)（包括 m 单位货币和 b 单位债券）的买方的预期生命期效用为

$$V^b(m,b) = \sigma\{u[q(m,b)] - c[q(m,b]\} + W^b(m,b) \tag{12.15}$$

其中，若 $\phi(m+b) \geqslant c(q^*)$，则有 $q(m,b) = q^*$，否则有 $q(m,b) = c^{-1}[\phi(m+b)]$。持有资产组合 (m,b) 进入 CM 的买方的预期生命期效用为

$$W^b(m,b) = \phi(m+b) + T + \max_{m'\geqslant 0, b'\geqslant 0}\{-\phi m' - \omega b' + \beta V^b(m',b')\} \tag{12.16}$$

式中，T 表示政府在 CM 上以通用商品表示的一次性转移。如果政府需要为其债券利息支付提供融资，则有 $T = -r_b\omega B < 0$。注意这个公式与两币种背景下的式（12.2）类似。如果我们将式（12.15）中的 V^b 代入式（12.16），则买方的组合问题变为

$$\max_{m\geqslant 0, b\geqslant 0}\left\{-r\phi m - \left(\frac{r-r_b}{1+r_b}\right)\phi b + \sigma\{u[q(m,b)] - c[q(m,b)]\}\right\} \tag{12.17}$$

其中，持有名义债券的成本 $(\omega - \beta\phi)/\beta\phi = (r - r_b)/(1+r_b)$，这约等于非流动债券实际利率和流动债券实际利率的差。问题式（12.17）的一阶（充分必要）条件为

$$-r+\sigma\left[\frac{u'(q)}{c'(q)}-1\right]\leqslant 0, \text{当 } m>0 \text{ 时取“=”} \tag{12.18}$$

$$-\frac{r-r_b}{1+r_b}+\sigma\left[\frac{u'(q)}{c'(q)}-1\right]\leqslant 0, \text{当 } b>0 \text{ 时取“=”} \tag{12.19}$$

如果债券折价出售，即如果 $r_b>0$，则持有债券的成本要低于货币，因为 $(r-r_b)/(1+r_b)<r$。但由式（12.18）和式（12.19），买方将仅持有债券，且不可兑换货币将不再有价值。然而，这不能是一个均衡结果，因为名义债券是不可兑现货币的要求权。因此在均衡时，不可兑现货币和新发行债券必须是完全替代品，即 $\omega=\phi$ 且 $r_b=0$。所以，如果对使用债券作为支付手段没有限制，则付息政府债券不能与不可兑现货币共存。这就是回报率占优谜题。

DM 上的产出由式（12.18）和式（12.19）取等号时的解给出，即

$$\frac{u'(q)}{c'(q)}=1+\frac{r}{\sigma} \tag{12.20}$$

且根据卖方的参与约束，货币价值满足

$$\phi=\frac{c(q)}{M+B} \tag{12.21}$$

货币的价值随货币和债券的存量而递减。这个配置和价格与纯货币经济中的货币存量完全相同，其中纯货币经济中的货币存量等于 $M+B$。这意味着货币和债券的组成 B/M 对产出、价格和利率没有影响。换而言之，由用货币代替债券或反向操作构成的公开市场业务都是无关紧要的，因为货币和债券是完全替代品。

12.2.2 货币和非流动性债券

为了解释债券回报率优于货币，我们现在引入对在 DM 双边匹配中使用债券的公认的任意限制。我们假设一位持有由 b 单位债券构成的组合的买方，在他发现自己在双边匹配中时只可使用 $g\in[0,1]$ 部分的债券用作支付手段。如果 $g=0$，则债券是完全非流动的，而如果 $g=1$，则债券是完全流动的。实际上，债券的非流动性可源于法律上的限制、债券的不可分性或者债券识别成本的存在。虽然我们将在后面部分为这种限制提供基础，但目前我们只是把它当作给定的。

买方的价值函数 $V^b(m,b)$ 和 $W^b(m,b)$ 分别由式（12.15）和式（12.16）给出，其中 $q(m,b)$ 现在被定义为：如果 $\phi(m+gb)\geqslant c(q^*)$ 则 $q(m,b)=q^*$，否则 $q(m,b)=c^{-1}[\phi(m+gb)]$。买方组合问题由下式的解给出

$$\max_{m\geqslant 0,b\geqslant 0}\left\{-r\phi m-\phi b\left(\frac{r-r_b}{1+r_b}\right)+\sigma\{u[q(m,b)]-c[q(m,b)]\}\right\} \tag{12.22}$$

债券的非流动性通过限制买方能转移给卖方的财富数量影响DM上的交易条件。问题式（12.22）的一阶条件在假设存在一个内解时为

$$\frac{u'(q)}{c'(q)} = 1 + \frac{r - r_b}{\sigma g(1 + r_b)} \tag{12.23}$$

$$\frac{u'(q)}{c'(q)} = 1 + \frac{r}{\sigma} \tag{12.24}$$

通过使式（12.23）和式（12.24）的右边相等，这意味着买方在持有货币还是债券上是无差异的，我们得到

$$r_b = \frac{r(1 - g)}{1 + gr} \tag{12.25}$$

债券的回报率取决于其流动程度：如果债券具有完全流动性，即 $g = 1$，则有 $r_b = 0$ 和 $\omega = \phi$。如果债券是部分非流动性的，则该模型能导致债券回报率优于货币；即如果 $g < 1$ 则 $r_b > 0$。特别地，如果债券是非流动性的，即如果 $g = 0$，则 $r_b = r$。货币和债券的组合在不影响利率或产出［参见公式（12.25）］的同时，确实会影响货币的价值，因为 $\phi = c(q)/(M + gB)$。

12.3 可识别性和回报率占优

到目前为止，我们已经表明，如果在使用债券作为支付手段时有所限制，则附息债券和不可兑现货币能够共存。但是，我们没有解释这些限制的来源。在早期文献中，物理属性被用来解释为什么债券没有货币那样的流动性。一个经典解释是债券只能用于大额交易而不适于用作典型（小额）交易的支付手段。我们也将关注物理属性，即债券的可识别性或可伪造性。资产的不完全可识别性在债券如银行券是由纸制作时是貌似合理的。

我们假设不可兑现货币不能被伪造，或者仅能以一个非常高的成本被伪造，而债券可以被伪造。特别地，代理人能够在CM上制作任意数量的伪造政府债券，并承担一个固定的实际负效用成本 $\kappa > 0$。在第 t 期生产伪造品的技术在第 $t+1$ 期被废弃，所以付出的成本仅允许买方在一期内生产伪造品。在DM上卖方无法识别债券真伪。政府有技术可以识别和收缴伪造品：任何在第 t 期制作的伪造债券在代理人进入第 $t+1$ 期CM之前被识别和收缴。因此第 t 期制作的伪造债券的唯一出路是在第 $t+1$ 期的DM上。为了简化阐述，我们假设在DM上没有搜寻摩擦，即 $\sigma = 1$，且交易条件（q，d_m，d_b）由买方提出的要么接受要么拒绝的报价决定，其中 q 表示卖方生产的产出，d_m 表示货币转移，而 d_b 表示从买方转移到卖方的（真实的或伪造的）债券。

伪造博弈和第5.3部分对货币可识别性的分析类似，只不过这里讨论的是债券可能被伪造，而不是货币。基于与第5.3部分相同的逻辑，买方在DM的报价（q，d_m，d_b）必须满足无伪造约束

$$-\omega d_b - \phi d_m + \beta u(q) \geqslant -\kappa - \phi d_m + \beta u(q) \tag{12.26}$$

式（12.26）的左边为买方在不制作伪造品时的报酬。买方以价格 ω 积累 d_b 单位的真实债券，以价格 ϕ 积累 d_m 单位货币，并享有消费 q 单位DM产出的效用。式（12.26）的右边是买方在选择制造伪造债券时的报酬。通过制造伪造债券，买方节省了投资债券的成本 ωd_b，不过其要承担制造伪造债券的固定成本 κ。根据式（12.26），在 $t-1$ 时的CM上预期其会在 t 时的DM上给出报价（q，d_m，d_b）的买方将积累真实债券而不是代替伪造品的条件为

$$\omega d_b \leqslant \kappa \tag{12.27}$$

不等式（12.27）为一个内生流动性约束，它指定了买方在DM能够转移的债券数量上限。新发行债券的实际价值不能高于制造伪造品的固定成本。如果制造伪造品的成本过高，则流动性约束式（12.27）将被放宽。

CM上的买方将选择一个包含货币和真实债券的组合，以在接下来的DM上最大化其扣除资产持有成本后的预期剩余。他们将预测在DM上的报价必须同时满足卖方参与约束和式（12.27）的无伪造约束。由于持有货币的机会成本，买方持有的货币将不会超过其计划在DM上花费的，于是有 $d_m = m$。而且，如果 $\omega > \beta\phi$，则持有真实债券是有成本的，买方将选择持有他们在DM上需要花费的确切数量，于是有 $d_b = b$。如果 $\omega = \beta\phi$，则买方可以持有比他们在DM上所需更多的债券，即 $b \geqslant d_b$。利用这些观察，我们可以给出买方组合问题如下

$$\max_{q,d_m,d_b,b}\left\{-r\phi dm - \left[\frac{(\omega/\phi)-\beta}{\beta}\right]\phi b + u(q) - \phi(d_m + d_b)\right\} \tag{12.28}$$

$$s.t.\ \ -c(q) + \phi(d_m + d_b) \geqslant 0 \tag{12.29}$$

$$-\omega d_b \leqslant \kappa, d_b \leqslant b \tag{12.30}$$

式中，b 为买方的债券持有。根据式（12.28），货币的持有成本为时间偏好率 $(1-\beta)/\beta = r$，而债券的持有成本为 $[(\omega/\phi)-\beta]/\beta$。根据不等式（12.29），卖方必须接受报价，只要卖方认为所有满足式（12.30）的报价都来自非伪造买方。

这个问题的拉格朗日条件为

$$\max_{d_m,d_b,b}\left\{-r\phi d_m - \left[\frac{(\omega/\phi)-\beta}{\beta}\right]\phi b + u\circ c^{-1}[\phi(d_m + d_b)] - \phi(d_m + d_b) + \lambda\left(\frac{\phi\kappa}{\omega} - \phi d_b\right) + \mu\phi(b - d_b)\right\}$$

式中，λ 是与流动性约束相关的拉格朗日乘数；μ 是与债券转移的可行性约束相关的拉格朗日乘数。关于 d_m 的一阶（充分必要）条件决定了在 DM 上的交易产出

$$\frac{u'(q)}{c'(q)} = 1 + r \tag{12.31}$$

关于 d_b 的一阶条件为

$$\frac{u'(q)}{c'(q)} - 1 - \lambda - \mu \leqslant 0 \tag{12.32}$$

由式（12.31）和式（12.32）有 $r - \lambda - \mu \leqslant 0$。于是 $\lambda = \mu = 0$ 在均衡时不可能发生。如果有内部解，则式（12.31）～（12.32）表示

$$r = \lambda + \mu \tag{12.33}$$

很容易证明，仅当 $\omega = \phi$ 时有 $d_b = 0$，即债券不支付利息，在这种情况下持有货币还是债券对于买方而言是无差异的，所以式（12.33）依然成立。最后，假设存在一个内解（因为在均衡时债券市场必须出清），则关于 b 的一阶条件为

$$\mu = \frac{(\omega/\phi) - \beta}{\beta} \tag{12.34}$$

结合式（12.33）得到

$$\lambda = \frac{1 - (\omega/\phi)}{\beta} \tag{12.35}$$

货币和债券的价格 ϕ 和 ω 被决定以使 CM 上的市场出清。由于买方的组合选择并不需要是唯一的，我们将重点关注对称均衡。货币需求等于 d_m，从而货币市场的市场出清条件为

$$d_m = M \tag{12.36}$$

债券市场的市场出清要求

$$b = B \tag{12.37}$$

我们考虑以下三种情况。

1. 非伪造约束不为紧，$\lambda = 0$。买方问题与问题式（12.17）完全相同，此时对债券作为支付手段没有限制。由式（12.35），债券和货币是完全替代品，即 $\lambda = 0$ 意味着 $\omega = \phi$。由式（12.34），$\mu = r > 0$，从而 $d_b = b = B$。根据取等号时的式（12.29），有 $\phi(M + B) = c(q)$，这意味着如果流动性资产的总存量 $M + B$ 增长，货币价值会降低。非伪造约束式（12.27）不为紧的条件为

$$\frac{B}{M + B}c(q) \leqslant \kappa \tag{12.38}$$

如果伪造债券的成本足够高，则债券是不可兑现货币的完全替代品，并且它们不用支付利息。条件式（12.38）也依赖货币和债券的相对供给；如果债券

相对于不可兑现货币的供给不够多，非伪造约束将不为紧。图 12－2 描绘了货币相对供应量 $B/(M+B)$ 和债券相对价格 ω/ϕ 之间的关系。当债券的相对供给小于 $\kappa/c(q)$ 时，债券和货币以相同价格交易，这意味着相对价格为 1，即 $\omega/\phi=1$。

2. 非伪造约束为紧，$\lambda>0$，但买方不受其债券持有的约束，$\mu=0$。于是有 $\omega d_b=\kappa$。DM 上生产的产出满足式（12.31），且独立于买方能用作支付手段的债券数量。由式（12.34）有 $\omega=\beta\phi$。买方必须得到时间偏好率的补偿，债券支付的利息为 $r_b=(\phi/\omega)-1=\beta^{-1}-1=r$。在这种情况下债券的回报率要优于不可兑现货币。式（12.27）的非伪造约束以及式（12.29）在均取等号时意味着

$$\phi=\frac{c(q)-(\kappa/\beta)}{M} \tag{12.39}$$

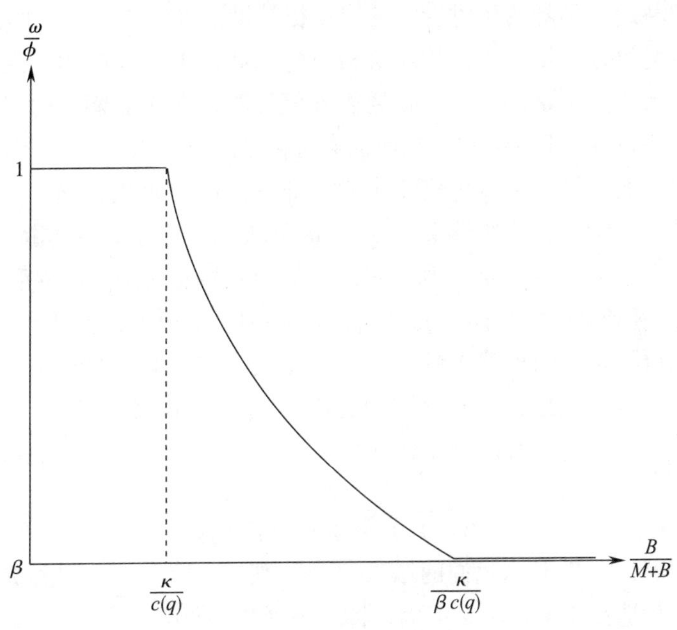

图 12－2 债券的价格

货币价值随伪造品生产成本而递减。这意味着不可兑现货币的价值不仅依赖于其自身特征，同时也依赖竞争性资产的物理属性。当生产伪造债券的成本上升时，买方能使用其持有的更大部分债券用于支付，这降低了不可兑现货币的价值。如果伪造债券可以以零成本生产，$\kappa=0$，则根据式（12.27），债券不能被用作支付手段且货币价值就是在纯货币经济中盛行的价值。当非伪造约束为紧时，条件 $d_b\leqslant B$ 要求

$$\frac{\kappa}{\beta} \leqslant \frac{B}{M+B}c(q) \tag{12.40}$$

如果生产伪造品的成本足够低，并且债券相对于不可兑现货币而言供应充足，则债券在边际上是完全非流动性的，且其提供的利率等于时间偏好率。这个结果可以从图 12－2 得到，其中当债券的相对供给 $B/(B+M)$ 大于 $\kappa/\beta c(q)$ 时有 $\omega/\phi=\beta$。

3. 非伪造约束为紧，$\lambda>0$，且买方受其债券持有的约束，$\mu>0$。

条件式（12.27）和式（12.29）在取等号时有

$$\frac{\omega}{\phi}=\frac{\kappa}{c(q)}\frac{M+B}{B} \tag{12.41}$$

$$\phi=\frac{c(q)}{M+B} \tag{12.42}$$

根据式（12.41），债券的相对价格是债券相对供给 $B/(M+B)$ 的函数。当债券的相对供给增加时，新发债券相对价格下降。如图 12－2 所示，这个结果意味着债券利率增长。注意，当买方收到额外债券时，在先前盛行的债券市场价格下，买方无法在 DM 上花掉它。从而债券价格必须下降以反映其非流动性使得非伪造的限制更加严格。债券价格将下跌到非伪造约束再次为紧。直观看来，债券存量足够大，以使非伪造约束在 $\omega=\phi$ 处为紧。为了让买方持有全部债券，债券价格必须下降到 $\omega<\phi$。尽管在 DM 上使用债券交易比使用货币的成本更低，买方不需要任何额外的债券，因为它们不能在 DM 上使用，否则这将违背非伪造约束且他们得不到时间偏好率的补偿。根据式（12.34），如果 $\mu=[(\omega/\phi)-\beta]/\beta>0$，即 $\omega>\beta\phi$，则条件 $d_b\leqslant B$ 为紧。由式（12.35）有 $\lambda=[1-(\omega/\phi)]/\beta>0$，即 $\phi>\omega$。根据式（12.41），这些条件可以重新表述为

$$\frac{\kappa}{c(q)}<\frac{B}{M+B}<\frac{\kappa}{\beta c(q)} \tag{12.43}$$

可以用图 12－2 汇总我们的结果。可以看到，债券将支付利息，只要债券供给相对于伪造品生产成本足够大，即当 $B/(M+B)>\kappa/c(q)$。此外，如果伪造品生产的成本很低（κ 很低），债券更有可能折价出售。

虽然货币政策的实施对利率有影响，它对实际配置和福利是没有影响的。当债券相对稀缺时，货币和债券是完全替代品，且 $\omega/\phi=1$。显然，在这种情况下，货币和债券组成的变化与配置是无关的。当债券足够丰富时，债券转让约束为紧。公开市场操作会影响债券价格，不过产出仍然是确定的，以使额外 1 单位实际余额的边际收益等于其成本。

12.4 配对交易和回报率占优

在上一部分，我们利用货币和债券的可识别属性为回报率占优谜题提供了一种解释。在本部分，我们将论证即使不可兑现货币和债券有相同的物理属性——两者都可分并可识别，模型仍然能够产生与回报率占优谜题一致的均衡结果。这种解释是基于这样的思想，即社会习俗能够用于解释某些资产所拥有的更强的流动性属性。例如，买方可能更愿意使用货币交易，而不是债券，因为社会习俗指出他们在 DM 上使用货币作为支付手段时能得到更好的交易条件。正如在第 12.1.2 部分，我们发现，在双边匹配中成对帕累托有效配置集是很大的，同时我们构建了一个交易机制，其所生成的资产价格与第 12.2.2 部分是相一致的，在那里我们只是对债券用作支付手段进行了限制。

我们将构建一个机制，让买方获得与在第 12.2.2 部分所描述的具有外生流动性约束的经济相同的回报。正如在第 12.1.2 部分中，该机制可以被看作是一个两步过程。第一步确定买方在 DM 上的剩余 $U^b(m,b)$。这相当于在买方提出要么接受要么拒绝的报价并能转让其至多 g 部分债券持有给卖方时所获得的剩余，即

$$U^b(m,b) = \max_{q,d_m,d_b}[u(q) - \phi(d_m + d_b)] \tag{12.44}$$

$$s.t.\ \ -c(q) + \phi(d_m + d_b) \geqslant 0 \tag{12.45}$$

$$\text{并且 } d_m \in [0,m], d_b \in [0,gb] \tag{12.46}$$

买方报酬被唯一决定且满足

$$U^b(m,b) = \begin{cases} u(q^*) - c(q^*) & \text{如 } \phi(m+gb) \geqslant c(q^*) \\ u \circ c^{-1}[\phi(m+gb)] - \phi(m+gb) & \text{否则} \end{cases} \tag{12.47}$$

再次值得强调的是，该第一步确定了买方将获得的剩余，但没有确定将要实施的交易条件。后者将在第二步被确定。

定价过程的第二步确定了卖方剩余 $U^s(m,b)$ 和实际交易条件 (q,d_m,d_b)，作为匹配中买方资产组合（m，b）与第一阶段剩余 $U^b(m,b)$ 的函数。通过构建，交易条件的选择是使配置成为成对帕累托有效的。该配置满足如下问题

$$U^s(m,b) = \max_{q,d_m,d_b}[-c(q) + \phi(d_m + d_b)] \tag{12.48}$$

$$s.t.\ \ u(q) - \phi(d_m + d_b) \geqslant U^b(m,b) \tag{12.49}$$

$$\text{并且 } 0 \leqslant d_m \leqslant m, 0 \leqslant d_b \leqslant b \tag{12.50}$$

值得强调的是，使用债券作为支付手段是不受限制的，参见条件式

(12.50)。并且因为在第一步定价过程所决定的配置在第二步仍然可行，有 $U^s(m,b) \geqslant 0$。如果 $\phi(m+b) \geqslant u(q^*) - U^b(m,b)$，则 DM 上双边匹配的交易条件满足

$$q = q^* \tag{12.51}$$

$$\phi(d_m + d_b) = u(q^*) - U^b(m,b) \tag{12.52}$$

否则，交易条件由下式给出

$$q = u^{-1}[\phi(m+b) + U^b(m,b)] \tag{12.53}$$

$$(d_m, d_b) = (m,b) \tag{12.54}$$

卖方的报酬和 DM 上的产出被唯一决定。如果 DM 上生产的产出严格小于效率水平 q^*，货币和债券之间支付的组成将是唯一的。然而如果 $\phi(m+b) > u(q^*) - U^b(m,b)$，那么存在能实现式（12.52）的一个连续的转移 (d_m, d_b)。如前所述，交易条件的确定如图 12-1 所示。下方的（虚线）前沿对应于定价协议第一步中的剩余效用水平对，其中买方不能花费超过 g 部分的其债券持有量。上方前沿对应于过程第二步的效用水平对，其中支付不受约束。

给定这一定价机制，在 DM 上持有组合（m，b）的买方的预期生命期效用由下式给出

$$V^b(m,b) = \sigma U^b(m,b) + W^b(m,b) \tag{12.55}$$

买方以概率 σ 实现匹配，在这种情况下他得到剩余 $U^b(m,b)$。如果将式（12.55）中的 $V^b(m,b)$ 代入买方资产组合问题式（12.16）并重新整理，买方组合选择由下式的解给出

$$\max_{m \geqslant 0, b \geqslant 0} \left\{ -r\phi m - \left(\frac{r - r_b}{1 + r_b}\right)\phi b + \sigma U^b(m,b) \right\}$$

其中，$(r - r_b)/(1 + r_b)$ 表示持有债券的成本。注意这个组合问题与式（12.22）完全相同。因此，买方对货币和债券的需求与在第 12.2.2 部分所描述的流动性约束经济中相同，且债券回报率由式（12.25）给出。

我们的双边交易模型能够产生货币和无风险债券之间的回报率差异，尽管对使用债券作为支付手段不存在限制。不可兑现货币和债券在可分性和可识别性方面具有相同的物理属性，且双边匹配中的配置是成对帕累托有效的。回报率占优的解释是不同资产以不同价格交易。实际上根据式（12.47），如果买方持有额外 1 单位货币，则其剩余增加 $\phi[u'(q)/c'(q) - 1]$，同时如果他持有额外 1 单位债券，则其剩余增加 $\phi g[u'(q)/c'(q) - 1]$。因此，边际单位债券应得的剩余为边际单位货币所产生剩余的 g 倍。

12.5 细分市场、公开市场操作和流动性陷阱

我们现在研究具有细分市场的经济环境中货币和债券的共存。我们假设有两种类型的卖家：1 型卖家只能识别并且接受货币，而 2 型卖家能同时接受货币和债券。同样，有两种类型的买家，1 型买家仅仅满足 1 型卖家，2 型买家仅仅满足 2 型卖家。我们可以将第一类代理人解释为家庭和零售公司，他们将货币作为唯一的支付手段，而第二类代理人则是（金融）公司，可以使用债券作为合同的抵押担保，货币作为支付手段。每种买家和卖家都有各自的衡量标准(因此买方的总衡量是 2，卖方的总衡量是 2)。效用函数 $u_j(q_j)$ 和 $c_j(q_j)$ 以及交易频率 σ_j 都通过代理人类型 $j \in \{1,2\}$ 来索引。

货币供应量 M_t 和一期的名义债券 B_t 供应以相同的恒定速率 γ 增长，即 $M_{t+1}/M_t = B_{t+1}/B_t = \gamma$。最终，$B_t/M_t$ 随时间变化是恒定的。在接下来的论述中，我们将公开市场操作解释为比率 B/M 的一次性变化。我们将 T_t 作为 1 型和 2 型卖方在 CM 中的真实转移（在没有财富影响的情况下，接受货币转移的人是无关紧要的)。政府的预算约束为

$$T_t + \phi_t B_t = \phi_t (M_{t+1} - M_t) + \omega_t B_{t+1}$$

其中，ω_t 是在日期 t 发行并在日期 $t+1$ 兑换 1 美元的政府债券的价格（就日期 tCM 商品而言的)。政府同伙印钞票 $M_{t+1} - M_t$ 以及发行新债券 B_{t+1}，向 1 型买家转移 T_t 的资金，以及偿还到期债券 B_t。

我们区分两种名义利率。非流动债券的名义利率 i 由费雪方程给出，$i = \frac{\gamma}{\beta} - 1$，如果实际利率等于时间偏好率，$\beta^{-1} - 1 = r$，这样的债券将会被持有。考虑下一个流动性债券。在 t 期 1 美元购买 ϕ_t 单位的商品，而在 $t+1$ 期支付为 1 美元的债券能购买 ω_t 单位的商品。因此，一期的流动债券的美元价格为 ω_t/ϕ_t，而名义利率为

$$i_b = \frac{1 - \omega_t \phi_t}{\omega_t \phi_t} = \frac{\phi_t}{\omega_t} - 1 \tag{12.56}$$

我们从式（12.56）和费雪方程得到一期的流动性债券的实际利率，$1 + i_b = (\phi_t/\phi_{t+1})(1 + r_b)$，即 $r_b = \phi_{t+1}/\omega_t - 1$。因为货币的名义利率为零，任何均衡等必须满足 $i_b \geqslant 0$，否则不会持有债券。

我们首先考虑 1 型买方在 CM 的问题。他选择的实际余额 z_1 由下式的解给出

$$\max_{z_1 \geqslant 0} \{ -iz_1 - \sigma_1 [(u_1(q_1) - c_1(q_1)] \}$$

其中，由于买方提出要么接受要么拒绝的报价，使 $c_1(q_1) = z_1$。对于 z_1 的一阶条件为

$$i = \sigma_1\left[\frac{u'_1(q_1)}{c'_1(q_1)} - 1\right] \tag{12.57}$$

式（12.57）有唯一的解 q_1，其中 q_1 是 i 的减函数。

现在考虑 2 型买方在 CM 的 t 期中的问题。买方在 $t+1$ 期选择它的实际余额 $z_2 = \phi_{t+1}m_2$ 以及实际持有债券 $z_b = \phi_{t+1}b$ 通过求解如下等式 $\max\limits_{z_2\geqslant 0, z_b\geqslant 0}\{-iz_2 - z_b + \sigma_2[u_2(q_2) - c_2(q_2)]\}$ 得到

$$\max_{z_2\geqslant 0, z_b\geqslant 0}\{-iz_2 - \varrho z_b + \sigma_2[u_2(q_2) - c_2(q_2)]\}$$

其中

$$c_2(q_2) = \min\{z_2 + z_b, c_2(q^*)\} \tag{12.58}$$

而且持有债券的成本为

$$\varrho = \frac{\omega_t - \beta\phi_{t+1}}{\beta\phi_{t+1}} \tag{12.59}$$

持有债券的成本是通过新发行债券的购买价格和到期债券的贴现转售价格之间的差额来衡量的，即 $\omega_t - \beta\phi_{t+1}$，表示为到期债券贴现的一小部分。如果我们将式（12.59）的分子分母同除以 ϕ_t 并进行重新排列，则持有债券的成本可以表示为

$$\varrho = \frac{i - i_b}{1 + i_b} \tag{12.60}$$

持有债券的成本约等于非流动债券和流动债券的名义利率之间的差额。由于 $i_b \geqslant 0$，则必然有 $i \geqslant \varrho$。z_b 的一阶条件为（假设内部解由市场出清时给出）

$$\varrho = \sigma_2\left[\frac{u'_2(q_2)}{c'_2(q_2)} - 1\right] \tag{12.61}$$

根据式（12.61），q_2 随 i_b 增加而增加。2 型代理人的实际余额的需求 z_2 可求解

$$i = \sigma_2\left[\frac{u'_2(q_2)}{c'_2(q_2)} - 1\right], \text{当 } z_2 > 0 \text{ 时,取“ = ”} \tag{12.62}$$

紧接着根据式（12.61）和式（12.62），2 型买家只有具有相同的持有成本 $\varrho = i$ 时才会同时持有货币和债券，这意味着 $i_b = 0$。如果债券支付利息，即 $i_b > 0$，债券的回报率高于货币，而 2 型买家认为只持有债券是最优的。

货币供给由 1 型和 2 型买家共同持有，这意味着

$$\phi_t M_t = z_1 + z_2 \tag{12.63}$$

鉴于对实际余额单独的需求 z_1 和 z_2，以及货币总供给 M_t，式（12.63）确

定了货币价值 $\phi_t = (z_1 + z_2)/M_t$。同样，流动性债券的供应由 2 型买家持有，则有

$$\phi_t B_t = z_b \tag{12.64}$$

给定 ϕ_t，式（12.64）给出了 z_b，其中式（12.61）给出了流动性债券的名义利率

$$i_b = \frac{i - \sigma_2[u'_2(q_2)c'_2(q_2) - 1]}{1 + \sigma_2[u'_2(q_2)c'_2(q_2) - 1]} \tag{12.65}$$

最后，根据式（12.59），我们可以得到债券的（实际）价格，即

$$\begin{aligned}\omega_t &= \beta\phi_t(1 + \varrho)/\gamma \\ &= \frac{\beta}{\gamma}\phi_t\left\{1 + \sigma_2\left[\frac{u'_2(q_2)}{c'_2(q_2)} - 1\right]\right\}\end{aligned} \tag{12.66}$$

我们使用的ϱ由表达式（12.61）给出。我们现在能够通过区分三种制度来描述各种均衡的结果。

债券充足时的均衡：回报率占优

假设债券很多，则 $q_2 = q_2^*$。这意味着根据式（12.61），$i_b = i$。因此，债券（超过货币）存在回报率占优。由于 2 型买方已经消费了有效金额，1 边际单位的债券在 DM 配对中没有流动价值。因此，流动性债券的价格和非流动债券的价格相同。因此，$\varrho = 0 < i$ 意味着根据式（12.62），2 型买方不再持有货币，$z_2 = 0$。根据式（12.58）和式（12.64），$\phi B \geqslant c_2(q_2^*)$：债券的实际供应必须足够丰富，以补偿 2 型卖方的生产开销。根据式（12.63）中我们有 $\phi M = z_1$；这个条件和 $\phi B \geqslant c_2(q_2^*)$ 可以改写为

$$\frac{B}{M} \geqslant \frac{c_2(q_2^*)}{c_1(q_1)} \tag{12.67}$$

其中，q_1 是 i 的减函数。因此，对于给定的 i，如果随着 i 的增加债券与货币的比超过了某个阈值，则可以说债券是足够的。

政府债券的公开是市场销售（购买）将增加（减少）B/M 比率。如果债券供应足够大以满足 2 型代理人的流动性需求，那么比率 B/M 的微小变化对平衡没有影响。只要债券仍然充足，2 型 DM 的产出保持在 q_2^* 以及 $i_b = i$。而且与 B/M无关的 q_1 不受影响。因此，当债券充足时，（微小）公开市场操作是无效的，也就是说公开市场操作不影响利率或者产出水平。

现在假设货币供应量的增长率（小部分）增加，同时保持 B/M 比率不变。根据费雪方程，$i = \gamma/\beta - 1$ 增加意味着式（12.57）中的 q_1 减少。如果 γ 的增加是微小的，那么式（12.67）的条件仍满足且 $q_2 = q_2^*$。最后，式（12.61）中

$i_b = i$，意味着 i_b 的增加对实际利率是没有影响的，即由于 $\omega_{t+1} = (1 + \varrho)\beta\phi_{t+1}$，有 $r_b = \phi_{t+1}/\omega_t - 1 = 1/\beta - 1$。

债券缺乏时的均衡：回报率占优

现在考虑一种债券稀缺的制度，即 2 型代理人不能交易社会的有效数量，$q_2 < q_2^*$。根据式（12.61），这意味着$\varrho > 0$ 以及 $i_b < i$。流动性债券现在的持有成本很高。我们假设 $i_b > 0$。由于$\varrho < i$，式（12.61）和式（12.62）意味着 2 型卖方没有实际余额，$z_2 = 0$。根据式（12.58）和式（12.63）可以求解出 q_2

$$c_2(q_2) = \phi B = c_1(q_1)\frac{B}{M} \tag{12.68}$$

由于 q_1 是 i 的减函数，因此 q_2 是 i 的减函数且是 B/M 的增函数。图 12－3 以图形的方式显示了输出水平的确定。均衡条件式（12.57）由水平曲线 Q1 表示，而条件式（12.68）由向上倾斜的曲线 Q2 表示。债券的公开市场出售增加了 q_2，而根据式（12.61）也提高了流动性债券的名义利率，即从图形来看，Q2 绕原点顺时针旋转。货币增长率的上升降低了所有类型匹配的产出水平。从图形来看，Q1 向下移动。

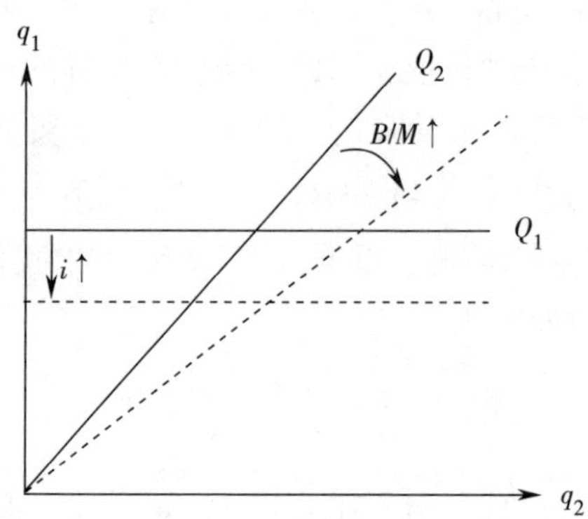

图 12－3 细分市场下的产出水平

假设 $q_2 > q_2^0$，则条件 $i_b > 0$ 满足，其中 q_2^0 是式（12.61）在$\varrho = i$ 和 $i_b = 0$ 时的解。因此，我们获得 $0 < i_b < i$ 时的均衡

$$\frac{c_2(q_2^0)}{c_1(q_1)} < \frac{B}{M} < \frac{c_2(q_2^*)}{c_1(q_1)} \tag{12.69}$$

“流动性陷阱”均衡：回报率平等

最后，我们考虑 2 型代理人持有货币和债券无差异的均衡。根据式（12.61）和式（12.62），这种无差异要求 $i_b = 0$：债券不支付利息而且和不可兑

现货币有相同的回报率。因此，这一均衡求解下式得到 q_2 和 q_1

$$i = \sigma_2\left[\frac{u'_2(q_2)}{c'_2(q_2)} - 1\right] = \sigma_1\left[\frac{u'_1(q_1)}{c'_1(q_1)} - 1\right] \tag{12.70}$$

给定 i，q_1 和 q_2 都是唯一确定的。值得注意的是，对于所有的 $i>0$，$q_2 = q_2^0 < q^*$。即使流动性债券的名义利率为0，其结果也与弗里德曼规则中得到非流动性债券产生零利率的结果大不相同。事实上，当 $i_b = 0 < i$，持有流动性的成本是高昂的，因为流动性资产和非流动性资产之间的回报率之差为 $i>0$。同时，弗里德曼规则意味着持有人和形式的流动性——货币或者债券都是无成本的，因为非流动性债券的利率为0。根据式（12.63），我们有

$$c(q_1) + c(q_2^0) = \phi(M+B) \tag{12.71}$$

当 $\phi B \leqslant c(q_2)$ 时流动性陷阱出现，其中式（12.71）可以重新表达为

$$\frac{B}{M} < \frac{c_2(q_2^0)}{c_1(q_1)} \tag{12.72}$$

根据式（12.70），B/M 的变化不会影响 q_1 和 q_2，因此根据式（12.71），它不会影响由 $\phi(M+B)$ 衡量的总实际流动性。通货膨胀率的增加会减少 q_1 和 q_2，减少 ϕ 并增加 i_b。

在图 12－4 中，我们在（i，B/M）空间中表述均衡的类型。我们假设 1 型和 2 型代理人在基本面方面是相同的，即他们具有相同的偏好，$u_1(q) = u_2(q)$ 以及 $c_1(q) = c_2(q)$，且有相同的会议频率，$\sigma_1 = \sigma_2$。由此得出 $q_2^0 = q_1$，因此，当 $B/M < 1$，出现流动性陷阱均衡。我们用灰色区域表示具有充足债券和流动性陷阱的制度。在这两种制度中，公开市场操作都是无效的。当 B/M 的利率不是太高也不是太低时，即 $c_2(q_2^0)/c_1(q_1) = 1 < B/M < c_2(q_2^*)/c_1(q_1)$，流动性债券的利率是正的但低于非流动性债券的利率。在这种均衡中，B/M 的改变影响流动性债券和非流动性债券的回报率的差异，因此，产出在 2 型匹配中交易。

在图 12－5 中我们描述假设 $i>0$ 的情况下，当债券供应变化时，相应的流动性债券的产出水平和利率。对于较低的 B/M，名义利率 i_b 为零，并且假设 1 型和 2 型的代理人的基本面相同，则配对的产出水平相同，$q_1 = q_2$ 且小于 q^*。当 B/M 增加到 1 以上时，i_b 增加到 0 以上。2 型配对中有更多的流动性，因此，q_2 增加而 q_1 保持不变。如果 B/M 增加超过阈值 $c(q^*)/c(q_1)$，因此 $q_2 = q^*$ 而且 $i_b = i$。

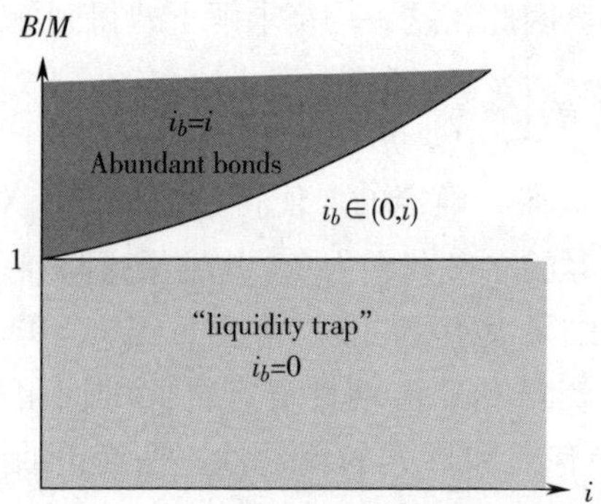

图 12－4　细分市场的均衡类型

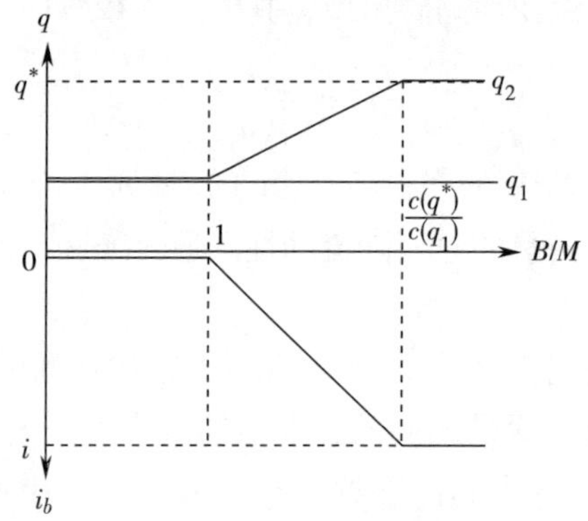

图 12－5　产出水平和利率

12.6　进一步阅读

Obstfeld 和 Rogoff（1996，附录 8A）描述了两国预付现金模型。Kiyotaki、Matsuyama 和 Matsui（1993）第一次提出了基于两种货币的搜寻理论环境，Zhou（1997）进一步扩展了模型，以允许货币交易。这些作者考虑了两国经济，并建立了使一种货币被用作国际货币的参数条件。他们的研究也表明，统一货币在福利上更优。其他的多币种模型还包括 Head 和 Shi（2003），Camera 和 Winkler（2003），Craig 和 Waller（2004），Camera、Craig 和 Waller（2004），Liu、Qing and Shi（2006），Ales、Carapella、Maziero 和 Weber（2008），以及 Fernάndez－Villaverde and Sanches（2016）。Karekeen 和 Wallace（1981）第一次在迭代经济环境下提出了汇率的不确定性。我们确定汇率的方法来自 Zhu 和 Wallace（2007）所提出的交易机制。另一种方法使用了法律限制，如 Li 和 Wright

(1998), Curtis 和 Waller (2000, 2003), Li (2002), Lotz 和 Rocheteau (2002) 以及 Lotz (2004)。Zhang (2014) 和 Gomis - Porqueras, Kam 和 Waller (2014) 通过假设货币可以被伪造打破了 Karekeen 和 Wallace 的约束。Kocherlakota 和 Kruger (1999) 以及 Kocherlakota (2002) 以及 Dong 和 Jiang (2010) 讨论了两种货币的用途。Fernández - Villaverde 和 Sanches (2016) 建立了私人发行的不可兑现货币之间的竞争模型。他们揭示了存在一种均衡，即价格稳定和相互竞争的私人货币相一致，但也存在一个均衡的连续发展轨迹，即私人货币的价值单调地收敛到零。Trejos 和 Wright (1996) 以及 Craig 和 Waller (2000) 对研究双币支付系统的搜索模型文献作了综述。

Bryant 和 Wallace (1979), Wallace (1980), Aiyagari、Wallace 和 Wright (1996), Kocherlakota (2003), Shi (2005, 2014), 以及 Zhu 和 Wallace (2007), Andol - fatto (2011), Lagos (2013) 以及 Rojas Breu (2016) 等讨论了货币和债券的共存。Aiyagari、Wallace 和 Wright (1996) 引入了政府代理人以解释为什么政府债券被折价出售。Kocherlakota (2003), Boel 和 Camera (2006) 以及 Shi (2008) 表明，当代理人容易受到异质冲击时，非流动性债券能提高社会福利。本章用来解释货币和附息债券由于债券的可伪造性而共存的方法源自 Li 和 Rocheteau (2009) 和 Hu (2013)。

对具有细分市场的经济的公开市场操作的描述与 Rocheteau、Wright 和 Xiao (2015) 类似。Williamson (2012) 推广了一个相关模型，其中参与两种类型的市场（只接受不可兑现货币的市场和货币和债券都接受的市场）是随机的，但中介机构提供一些保险合约。Rocheteau 和 Rodriguez (2014) 研究了持续时间经济背景下的公开市场操作，在这种背景下存在摩擦的劳动力市场，对 Pissarides 公司的债券是经济有效流动性的一部分，而这种流动性为货币政策影响企业进入提供了利率渠道。同样，Herrenbrueck (2014) 利用货币和（部分流动性的）政府债券和实物资本建立了一个模型，以研究量化宽松政策和货币政策的流动性渠道。

13 流动性、货币政策和资产价格

在本章，我们将考察在货币经济中资产价格是怎样被确定的。首先来考察这样一个环境，只有固定供给的实际资产而没有货币。这个实际资产就像一棵卢卡斯树（1978），在集中市场结出果实（红利）。它或者是对它的请求权，在分散交易中可以作为交换媒介，就像前面章节中不可兑现货币那样。当实际资产的数量相对少的时候，就会出现流动性短缺，资产价格就会高于其定义为其股息贴现金额的基础价值。资产价格与其基础价值之间的差额，代表了资产的流动性价值（或溢价）。这种流动性溢价还取决于代理人的流动性需求，通过交易媒介可利用的交易收益的规模以及资产市场中的摩擦程度。对这个模型的预测是，在一个很容易找到交易方且资产持有者具有高议价能力的市场中，资产价格倾向于上升。

为了研究资产价格的通货膨胀效应，在这种环境下我们引入了不可兑现货币。如果实际资产的供应比投资者需要的流动性低，并且通货膨胀率不是太大，不可兑现货币就能够被正确估值。在一个货币均衡中，实际资产的回报率与不可兑现货币的回报率相等。这种回报率相等表明了资产价格和通货膨胀之间的正相关关系。

如果实际资产具有风险费用，即使代理商在 CM 消费方面存在风险中性，这种回报率相等的局面仍会被打破。实际资产的回报率高于不可兑现货币的回报率——它支付了风险溢价——是因为它的风险影响了它作为交换媒介的作用。更精确地说，当流动性需求很低时（因为流动性财富较高），风险资产会具有更高的利息；当流动性需求高时（因为流动性财富较低），则有较低的利息。与无风险资产比如不可兑现货币或者政府债券相比，这个特征使风险资产的吸引力没有交换媒介大。相反，在完美的信贷经济中，代理人可以承诺偿还债务时，卢卡斯树的风险溢价为零。这表明流动性方面的考虑能够为非正常的高风险溢价提供一个解释。

最后，我们将解释了多种资产（货币和卢卡斯树）之间回报率的差异根源于流动性差异的原因。就像第 12 章中，这些流动性差异是由于交易习惯或者社会规范而产生的，它会影响这些资产的交易。类似于第 8.4 节，其中存在验证和接受私人欠条的成本，流动性差异也能反映出接受资产需要事前昂贵的投资。这种流动性差异也反映了关于资产价值的信息不对称问题。我们将展示这种方法如何产生资产回报率的流动性结构和内生的三层类别的资产：非流动性、部分流动性和流动性资产。各类别的资产在可靠性、价格以及对冲击和政策干预的敏感性方面存在差异。

13.1 资产定价的货币方法

在本节中，我们提出了一种简单的模型，在资产定价时引入了货币因素。考虑一个与前面章节所述相同的经济体，经济体中代理人要么在集中性市场 CM 中交易，要么在分散性市场 DM 中交易，如图 131 所示。这个经济体所拥有的禀赋资源是一个实际资产，比如一棵树。实际资产的供应量是固定的 $A>0$，并且在两个市场中都可以交易。可将 DM 上的双边匹配看作是一个场外资产市场。我们将在第 15 章和第 16 章详细描述场外资本市场。在每一个晚上 CM 开放之前，每 1 单位的实际资产产生的股息支付等于 $\kappa>0$ 单位的通用或者 CM 商品，比如树结出了果实。因此，集中交易的资产是除息的，红利属于在 CM 开始之前持有资产的代理人。如果 κ 接近于 0，则资产没有内在价值，近似于不可兑现货币。资产价格（以第 t 期的 CM 商品衡量）记作 p_t，当 p_t 是常数时，我们认为处于静态均衡状态。

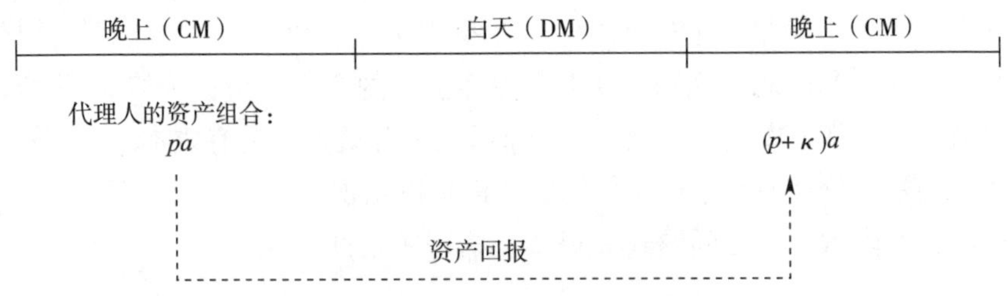

图 13-1 时间安排和资产回报

一个持有由 a 单位实际资产构成的资产组合的买方进入 CM 时的价值函数为

$$W^b(a)=\max_{x,y,a'}\{x-y+\beta V^b(a')\} \tag{13.1}$$

$$s.t.\ pa'+x=y+a(p+\kappa) \tag{13.2}$$

根据式（13.1），CM 上的买方选择的一般商品净消费为 $x-y$，其将代入随后 DM 的资产数量为 a'。公式（13.2）是以 CM 商品表示的买方预算约束。在

CM 上，1 单位实际资产可以产生 κ 单位的 CM 商品，这些商品可以以竞争性价格 p 出售，如图 13－1 所示。将预算约束中的 $x-y$ 代入式（13.1）并重整得到

$$W^b(a)=a(p+\kappa)+\max_{a'\geqslant 0}\{-pa'+\beta V^b(a')\} \tag{13.3}$$

CM 价值函数与买方财富 $a(p+\kappa)$ 是线性关系，而买方的资产持有选择 a' 独立于其代入 CM 的资产 a。

如果买方与卖方在 DM 上匹配，他会提出要么接受要么拒绝的报价（q，d_a），其中 d_a 表示买方转移给卖方以交换 q 单位 DM 商品的资产数量。另一个解释是，该资产被用作有保证贷款的担保品，并只能在买方于 CM 上违约时被转移给卖方。假定该买方带了 a 单位资产到 DM。这些资产在紧接着的 CM 上的价值为 $a(p+\kappa)$。如果 $a(p+\kappa)\geqslant c(q^*)$，则买方的报价满足 $q=q^*$ 且 $d_a=c(q^*)/(p+\kappa)$，其中 d_a 足以满足卖方的生产 q^*。然而，如果 $a(p+\kappa)<c(q^*)$，则买方报价为 $q=c^{-1}[a(p+\kappa)]$ 且 $d_a=a$，即买方花费其所有资产持有来得到 q。

那么，持有 a 单位资产的买方在 DM 开始时的效用函数为

$$\begin{aligned}V^b(a)&=\sigma[u(q)+W^b(a-d_a)]+(1-\sigma)W^b(a)\\&=\sigma[u(q)-c(q)]+a(p+\kappa)+W^b(0)\end{aligned} \tag{13.4}$$

式中，$(p+\kappa)d_a=c(q)=\min[c(q^*),a(p+\kappa)]$。在从上面第一个到第二个等式的推导中，我们使用了 W^b 为线性且买方获得所有交易剩余的事实。根据式（13.4），买方在 DM 上实现匹配的概率为 σ，此时他获取全部匹配剩余 $u(q)-c(q)$。将式（13.4）中的 $V^b(a)$ 代入式（13.3），我们发现买方对资产持有的选择满足

$$\max_{a\geqslant 0}\{-ar(p-p^*)+\sigma[u(q)-c(q)]\} \tag{13.5}$$

式中，$p^*\equiv\kappa/r$ 为红利贴现和，即无摩擦经济中的资产价值；价格 p^* 为资产的基础价值。买方在 DM 上最大化期望剩余减去实际资产的持有成本。实际资产的持有成本为资产价格及其基础价值间的差额乘以贴现率 r。

假设存在内解，买方问题式（13.5）的一阶条件为

$$-r(p-p^*)+\sigma\left[\frac{u'(q)}{c'(q)}-1\right](p+\kappa)=0 \tag{13.6}$$

如果 $p<p^*$，则式（13.5）无解；在这种情形下存在对资产的无限需求。如果 $p=p^*$，则有 $u'(q)=c'(q)$，即 $q=q^*$。在这种情形下，任意 $a\geqslant c(q^*)/(p^*+\kappa)$ 都是买方问题的解；买方有足够财富来购买 DM 商品的有效水平。最后，如果 $p>p^*$，则存在式（13.6）的唯一解 a，且其随 p 而递减。要明白这一点，注意 $r(p-p^*)/(p+\kappa)$ 随 p 而递增，且 $u'(q)/c'(q)$ 随 p 和 a 而递减。而且，$p>p^*$ 意味着 $\sigma[u'(q)/c'(q)-1]>0$，其中 $q=c^{-1}[a(p+\kappa)]$，从而

$q < q^*$。当资产价格高于其基础价值时，累积资产是有成本的，买方将无法持有足够资产来购买 DM 上产出的有效水平 q^*。

由于卖方在 DM 上无法获得任何剩余，他们在 CM 上的资产持有选择将仅由 $\max_{a \geq 0}\{-ar(p-p^*)\}$ 给出。因为在任何均衡中有 $p \geqslant p^*$，卖方当且仅当资产价格等于其基础价值时愿意持有资产，在这个价格下，持有或者不持有该资产对其来说是无差异的。所以不失一般性，我们假定在均衡时卖方不持有资产。

令所有买方集合为区间 $[0, 1]$，并令 $a(j)$ 表示买方 j（$j \in [0,1]$）对资产的需求。该资产的总需求为

$$A^d(p) = \left\{\int_{[0,1]} a(j)\,\mathrm{d}j : a(j) \text{ 为(13.5)解的}\right\}$$

资本市场出清要求

$$A \in A^d(p) \tag{13.7}$$

式中，A 为实物资本的固定供给量。市场出清价格记为 p^e，如图 13－2 所示。总需求 $A^d(p)$ 对于所有 $q > q^*$ 是单值的——参见公式（13.6）——且当 $p = p^*$ 时等于 $[c(q^*)/(p^*+\kappa), +\infty]$。因此式（13.7）存在唯一解 $p \geqslant p^*$。从图上来看，这个解就是总需求曲线 $A^d(p)$ 与实际资产固定供给 A 的交点。

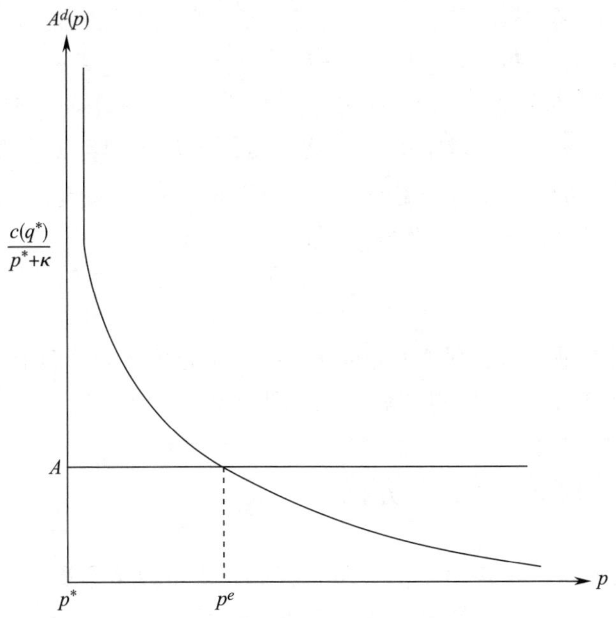

图 13－2 资产市场均衡

如果 $A \geqslant c(q^*)/(\kappa + p^*)$，则经济中会有足够的财富 $(p^* + \kappa)A$ 用来购买 DM 商品的有效水平 q^*。在这种状态下，资产按其基础价格定价，即 $p = p^*$，因为 DM 开始时额外 1 单位实际资产给买方剩余带来的预期增长 $\sigma[u'(q)/c'(q) - 1](p + \kappa)$ 等于 0。换句话说，该资产在边际上没有流动性价值。

与此相反，如果 $A < c(q^*)/(\kappa + p^*)$，则经济中没有足够的财富来购买 DM 商品的有效数量。此时，由 DM 开始时额外 1 单位实际资产带来的买方剩余的期望增量严格为正，表明实际资产的价格 p 在其基础价值 p^* 之上；参见公式 (13.6)。买方在此时愿意支付多于基础价值的价格，因为额外 1 单位资产还可以在 DM 上提供一些流动性。p 与 p^* 之间差额可被视为是无摩擦经济中的一种异常，因为在这样的经济中，额外 1 单位资产不会在 DM 上提供任何额外的剩余。

这个简单模型对交易摩擦和资产供给对资产价格的影响作了预测。资产价格的表达式（13.6）可以重写为

$$p = p^* + \sigma\left[\frac{u'(q)}{c'(q)} - 1\right]\left(\frac{p + \kappa}{r}\right) \tag{13.8}$$

式中，$c(q) = \min[c(q^*), A(p + \kappa)]$。式（13.8）右边第一项表示资产的基础价值，第二项则为资产的流动性价值，即买方在 DM 上通过持有额外 1 单位资产得到的期望剩余的增加值。假设 $q < q^*$，那么随着贸易摩擦 σ 的减小，资产的价格会增加，即 $\partial p/\partial\sigma > 0$，这是因为资产可被更常用作支付手段，且这导致其流动性价值增加。同样，如果代理人变得更没有耐心，资产价格会下降，即 $\partial p/\partial r < 0$。这种情况下，代理人对资产红利和资产流动性回报的折现变大，从而导致更低的资产价值。最后，如果 κ 趋向于 0，因为 $p^* \to 0$，资产会变得更像不可兑现货币，且根据式（13.6），其价格由下式的解给出

$$-r + \sigma\left[\frac{u'(q)}{c'(q)} - 1\right] = 0$$

不必惊讶的是，当红利价值趋向于 0 时，资产价格会趋向于由第 3.1 部分公式（3.14）在 $\phi_{t+1} = \phi_t$ 时得到的不可兑现货币的价值。

13.2 货币政策和资产价格

货币政策和资产价格之间的关系是什么？货币政策会影响资产价格吗？当资产价格对货币增长率作出响应时，什么是最优的货币政策？我们用上一部分所建立的模型来回答这些问题。为了讨论货币政策，我们必须再次将不可兑现货币引入我们的经济。假定货币存量按恒定速率 $\gamma = M_{t+1}/M_t$ 增长，同时可以在

CM 中通过一次性转移支付给买方的方式注入或者取出。我们将重点关注静态货币均衡，即实际余额不随时间而变动，即 $\phi_{t+1}M_{t+1} = \phi_t M_t$，其中 ϕ_t 指在第 t 期 1 单位不可兑现货币能买到的 CM 商品数量。

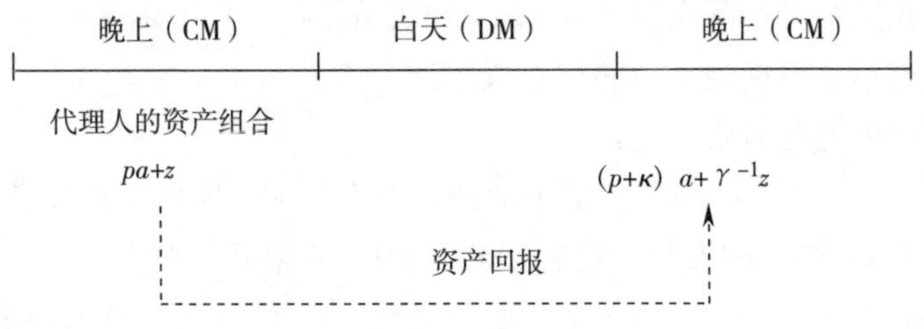

图 13－3 时间安排和资产回报

在 CM 开始时，持有资产组合（a，z）的买方的价值函数以一种显而易见的方式将式（13.3）推广到一般情况，其中 a 代表买方所持有的实际资产，$z = \phi_t m$ 代表其所持有的实际货币余额。该价值函数 $W^b(a,z)$ 表示为

$$W^b(a,z) = a(p+\kappa) + z + T + \max_{a'\geqslant 0, z'\geqslant 0}\{-pa' - \gamma z' + \beta V^b(a',z')\} \quad (13.9)$$

其中，被买方获得的一次性支付或税收 $T \equiv \phi_t(M_{t+1} - M_t)$ 是由 CM 商品来表示的。如上所述，买方的 CM 价值函数与其财富成线性相关，其中财富现在包括其实际余额持有。值得注意的是，如果买方希望在第 $t+1$ 期持有 $z' = \phi_{t+1}m'$ 单位实际余额，他就必须在第 t 期生产 $\phi_t m' = (\phi_t/\phi_{t+1})z' = \gamma z'$（见图 13－3）。

由于 DM 上的交易条件是由买方向卖方提出的要么接受要么拒绝的报价所决定的，在期初持有资产组合（a，z）的买方的价值函数一般化了式（13.4），为

$$V^b(a,z) = \sigma[u(q) - c(q)] + a(p+\kappa) + z + W^b(0,0) \quad (13.10)$$

其中，$c(q) = \min[c(q^*), a(p+\kappa) + z]$。

由式（13.9）最后一项所描述的买方资产组合问题，可以通过将式（13.10）给出的 $V^b(a,z)$ 表达式代入式（13.9）并简化而重新表述为

$$\max_{a\geqslant 0, z\geqslant 0}\{-iz - ar(p - p^*) + \sigma[u(q) - c(q)]\} \quad (13.11)$$

式中，$i = (\gamma - \beta)/\beta$ 为持有实际余额的成本。注意，这个问题一般化了前一部分中的式（13.5）。买方选择由货币和实际资产构成的资产组合以最大化其在双边匹配中的预期剩余减去实际资产和货币持有成本后的差。

为了特征化买方的资产需求，出于便利，令 $\ell \equiv z + a(p+\kappa)$ 表示买方可用来在双边匹配中购买 DM 商品的流动性财富。买方的资产组合问题式（13.11）可以等价地写为

$$\max_{a,\ell}\{-i\ell - [(r-i)p - (1+i)\kappa]a + \sigma[u(q) - c(q)]\} \quad (13.12)$$

$$s.t.\ a(p+\kappa) \leqslant \ell \quad (13.13)$$

式中，$c(q)=\min[c(q^*),\ell]$。在问题式（13.12）中，括号中左乘 a 的方括号项有一个有趣的直观解释。该项可以被重新排列为 $-[r(p-p^*)-i(\kappa+p)]$。减法中的第一项 $r(p-p^*)$ 为在两个 CM 之间持有 1 单位实际资产的成本，而第二项则表示持有相同数量实际余额的成本。因此，$r(p-p^*)-i(\kappa+p)$ 表示持有财富为实际资产而不是不兑现货币的相对成本。

这里有三种情况需要讨论。

1. $r(p-p^*)<i(\kappa+p)$：货币的持有成本要大于实际资产的持有成本。约束条件 $a(p+\kappa)\leqslant\ell$ 将为紧，这意味着 $z=0$。如果我们将其代入式（13.11），那么买方问题就与问题式（13.5）完全相同，从而其资产持有 a 的选择由式（13.6）给出。

2. $r(p-p^*)>i(\kappa+p)$：实际资产的持有成本要大于货币的持有成本。买方将只需求实际余额且 $a=0$。

3. $r(p-p^*)>i(\kappa+p)$：货币和实际资产的持有成本相同，这意味着买方在持有实际资产和不可兑现货币之间是无差异的。在这种情况下，资产组合的价值 ℓ 满足下列一阶条件

$$i=\sigma\left[\frac{u'\circ c^{-1}(\ell)}{c'\circ c^{-1}(\ell)}-1\right] \tag{13.14}$$

且资产价格为

$$p=\frac{(1+i)\kappa}{r-i} \tag{13.15}$$

我们用 $\ell(i)$ 表示式（13.14）的解；$\ell(i)$ 为对流动性资产的需求，是实际余额持有成本的函数。

总资产需求对应的 $A^d(p)$ 在图 13－4 中得到说明。它是通过假定 $i>0$ 构建起来的。如果 $p=p^*$，那么必须 $z=0$——因为实际资产没有持有成本，但是货币不一样——且问题式（13.11）或者等价的式（13.12）可简化为 $\max_a\sigma[u(q)-c(q)]$，这意味着任意的 $a\geqslant c(q^*)/(p^*+\kappa)$ 都是一个解，且 $q=q^*$。如果 $p\in(p^*,(1+i)\kappa/(r-i))$，那么 $z=0$，且 a 是式（13.6）的唯一解，并随 p 而递减。在这种情况下，尽管持有实际资产有成本，但持有货币的成本更高。这个部分的资产需求与图 13－2 中的完全一致。如果 $p=[(1+i)\kappa]/(r-i)$，那么任意 $a\in[0,\ell(i)/(p+\kappa)]$ 都为式（13.12）的解，因为买方对于持有实际资产还是货币是无差异的，即实际资产与货币的持有成本是相同的。在这种情况下，买方资产组合的实际价值 $\ell(i)$ 由式（13.14）的解给出。最后，如果 $p>[(1+i)\kappa]/(r-i)$，那么持有货币比持有实际资产更便宜，从而有 $\alpha=0$。

资产市场的市场清算要求 $A\in A^d(p)$。资产价格被总需求 $A^d(p)$ 和水平供给

A 的交点所唯一决定（见图 13 -4）。货币均衡在 $A < [(r-i)/\kappa(1+r)]\ell(i)$ 时存在。货币有价值的必要非充分条件是实际资产存量小于 $c(q^*)/(p^*+\kappa)$，或者换句话说，实际资产的供给一定不能大到允许代理人在 DM 上交易有效数量。在货币均衡中，$r-i>0$，这意味着通货膨胀率必须为负，或者等价地，货币供给必须收缩，即 $\gamma<1$。注意在图 13 -4 中，如果资产供给为 A'，那么通货膨胀率就会过大而导致不可兑现货币失去价值。

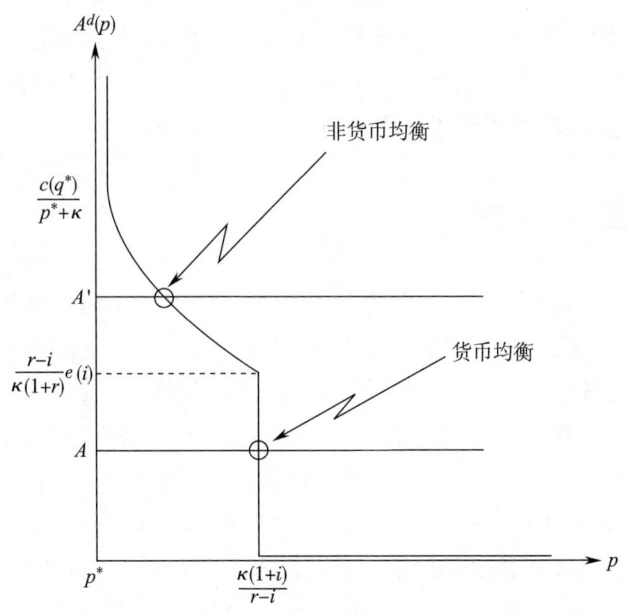

图 13 -4 不可兑现货币与资产需求

在货币均衡中，实际资产的价格会随着通货膨胀率而上升；参见式（13.15），其中 $\partial p/\partial i>0$。如图 13 -4 所示，随着 i 的增加，总需求曲线 $A^d(p)$ 的垂直部分向右移动。当通货膨胀上升时，持有实际余额的成本就变高，从而买方就需要更多的实际资产来作为支付手段，这反过来驱使资产价格上升。注意这里（资产供给固定）与第 11.1 部分分析（资本品能一一对应地由 CM 商品生产得到）的差异。在这种情况下，通货膨胀的上升就不会影响到资本的价格，后者会一直等于 1，但它会造成买方过度积累资本。

实际资产的总回报率为 $R_a=(p+\kappa)/p=1+(\kappa/p)$。在货币均衡中，实际资产的回报率可由式（13.15）表示为

$$R_a=\frac{1+r}{1+i}=\gamma^{-1} \tag{13.16}$$

即实际资产回报率等于不可兑现货币的回报率。我们已经在第 11.1 部分看到了不同资产回报率相等的原则。由于 $R_a = (p + \kappa)/p > 1$，货币总增长率一定会小于 1，$\gamma < 1$。这是从另一个角度来看，为了让货币具有价值，货币供给必须收缩，即必须存在通货紧缩。

在货币均衡时，最优货币政策会驱使实际余额的持有成本 i 趋近于 0。由式 (13.14)，当 i 趋近于 0 时，买方的流动财富 ℓ 趋向于 $c(q^*)$，双边匹配的交易产出趋近于其效率水平 q^*。在这个情况下，资产的价格收敛于它的基础价值，参见公式（13.15），因为实际余额没有持有成本，所以在边际上，实际资产不提供任何额外的流动性。当资产价格收敛于其基础价值时，所有资产的总回报率将会收敛于 1 加上时间偏好率，即 $1 + r$。

13.3 风险和流动性

目前，我们已假设实际资产是无风险的，它能在每期带来固定的红利流。给定代理人的拟线性偏好，资产的风险性是与资产定价无关的，只要以下两个条件之一成立：（1）实际资产不会作为支付手段发挥作用；（2）红利的价值在 DM 关闭之前不会被实现。在本部分，我们假设无论条件（1）还是条件（2）都不成立，即实际资产在促进交易上是有用的，且红利的实现在双边交易时是已知的。这些假设让我们揭示了资产风险性是影响其流动性和价格的新渠道。

我们假设实际资产的红利服从一个简单的随机过程：支付高红利 κ_H 的概率为 π_H，支付低红利 κ_L 的概率为其互补概率 $\pi_L \equiv (1 - \pi_H)$，其中 $\kappa_L < \kappa_H$。红利冲击是跨期独立的。我们用 $\bar{\kappa} = \pi_H \kappa_H + \pi_L \kappa_L$ 表示预期红利，并假设买卖双方在 DM 上被匹配之前获知红利将在期初实现。时间安排和信息结构在图 13－5 中说明。

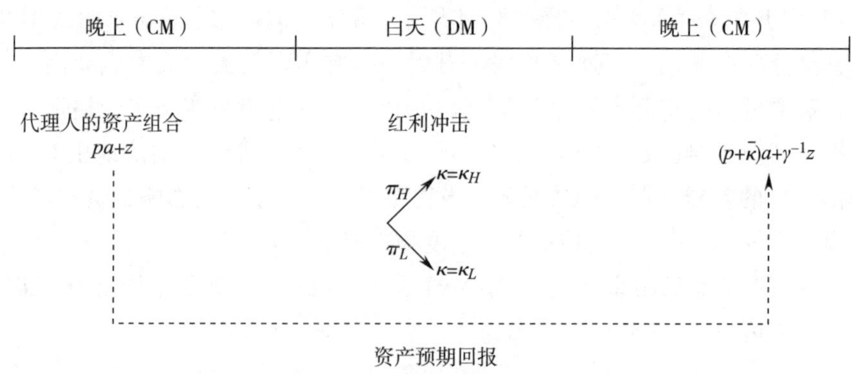

图 13－5 时间安排与资产回报

在 CM 开始时，买方的价值函数类似于式（13.9），即 $W^b(a,z,\kappa) = a(p+\kappa)+z+W^b(0,0,\kappa)$。我们引入 κ 作为一个显性参数，因为它不再是一个不随时间变化的常数。

在 DM 双边匹配中的交易条件是由买方到卖方提出的要么接受要么拒绝的报价所决定的。高红利条件下的交易产出满足 $c(q_H) = \min[c(q^*),a(p+\kappa_H)+z]$，而在低红利条件下满足 $c(q_L) = \min[c(q^*),a(p+\kappa_L)+z]$。在红利实现已知前，持有资产组合（$a$，$z$）的买方在 DM 开始时的价值函数 $V^b(a,z)$ 为

$$\begin{aligned} V^b(a,z) &= \sigma\pi_H[u(q_H)+W^b(a-d_{a,H},z-d_{z,H},\kappa_H)] \\ &\quad +\sigma\pi_L[u(q_L)+W^b(a-d_{a,L},z-d_{z,L},\kappa_L)] \\ &\quad +(1-\sigma)[\pi_H W^b(a,z,\kappa_H)+\pi_L W^b(a,z,\kappa_L)] \\ &= \sigma\{\pi_H[u(q_H)-c(q_H)]+\pi_L[u(q_L)-c(q_L)]\} \\ &\quad +a(p+\bar{\kappa})+z+\pi_H W^b(0,0,\kappa_H)+\pi_L W^b(0,0,\kappa_L) \end{aligned} \tag{13.17}$$

式中，$(d_{a,H},d_{a,L},d_{z,H},d_{z,L})$ 为两种红利状态下的资产转移向量。在式（13.17）从第一个等式到第二个等式的推导中，我们使用了 W^b 的线性性。根据式（13.17），与红利的实现无关，买方总会获取全部的交易剩余。在概率 π_H 下，实现高红利，且代理人在 DM 上交易 q_H；而在概率 π_L 下，实现低红利，且代理人在 DM 上交易 q_L。如果 $a(p+\kappa_L)+z<c(q^*)$，那么在低红利状态的交易量要低于高红利状态，即 $q_L<q_H$。

如果我们将式（13.17）中 $V^b(a,z)$ 代入式（13.9），则买方在 CM 上的投资组合问题可以表示为

$$\max_{a\geqslant 0,z\geqslant 0}\{-iz-ar(p-p^*)+\sigma\{\pi_H[u(q_H)-c(q_H)]+\pi_L[u(q_L)-c(q_L)]\}\}$$

式中，$p^* = \bar{\kappa}/r$。该问题的一阶（充分必要）条件是

$$-i+\sigma\left\{\pi_H\left[\frac{u'(q_H)}{c'(q_H)}-1\right]+\pi_L\left[\frac{u'(q_L)}{c'(q_L)}-1\right]\right\}\leqslant 0 \tag{13.18}$$

$$-r(p-p^*)+\sigma\left\{\pi_H(p+\kappa_H)\left[\frac{u'(q_H)}{c'(q_H)}-1\right]+\pi_L(p+\kappa_L)\left[\frac{u'(q_L)}{c'(q_L)}-1\right]\right\}\leqslant 0 \tag{13.19}$$

其中，当 $z>0$ 时式（13.18）在等号处成立，而当 $a>0$ 时式（13.19）在等号处成立。$(p+\kappa_H)[u'(q_H)/c'(q_H)-1]$ 项和 $(p+\kappa_L)[u'(q_L)/c'(q_L)-1]$ 项分别代表了交易匹配中买方在高红利和低红利状态下持有额外单位实际资产的流动性价值。根据式（13.18）和式（13.19），买方选择自己的投资组合以使其持有

资产的成本等于其在 DM 上的预期流动性回报。

在任何均衡中，固定存量的实际资产必须被持有，从而式（13.19）必然在等号处成立。资产价格 p 满足

$$p = p^{*} + \frac{\sigma}{r}\left\{\pi_H(p+\kappa_H)\left[\frac{u'(q_H)}{c'(q_H)} - 1\right] + \pi_L(p+\kappa_L)\left[\frac{u'(q_L)}{c'(q_L)} - 1\right]\right\} \tag{13.20}$$

式（13.20）右边的第一部分是资产的基本价值，第二部分为在 DM 上资产的预期贴现流动性价值。

我们首先考虑有效配置能实现的情况，$q_H = q_L = q^{*}$。由定价公式（13.20），这意味着 $p = p^{*}$，而由式（13.18），不可兑现货币对于任意 $i > 0$ 都没有价值。在所有状态下 q^{*} 能被实现的一个充分条件是，资产存量的实际价值在低红利状态下必须足够大以补偿卖方因生产 q^{*} 而带来的成本，即

$$A(p^{*} + \kappa_L) \geqslant c(q^{*}) \tag{13.21}$$

如果式（13.21）成立，那么不需要不可兑现货币有效配置也能作为一个均衡而被实现。

如果式（13.21）不成立且 $i > 0$，则 $q_L < q^{*}$，且资产价格将会高于其基础价格。只要 i 充分小，不可兑现货币就有严格的正值。在任何货币均衡中，式（13.18）和式（13.19）意味着 $i \leqslant [(p - p^{*})/(p + \kappa_L)]r < r$。要清楚这一点，将式（13.19）除以 $p + \kappa_L$ 得到

$$-r\left(\frac{p - p^{*}}{p + \kappa_L}\right) + \sigma\left\{\pi_H\left(\frac{p+\kappa_H}{p+\kappa_L}\right)\left[\frac{u'(q_H)}{c'(q_H)} - 1\right] + \pi_L\left[\frac{u'(q_L)}{c'(q_L)} - 1\right]\right\} \leqslant 0$$

由于 $(p + \kappa_H)/(p + \kappa_L) > 1$ 和 $u'(q_H)/c'(q_H) - 1 \geqslant 0$，只要 $r[(p - p^{*})/(p + \kappa_L)] \geqslant i$，式（13.18）和式（13.19）就会在等号处成立。因此，正如前面章节所述，任何货币均衡都有负通货膨胀率的特点。

为了更好地描述不可兑现货币和实际资产之间的定价关系，我们在初期引入实际资产价值 $p + \kappa$ 与 DM 上财富的边际回报 $u'(q)/c'(q) - 1$ 之间的协方差。用 ρ 来表示此协方差，根据定义有

$$\rho = \pi_H(\kappa_H - \bar{\kappa})\left[\frac{u'(q_H)}{c'(q_H)} - \frac{\overline{u'}}{c'}\right] + \pi_L(\kappa_L - \bar{\kappa})\left[\frac{u'(q_L)}{c'(q_L)} - \frac{\overline{u'}}{c'}\right] \tag{13.22}$$

以及 $\overline{u'}/c' = \pi_H[u'(q_H)/c'(q_H)] + \pi_L[u'(q_L)/c'(q_L)]$。利用式（13.18）和式（13.22），我们可以将式（13.20）给出的实际资产价格 p 简单表示为

$$p = \frac{(1+i)\bar{\kappa} + \sigma\rho}{r - i} \tag{13.23}$$

对于这个资产价格公式的推导，请参阅附录。对比实际资产价格，该表达

式与式（13.15）的表达式——其中在 CM 开放之前没有涉及红利支付的信息被披露，我们发现前者有一个额外项 $\sigma\rho/(r-i)$，其与 DM 市场上风险红利与财富边际效用之间的协方差成比例。为确定协方差项的符号，注意到 $\pi_H(\kappa_H-\bar{\kappa})+\pi_L(\kappa_L-\bar{\kappa})=0$，且由于 $q_H>q_L$，有 $u'(q_H)/c'(q_H)<u'(q_L)/c'(q_L)$。这两个观察意味着

$$\rho=\pi_H(\kappa_H-\bar{\kappa})\left[\frac{u'(q_H)}{c'(q_H)}-\frac{\overline{u'}}{\overline{c'}}\right]+\pi_L(\kappa_L-\bar{\kappa})\left[\frac{u'(q_L)}{c'(q_L)}-\frac{\overline{u'}}{\overline{c'}}\right]$$

$$=\pi_H(\kappa_H-\bar{\kappa})\left(\frac{u'(q_H)}{c'(q_H)}-\frac{u'(q_L)}{c'(q_L)}\right)<0$$

我们现在讨论这个新项对资产定价的影响。首先将货币（总）回报率 γ^{-1} 与实际资产回报率 $R_a=(p+\bar{\kappa})/p$ 进行比较。利用公式（13.23），实际资产回报率可以表示为

$$R_a=\frac{(1+r)\bar{\kappa}+\sigma\rho}{(1+i)\bar{\kappa}+\sigma\rho}=\gamma^{-1}\left(1+\frac{(\gamma-1)}{\bar{\kappa}(1+i)+\sigma\rho}\sigma\rho\right)\tag{13.24}$$

根据式（13.23），由 $(1+r)=(1+i)\gamma^{-1}$，在任何货币均衡中有 $r>i$，这意味着 $\gamma<1$。由于 $(\gamma-1)\sigma/[\bar{\kappa}(1+i)+\sigma\rho]<0$，回报率差 $R_a-\gamma^{-1}$ 与 ρ 的符号相反。由于协方差 ρ 为负，由式（13.24）有

$$R_a>\gamma^{-1}\tag{13.25}$$

所以，红利支付等于 $\bar{\kappa}$ 的无风险实际资产要比预期红利为 $\bar{\kappa}$ 的风险实际资产价格更高，参见式（13.2）。

当实际资产可以被用于交易目的，并且代理人知道红利实现发生在 DM 匹配中，回报率均等原则就不再有效。回报率差异将上升，因为实际资产在 DM 上被用作支付手段，且个人是风险规避的。实际资产在财富边际价值较低的匹配中产生高红利，而在财富边际价值较高的匹配中产生低红利。相反，货币回报率是恒定的，与 DM 上的财富边际效用无关。因此，货币比实际资产有更高的流动性回报，从而比实际资产有一个更低的回报率。

最后，当 $i\to 0$ 时，有 $q_H\to q^*$ 和 $q_L\to q^*$，这意味着 $\rho\to 0$ 和 $R_a=\gamma^{-1}=\beta^{-1}$。总的来说，在遵循弗里德曼规则时，不可兑现货币和实际资产将会有相同的回报率，它等于（总）时间偏好率，并且最优配置被实现。

13.4　资产收益率的流动性结构

在本部分，我们将考察资产收益率的结构及其是如何受货币政策影响的。

我们通过允许存在由 $k \in \{1,\cdots,K\}$ 标识的无限数量 $K \geqslant 1$ 的有限生命实际资产拓展了第 13.2 部分的模型。令 $A_k > 0$ 表示固定的资产存量 $k \in [1,\cdots,K]$，κ_k 表示其用 CM 上 CM 商品衡量的预期红利，p_k 表示其用 CM 商品衡量的在 CM 上的价格。与第 13.3 部分不同，我们假设代理人在 CM 开始之前并不知晓红利的实现（如果红利是有风险的）。这使得 DM 上的资产交易条件将只依赖于其预期红利 κ_k。

为了产生回报率差异，我们现在假设双边匹配中的买方只能转移其所持资产 k 的 $\nu_k \in [0,1]$ 部分给卖方。资产 k 在 $0 < \nu_k < 1$ 时被认为是部分非流动性的，而在$\nu_k > \nu_{k'}$时被认为资产 k'更有流动性。参数ν_k 可以被解释为使一些资产比另一些资产更难被变现的制度约束或信息摩擦。在接下来的部分，我们将更加正式地讨论这些流动性约束（同样参见第 12.3 和 12.4 部分）。

考虑在 DM 双边匹配中持有资产组合 $\left(\left\{a_k\right\}_{k=1}^{K}, z\right)$ 的一个买方，其中 a_k 是第 k 种实际资产的数量，z 为实际余额。我们假设交易条件取决于买方向卖方给出要么接受要么拒绝的报价 $\left(q, d_z, \left\{d_k\right\}_{k=1}^{K}\right)$，其中 q 为买方对 DM 商品的消费，d_z 为实际余额的转移，而 d_k 为资产 k 的转移。DM 上的买方匹配盈余由下式给出

$$U^b = \max_{q, d_z, \{d_k\}} \left[u(q) - d_z - \sum_{k=1}^{K} d_k (p_k + \kappa_k) \right] \tag{13.26}$$

$$s.t. \ -c(q) + d_z + \sum_{k=1}^{K} d_k (p_k + \kappa_k) \geqslant 0 \tag{13.27}$$

$$\text{且 } d_z \leqslant z, d_k \leqslant \nu_k a_k \tag{13.28}$$

根据式（13.26），买方最大化其减去资产转移后的消费效用。1 单位实际余额转移的价值为 1 单位 CM 商品，而 1 单位资产 k 转移的价值则为 $p_k + \kappa_k$ 单位 CM 商品。条件式（13.27）为卖方的参与约束。最后的约束式（13.28）是一个可行性条件，它表明买方的转移不能多于其实际余额和 v_k 比例的资产 k。式（13.26）~（13.28）的解为

$$U^b(\ell) = \begin{cases} u(q^*) - c(q^*) & \text{如 } \ell \geqslant c(q^*) \\ u \circ c^{-1}(\ell) - \ell & \text{否则} \end{cases} \tag{13.29}$$

式中，$\ell = z + \sum_{k=1}^{K} \nu_k a_k (p_k + \kappa_k)$ 为买方可转移给卖方以交换 DM 商品的资产的价值。我们可以把 ℓ 看作是买方的流动性资产组合。如果该流动性财富的价值大于 $c(q^*)$，那么买方可以要求有效数量 q^*；否则他会转移其所有流动性财富以交换小于 q^* 的数量为 q 的产出。

假设买方的流动性约束 $d_z + \sum_{k=1}^{K} d_k(p_k + \kappa_k) \leqslant \ell$ 为紧，从而有 $c(q) = \ell$。那么有

$$\frac{\partial U^b}{\partial a_k} = \nu_k(p_k + \kappa_k)\left[\frac{u'(q)}{c'(q)} - 1\right]$$

$$\frac{\partial U^b}{\partial z} = \frac{u'(q)}{c'(q)} - 1$$

这意味着

$$(p_k + \kappa_k)^{-1}\frac{\partial U^b}{\partial a_k} = \nu_k\frac{\partial U^b}{\partial z}$$

用文字来说，$1/(p_k + \kappa_k)$ 单位的第 k 种资产，即对 1 单位 CM 商品的要求权，可以使得买方提高其在 DM 双边匹配中的剩余，提高程度相当于当其积累 1 单位额外实际余额所实现的剩余提升的ν_k部分。这样，参数ν_k是对资产 k 的流动性以及允许买方获得 DM 上交易收益份额的一种测度。如果我们假设流动性系数的排序为$\nu_1 \geqslant \nu_2 \geqslant \cdots \geqslant \nu_k$，那么不可兑现货币是最具流动性的资产，而资产 k 是最不具有流动性的。

买方在 CM 上的投资组合问题是对两资产问题式（13.11）的直接推广，且由下式的解给出

$$\max_{\{a_k\},z}\left\{-iz - r\sum_{k=1}^{K} a_k(p_k - p_k^*) + \sigma U^b(\ell)\right\} \tag{13.30}$$

式中，$p_k^* = \kappa_k/r$ 代表资产 k 的基础价格。根据式（13.30），买方最大化 DM 上的期望剩余减去持有其资产组合中不同资产的成本。持有资产 k 的成本为资产价格和其基础价值的差乘以贴现率 r，而持有实际余额的成本为 $i = (\gamma - \beta)/\beta$。由于 $z = \ell - \sum_{k=1}^{K} \nu_k a_k(p_k + \kappa_k)$，买方的投资组合选择问题式（13.30）可以被重写为

$$\max_{\{a_k\},\ell}\left\{-i\ell + \sum_{k=1}^{K} a_k\left[i\nu_k(p_k + \kappa_k) - r(p_k - p_k^*)\right] + \sigma U^b(\ell)\right\} \tag{13.31}$$

$$s.t.\ \sum_{k=1}^{K} \nu_k a_k(p_k + \kappa_k) \leqslant \ell \tag{13.32}$$

在货币均衡条件下，由于 $z > 0$，约束条件式（13.32）不为紧，且关于 ℓ 的一阶条件为

$$i = \sigma\left[\frac{u' \circ c^{-1}(\ell)}{c' \circ c^{-1}(\ell)} - 1\right]$$

令 $\ell(i)$ 为该式的解。对流动性资产的需求随 i 而下降，即 $\ell'(i) < 0$。在货币均衡中，买方必须在持有资产 k 和不可兑现货币之间是无差异的，因此对于

所有 $k \in \{1,\cdots,K\}$ 有 $iv_k(p_k+\kappa_k)-r(p_k-p_k^*)=0$ 或者

$$p_k = \frac{1+i\nu_k}{r-i\nu_k}\kappa_k \tag{13.33}$$

对所有的 $k \in \{1,\cdots,K\}$。注意，式（13.31）、式（13.32）和式（13.33）——其中实际资产并非“完全流动性”——分别与式（13.12）、式（13.13）和式（13.15）之间的相似性，在后者中实际资产是完全流动性的。由式（13.33），显然在资产价格非负时有 $r > i\nu_k$。与前一部分不同，在那里实际资产被假设为是完全流动性的，现在可以在严格正通胀率下存在货币均衡。

由式（13.32）和式（13.33），不可兑现货币具有价值的条件为

$$\sum_{k=1}^{K}\nu_k A_k\left(\frac{1+r}{r-i\nu_k}\right)\kappa_k \leqslant \ell(i) \tag{13.34}$$

为了使货币具有价值，实际资产的所有流动性存量——式（13.34）的左边——必须小于买方在纯货币经济中会积累的实际余额数量 $\ell(i)$。否则，在存在货币持有成本时买方会没有激励用实际余额来补充其实际资产组合。

现在让我们来考察货币政策对资产价格的影响。由式（13.33），有

$$\frac{\partial \ln p_k}{\partial i} = \frac{\nu_k(1+r)}{(1+i\nu_k)(r-i\nu_k)}$$

只要 $\nu_k > 0$，如买方在通胀较高且货币具有持有成本时试图用实际资产替代实际余额，实际资产 k 的价格就会随着通货膨胀的增加而增加。如果 $\nu_k=0$，那么资产是完全非流动性的——因为它无法在 DM 上被用作支付手段——且货币政策对其价格没有影响。在这种情况下，资产显然将基于其基础价值 κ_k/r 被定价。注意，$\partial\ln p_k/\partial i$ 是随着 ν_k 增加而增加的，这意味着通货膨胀对流动性更大的资产的价格有更大的影响。

资产 $k \in \{1,\cdots,K\}$ 的总回报率为

$$R_k = \frac{\kappa_k + p_k}{p_k} = \frac{1+r}{1+i\nu_k} \tag{13.35}$$

如果名义利率 i 严格为正，那么该模型预测了回报率的非退化分布，其中排序取决于流动性系数 $\{\nu_k\}$。在任何货币均衡中有 $R_K \geqslant R_{K-1} \geqslant \cdots \geqslant R_1 \geqslant \gamma^{-1}$，其中

$$\frac{R_{k'}}{R_k} = \frac{1+i\nu_k}{1+i\nu_{k'}} > 0,\text{对于}\nu_k > \nu_{k'} \tag{13.36}$$

指出这些回报率差异出现在代理人本质上风险中性以使他们对 CM 商品具有线性偏好的环境下是一件既有趣又很重要的事。资产收益率的非退化结构会形成是因为不同资产在不同程度上被用作支付手段。

我们现在考察货币政策对资产收益率结构的影响。根据式（13.35），我们有

$$\frac{\partial \ln R_k}{\partial i} = -\frac{\nu_k}{1 + i\nu_k}$$

只有$\nu_k > 0$，当通货膨胀增加时，实际资产的回报率会降低，而实际资产的价格会上升。因此，在任何货币均衡下，与货币成本 i 相关的资产收益率结构 $\{R_k\}_{k=1}^{K}$，在一阶随机意义上要优于与 $i' > i$ 相关的资产收益率结构 $\{R'_k\}_{k=1}^{K}$。进一步，$|\partial \ln R_k/\partial i|$ 随着ν_k的增加而增加，这使得资产流动性越大，通货膨胀对资产回报率的影响也越大。注意有

$$\ln R' - \ln R_k \approx i(\nu_k - \nu_{k'})$$

它意味着资产间的回报率差异反映了资产间的流动性差异，而通货膨胀是放大这些流动性差异的缩放因子。

最后，考虑两种资产 k 和 k'，使得 $\nu_k > \nu_{k'}$。如 $i > 0$，那么有 $R_{k'} - R_k > 0$。由式（13.36），我们有

$$\frac{\partial \ln(R_{k'} - R_k)}{\partial i} = \frac{1 - i^2 \nu_k \nu_{k'}}{i(1 + i\nu_k)(1 + i\nu_{k'})}$$

因此，当且仅当 $1 - i^2 \nu_k \nu_{k'} > 0$ 时有 $\partial \ln(R_{k'} - R_k)/\partial i > 0$。也就是说，只要 i 不是太大，支付给流动性较差资产的溢价 $R_{k'} - R_k$ 就会随着通货膨胀增加而增加。在$\nu_{k'} = 0$ 的情况下，即流动性最差的资产是非流动性的，那么 $\partial \ln(R_{k'} - R_k)/\partial i > 0$ 总是成立的。

到目前为止，我们把流动性系数 $\{\nu_k\}$ 看作是外生的。尽管这在描述资产间流动性差异是如何导致资产回报差异以及对货币政策变化的不同反应上很有用，但将 $\{\nu_k\}$ 看作外生是不尽如人意的。人们可能更愿意了解经济中的什么摩擦会产生对资产用作支付手段的这些限制，以及这些摩擦是如何与货币政策相互作用的。

第一，一些资产的部分非流动性可能是由道德风险摩擦引起的。例如，假设商品在 DM 上从卖方转移到买方是立即实现的，资产从买方转移到卖方虽然可以很快开始，但要完成却存在一点时滞。如果在转移开始但完成之前买方有能力转移其 $1 - \nu_k$部分的资产持有，那么他就不能可信地承诺转移高于其资产持有的ν_k部分。类似地，代理人可能有能力在不同成本下生产欺诈性资产或资产要求权，如赝品。就如我们在第 5.3 和 10.4 部分所证明的，伪造的可能性使得在双边匹配中即将转移给卖方的资产的实际价值存在一个上界。

第二，一些资产的非流动性可以反映出逆向选择问题。假设资产 k 是有风险的，即红利在某些状态下要高于其他状态。如果资产持有者拥有关于资产在

DM 上未来红利的一些私有信息，那么持有高红利资产的买方将通过保留一部分所持资产来显示该资产质量的信号。这样会使得资产部分非流动性，即在高红利状态下有 $v_k<1$。我们在第 7.4 部分使用了一个相关的说明去解释随机通胀是如何影响产出的。

第三，资产流动性的差异可能是由 DM 上的定价机制引起的。事实上就如在第 12.4 部分所展现的，可以建立一个价格机制为买方产生一个与问题式（13.26）～（13.28）中一样的剩余，但是建立的价格机制是成对帕累托有效的，而且不限制资产在双边匹配中的转移，就如问题式（13.26）～（13.28）一样。对于这类价格机制，可以把资产间的流动性差异解释为来自允许某些资产能以更有利于买方的交易条件进行交易的便利。接下来的几节提供了基于信息摩擦以流动性系数 $\{\nu_k\}$ 为基础的其他解释。

13.5 成本高昂的可接受性

在这部分，我们将可识别性以及资产流动性内生化。我们采用第 13.2 部分的经济环境，在该经济环境中不可兑现货币和单一的无风险实际资产并存。我们假设实际资产是不方便携带的，但代理人可以交易其要求权。在 DM 中，代理人拥有迅速和零成本伪造这些要求权的技术。但相反，不可兑现货币不能够被伪造。如果卖方不能从赝品中分辨出真实的要求权，那么实际资产的要求权将不会被交易，因为卖方知道一旦报价被接受，那么试图传递赝品就是买方的一个占优策略（更正式的讨论参见第 12.3 部分）。与第 5.3 和 12.3 部分不同，卖方可以选择具有信息或不具有信息。

在每个时期开始时，卖方可以投资一项具有成本的技术，该技术可以使其从赝品中识别出真实的要求权。该技术的成本为 $\Psi>0$，并通过效用来测度。我们令 $\nu\in[0,1]$ 表示具有信息的卖方所占的比例，且卖方是否投资于该技术在匹配中是共同知识。与上部分中的参数 ν_k 相关的参数 ν，也指在 DM 上实际资产要求权在支付中被一名随机卖方接受的概率。

13.5.1 均衡

如果在 DM 上买方向卖方提出要么接受要么拒绝的报价，那么卖方就没有激励投资于使其能辨别出赝品的有成本技术，因为他们不能从其 DM 交易中获得任何剩余。因此我们将采用比例议价解，参见第 3.2.3 部分。在此情况下，卖方获得全部匹配剩余中的 $1-\theta>0$ 部分。

考虑在 DM 上持有 z 单位的实际余额和 a 单位的实际资产的一名买方。令 ℓ 表示买方在匹配中可以转移给卖方的最大财富。如果卖方具有信息，那么有 $\ell = z+(p+\kappa)a$；如果卖方不具有信息，那么有 $\ell = z$，因为不具有信息的卖方不会接受实际资产要求权。在比例议价框架下，在具有信息的匹配中的交易量 q 为下式的解

$$\omega(q) = \min\{\omega(q^*), z+(p+\kappa)a\} \tag{13.37}$$

式中，$\omega(q) = \theta c(q) + (1-\theta)u(q)$ 为买方向卖方的财富转移。在无信息的匹配中，交易量 q^u 为下式的解

$$\omega(q) = \min\{\omega(q^*), z\} \tag{13.38}$$

式（13.37）和式（13.38）的右边不同，这是因为在有信息的匹配中买方的流动性财富是由货币和实际资产构成的，但在无信息的匹配中买方的财富只由货币构成。

在 DM 上作为一名持有资产组合 (a,z) 的买方的价值为

$$\begin{aligned} V^b(a,z) = & \sigma\nu\theta[u(q) - c(q)] + \sigma(1-\nu)\theta[u(q^u) - c(q^u)] \\ & + z + a(p+\kappa) + W^b(0,0) \end{aligned} \tag{13.39}$$

其中，为了简化问题，我们利用了价值函数 W^b 的线性性以及 $u(q) - \omega(q) = \theta[u(q) - c(q)]$。根据式（13.39），买方与卖方匹配的概率为 σ。卖方有概率 v 是具有信息的。在有信息的匹配中，卖方生产 q，而在没有信息的匹配中，他生产 q^u。在所有交易匹配中买方获得全部交易剩余的 θ 部分。

如果我们将式（13.39）中的 V^b 代入式（13.9），买方在 CM 开始时的价值函数，从而买方的投资组合问题为

$$\max_{a\geqslant 0, z\geqslant 0}\{-iz - ar(p-p^*) + \sigma\nu\theta[u(q) - c(q)] + \sigma(1-\nu)\theta[u(q^u) - c(q^u)]\} \tag{13.40}$$

该式是式（13.11）的直接推广。在附录中我们说明了问题式（13.40）是凹的。一阶（充分必要）条件为

$$-\frac{i}{\sigma\theta} + \nu\left[\frac{u'(q) - c'(q)}{\theta c'(q) + (1-\theta)u'(q)}\right] + (1-\nu)\left[\frac{u'(q^u) - c'(q^u)}{\theta c'(q^u) + (1-\theta)u'(q^u)}\right] \leqslant 0 \tag{13.41}$$

$$-\frac{r(p-p^*)}{\sigma\theta(p+\kappa)} + \nu\left[\frac{u'(q) - c'(q)}{\theta c'(q) + (1-\theta)u'(q)}\right] \leqslant 0 \tag{13.42}$$

其中我们使用了

$$\frac{\mathrm{d}q}{\mathrm{d}z} = \frac{1}{p+\kappa}\frac{\mathrm{d}q}{\mathrm{d}a} = \frac{1}{\omega'(q)} = \frac{1}{\theta c'(q) + (1-\theta)u'(q)}$$

$$\frac{\mathrm{d}q^{u}}{\mathrm{d}z}=\frac{1}{\omega'(q^{u})}=\frac{1}{\theta c'(q^{u})+(1-\theta)u'(q^{u})}$$

和

$$\frac{\mathrm{d}q^{u}}{\mathrm{d}a}=0$$

如$z>0$，条件式（13.41）在等号处成立，而在 $a>0$ 条件下式（13.42）在等号处成立。式（13.41）和式（13.42）之间的重要差异在于，买方在有信息和无信息匹配中都可以花费其边际单位的实际余额，而在有信息匹配中只能转移边际单位实际余额的要求权。我们关注所有买方作出同样投资组合选择的对称均衡。

我们现在转向卖方的问题。不失一般性，我们假设卖方不持有资产，因为他们没有严格的激励去这样做。在每期开始时，卖方必须选择是否投资于辨别实际资产要求权的技术。卖方通过对比其投资和不投资该技术的生命期预期效用来作出该选择。因此，卖方的问题为

$$\max\{-\Psi+\sigma(1-\theta)[u(q)-c(q)],\sigma(1-\theta)[u(q^{u})-c(q^{u})]\} \tag{13.43}$$

要注意的是，在上面最大化问题的两个表达式中我们都忽略了卖方在 CM 上的连续价值 $W^{s}(0,0)$。根据式（13.43），如果卖方选择成为有信息的，那么他要承担负效用成本 ψ，这允许他接受实际资产要求权。在这种情况下，交易量为 q 且卖方提取 $1-\theta$ 部分的匹配剩余。如果卖方选择成为无信息的，那么他只接受货币且交易量为 q^{u}。由式（13.43），有信息卖方的测度将满足

$$\nu\begin{cases}=1\\ \in[0,1]\text{如}-\Psi+\sigma(1-\theta)[u(q)-c(q)]\begin{Bmatrix}>\\=\\<\end{Bmatrix}\sigma(1-\theta)[u(q^{u})-c(q^{u})]\\ =0\end{cases} \tag{13.44}$$

静态对称均衡为列表 (q,q^{u},z,p,ν)，其满足 $a=A$ 时的条件式（13.37），以及式（13.38）、式（13.41）、式（13.42）和式（13.44）。

13.5.2 存在可识别资产时的均衡

首先考虑所有卖方都有信息的均衡，即 $\nu=1$。除了 DM 上的定价机制以外，这些均衡基本上都与第 13.2 部分的一样，在后者中不可兑现货币和实际资产要求权都有相同的流动性。根据式（13.41），货币均衡下的 DM 交易产出 q_1 为下式的解

$$\frac{i}{\sigma\theta}=\frac{u'(q_1)-c'(q_1)}{\theta c'(q_1)+(1-\theta)u'(q_1)} \tag{13.45}$$

它与第3.2.3部分中的等式（3.43）是完全相同的。下标“1”指的是$\nu=1$时的均衡。当$\nu=1$时，实际资产的价格为

$$p_1=\frac{(1+i)\kappa}{r-i}$$

因为投资于1单位资产的成本$r(p_1-p^*)$必须等于持有货币获得相同报酬的成本$i(p_1+\kappa)$。在货币均衡中，买方的实际余额为

$$z_1=\omega(q_1)-(p_1+\kappa)A>0 \tag{13.46}$$

式（13.46）的右边随i而递减。注意，如果$i=0$，那么有$z_1=\omega(q^*)-(p^*+\kappa)A$，且当$i$趋近于$r$时，$z_1$趋近于负无穷。因此，如果$(p^*+\kappa)A<\theta c(q^*)+(1-\theta)u(q^*)$，那么存在一个$\bar{l}\in(0,r)$，使得对于所有$i<\bar{l}$存在着卖方有信息和不可兑现货币有价值的均衡。如$i>\bar{l}$，那么均衡将是一个非货币的，而资产价格由式（13.42）在取等号且$\omega(q)=(p+\kappa)A$时的解给出。

如果$(p^*+\kappa)A\geqslant\theta c(q^*)+(1-\theta)u(q^*)$，那么不可兑现货币是没有价值的且在所有匹配中有$q=q^*$。在这个均衡中，实际资产存量足以满足经济对交易媒介的需要。这里应该强调的是，即使$q=q^*$，鉴于卖方拥有信息是要承担实际成本的，均衡并非社会有效的。

我们现在需要证明其对想获取信息的卖方而言是最优的。由式（13.44），$\nu=1$要求

$$\Psi\leqslant\Psi_1\equiv\sigma(1-\theta)\{[u(q_1)-c(q_1)]-[u(q_1^u)-c(q_1^u)]\} \tag{13.47}$$

式中，q_1^u表示该卖方在其他卖方都有信息时选择成为无信息时DM上的产出，且在当所有卖方都有信息是均衡为货币均衡的条件下由$\omega(q_1^u)=z_1$的解给出。所以，只要成为有信息的成本足够低，即低于$\Psi_1>0$，就存在所有卖方都有信息的均衡。

13.5.3 存在不可识别资产时的均衡

现在让我们考虑所有卖方都无信息情况下的均衡，即$\nu=0$。在这种情况下，真实的和伪造的实际资产要求权都无法由DM上的卖方所区别，因此它们都不会被接受作为支付手段。唯一的交换媒介就是不可兑现货币，也就是说这个模型会产生一个内生的预付现金约束。

均衡结果将类似于第3.2.3部分所描述的纯货币经济。由式（13.41），DM上的交易产出是下式的解q_0^u

$$\frac{i}{\sigma\theta}=\frac{u'(q_0^u)-c'(q_0^u)}{\theta c'(q_0^u)+(1-\theta)u'(q_0^u)} \tag{13.48}$$

且由当$\nu=0$时的式（13.42），实际资产的价格

$$p_0=p^*$$

下标“0”指的是在$\upsilon=0$的情况下的均衡。资产按其基本价值定价，因为它由于缺乏可识别性而无法被用作交易媒介。买方的实际余额为$z_0=\omega(q_0^u)$。条件式（13.44）意味着对于卖方而言保持对实际资产要求权的无信息是最优的，如果

$$\Psi\geqslant\Psi_0\equiv\sigma(1-\theta)\{[u(q_0)-c(q_0)]-[u(q_0^u)-c(q_0^u)]\} \tag{13.49}$$

式中，q_0代表卖方在其他所有卖方都无信息时选择获取信息情况下的DM产出，且由在$p=p_0=p^*$、$a=A$和$z=z_0$时的式（13.36）明确给出。由式（13.48），如i趋近于0，那么q_0^u趋近于q^*，而z_0趋近于$\theta c(q^*)+(1-\theta)u(q^*)$。因此有$q_0=q^*$和$\Psi_0=0$。因此，如果货币当局实施弗里德曼规则，就会存在代理人在所有匹配中交易最优产出水平且不可兑现货币成为唯一支付工具的均衡。注意，该均衡是社会有效的，因为卖方不需要投资于昂贵的识别技术；不可兑现货币结合弗里德曼规则使得整个社会节约了信息成本。

13.5.4 多重货币均衡

如果$\Psi_0<\Psi_1$，那么由于条件式（13.47）和式（13.49）能被同时满足，对于任何$\Psi\in[\Psi_0,\Psi_1]$都会存在多重均衡——一个卖方有信息的均衡和一个买方没有信息的均衡。现在来证明$\Psi_0<\Psi_1$。

首先，注意在卖方有信息的均衡中的资产价格要高于卖方没有信息的情况，即$p_1\geqslant p_0=p^*$。这是因为仅当实际资产能够被识别且被用作交易媒介时，其价格会超过其基本价值。因此有$(p_0+\kappa)A\leqslant(p_1+\kappa)A$。而且，如果我们假设当$v=0$时货币均衡条件满足，那么由式（13.45）和式（13.48），DM上的交易量在卖方有信息的货币均衡中与在卖方无信息的货币均衡中是相同的，即$q_0^u=q_1$。这意味着，由式（13.37）和式（13.38），有$z_1+(p_1+\kappa)A=z_0$。此外，作为买方流动性财富ℓ的函数，剩余$\mathcal{S}(\ell)\equiv u[q(\ell)]-c[q(\ell)]$是凹的，且在$\ell<\theta c(q^*)+(1-\theta)u(q^*)$时是严格凹的。因此有

$$\sigma(1-\theta)\mathcal{S}'(z_0)(p_1+\kappa)A<\sigma(1-\sigma)\{[u(q_1)-c(q_1)]-[u(q_1^u)-c(q_1^u)]\}\equiv\Psi_1 \tag{13.50}$$

和

$$\Psi_0\equiv\sigma(1-\theta)\{[u(q_0)-c(q_0)]-[u(q_0^u)-c(q_0^u)]\}$$

$$< \sigma(1-\theta)\mathcal{S}'(z_0)(p^* + \kappa)A \tag{13.51}$$

参见图 13－6。因为 $(p_1 + \kappa)A \geqslant (p^* + \kappa)A$，由条件式（13.50）和式（13.51）意味着 $\Psi_0 < \Psi_1$。因此，如果货币均衡在$\nu = 1$ 且 $\Psi \in [\Psi_0, \Psi_1]$ 时存在，那么在$\nu = 0$ 且 $p = p^*$ 时也存在货币均衡。

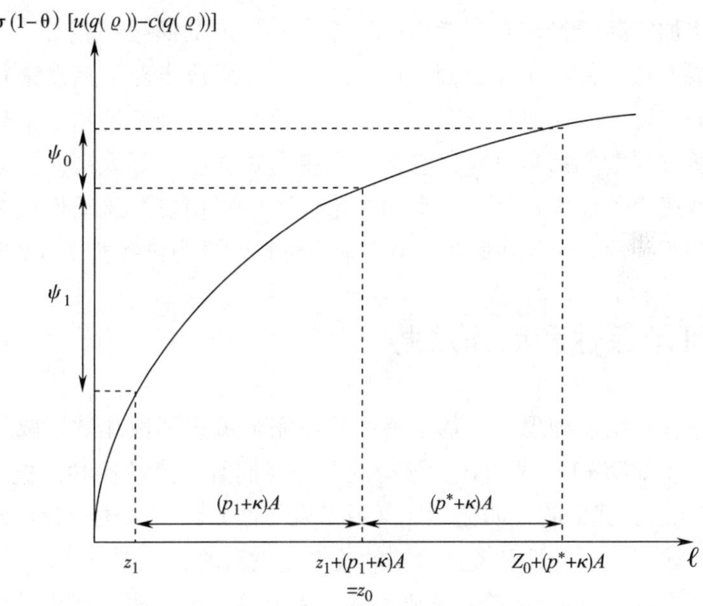

图 13－6　信息获取与多重均衡

有两种有趣的情况需要考虑。第一种情况假设 i 趋近于 0 且 $(p^* + \kappa)A < \omega(q^*)$。在卖方无信息的均衡下，$z_0$ 趋近于 $\theta c(q^*) + (1-\theta)u(q^*)$，且资产价格为其基本价值，$p_0 = p^*$。因此，$q_0^u = \omega^{-1}(z_0) = q^*$，$q_0 = \min[q^*, \omega^{-1}(z_0 + (p^* + \kappa)A)] = q^*$，且 $\Psi_0 = 0$。在卖方有信息的均衡下，有 $z_1 = \omega(p^*) - (p^* + \kappa)A$ 和 $q_1 = q^*$，同时 $q_1^u = \omega^{-1}[(p^* + \kappa)A] < q^*$。所以有 $\Psi_1 = \sigma(1-\theta)\{[u(q^*) - c(q^*)] - [u(q_1^u) - c(q_1^u)]\} > 0 = \Psi_0$。如果获取信息的成本足够小，那么就会存在多重均衡。这时，卖方无信息从而货币为唯一支付手段的均衡从社会福利视角来看要优于卖方有信息的均衡，因为信息获取是有成本的。

第二种情况描述了在 $(p^* + \kappa)A \geqslant \omega(q^*)$ 时多重均衡的存在。卖方有信息时的均衡为 $q_1 = q^*$ 且货币没有价值，这使得 $q_1^u = 0$。如果 i 足够小使得在卖方无信息时存在货币均衡，那么立即有

$$\Psi_1 = \sigma(1-\theta)[u(q^*) - c(q^*)] > \Psi_0$$

$$=\sigma(1-\theta)\{[u(q_0)-c(q_0)]-[u(q_0^u)-c(q_0^u)]\}$$

因为 $q_0=\min[q^*,\omega^{-1}(z_0+(p^*+\kappa)A)]=q^*$ 且 $q_0^u>0$。

多重均衡背后的直觉如下。假设卖方相信买方持有一些实际余额。那么卖方有获得信息的激励，因为否则的话他们就只能接受缩减了的买方货币余额。但是如果买方相信所有卖方都是有信息的，他们的最优选择就是降低其实际货币余额并增加实际资产，直到货币的回报率和资产的回报率相等。相反，如果卖方相信买方持有大量实际余额，他们就没有花费成本获取信息来辨别实际资产要求权的需要，因为这些资产的使用不会给匹配剩余带来超过信息成本的增加。如果所有的卖方都是没有信息的，只要通货膨胀不是太高，买方积累大量实际余额就成为了最优选择。均衡的多重性考虑了使资产流动性成为自我实现现象的策略互补性，并与在第 8.4 节中信用可行性成为自我实现现象很相似。

13.6 可承保性和欺诈威胁

我们现在提出一种理论，基于资产的不完全可识别性和欺诈威胁来内化可扩展约束。正如第 13.4 节所述，该理论允许我们解释流动性和回报率差异。与第 13.4 节相反，我们将证明流动性（或可恢复性）约束取决于货币政策和市场的基本面。这将为流动性和资产价格的关系提供新的看法。

我们现在假设有 $K\geqslant 1$ 个由 k 索引的单周期的卢卡斯树（或者单周期实际债券），我们令 $K\in\{1,\cdots,k\}$ 为所有卢卡斯树的集合。每个买方在每个 CM 的开始收到资产 k 的一次性捐赠 A_k（由于偏好是拟线性的，对称禀赋的假设不失一般性）。每个资产 k 在后续 CM 的开始支付一单位商品的股息，之后它会完全贬值。根据 CM 商品衡量的资产 k 的价格用 p_k 表示。

正如第 5.3 节和 12.3 节所述，我们介绍了造假或资产欺诈的可能性。具体来讲，在每个 CM 子期间结束时，买方可以以固定成本 Ψ_k 生产任意数量的 k 类欺诈性资产，且成本是共识的。在 t 期产生的欺诈性资产不会在 CM 的 $t+1$ 期支付股息，因为他们是欺诈性的。任何 t 期缠身的欺诈性资产就像他们真正的对手一样在 $t+1$ 期完全贬值。在 DM 中，买方无法区别真实资产还是欺诈资产。与第 5.3 节相反，我们假设伪造货币的成本是无限的，即货币是唯一可以完全识别的资产。卖方无法识别或者验证他们可能在 DM 中获得的资产。例如，如果我们将资产解释为资产支持的证券，那么资产欺诈可能代表着贷款、证券化和评级实践的缺陷以及直接抵押贷款欺诈。与产生欺诈性证券相关的成本 Ψ_k，可以表示产生有关标的资产的虚假文件的成本，以及与评级机构使用的程序对抗的成本。卖方无法通过“查看”资产来发现这些欺诈行为。

DM 中的交易条件由以下讨价还价博弈决定：在 CM 的 $t-1$ 期，买方选择规定了卖方生产 q 单位的 DM 商品以获取 d_z 单位的实际余额和 d_k 单位的资产 $(k \in K)$ 的报价 $(q, d_z, \{d_k\}_{k=1}^{K})$，然后他在 DM 的 t 期进行匹配。然后给定这个报价，对于每个资产 k，买方决定是否生产假币或者购买真正的资产。最后，如果买方在 DM 中完成匹配，报价 $(q, d_z, \{d_k\}_{k=1}^{K})$ 将延伸到卖方，他来决定接受或者拒绝。

讨价还价的博弈可以通过逆向归纳法来解决，因为在报价 $(q, d_z, \{d_k\}_{k=1}^{K})$ 之后有一个合适的子博弈。注意买方根据真实资产和欺诈性资产选择投资组合时，不遵守卖方的接受决定，而卖方在作出接受决定时无法观测买方投资组合的质量。可以证明，在任何均衡下买方都不生产假币，且报价 $(q, d_z, \{d_k\}_{k=1}^{K})$ 被接受的概率为 1。

考虑买方在作出造假决定前选择报价为 $(q, d_z, \{d_k\}_{k=1}^{K})$。如果以下激励相容条件成立，则买方没有动机制造特定资产 $k \in K$ 的假币

$$
\begin{aligned}
&-\sum_{k \in K} p_k d_k - \gamma d_z + \beta\{\sigma u(q) + (1-\sigma)[\sum_{k \in K} d_k + d_z]\} \geqslant \\
&-\Psi_{\tilde{k}} - \sum_{k \in K \setminus \{\tilde{k}\}} p_k d_k + \gamma d_z + \beta\{\sigma u(q) + (1-\sigma)[\sum_{k \in K \setminus \{\tilde{k}\}} d_k + d_z]\}
\end{aligned}
\tag{13.52}
$$

式（13.52）的左边是买方不生产欺诈性 $\tilde{k}$ 资产的支付。在 CM 中，买方以 p_k 的单价购买 d_k 单位的资产 k，并积累 γd_z 单位的实际余额。在随后的期间里，买方在 DM 中以概率 σ 进行匹配，在这种情况下，他将 $\sum_{k \in K} d_k + d_z$（根据后续 CM 商品衡量）转移给卖家以换取 q 单位的 DM 的回报。在互补概率 $1-\sigma$ 的情况下，买方不会匹配并持有所有的资产。式（13.52）的右边是生产 $\tilde{k}$ 类型的欺诈性资产并购买 k 类型（$k \neq \tilde{k}$）真实资产的买方的预期回报。在这种情况下，买方产生固定成本 $\Psi_{\tilde{k}}$ 并且在 DM 交易中不会积累任何 $\tilde{k}$ 类型真实资产。因为 $\tilde{k}$ 类型的资产是欺诈性的，不会产生任何股息。

式（13.52）的激励相容约束可以简化为

$$
[p_{\tilde{k}} - \beta(1-\sigma)]d_k \leqslant \Psi_{\tilde{k}} \tag{13.53}
$$

式（13.53）的左边是使用 $\tilde{k}$ 类型真实资产支付的成本，由两部分组成。有持有资产的成本，交易时放弃资产的成本 $\beta\sigma d_{\tilde{k}}$。式（13.53）的右边是与伪造 $\tilde{k}$

类型资产相关的固定成本。因此，如果生产假币的成本高于用真实资产支付 DM 消费的成本，则买方没有动机进行欺诈。

激励相容约束式（13.53）采用“可售性”约束形式，该约束规定了 $k \in K$ 类型的资产可以在 DM 中由买方转售给卖方的上限

$$d_k \leqslant \frac{\Psi_k}{p_k - \beta(1-\sigma)} \text{对于所有的 } k \in K \tag{13.54}$$

可转售性约束式（13.54）取决于产生欺诈性资产的成本 Ψ_k；持有资产的成本 $p_k - \beta$ 以及在 DM 中交易的频率 σ。更容易欺诈的资产受到更严格的可转售性约束并且取决于伪造资产的成本 Ψ_k 等。可转售性约束的上限还取决于 DM 中交易的频率 σ。增加交易的频率会加剧欺诈威胁，因为造假的买家的交易盈余 $u(q)$ 大于诚实买家的匹配盈余 $u(q) - c(q)$，并且可以通过更高的概率获得。因此，为保证买方的动机一致，必须降低上限。例如，如果证券化过程意味着资产可以更频繁地进行再交易，那么证券化的增加会增加欺诈的威胁，并且使可靠性限制更可能为紧。另外注意资产的持有成本 $p_k - \beta$ 进入可转售性约束，由于缺乏承诺（偿还债务），买方必须在流动性需求发生之前积累资本。资产价格的上涨提高了持有成本，从而增加了买方伪造资产的动机。因此，当其他资产保持不变时，较高的资产价格意味着可转售性约束的上限较低。

到目前为止，我们重点研究买方在 DM 中提出的报价 $(q, d_z, \{d_k\}_{k=1}^K)$。现在我们转向买方在 CM 中的投资组合选择 $(\{a_k\}_{k=1}^K, z)$，其中 a_k 表示买方对于 k 类资产的 CM 需求，而 z 为实际余额的持有量。如果货币有持有成本，即 $i > 0$，则买方会选择 $z = d_z$。类似的，如果 $p_k > \beta$，那么 k 类资产会有持有成本，因此 $a_k = d_k$。即买方的持有量不超过他打算用作支付手段的金额。但是，如果 $p_k = \beta$，那么 k 类资产没有持有成本，$a_k \geqslant d_k$。下面问题的解决方法确定了买方报价 $(q, d_z, \{d_k\}_{k=1}^K)$ 和 CM 的投资组合 $(\{a_k\}_{k=1}^K, z)$，

$$\max_{q,z,d_z,\{d_k,a_k\}} \left\{ -iz - \sum_{k \in K} \left[\frac{p_k - \beta}{\beta}\right] a_k + \sigma[u(q) - c(q)] \right\} \tag{13.55}$$

约束为

$$c(q) = \sum_{k \in K} d_k + d_z \tag{13.56}$$

$$d_k \leqslant \frac{\Psi_k}{p_k - \beta(1-\sigma)}, \text{对于所有的 } k \in K \tag{13.57}$$

$$d_k \in [0, a_k], \text{对于所有的 } k \in K \tag{13.58}$$

且 $d_z \leqslant z$。因为一项资产支付的股息为 1，则 k 类资产的基本价值为 p_k^* 等于 β。因此，式（13.55）括号中的等式可以写作 $-iz - (1+r)\sum_{k \in K}(p_k - p_k^*)a_k +$

$\sigma[u(q)-c(q)]$。

注意，这个等式几乎与式（13.30）相同，只不过第二个等式是乘以 $1+r$ 而不是 r，这反映了资产一个周期的生命。因此，买方最优报价和投资组合选择最大化了受第三个约束条件的标准目标函数。第一个约束式（13.56）是一个单独的理性约束，表明当买方资产是真实的时，卖方的回报为零。第二个约束式（13.57）是激励相容或可转售性约束，它指定了卖方愿意接受且不会引起买方生产欺诈性资产的概率为 1 的资产最大数量。最后的约束条件式（13.58）是一个可行性约束条件，即买方不能转让比他持有的资产更多的资产。

假设对于 z 存在内解，则买方问题的一阶条件为

$$\xi = \sigma\left[\frac{u'(q)}{c'(q)} - 1\right] = \lambda_k + \mu_k \tag{13.59}$$

$$p_k = \beta(1+\mu_k) \tag{13.60}$$

$$i = \xi \tag{13.61}$$

对于所有的 $k \in K$，其中 $\xi \geqslant 0$ 是卖方参与约束式（13.56）的拉格朗日乘子，$\lambda_k \geqslant 0$ 是可转售性约束式（13.57）约束的乘子，$\mu_k \geqslant 0$ 是可行性约束的乘子。乘子 ξ 衡量买方花费 1 单位资产以便将其 DM 的消费增加 $1/c'(q)$ 的预期盈余。如果买方在 DM 中匹配，则额外 1 单位消费增加买方盈余 $u'(q)-c'(q)$ 的概率为 σ。乘子 ξ 还必须等于转移任何资产 k 的成本，也就是乘子 λ_k 和 μ_k 的总和。实际上，通过提供额外单位的资产 k，买方的可靠性约束和可行性约束都变得严格。根据式（13.61），乘子 ξ 由持有实际余额的成本 i 确定。最后，式（13.60）的一阶条件是资产 k 的资产定价方程，它表示资产的价格必须等于其股息贴现加上匹配中用 $\beta\mu_k$ 衡量的交易中介的流动性价值贴现。总体来说，式（13.59）和式（13.60）意味着资产价格有其上下界限制，即

$$\beta \leqslant p_k \leqslant \beta(1+\xi) \tag{13.62}$$

下限是资产的基本价值 β，因为买方始终可以持有 1 单位资产并在下一个 CM 时消费其股息。上限是资产的基本价值 β 加上在 DM 中增加额外 1 单位的资产的净效用 $\beta\xi$。

我们现在根据资产的可转售性和可行性约束是松弛还是有约束力，将资产分类分为三类。

流动性资产：如果可行性约束式（13.58）为紧 $\mu_k>0$，且可转售性约束式（13.57）松弛 $\lambda_k=0$，则资产是完全流动的。在这种情况下，资产的价格等于其上限 $\beta(1+\xi)$。直观来讲，如果买方在 DM 中花费额外 1 单位资产而不违反可转售性约束，则资产是完全流动性的。将市场出清条件 $a_k=A_k$ 和价格等式 $p_k=\beta(1+\xi)=\beta(1+i)$ 代入到严格的可行性约束和松弛的可转售性约束中，我们得

到 $d_k = A_k \leqslant \Psi_k/\beta(1+\sigma)$。这个不等式可以改写为

$$\hat{\Psi}_k \geqslant \beta(i+\sigma)$$

其中，$\hat{\Psi}_k \equiv \Psi_k/A_k$ 是每单位资产的欺诈成本。注意流动性资产的回报率为 $1/p_k = \gamma^{-1}$，也是不可兑现货币的回报率。因此所有流动性资产间存在回报率等式。

部分流动性资产：如果可转售性约束式（13.57）和可行性约束式（13.58）都为紧，则资产部分是流动的，这分别意味着 $\lambda_k > 0$ 和 $\mu_k > 0$。在这个等式中，买方在 DM 持有所有的自身资产。但是，如果他获得额外 1 单位的资产 k 并打算在 DM 时消费，那么这个交易被拒绝的概率为正。这些紧缩的约束立即暗示这一点

$$\beta < p_k < \beta(1+\xi)$$

资产的价格超过其基本价格但严格低于完全流动资产的价格 $\beta(1+\xi)$。根据式（13.57），$d_k = A_k = \Psi_k/[p_k - \beta(1+\sigma)]$ 意味着 $p_k = \hat{\Psi}_k + \beta(1-\sigma)$。则资产有部分流动性的条件为，根据式（13.60）有 $\mu_k = p_k/\beta - 1 > 0$，而根据式（13.59）有 $\lambda_k = \xi + 1 - p_k/\beta > 0$，可以改写为

$$\beta\sigma < \hat{\Psi}_k < \beta(i+\sigma)$$

如果欺诈的成本不过高也不过低，则资产是部分流动性的。

非流动性资产：如果可转售性约束式（13.57）为紧 $\lambda_k > 0$，而可行性约束式（13.58）松弛 $\mu_k = 0$。在均衡中，买方即使受到流动性约束也不会在 DM 中花费他持有的所有资产，即 $q < q^*$。在这种情况下，资产价格等于其下限 $p_k = \beta$，即为它的基本价值。严格的可转售性约束式（13.57）意味着 $d_k \leqslant \Psi_k/\beta\sigma$。将这个表达式代入松弛的可行性约束式（13.58）中，我们得到

$$\hat{\Psi}_k \leqslant \beta\sigma$$

我们可以通过资产价格和在 DM 购买中使用的资产比例 $\nu_k \equiv d_k/a_k$ 来对流动性资产的结构进行总结。为了简便，让 $\underline{\Psi} \equiv \beta\sigma$ 以及 $\overline{\Psi} \equiv \beta(\sigma+i)$。我们有：

1. 流动性资产：对于所有的 $k \in K$，有 $\hat{\Psi}_k \geqslant \overline{\Psi}$，

$$p_k = \beta(1+i) \tag{13.63}$$

$$\nu_k = 1 \tag{13.64}$$

2. 部分流动性资产：对于所有 $k \in K$，有 $\hat{\Psi}_k \in (\underline{\Psi}, \overline{\Psi})$，

$$p_k = \hat{\Psi}_k + \beta(1-\sigma) \tag{13.65}$$

$$\nu_k = 1 \tag{13.66}$$

3. 非流动性资产：对于所有的 $k \in K$，有 $\hat{\Psi}_k \leqslant \underline{\Psi}$，

$$p_k = \beta \tag{13.67}$$

$$\nu_k = \frac{\hat{\Psi}_k}{\beta\sigma} < 1 \tag{13.68}$$

我们现在给定货币有价值的条件 $z > 0$。根据上式，我们有

$$d_k = \nu_k A_k \quad 其中 \nu_k = \min\left\{1, \frac{\hat{\Psi}_k}{\beta\sigma}\right\}$$

也就是说，如果买方被匹配，则他要么将所有持有的资产 k 转移给 DM 中的卖方，要么最大化可转售性约束以及无套利约束 $p_k \geqslant \beta$ 的总和。将上面关于 d_k 的表达式代入卖方的参与约束式（13.56），我们得到

$$c(q) = \sum_{k \in K} \nu_k A_k + z \equiv L \tag{13.69}$$

其中，L 可以解释为总流动性。总流动性是资产供给的加权平均值，其中权重是内生的且取决于交易摩擦和和资产的特征。如果满足下式，则存在货币均衡

$$\frac{u' \circ c^{-1}[\sum_{k \in K} \nu_k A_k]}{c' \circ c^{-1}[\sum_{k \in K} \nu_k A_k]} > 1 + \frac{i}{\sigma} \tag{13.70}$$

也就是说，对于有价值的货币，所有资产的供给加权总和必须满足相对于经济的流动性需求而言足够小，而通货膨胀率不能太高。

当货币有价值而且 $i > 0$ 时，流动性就会稀缺，而且由于不同资产具有不同的伪造成本 Ψ_k，具有相同现金流量的资产可能会有不同的价格。图 13 - 7 描述了资产价格与每单位真实资产供给伪造成本的函数关系。具有较高单位伪造成本的资产是流动的，低单位伪造成本是非流动性的，而介于两者间的单位伪造成本是部分流动的。这与“一价定律”相违背但却是回报率占优难题的另一种表述，即货币资产与具有相似性风险特征但有更高收益的其他资产是共存的。在我们的模型中，资产的价格差异归因于欺诈成本的差异。对欺诈活动不太敏感的资产更有激励被用来投资机会融资。相较于欺诈成本较低的资产，欺诈成本较低的资产会产生一些非金融流动性服务 μ_K，也称为便利收益率，且以较高的价格出售，参照式（13.60）。

我们的模型提供了有关交易速度（衡量货币经济流动性标准的指标）的横向差异的看法。在我们的模型中，DM 中的交易速度为 $\mathcal{V}_k \equiv \sigma d_k / A_k = \sigma \nu_k$。我们的模型预测资产价格和其速度之间有正相关关系。最具流动性的资产——任何

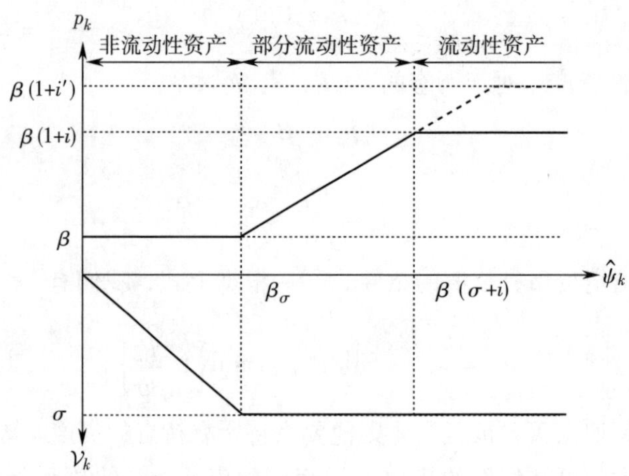

图 13－7　在斯诈威胁下的流动性和资产价格

资产 k 有 $\hat{\Psi}_k \geqslant \overline{\Psi}$——以最高价格交易并且他们有等于 DM 中交易机会频率 σ 的最大的交易速度。非流动性资产——任何资产 k 有 $\hat{\Psi}_k \leqslant \underline{\Psi}$——以等于其基本价值的最低价格交易，且有最小的交易速度。图 13.7 描述了交易速度关于 $\hat{\Psi}_k$ 的函数。注意。通过速度差异衡量的流动性差异不足以解释回报率的差异。例如，部分流动性资产的回报率高于流动性资产但两者具有相同的速度。

货币政策对资产价格的影响取决于资产流动性的程度。假设持有货币的成本从 i 增加到 $i'>i$。根据标准，货币回报率的降低也会减少实际余额的持有量 z 和 DM 的产出 q。如图 13.7 所示，货币回报率的下降也会影响流动性资产和部分流动性资产。实际上，由于 $\overline{\Psi}=\beta(\sigma+i)$ 的增加，流动性资产的集合缩小而部分流动性资产的集合扩大。虽然流动性资产和部分流动性资产的价格不受通货膨胀率变化的影响，但流动性资产的价格上涨使得其回报率等于（或低于）货币回报率。

假设接下来的 DM 中的交易机会频率从 σ 增加到 $\sigma'>\sigma$。由于欺诈变得更有利可图，非流动性资产的集合扩大而流动资产的集合缩小；如图 13－8 所示，部分流动性和非流动性资产的速度也会增加。也许令人惊讶的是，即使这些资产更频繁地作为交易媒介，部分流动性的资产价格也会下降。原因是较高的交易频率加剧了欺诈威胁并严格了可转售性约束。由于流动性资产的价格确定，因此其价格不受影响，所以它们的回报率等于货币的回报率。

到目前为止，我们能假设了存在与产生欺诈性资产有关的固定成本。相反，假设成本是成比例的：为了生产 a_k 单位的欺诈资产 k，会产生等于 $\Psi_k^{\prime} a_k$ 的成

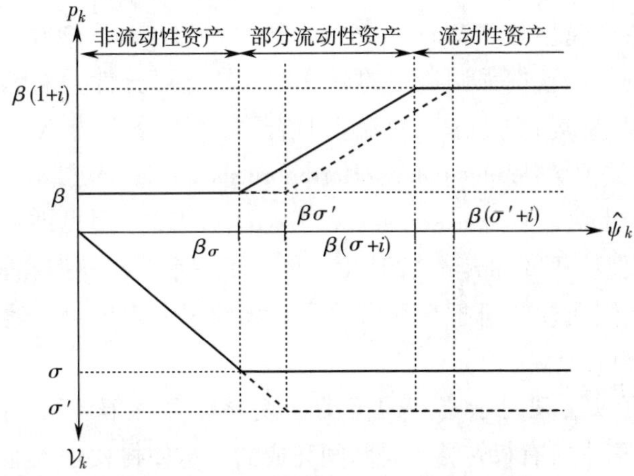

图 13-8 σ 的增加对价格和流动性的影响

本。激励相容约束式（13.53）现在由下式给出

$$(p_k - \beta) a_k + \beta\sigma d_k \leqslant \Psi_k^{\upsilon} a_k \tag{13.71}$$

在存在可变成本的情况下，买方可能希望拥有比他实际花费更多的资产 $a_k > d_k$，以便向卖方表明其质量。激励相容性和可转售性约束可以重新写为

$$\frac{d_k}{a_k} \leqslant \frac{\Psi_k^{\upsilon} - (p_k - \beta)}{\beta\sigma}$$

可转售性约束规定买方用作支付手段的资产数量 d_k 与他持有资产的数量 a_k 成比例，其中比例系数类似于“理发”，取决于欺诈的成本 Ψ_k^{υ}，持有真实资产的成本 $p_k - \beta$ 以及交易摩擦 σ。

13.7 进一步阅读

在无摩擦的交换经济环境中，Lucas（1978）提出了资产定价的标准宏观经济模型。Geromichalos、Licari 和 Suarez - Lledo（2007）将固定供给的无风险资产引入了 Lagos - Wright 的货币交换模型。Lagos（2010b，2011）研究了资产存在风险，且在双边匹配中代理人对资产的红利具有对称信息的情形。在他的模型中，不可兑现货币被无风险债券所取代。他对风险资产作为支付手段的使用增加了一个外生性约束，而且他校准了模型以遵照 Mehra 和 Perscott（1985）的方法来解释无风险利率和股权溢价问题。他表明，对风险资产的使用略有限制对于使模型能将数据中的无风险利率和股权溢价大小与貌似合理的风险规避程度相匹配是必要的。Li 和 Li（2013）研究了资产被用作担保贷款抵押品时的流动性和资产价格。

我们的多资产模型与 Wallace（1996，2000）和 Cone（2005）的模型相关，但与我们不同的是，它们强调资产的可分性或缺乏可分性，来解释货币和生息资产的并存，以及资产收益率的流动性结构。该分析与 Nosal 和 Rocheteau（2009）中的很类似。Geromichalos、Herrenbrueck 和 Salyer（2016）用相关模型来解释溢价这个术语，Venkateswarany 和 Wright（2013）则提供了一个金融与宏观经济活动的模型。Williamson（2014b）提出了一个信用模型和银行业的模型，其中抵押品的不同质权和可抵押财富的稀缺导致了期限溢价。他指出，央行购买长期政府债券可改善福利。

在文献中可以发现对于资产间流动性差异的多种解释。Kiyotaki 和 Moore（2005）假设，资本所有权转移不是瞬间完成的，这使得代理人能在转移生效前窃取一部分资产。类似地，Holmström 和 Tirole（1998，2001）提出了获得流动性的公司金融方法，其中道德风险问题阻碍了公司资产要求权的发行。Freeman（1985），Lester、Postlewaite 和 Wright（2012），以及 Kim 和 Lee（2008）通过假设资本要求权能被无成本伪造并只能在部分匹配中被验证，解释了资本品的无流动性。继 Kim（1996）与 Berentsen 和 Rocheteau（2004），Lester、Postlewaite 和 Wright（2012）通过假设代理人可以投资于有成本技术以识别资本要求权，将此部分匹配实现了内生化。关于不可兑现货币是信息获取的替代品的想法可以在 Brunner 和 Meltzer（1971）与 King 和 Plosser（1986）中找到。Andolfatto、Berentsen 和 Waller（2014）以及 Andolfatto 和 Martin（2013）研究了关于风险资产价值的信息披露。

第 13.6 节中关于内生质权依据 Rocheteau（2009b）和 Li、Rocheteau 以及 Weill（2012）研究了赝品生产具有正成本的情况，并表明在无信息匹配中资产转移存在一个内生上界时，可识别性的缺乏就会显现。Williamson（2014a）提出了一种银行有激励伪造抵押品质量的模型，并表明传统的货币宽松政策可能会加剧这些问题，因为抵押品的错配变得更加有利可图，从而增加了减值和利差。

信息不对称被用于将交易成本内生于金融市场（如 Kyle，1985；Glostem 和 Milgrom，1985）、证券设计（如 DeMarzo 和 Duffile，1999），以及资本结构选择（如 Myers 和 Majluf，1984）。Hopenhayn 和 Werner（1996）提出了在私人信息下的双边匹配中交易多个不可分资产的模型。Rochesteau（2009a）提出了一个搜索货币理论模型，其中买方拥有关于其风险资产未来价值的某些私人信息。他表明，买方在高红利状态下会保留一部分所持资产，以便显示其质量信号。Bajaj（2015，2016）在不打破均衡的前提下研究了类似的模型。Guerrieri、Shimer 和 Wright（2010），Chang（2014）以及 Davoodalhosseini（2014）研究了竞争性搜索下资产市场的逆向选择，并表明交易时间可用于筛选不同质量的资产。

Nosal 和 Rocheteau（2008）拓展了 Wallace 和 Zhu（2007）中的交易机制，并表明搜索理论货币模型可以产生看似相同资产间的回报率差异，而不用施加交易限制，也不违背双边交易中的帕累托效率。

Geromichalos 和 Simonovska（2014）通过研究两国模型中最有投资组合的选择来解释国际金融中长期存在的难题。他们国外的资产有交易成本而代理人持有相对更多的国内资产。外国资产的周转速度比国内资产快，因为前者拥有理想的流动性，但也代表着是较差的储蓄工具。

附录

式（13.23）的推导

根据式（13.18）

$$i = \sigma\left\{\pi_H\left[\frac{u'(q_H)}{c'(q_H)} - 1\right] + \pi_L\left[\frac{u'(q_L)}{c'(q_L)} - 1\right]\right\} \tag{13.72}$$

根据式（13.19）的等式

$$\begin{aligned} r(p - p^*) = &(p + \bar{\kappa})\sigma\left\{\pi_H\left[\frac{u'(q_H)}{c'(q_H)} - 1\right] + \pi_L\left[\frac{u'(q_L)}{c'(q_L)} - 1\right]\right\} \\ &+ \sigma\left\{\pi_H(\kappa_H - \bar{\kappa})\left[\frac{u'(q_H)}{c'(q_H)} - 1\right] + \pi_L(\kappa_L - \bar{\kappa})\left[\frac{u'(q_L)}{c'(q_L)} - 1\right]\right\} \end{aligned} \tag{13.73}$$

根据式（13.72），式（13.73）右边的第一项等于 $i(p + \bar{\kappa})$，则关于 p 的表达式可以重新整理为

$$\begin{aligned} r(p - p^*) = &i(p + \bar{\kappa}) + \sigma\left\{\pi_H(\kappa_H - \bar{\kappa})\left[\frac{u'(q_H)}{c'(q_H)} - 1\right]\right. \\ &\left. + \pi_L(\kappa_L - \bar{\kappa})\left[\frac{u'(q_L)}{c'(q_L)} - 1\right]\right\} \end{aligned} \tag{13.74}$$

可以直接证明式（13.22）中给出的 ρ 与上述预乘 σ 的括号项相等。用 ρ 代替这一括号项然后重新排列我们得到等式（13.23）。

式（13.40）问题的凹凸性

买方的目标函数为

$$\Psi(a,z) = -iz - ar(p - p^*) + \sigma\nu\theta[u(q) - c(q)]$$

$$+\sigma(1-\nu)\theta[u(q^u)-c(q^u)]$$

其中，q 和 q^u 由式（13.37）和式（13.38）给出。买方目标函数的偏导数为

$$\Psi_z(a,z)=-i+\sigma\nu\theta\left[\frac{u'(q)-c'(q)}{\theta c'(q)+(1-\theta)u'(q)}\right]^+$$

$$+\sigma(1-\nu)\theta\left[\frac{u'(q^u)-c'(q^u)}{\theta c'(q^u)+(1-\theta)u'(q^u)}\right]^+$$

$$\Psi_a(a,z)=-r(p-p^*)+\sigma\nu\theta\left[\frac{u'(q)-c'(q)}{\theta c'(q)+(1-\theta)u'(q)}\right]^+(p+\kappa)$$

其中，$[x]^+=\max(x,0)$。对于所有的 (a,z)，有 $z+(p+\kappa)a\geqslant\theta c(q^*)+(1-\theta)u(q^*)$，$q=q^*$ 以及 $\Psi_a(a,z)=-r(p-p^*)$。目标函数 $\Psi(a,z)$ 是凹的，但不是严格联合凹性。如果 $i>0$，当且仅当 $p=p^*$ 时有 $q=q^*$。在这种情况下实际余额的选择唯一取决于 $\frac{u'(q^u)-c'(q^u)}{\theta c'(q^u)+(1-\theta)u'(q^u)}=\frac{i}{\sigma(1-\nu)\theta}$ 且持有资产的选择为 $z\in[\theta c(q^*)+(1-\theta)u(q^*)-z,+\infty)]$。

接着我们转向 $p>p^*$ 的情况。我们可以将注意力限制在投资组合 $z+(p+\kappa)a<\theta c(q^*)+(1-\theta)u(q^*)$ 上，这意味着 $q<q^*$。二阶导和交叉偏导数为：

$$\Psi_{zz}(a,z)=\sigma\nu\theta\Delta+\sigma(1-\nu)\theta\Delta^u<0$$

$$\Psi_{za}(a,z)=\sigma\nu\theta\Delta(p+\kappa)<0$$

$$\Psi_{aa}(a,z)=\sigma\nu\theta\Delta(p+\kappa)^2<0$$

其中

$$\Delta=\frac{u''(q)c'(q)-u'(q)c''(q)}{[\theta c'(q)+(1-\theta)u'(q)]^3}$$

$$\Delta^u=\frac{u''(q^u)c'(q^u)-u'(q^u)c''(q^u)}{[\theta c'(q^u)+(1-\theta)u'(q^u)]^3}$$

海塞矩阵（Hessian matrix）的行列式为

$$\det H=(\sigma\theta)^2\nu(1-\nu)(p+\kappa)^2\Delta\Delta^u>0$$

因此，对于所有的 (a,z) 有 $z+(p+\kappa)a<\theta c(q^*)+(1-\theta)u(q^*)$。目标函数 $\Psi(a,z)$ 是严格联合凹的。因此，如果有 $p>p^*$，买方问题有唯一解。

14　资产价格动态

在美国2001年和2007年经济衰退之前，都伴随着经济快速增长，而之后则有诸多资产价格的快速崩塌。这些事件使许多观察者认为资产价格能上升到基本面决定的水平之上，且价格纠正会触发或者放大波动，并对宏观经济产生重要影响。在本章，我们利用第13章的模型来生成这一类型的均衡资产价格行为：上升到基本面价值之上然后崩塌，或更一般地，多种更为复杂的动态类型。这一方法看上去似乎是合理的，因为某些资产不仅基于其收益率或股息，而且也基于其流动性服务来估值。这导致从标准资产定价理论来看，看起来异常的价格轨迹能自然整合到具有交易摩擦的模型中。

与Lucas（1978）资产定价模型中以支付水果为股息的果树要求权类似，我们描述的经济中存在一个具有固定供给的资产。我们对该资产的具体属性是不可知的，但可将其解释为土地和/或房产。我们假设它具有一些特定属性，包括易识别性，这使其可作为支付手段或担保品，从而我们可以讨论流动性资产的溢价。

与第13章相比，我们不仅研究了稳态均衡，也研究了非稳态均衡、确定性周期和太阳黑子均衡。与第9章相同，潜在卖方是否参与非集中交易是一个新因素。这使我们可以内生化交易机会出现的频数，因此对流动性的需求，会形成多重稳态均衡和资产价格遵循类泡沫路径的动态均衡。

作为例子，我们的模型生成的价格轨迹特征如下。首先，即使基本面是确定的、时间不变的和代理人为完全理性的，资产价格依然会波动。其次，价格最终会崩溃，这一般被解释为泡沫破裂。对于实际资产而言，这一资产价格行为通常难以获取，因为资产正的基本面价值作为地板价一般能避免资产价格的崩溃。存在多重稳态这一事实对于该动态是至关重要的。

这一机制作用，部分是通过卖方资产持有和卖方参与决策之间的互补关系来实现的。当存在众多卖方时，这是买方市场，从而卖方希望持有更多流动性资产。这引起资产价格上涨，使卖方更有参与激励。这些互补性会产生多重稳态均衡，在这些均衡中资产价格、产出、股票市场资本化和福利都是正相关的。

另一机制作用的发挥是通过资产价格和流动性之间的跨期关系实现的。在资产价格波动的均衡处，流动性溢价与流动性财富的总价值负相关，因为当流动性不足时，边际资产在交易时更有用处。因此，在景气时，资产价格很高，因为代理人预期在未来财富下降时，价格会较低，流动性会更有价值。

我们将通过引入单期实际政府债券为形式的公共流动性来结束本章，并刻画公共流动性的最优供给及其对资产价格的影响。

14.1 完美信用下的资产价格

我们从一个特殊的经济开始，由于存在完美承诺和合约实施，信用能完美地发挥作用。流动性在该经济中没有作用：买方不需要向卖方转移资产或用其作为担保，因为贷款偿付在假设上就是有保证的。在这样的环境中，资产是基于其基本面价值来定价的。

本节的模型与前一章节是相同的，只是在这里我们允许卖方进入。卖方的参与是有成本的：如果卖方打算参与 t 期的 DM 市场，则其在 t 期开始时要承担 $k>0$ 的负效用成本（很容易将卖方解释为企业，见第 9 章）。在 DM 上参与的卖方测度为 n。买方和卖方的匹配概率分别为 $\alpha(n)$ 和 $\alpha(n)/n$。我们假设有 $\alpha'(n)>0$，$\alpha''(n)<0$，$\alpha(n)\leqslant\min\{1,n\}$，$\alpha(0)=0$，$\alpha'(0)=1$ 和 $\alpha(\infty)=1$。

存在单个固定供给的资产 $A>0$。每单位资产在每个 CM 开始时提供 $\kappa>0$ 的回报，该回报是以 CM 商品来度量的。可以将该资产解释为金融证券，如在每期支付 κ 的固定收益证券或者支付股息 κ 的股份。也可将该资产解释为实际资产，如房产或土地。在这一解释下，我们的模型可以是关于动态的房产价格。对于房产的解释，我们可以假设买方喜爱效用为 $\vartheta(h)$ 的房产服务，其中 h 为 h 单位房屋所提供的服务。房产服务可按价格 κ 进行竞争性交易，该价格是以 CM 商品测度的。因此，对房产服务的需求即为 $\vartheta'(h)=\kappa$，且在市场出清时有 $\kappa=\vartheta'(A)$。由于这些不同的解释在分析上是完全等价的，我们将把该资产解释为一棵卢卡斯树。

令 $W_t^b(a)$ 为拥有 a 单位流动性资产的买方于当前期偿还前一期 DM 上所有债务后在 CM 上的 t 期价值函数，类似地，令 $V_t^b(a)$ 为拥有 a 单位资产的买方在 DM 上的 t 期价值函数。因此，我们有

$$W_t^b(a)=(p_t+\kappa)a+\max_{a'\geqslant 0}\{-p_t a'+\beta V_{t+1}^b(a')\} \tag{14.1}$$

其中，p_t 为以 t 期 CM 商品测度的资产价格。

在任何 DM 匹配中，卖方给予买方产出 q 以换取在随后的 CM 上支付 b 的承

诺（或债务）。为了决定交易条件，我们使用比例议价解，其中 $\theta \in [0,1]$ 表示买方在匹配剩余中的份额。由于买方能借到足够资金来购买 DM 产出的效率水平，则议价解为 $q_t = q^*$ 和 $b_t = (1-\theta)u(q^*) + \theta c(q^*)$。

现在考虑资产定价。给定 W_t^b 的线性性和议价解，我们有

$$V_t^b(a) = \alpha(n_t)\theta[u(q^*) - c(q^*)] + (p_t + \kappa) + W_t^b(0) \quad (14.2)$$

买方在 DM 上的预期剩余——式（14.2）右边的第一项，独立于买方的资产持有。将式（14.2）代入式（14.1），买方在 $t-1$ 期的资产持有选择满足 $\max_{a \geq 0}\{-[p_{t-1} - \beta(p_t + \kappa)]a\}$。

显然，如果 $(p_t + \kappa)/p_{t-1} > \beta^{-1}$，那么该问题就没有解（因为代理人对该资产的需求将是无限的）。如果 $(p_t + \kappa)/p_{t-1} \leq \beta^{-1}$，那么解满足 $[p_{t-1} - \beta(p_t + \kappa)]a = 0$。市场出清意味着

$$\frac{p_t + \kappa}{p_{t-1}} = \beta^{-1} \quad (14.3)$$

式（14.3）的解是一个非负序列 $\{p_t\}_{t=0}^{\infty}$。我们加入横截性条件 $\lim_{t \to \infty}\beta^t p_t = 0$，其表明当时间趋于无限时，资产的贴现值必须为 0，即资产价格不能比时间偏好率增长得更快。式（14.3）所描述的流动性资产价格满足一阶差分方程

$$p_{t-1} = \Gamma^*(p_t) = \frac{p_t + \kappa}{1 + r} \quad (14.4)$$

我们将式（14.4）绘制在图 14－2 的左图。注意原点为 (p^*, p^*)，其中 $p^* \equiv \kappa/r$ 被解释为资产的基本面价值。(p_{t-1}, p_t) 空间中 $p_{t-1} = \Gamma^*(p_t)$ 的斜率为 $1+r$。显然，式（14.4）的一个解为 $p_t = p_{t-1} = p^*$。然而，具有初始资产价格 $p_0 > p^*$ 的任何其他解都违背横截性条件。因此，式（14.4）与 $\lim_{t \to \infty}\beta^t p_t = 0$ 一致的唯一允许解为 $p_t = p^*$。

t 期 DM 上活跃卖方的预期价值为

$$V_t^s = \frac{\alpha(n_t)}{n_t}(1-\theta)[u(q^*) - c(q^*)] + \beta\max\{-k + V_{t+1}^s, 0\} \quad (14.5)$$

用文字表述，卖方在 DM 上以概率 $\alpha(n_t)/n_t$ 匹配买方，并出售 q^* 单位产出以换取在其后 CM 上获得 $b_t = (1-\theta)u(q^*) + \theta c(q^*)$ 单位通用商品的承诺。只要 $-k + V_t^s \geq 0$，卖方就会参与 t 期的 DM。因此，沿着均衡路径有 $\max\{-k + V_{t+1}^s, 0\} = 0$，且进入者测度 n_t 满足

$$\frac{\alpha(n_t)}{n_t}(1-\theta)[u(q^*) - c(q^*)] \leq k,\text{当 } n_t > 0 \text{ 时取等号} \quad (14.6)$$

定义 k^* 为卖方进入成本的阈值，当 $k < k^*$ 时有 $n_t > 0$，而当 $k > k^*$ 时有 $n_t =$

0，即 k^* 满足

$$k^* = (1-\theta)[u(q^*) - c(q^*)] \tag{14.7}$$

其中我们利用了 $\lim_{n\to 0}\alpha(n)/n = \alpha'(0) = 1$。因此，式（14.6）的解有当 $k < k^*$ 时 $n_t > 0$；当 $k > k^*$ 时 $n_t = 0$。

完美信用时的均衡为满足式（14.3）和式（14.6）的非负序列 $\{(p_t, n_t)\}_{t=0}^{\infty}$，且 $\lim_{t\to\infty}\beta^t p_t = 0$。完美信用时的均衡存在、唯一且为稳态，因为存在满足式（14.6）的唯一解 $n_t = n$。因此，在完美信用时，资产价格在其基本面价值上固定不变，且成对匹配时的产出最大化交易收益。当且仅当 $n = n^*$ 时总效率成立，其中 $\alpha(n^*)[u(q^*) - c(q^*)] \leqslant k$（当 $n^* > 0$ 时取等号）。即假设考虑内解时，进入成本等于边际卖方创造的匹配数量 $\alpha'(n)$ 乘以匹配总剩余。该条件当且仅当 $1 - \theta = \dfrac{n^*\alpha'(n^*)}{\alpha(n^*)}$ 时与式（14.6）一致，这就是在第 6.5 节和第 9 章已出现的搜索模型中效率的 Hosios 条件。对于任意一个 θ，即使在完美信用和资产价格处于其基本面价值时，均衡一般难以达到，卖方进入的数量不是太多就是太少，这是因为卖方对买卖双方匹配概率的影响没有内部化。

14.2 流动性至关重要时的资产价格

我们现在假设买方无法承诺偿付其债务，且对于 DM 交易不存在监督和执行技术。这使得买方必须使用资产作为 DM 上的交易媒介，以便利交易。DM 上的议价问题为

$$q_t = \arg\max_q \theta[u(q) - c(q)] \tag{14.8}$$

$$s.t.\ d_{a,t} = \frac{(1-\theta)u(q) + \theta c(q)}{p_t + \kappa} \leqslant a \tag{14.9}$$

其中，$d_{a,t}$ 代表在 DM 上买方向卖方转移的资产。如果 $d_{a,t} \leqslant a$ 不为紧，那么 $q_t = q^*$ 且 $d_{a,t} = [(1-\theta)u(q^*) - \theta c(q^*)]/(p_t + \kappa)$。如果为紧，那么 q_t 为 $z(q_t) = (p_t + \kappa)a$ 的解，其中

$$z(q_t) \equiv \theta c(q_t) + (1-\theta)u(q_t) \tag{14.10}$$

这里的重点在于 q_t 现在为买方流动性财富 $(p_t + \kappa)a$ 的函数。买方在 t 期的 DM 价值函数类似于式（14.2），只是 q^* 被 q_t 所代替

$$V_t^b(a) = \alpha(n_t)\theta[u(q_t) - c(q_t)] + (p_t + \kappa)a + W_t^b(0) \tag{14.11}$$

买方在 t 期的资产持有选择 a_t，再将式（14.11）中的 $V_b^t(a)$ 代入式（14.1）后可被表示为

$$\max_{a_t \geqslant 0}\{-[r(p_{t-1}-p^*)-(p_t-p_{t-1})]a_t+\alpha(n_t)\theta[u(q_t)-c(q_t)]\}$$

(14.12)

其约束条件为 $z(q_t)=\min\{(p_t+\kappa)a_t,z(q^*)\}$，其中如上，$p^*=\kappa/r$ 为资产的基本面价值。买方选择流动性资产 a_t 以最大化预期 DM 剩余减去资产持有成本。

显然，上面的问题仅当 $r(p_{t-1}-p^*)\geqslant p_t-p_{t-1}$ 时有解；否则，代理人会需求无限数量的资产。如果 $r(p_{t-1}-p^*)>p_t-p_{t-1}$，那么有 $a_t=z(q_t)/(p_t+\kappa)$，其中 q_t 为满足下式的唯一解（假设为内解）

$$-[r(p_{t-1}-p^*)-(p_t-p_{t-1})]+\alpha(n_t)\theta\left\{\frac{u'(q_t)-c'(q_t)}{\theta c'(q_t)+(1-\theta)u'(q_t)}\right\}(p_t+\kappa)=0$$

(14.13)

因此，如果 $(p_t+\kappa)/p_{t-1}<1+r$，那么买方问题有唯一解，且 DM 上流动性资产在买方间的分布是退化的。注意式（14.13）给出了资产价格的一阶差分方程，其中 p_{t-1} 为 p_t 的函数。如果 $r(p_{t-1}-p^*)=p_t-p_{t-1}$，那么资产持有成本为0，且任意 $a_t\in\left[\frac{(1-\theta)u(q^*)+\theta c(q^*)}{p_t+\kappa},+\infty\right]$ 均为最优。在这种情况下，每个买方都有足够的流动性财富在 DM 上购买 q^*，在这个意义上其是满足的。但是，资产持有的确切分布并非固定不变。

卖方在 t 期的预期价值满足

$$V_t^s=\frac{\alpha(n_t)}{n_t}[-c(q_t)+(p_t+\kappa)d_{a,t}]+\beta\max\{-k+V_{t+1}^s,0\} \quad (14.14)$$

沿着均衡路径有 $\max\{-k+V_{t+1}^s,0\}=0$，且进入者测度 n_t 满足

$$\frac{\alpha(n_t)}{n_t}(1-\theta)[u(q_t)-c(q_t)]\leqslant k,\text{当 } n_t>0 \text{ 时取等号} \quad (14.15)$$

此条件类似于式（14.6），只是 q^* 被替换为 q_t。

当均衡为 $a_t=A$ 和 $\lim_{t\to\infty}\beta^t p_t=0$ 时，其满足式（14.13）和式（14.15）的非负序列 $\{(p_t,n_t)\}_{t=0}^{\infty}$。在本节，我们刻画了对于所有 t 都不变的稳态均衡 (p_t, n_t)。考虑自由进入条件式（14.15）的稳态版本，并令 $n(p)$ 表示给定 p 时 n 的解。由式（14.15），n 的任意内解均满足

$$\frac{\alpha(n)}{n}=\frac{k}{(1-\theta)[u(q)-c(q)]} \quad (14.16)$$

由于 $\alpha(n)/n$ 随 n 的增加而递减，$\lim_{n\to 0}\alpha(n)/n=1$ 且 $\lim_{n\to\infty}\alpha(n)/n=0$，式（14.16）的解 $n>0$ 存在且唯一，当且仅当

$$(1-\theta)[u(q)-c(q)]>k \tag{14.17}$$

其中，q 为 $(p+\kappa)A$ 的函数，满足 $z(q)=\min\{z(q^*),(p+\kappa)A\}$。根据式（14.17），当且仅当卖方剩余（总匹配剩余中的 $1-\theta$ 部分）大于成本 k 时，才会进入 DM 市场。进一步，如果流动性资产的价值 $(p+\kappa)A$ 对于允许代理人交易 q^* 来说太小，价格 p 的增加会提高 q，并反过来增加总匹配剩余，且由式（14.16）导致更多的卖方参与。这就是资产价格影响卖方效用和参与的渠道：更高的资产价格增加交易的 DM 收益，因为买方拥有更多的流动性财富，使其能购买更多的 DM 商品，而更高的交易量又能吸引到更多的卖方参与 DM。

现在考虑资产定价条件式（14.13）的稳态版本，并令 $p(n)$ 表示给定 n 时 p 的解。如果 $(p^*+\kappa)A\geqslant z(q^*)$，那么有 $p(n)=p^*$。如果总流动性足够大，使得买方能购买 q^*，那么资产价格处于其基本面价值。否则，资产会具有流动性溢价 $p(n)>p^*$，这在我们的术语中即为泡沫。直观地说，如果 n 增加，买方就更容易交易，其对流动性资产的需求就会增加；由于资产的供给是固定的，资产的流动性溢价（或泡沫）也会增加。这就是卖方的参与决策 n 影响资产价格的渠道。

为了描述稳态均衡集，我们使用式（14.7）中所定义的临界参与成本 k^*（当 $q=q^*$ 时 k^* 符合 $n>0$ 的最大化成本）以及 $\tilde{k}=(1-\theta)[u(\tilde{q})-c(\tilde{q})]$，其中 $\tilde{q}$ 满足 $z(\tilde{q})=\min\{z(q^*),(p^*+\kappa)A\}$。数量 $\tilde{k}$ 为进入成本阈值，当低于该水平时如 $p=p^*$ 则有 $n>0$。注意有 $\tilde{k}\leqslant k^*$，并且当 $(p^*+\kappa)A<z(q^*)$ 时严格取不等号。

首先考虑流动性充足的情况，即当 $(p^*+\kappa)A\geqslant z(q^*)$ 时，存在唯一的稳态均衡，其特征为 $p=p^*$，$q=q^*$ 且当 $k<k^*$ 时 $\dfrac{\alpha(n)}{n}=\dfrac{k}{(1-\theta)[u(q^*)-c(q^*)]}$，否则 $n=0$。

如果存在足够流动性供买方在 DM 上购买 q^*，那么资产就会以其基本面水平定价，这与完美信用环境下相同。

其次考虑流动性不足的情况，即 $(p^*+\kappa)A<z(q^*)$。图 14－1 示意了 k 在三种取值下的自由进入条件式（14.16）以及

$$\theta c(q)+(1-\theta)u(q)=(p+\kappa)A \tag{14.18}$$

注意，图 14－1 的原点为 $(0,p^*)$，这是因为基本面价格 p^* 与 p 的下限相关。当 $k=\tilde{k}$ 时，自由进入曲线被构造为相交于 $(0,p^*)$；当 $k<\tilde{k}$ 时，在基本面价格处有正的进入测度；而当 $k>\tilde{k}$ 时，在卖方有激励进入之前，资产价格必须大于

其基本面价格 p^*。买方的资产需求由下式给出

$$-r(p-p^*)+\alpha(n)\theta\left\{\frac{u'(q)-c'(q)}{\theta c'(q)+(1-\theta)u'(q)}\right\}(p+\kappa)=0 \quad (14.19)$$

其也被描绘在图 14－1 中。资产价格和自由进入曲线的交点为均衡资产价格 p 和均衡卖方进入 n。

如 $k<\tilde{k}$，那么稳态均衡是唯一的，且有 $n>0$ 和 $p>p^*$，如图 14－1 所示。如果 $k>\tilde{k}$ 且 k 不过于大，那么就存在三个可能的稳态均衡。如前所述，均衡的多重性来源于买方资产选择和卖方进入决策之间的互补性，即更高的进入会导致更高的资产价格，反之亦然。当 $k>\tilde{k}$ 时，总是存在 $(n,p)=(0,p^*)$ 的非活跃稳态均衡。在该均衡处，DM 市场关闭，且由于资产没有交易功能，资产以其基本面水平定价，$p=p^*$。还存在两个活跃的稳态均衡。在这两个均衡中，资产价格超过其基本面价值，$p>p^*$。其中一个均衡的特征是高进入和高资产价格，而另一个均衡则为更低资产价格和更低进入。如果流动性资产是短期供给的，那么在任何 $n>0$ 的均衡中，资产都会具有溢价，$p>p^*$，且代理人交易会比效率水平更低，$q<q^*$，当然，这里假设 k 不会过于高。存在一个进入成本水平 $\hat{k}>\tilde{k}$ 使得图 14－1 中的资产定价和自由进入曲线相切。当 $k>\hat{k}$ 时，存在唯一的稳态均衡，此时 DM 关闭且资产按其基本面水平定价，$p=p^*$。

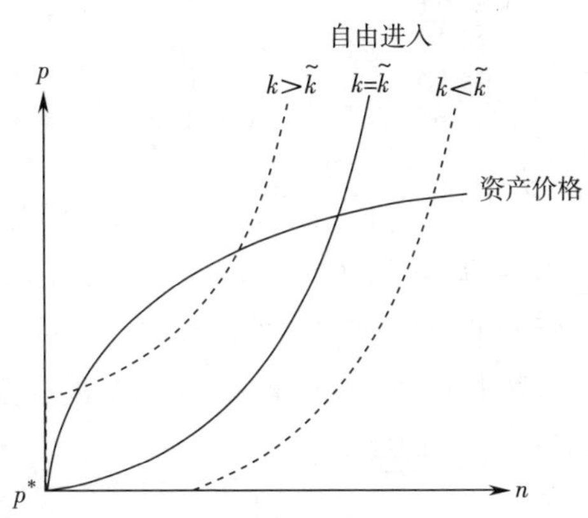

图 14－1 稳态均衡

模型形成了对资产价格和交易量的预测，其中 DM 上的交易量是用每期交易的 A 的份额来测度的，$\mathcal{V}=\alpha(n)d_a/A$。如果不存在流动性短缺，那么有 $\mathcal{V}=\alpha(n)z(q^*)/(p^*+\kappa)A$。如果流动性不足，则 $\mathcal{V}=\alpha(n)$。当存在多重均衡时，$\mathcal{V}$ 和 p 是跨均衡正相关的。

为了研究均衡效率，我们定义福利 $\mathcal{W}$ 为

$$\mathcal{W} = \frac{\alpha(n)[u(q) - c(q)] - nk + A\kappa}{1 - \beta} \tag{14.20}$$

即所有匹配剩余减去卖方进入成本加上总股息后的贴现和。易知，$\mathcal{W}$ 是跨均衡随 p 的增加而增加。p 较低时，均衡有较低的进入和较低的产出，而 p 较高时，均衡有较高的进入和较高的产出。假设存在内解，效率要求有 $u'(q_t) = c'(q_t)$，即 $q_t = q^*$，且 $\alpha'(n_t)[u(q^*) - c(q^*)] = k$，或 $n_t = n^*$。在均衡时，当且仅当 $A \geqslant z(q^*)/(p^* + \kappa)$ 时有 $q_t = q^*$，由式（14.15）知当且仅当 $[\alpha(n^*)/n^*](1-\theta) = \alpha'(n^*)$ 时有 $n_t = n^*$。因此，当且仅当 $A \geqslant \frac{\theta c(q^*) + (1-\theta)u(q^*)}{p^* + \kappa}$ 和 $\theta = 1 - \frac{n^*\alpha'(n^*)}{\alpha(n^*)}$ 时，均衡是有效的。

所以，满足流动性充足和 Hosios（1990）条件是有效率的。

14.3 动态均衡

现在我们考察非稳态均衡。由式（14.13），流动性资产的价格满足如下的一阶差分方程

$$p_{t-1} = \Gamma(p_t) \equiv \frac{p_t + \kappa}{1 + r}\left\{1 + \alpha(n_t)\theta\left[\frac{u'(q_t) - c'(q_t)}{\theta c'(q_t) + (1-\theta)u'(q_t)}\right]\right\} \tag{14.21}$$

其中，

$$q_t = \min\{q^*, z^{-1}[(p_t + \kappa)A]\} \tag{14.22}$$

$$n_t = \Psi^{-1}\left(\min\left\{\frac{k}{(1-\theta)[u(q_t) - c(q_t)]}, 1\right\}\right) \tag{14.23}$$

$\Psi(n) \equiv \alpha(n)/n$ 且 $z(q) \equiv \theta c(q) + (1-\theta)u(q)$。函数 $\Gamma(p)$ 为连续的。流动性资产在 $t-1$ 时的价格等于 t 时价格和股利的贴现和 $(p_t + \kappa)/(1+r)$ 乘以流动性因子，即式（14.21）括号中的项。任何均衡 $\{p_t\}_{t=0}^{+\infty}$ 同样必须满足横截性条件和 $p_t \geqslant p^*$，因为价格不能低于其基本面价格。

为了分析 $p_{t-1} = \Gamma(p_t)$，我们定义两个阈值。第一个阈值为 $\bar{p} = \frac{z(q^*)}{A} - \kappa$，若高于它，买方就有足够的流动性购买 q^*。

第二个阈值为 $\underline{p} = \begin{cases} \frac{z\left[\Delta^{-1}\left(\frac{K}{1-\theta}\right)\right]}{A} - \kappa & \text{如}\frac{k}{1-\theta} \leqslant u(q^*) - c(q^*) \\ P^* & \text{否则} \end{cases}$，若低于

它，卖方就会停止进入 DM。

其中，对于 $q \in [0,q^*]$，有 $\Delta(q) = u(q) - c(q)$。

如果 $k \geq k^*$，那么对于所有 p 有 $\Gamma(p) = (p+\kappa)/(1+r)$。事实上，如果进入成本过高，那么与资产价格无关，卖方都没有激励参与，从而 DM 将关闭，$n_t = 0$。在这种情况下，流动性不起作用。下面假设 $k < k^*$。如果资产价格较低，$p_t < \underline{p}$，那么买方持有的流动性不足，使得卖方不会参与，且 $n_t = 0$。如果资产价格足够高，$p_t > \bar{p}$，则有流动性充足且 $q_t = q^*$。最后，如果 $p_t \in (\underline{p}, \bar{p})$，那么 $t-1$ 期的资产价格要大于 t 期资产价格和股利的贴现和，因为资产便利了 DM 交易且为短期供给。因此，$\Gamma(p_t)$ 的非线性部分反映了流动性溢价或泡沫的存在。

我们现在考察一些简单的例子。考虑流动性充足的场景，$A \geqslant z(q^*)/(p^* + \kappa)$。那么存在两种子场景，$k < k^*$ 和 $k > k^*$。$k < k^*$ 的相图如图 14－2 的左图所示。在该场景中，$p_{t-1} = \Gamma(p_t) = (p_t + \kappa)/(1+r)$ 是斜率为 $1+r$ 的直线，因此 $p_{t-1} = \Gamma(p_t)$ 的任何非稳态解都以比率 r 渐进增长，这违反了横截性条件。唯一均衡为 $p_t = p^*$，这与完美信用时的均衡相同。当 $k > k^*$ 时，卖方不会进入，且唯一均衡为 $p_t = p^*$ 和 $n_t = 0$。这一场景下的相图依然类似于图 14－2 的左图。

现在考虑流动性不足的场景，$A < z(q^*)/(p^* + \kappa)$。如果 $k \in (\hat{k}, k^*)$，那么唯一稳态均衡有 $n = 0$，但在卖方进入的动态均衡中有 p 值。在价格 $p_t > \underline{p}$ 时进入会发生，如图 14－2 的右图中 $p_{t-1} = \Gamma(p_t)$ 的非线性部分所示。由于任何进入动态均衡均违背了横截性条件，因此唯一均衡仍为 $p_t = p^*$。相反，如果进入成本足够低，$k < \tilde{k}$，那么在任何均衡中，DM 都是活跃的，且流动性资产的价格高于其基本面价值。此外，如果 Γ 类似于图 14－3 的左图，即其斜率在稳态均衡处大于 1，那么均衡是唯一且稳态的。当存在多重稳态均衡时［这发生在当 $k \in (\tilde{k}, \hat{k}]$ 时），也同样可能存在多重非稳态均衡，如图 14－3 的右图所示。在这一场景下，存在一条连续轨迹，从不同的初始价格 p_0 开始，在基本面价格和更高的稳态价格之间，均收敛于一个中等稳态均衡。

到目前为止，所述的均衡中 p_t 均随时间单调变化。但同样也可能存在周期性的均衡，其中 p_t、n_t 和 q_t 随时间而波动。我们通过一个例子来详细说明，采用 $c(q) = q$，$\alpha(n) = 1 - e^{-n}$ 和 $u(q) = \dfrac{(q+0.1)^{1-\eta} - 0.1^{1-\eta}}{1-\eta}$。在这个例子中，我们固定 $r = 0.1$，$\kappa = 0.1$ 和 $\theta = 0.4$，并改变其他参数。尤其是当效用参数 η 较大时，Γ 就会向后弯曲，如图 14－4 所示。在这一场景下，p_{t+1} 上升会产生两个效应：首先，p_t 会上升，这与任何标准模型相同；其次，t 期的流动性溢价会降

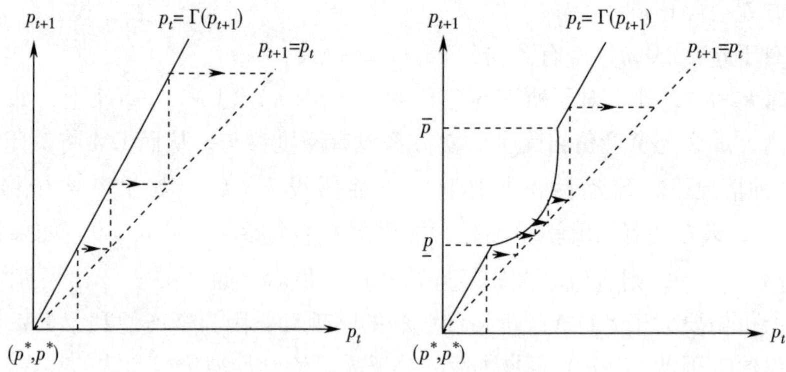

图 14－2　相图（左：高进入成本或充足流动性；右：中等进入成本）

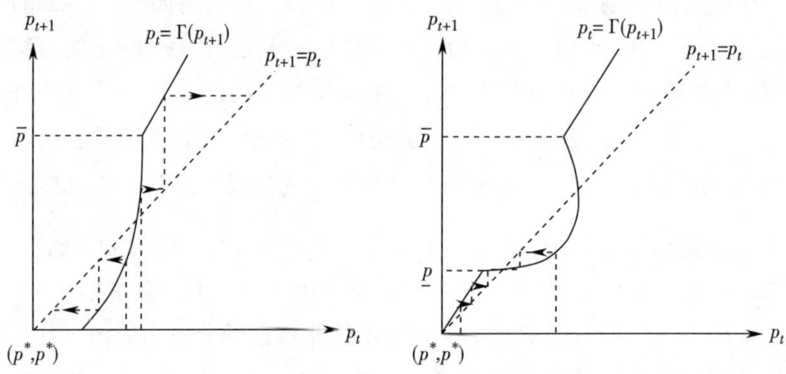

图 14－3　相图（左：低进入成本；右：中等进入成本和多重稳态）

低。如果 η 足够大，第二个效应会占优，Γ 的斜率在交叉 45°线时为负。在这一场景下，如果 Γ 的斜率的绝对值小于 1，那么在稳态的领域中存在初始价格 p_0 的连续统，使得 p_t 和 n_t 非单调地收敛于稳态。结果，即使稳态均衡如图 14－4 的右图那样是唯一的，我们依然能得到动态均衡的不确定性，价格和数量的波动。

此外，当 Γ 的斜率为－1 时（与 45°线相交），系统出现反转，导致产生两期循环。在图 14－4 的左图，两期循环为系统二次迭代的定点，$p_t = \Gamma^2(p_{t+2})$。或者如图 14－4 的右图，循环可见于 $p_t = \Gamma(p_{t+1})$ 与其反相的交点处。两期循环的简单直觉如下。

当 p 较低时，代理人预期其会提高且流动性财富会增长，因此边际单位资产将会存在较低的流动性溢价。相反，如果 p 较高，代理人预期其会降低且流动性财富会变得稀缺，因此会存在较高的流动性溢价。与图 14－4 具有唯一稳

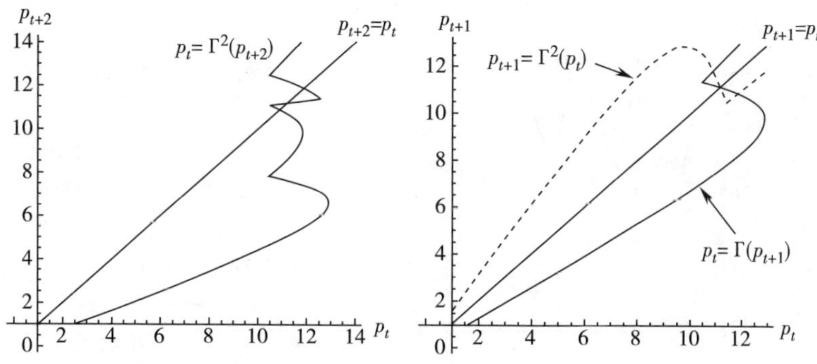

图 14－4　两期循环

态均衡与围绕其的两期循环不同，图 14－5 具有多重稳态均衡和围绕最高均衡的两期循环。在这两种场景下，p 在买方流动性受约束的状态与不受约束的状态间交替。

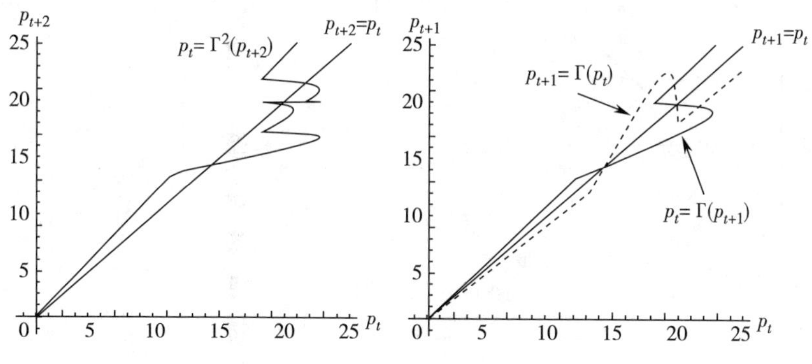

图 14－5　多重稳态和循环

如图 14－6 所示，存在着资产价格波动后跟随“崩溃”的轨迹。这一轨迹对应着图 14－5 中参数值 $\eta=3$，$A=1.5$ 和 $\kappa=20$ 的例子。在扩张期，流动性资产的回报等于时间偏好率，且买方没有流动性约束，但价格不能持续增长，否则会违反横截性。再次会有围绕高价格稳态均衡的波动，但现在经济会在某个点崩溃到低价格均衡。崩溃的时间是不确定的，我们随时都可以使其发生。模型中的所有代理人都知道泡沫会破裂，且在完美预期均衡下确切知道什么时候会发生，但他们什么也做不了，既不能避免其发生，也不能从中获利。

此外，当 η 进一步提高时，系统会产生更高阶的周期性均衡，包括三期循环，如图 14－7 所示。一旦存在三期循环，那么所有周期轨道都将存在，包括无限期循环或混沌现象。

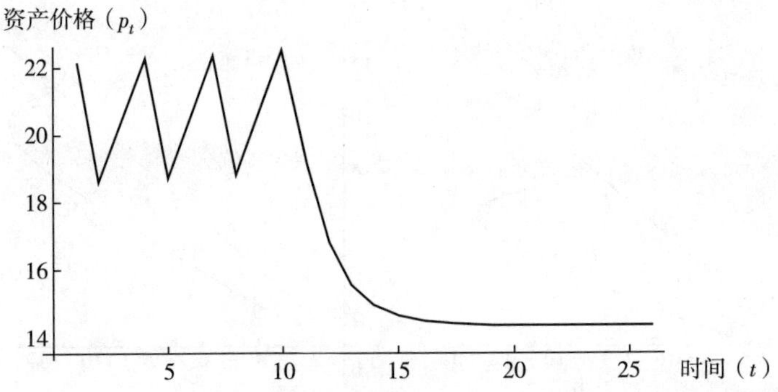

图 14－6　泡沫崩溃的资产价格模拟轨迹

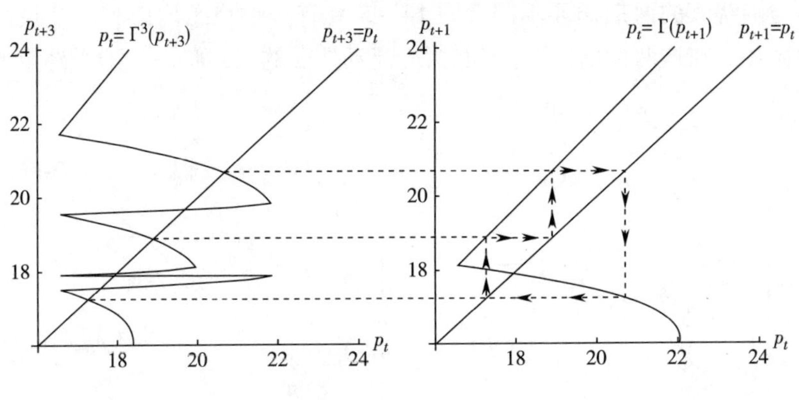

图 14－7　三期循环

14.4　随机均衡

目前为止，我们描述了代理人具有完美预期的确定性均衡。在本节，我们通过太阳黑子方法引入内在不确定性，以构建经济在资产价格、交易量和产出不同状态下的随机波动的均衡。太阳黑子变量 s 的样本空间为 $\mathcal{S} = (\ell, h)$，且 s 遵循满足 $\lambda_{ss'}\Pr[s_{t+1} = s' \mid s_t = s]$ 的马尔科夫过程，即 $\lambda_{ss'}$ 为 t 期太阳黑子 s 变化为 $t+1$ 期太阳黑子 s' 的概率。我们假设所有代理人在 CM 期初可以观察到 s。我们关注于合适的稳态太阳黑子均衡，即 p_s 和 n_s 为 s 的时间不变函数，$s = \ell$ 和 $s = h$ 为两个状态下价格和/或配置不同的均衡。当然，也存在代理人忽略 s 的均衡。

遵循我们的标准逻辑，可将买方的 CM 资产积累问题写为

$$\max_{a \geq 0}\{-p_s a + \beta\alpha(n_s)\theta[u(q_s) - c(q_s)] + \beta(\mathbb{E}_s p_{s'} + \kappa)a\} \qquad (14.24)$$

其中，q_s 为 $(p_s+\kappa)a$ 的函数且 $\mathbb{E}_s p_{s'}=\sum_{s'\in\mathcal{S}}\lambda_{ss'}p_{s'}$。卖方的自由进入条件为

$$\frac{\alpha(n_s)}{n_s}(1-\theta)[u(q_s)-c(q_s)]\leqslant k \tag{14.25}$$

其中，当 $n_s>0$ 时取等号。在进入下一个 CM 前，一单位 a 的预期价值为 $\mathbb{E}_s p_{s'}+\kappa$，$\mathbb{E}_s p_{s'}$ 为依赖当前 s 的预期价格。在 $a=A$ 时买方的一阶条件有

$$p_s=\beta(\mathbb{E}_s p_{s'}+\kappa)\left\{1+\alpha(n_s)\theta\left\{\frac{u'(q_s)-c'(q_s)}{(1-\theta)u'(q_s)+\theta c'(q_s)}\right\}\right\} \tag{14.26}$$

一个合理的、稳态的两状态太阳黑子均衡在状态 s 中有 $(p_t,n_t)=(p_s,n_s)$，满足式（14.25）和式（14.26），且 $(p_\ell,n_\ell)\neq(p_h,n_h)$。

虽然其他结果也是可能的，但出于戏剧效果，我们考虑 $n_\ell=0$ 和 $n_h>0$ 时的均衡，其中每当 $s=\ell$ 时，DM 就会完全关闭；而每当“动物精神”切换回 $s=h$ 时，DM 又会重新开放。注意在任意一个这样的均衡中，有 $p_\ell>p^*$，因为预期其会在某个随机时点上重新开放。因此，资产价格中有正的流动性溢价或泡沫部分，即使在 DM 的非活跃时期。对于所有 $k\in(\tilde{k},\hat{k})$，如果 $\lambda_{\ell h}$ 和 $\lambda_{h\ell}$ 足够小，即我们依然留在当前状态的概率非常高，那么就存在 $0=n_\ell<n_h$ 和 $p^*<p_\ell<p_h$ 的太阳黑子均衡。这些太阳黑子均衡通过从多重稳态均衡、非活跃均衡和具有最高 n 的均衡的连续性获得。

14.5 公共流动性供给

到目前为止，我们观察到流动性不足会导致各种类型的内生不稳定，包括周期均衡和随机均衡。这里我们研究公共流动性供给对均衡集和价格动态的影响。假设政府能发行由征税能力支持的一期实际债券：在 t 期 CM 上发行的每份债券为对 $t+1$ 期 1 单位 CM 商品的要求权。与私人欠条不同，债券是可识别的（不可伪造的），这意味着他们可用于 DM 交易。债券供给为 B。债券的基本面价格为 $p_b^*=\beta$。

买方问题现可写为

$$\max_{a\geqslant 0,b\geqslant 0}\{-r[(p_{t-1}-p^*)-(p_t-p_{t-1})]a-[(1+r)p_{b,t-1}-1]b+\alpha(n_t)\theta[u(q_t)-c(q_t)]\}$$

其中，当 $z(q^*)\leqslant(p_t+\kappa)a+b$ 时有 $q_t=q^*$，否则有 $z(q_t)\leqslant(p_t+\kappa)a+b$（注意，公共债务沿用了私人债务符号 b）。一阶条件意味着有

$$\frac{r(p_{t-1}-p^*)-(p_t-p_{t-1})}{p_t+\kappa}=(1+r)p_{b,t-1}-1$$

$$= \alpha(n_t)\theta \frac{u'(q_t) - c'(q_t)}{\theta c'(q_t) + (1-\theta)u'(q_t)} \tag{14.27}$$

既然卢卡斯树和政府债券有相同的流动性，它们就必须具有相同的回报，即 $(p_t + \kappa)/p_{t-1} = 1/p_{b,t-1}$。此外，注意只要 $q_t < q^*$，流动性资产或政府债券的实际利率 $(1 - p_{b,t-1})/p_{b,t-1}$ 都小于贴现率 r。

如果存在私人资产短缺，$z(q^*) > (p^* + \kappa)A$，政府能通过供应足够数量债券补充存量流动性，以满足买方对流动性的需求。在这种情况下，代理人能在 DM 上交易 q^*，且流动性溢价消失，$p = p^*$。尽管这样的政策意味着 DM 交易是有效率的，但 DM 上活跃卖方的测度一般是无效率的。

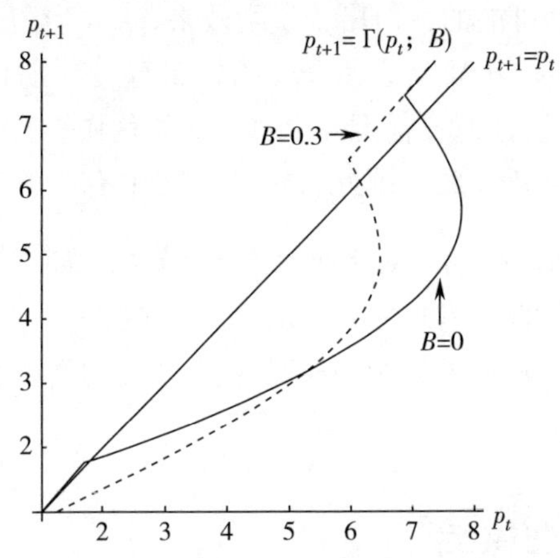

图 14－8　公共流动性供给和资产价格

如果政府政策并非最优，B 的增长就不会降低 p。以图 14－8 为例，在没有干预时，存在一个不活跃和两个活跃的稳态均衡。现在假设政府引入某些债券，但流动性资产的总供给是不足以让代理人在 DM 上交易 q^*。这使得不活跃均衡和“低”均衡都消失了，但高均衡依然存在。因此，如果经济开始时位于“活跃的”低价格均衡，流动性的增加确实能导致更高的资产价格。

最后，当代理人在 $q = q^*$ 的意义上得到满足时，最优流动性供给的结论对 DM 定价机制的选择来说是不稳健的。如果我们使用瓦尔拉斯定价机制，而非比例议价，对于某些参数而言，保持流动性不足和 $q_t < q^*$ 可以是最优的。这一发生是因为卖方在进入 DM 时没有内化拥挤效应——其进入决策对其他卖方的影响，那么进入的数量可能会过高。政策可以通过使流动性资产具有持有成本来减轻这一效应，这要求资产价格 p 大于其基本面价值。

14.6 进一步阅读

本章以 Rocheteau 和 Wright（2013）为基础，对 Rocheteau 和 Wright（2005）进行了扩展，用卢卡斯树代替了不可兑现货币，并对动态均衡作了研究，而非简单的稳态均衡。He、Wright 和 Zhu（2015）通过引入了效用函数而将资产重新解释为房产。Ferraris 和 Watanabe（2011）有一个相关模型，其中资产可作为担保品。Branch、Petrosky - Nadeau 和 Rocheteau（2015）将商品市场的这一描述整合进了劳动力市场的两部门模型，用定性和定量的方法研究房屋净值提取对房价、失业和劳动力流动的影响。Branch（2015）采纳了一个类似模型以表明在适应性学习下泡沫的存在性。在 Beaudry、Galizia 和 Portier（2015）设计的模型中，代理人想要将其商品购买集中于其他人购买较高的时刻，因为在这种情况下失业较低，从而承担债务被认为是风险较低的。他们表明其模型能生成与美国就业和产出的商业周期波动相一致的内生极限循环。

还有一些基于 OLG 模型的相关文献，比如 Wallace（1980）、Grandmont（1985）和 Tirole（1985）。教科书式的处理见 Azariadis（1993）。Kiyotaki 和 Moore（1997，2005）以及 Kocherlakota（2008，2009）同样让资产扮演双重角色，同时作为生产要素和担保品。

LeRoy（2004）综述了泡沫方面的文献。其他泡沫模型包括 Allen 和 Gale（2000）以及 Barlevy（2008），他们强调了代理人问题。Farhi 和 Tirole（2012）在 Holmstrom 和 Tirole（2011）中考虑了 OLG 下的公司金融模型，其中代理人问题阻碍企业对未来产出进行贷款。研究表明，当外部流动性供给不足且公司收入变得较难保证时，泡沫更易产生。

15 场外交易市场的交易摩擦

流动性是你在希望交易时实现低成本快速大规模交易的能力。它是运行良好的市场最为重要的特征……流动性——交易的能力——是买方寻找卖方和卖方寻找买方的双边搜寻的目标。多种流动性维度通过双边搜寻机制相互联系在一起。为了有效地进行交易，交易者必须理解这些关系。

——Larry Harris,《交易和交换：从业者的市场微观结构》(2003，第 19 章)

在前几章，我们定义了术语：资产流动性是指在具有交易摩擦特征的商品市场中作为交换媒介职能的能力。在本章，我们将重新审视流动性这一概念。在以前的章节里，由于不存在商品购买和消费的交易摩擦，因此，资产没有充当支付手段的作用，而在本章，我们将交易摩擦直接引入场外交易资产市场，该市场能够较好地描述投资人和交易者之间的双边匹配问题。我们使用的简单模型包含了金融文献中已经认识到和标识出来的一些不同的流动性维度，如交易量、交易差价、交易延迟等。

我们假设的经济环境如第 11.1 部分所示，即投资人积累资本商品用于制造一般消费品。但是，异质生产力冲击使投资人产生了试图再分配所持有的资产数量的理由，尤其是那些具有较低生产率的投资人，他们想要将所持的资本卖给生产率较高的代理人。因此，投资人并不进入可以直接和立即调整他们所持资产数量的集中型市场，取而代之的是，投资人通过交易商的网络调整其持有的资产数量。

投资人的资产需求不仅依赖其进入市场时生产率的大小，还依赖他没有机会调整其所持资产量的期间里期望生产率的大小。当资产市场流动性不足时，投资人将更多的投资权重置于远期的期望生产率，结果导致投资人以某种方式调整他们的资产头寸，从而减少了交易需求。反之，交易摩擦的减少使得投资人不太可能继续维持其不满意的资产头寸，导致其在决定资产头寸的当期生产率的情况下，增加投资权重。因此，如果投资人当期的生产率相对较高，交易摩擦的减少将导致投资人需要更高的资产头寸，而如果投资人的生产率较低，投资人将需要较少的资产头寸。

这种资产分布分散效应是一个关键的渠道，交易摩擦通过该渠道确定交易量、交易差价和交易延迟。如果资产交易比较容易进行，或者交易商的议价能力较弱，投资人将拥有大量的资产头寸，导致交易量变大，交易差价变小，交易延迟变短。我们也将讨论市场摩擦如何影响资产价格。

最后，我们通过在市场活动中允许交易商自由进出市场将交易摩擦内生化。随着交易商人数的增加，交易延时将降低。我们会得出投资人持有资产的决定和交易商选择进出市场之间的互补性将导致多边均衡的结果，因此，市场上的流动性会因为自我实现的信念而趋于干涸。

15.1 环境

我们从带有数个维度的标准环境开始。首先，假设时间是连续的，该假设可以简化分析，例如，在一个小的时间间隔内，我们可以排除多个事件发生的可能性。尽管我们必须放弃关于日间和夜间子阶段的划分假设，因为这种划分对于连续时间而言是无意义的，但是，集中市场和非集中市场仍然存在。

假设只有一种消费品，即通用商品，有两种类型且数量不限的存活的代理人，即投资人和交易商，每一种类型的代理人有一个单位。两类代理人都消费通用商品，消费 x 单位的通用商品的效用为 x。代理人远期效用贴现率为 r。

通用商品可由两种技术生产。第一种技术通过 h 单位劳动的生产得到 h 单位的通用商品（h 单位的劳动产生 h 单位的负效用）。通用商品也可以使用资本作为投入来得到，生产量取决于投资人的生产率。

这种技术可以用 $f_i(k)$ 来描述，其中，$k \in \mathbb{R}_+$ 表示投资的资本量，$i \in \{1,\cdots,I\}$，表示操作资本的投资人的生产率，$f_i(k)$ 是二次连续可微的、严格递增的、严格凹性的。资本是耐用的、完全可分的且固定不变的资产，$K \in \mathbb{R}_+$。令瞬时概率等于 δ，每个投资人受到生产率冲击。这意味着生产率冲击的发生遵循到达率为 δ 的泊松过程，例如，两次冲击之间的时间间隔服从以均值为 $1/\delta$ 的指数分布。假设受到这种冲击，投资人依据概率 $\pi_j > 0$ 抽样出生产率类型 $j \in \{1,\cdots,I\}$，其中 $\sum_{i=1}^{I}\pi_i = 1$。这类 δ 冲击让我们得出一些想法，即投资人的生产率是随时间变化的，并导致投资人希望再平衡他们的资产头寸。

交易商不具备生产通用商品的资本技术，也不持有资本头寸，但是，交易商在竞争的市场里连续地交易资本性资产。投资人不直接进入竞争性的资产市场，但是，他们周期性地与交易商们接触，这些交易商代表他们在市场中进行交易。交易商接触到投资人的比率为 $\sigma > 0$。投资人与交易商之间的双边匹配过程已经在前面的章节中有所阐述。资本性资产的交易过程如图 15－1 所示，当交易商和投资人相互接触时，他们将就交易商代表投资人在竞争市场上获得的资产数量以及交易商应获得的中介服务费等事宜进行协商。

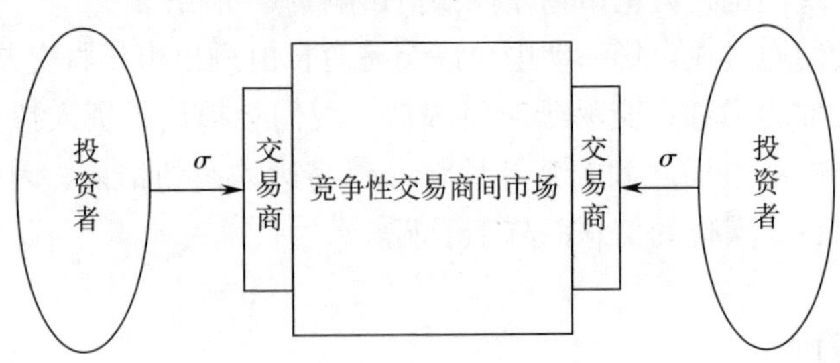

图 15－1　交易安排

15.2　均衡

设 $V_i(k)$ 表示生产率类型为 j 并持有 k 单位资产的投资人所能获得的最大期望贴现效用。确定 $V_i(k)$ 的流贝尔曼方程（flow Bellman equation）如下

$$rV_i(k)=f_i(k)+\sigma\{V_i(k_i)-V_i(k)-p(k_i-k)-\phi_i(k)\}$$
$$+\delta\sum_{j=1}^{I}\pi_j[V_j(k)-V_i(k)] \tag{15.1}$$

流贝尔曼方程可以被理解为资产定价方程，这里被定价的资产是投资人状态（i，k）。方程的左边是由于持有该资产而产生的机会成本，而右侧是因持有资产而产生的红利、资本收益或损失。根据式（15.1），具有 i 类型生产率并持有 k 资产的投资人生产出 $f_i(k)$ 的通用商品，该商品产出可以被解释为红利流。如果瞬时概率为 σ，投资人联系交易商，将其所持资产从 k 调整到 k_i，该调整将他的一生期望效用提高了 $V_i(k_i)-V_i(k)$，该值可以被解释为资本收益，减去投资人付给交易商的费用 $\phi_i(k)$ 和其所购资产的价值 $p(k_i-k)$。我们将表明，手续费 ϕ_i 取决于投资人持有的资产存量，而不是希望持有的资本存量 k_i。设投资人受到的生产率冲击的瞬时概率为 δ，当受到该冲击的条件满足时，投资人的生产率类型以概率 $\pi_j>0$ 变为 $j\in\{1,\cdots,I\}$。

设交易商能够获得的最大期望贴现效用为 V^d 且为下式的解

$$rV^d=\sigma\int\phi_i(k)\,dH(k,i) \tag{15.2}$$

式中，H 代表投资人资产持有量和所偏好类型的分布。以瞬时概率 σ，交易商与从投资人总体中随机抽取的投资人相遇。交易商在竞争性资产市场上代表投资人进行交易，并获得中介服务费用 $\phi_i(k)$。中介费的数量取决于投资人的生产率类型和投资人联系交易商时的资产持有量，假设投资人的生产率类型为 i，资产持有量为 k。

我们现在讨论交易商和投资人之间双方遇见情况下交易条件的确定问题。假设投资人的生产率为 i，持有 k 单位资本。交易条件由投资人新的资产头寸 k'，以及付给交易商的中介费 ϕ 来描述。如果达成了协议（k'，ϕ），则投资人的回报是

$$V_i(k') - p(k' - k) - \phi \tag{15.3}$$

投资人享有的预期生命期效用与其新资本存量 $V_i(k')$ 减去资本投资成本 $p(k' - k)$ 以及付给交易商的中介费用 ϕ 相关。交易商的回报可简单表示如下

$$V^d + \phi \tag{15.4}$$

如果交易没有达成，投资人的回报是 $V_i(k)$，交易商的回报是 V^d。我们假设协议（k'，ϕ）的解可以由一般纳什议价博弈给出。且交易商的议价能力为 $\theta \in [0,1]$。该协议可以表述为

$$[k_i,\phi_i(k)] = \arg\max_{(k',\phi)}[V_i(k') - V_i(k) - p(k' - k) - \phi]^{1-\theta}\phi^{\theta} \tag{15.5}$$

公式（15.5）的解为

$$k_i = \arg\max_{k'}[V_i(k') - pk'] \tag{15.6}$$

$$\phi_i(k) = \theta[V_i(k_i) - V_i(k) - p(k_i - k)] \tag{15.7}$$

根据公式（15.6），资本的选择就是当投资人在竞争的资产市场中以价格 p 直接交易的资本量：该资本量最大化了投资人的价值，即获得资本的成本的净利。根据式（15.7），选择出的交易商可得的中介费是总匹配剩余的 θ 部分。

如果将公式（15.7）中的 $\phi_i(k)$ 替换到公式（15.1）中，可以得到

$$\begin{aligned} rV_i(k) =& f_i(k) + \sigma(1 - \theta)[V_i(k_i) - V_i(k) - p(k_i - k)] \\ &+ \delta\sum_{j=1}^{I}\pi_j[V_j(k) - V_i(k)] \end{aligned} \tag{15.8}$$

公式（15.8）给出的投资人的流回报等价于在这种经济环境下他所获得的收益，该收益是他从交易商匹配后所能获得的全部剩余，这里他与交易商相遇的瞬时概率仅为 $\sigma(1 - \theta)$。因此，从投资人的角度看，随机的交易过程和议价博弈的解是与一种可替代的交易安排等值回报的，在该交易安排中，投资人在与交易商的双边协商中具备所有的议价能力，但是，遇见交易商的概率只有 $\sigma(1 - \theta)$。

下面，我们对投资人价值函数提出一个闭合解。首先，将公式（15.8）写

成如下形式

$$[r+\delta+\sigma(1-\theta)]V_i(k) = f_i(k) + \sigma(1-\theta)pk + \delta\sum_{j=1}^{I}\pi_j V_j(k) + \Omega_i \tag{15.9}$$

式中，$\Omega_i \equiv \sigma(1-\theta)\max_{k'}[V_i(k') - pk']$。将公式（15.9）两边乘以 π_i，对 i 求和并变换，可以得到

$$\sum_{i=1}^{I}\pi_i V_i(k) = \frac{\sum_{i=1}^{I}\pi_i f_i(k) + \sigma(1-\theta)pk + \bar{\Omega}}{r+\sigma(1-\theta)} \tag{15.10}$$

式中，$\bar{\Omega} \equiv \sum_{i=1}^{I}\pi_i\Omega_i$。将公式（15.10）代入公式（15.9），可以得到投资人价值函数的闭合解

$$V_i(k) = \frac{\bar{f}_i(k) + \sigma(1-\theta)pk}{r+\sigma(1-\theta)} + \Gamma_i \tag{15.11}$$

其中

$$\Gamma_i \equiv \frac{\Omega_i}{r+\delta+\sigma(1-\theta)} + \frac{\delta\bar{\Omega}}{[r+\delta+\sigma(1-\theta)][r+\sigma(1-\theta)]}$$

且

$$\bar{f}_i(k) = \frac{[r+\sigma(1-\theta)]f_i(k) + \delta\sum_j \pi_j f_j(k)}{r+\sigma(1-\theta)+\delta} \tag{15.12}$$

从公式（15.12）中，我们可以看出 $\bar{f}_j(k)$ 是不同状态下生产率的加权平均值。当期生产率权重 $f_i(k)$ 和远期生产率权重 $f_j(k)$ 是状态转换率 σ 和 δ、贴现率 r 以及交易商议价能力 θ 的函数。如果交易摩擦消失，例如，σ 趋近于无穷大，$\bar{f}_i(k)$ 将接近当期的生产率 $f_i(k)$。公式（15.12）表明，$V_i(k)$ 在 k 点是连续的和严格凹的。从公式（15.6）和式（15.11）可以得出，资本的最优选择为

$$k_i = \arg\max_{k_i \geq 0}[\bar{f}_i(k_i) - rpk_i] \tag{15.13}$$

从 $\bar{f}_i(k_i)$ 的严格凹性可知，k_i 是唯一确定的。而且，从公式（15.7）和式（15.11）得出，中介费的表达式为

$$\phi_i(k) = \frac{\theta}{r+\sigma(1-\theta)}\{[\bar{f}_i(k_i) - \bar{f}_i(k)] - rp(k_i - k)\} \tag{15.14}$$

中介费取决于交易商的议价能力 θ、贴现因子 r、状态转变率 σ 和 δ，随着投资人资产头寸的大小变化。直观上看，中介费与投资人因调整持有资产量所享有的收益成比例。

下面，我们讨论投资人类型的稳态分布特征问题，即 $H(k,j)$。投资人的个体状态为成对的 $(k,j) \in \mathbb{R}_+ \times \{0,\cdots,I\}$，其中，$k$ 表示当期资产持有量，j 表示

投资人生产率类型。注意，对于的任何状态 (k,j) 都使得 $k \in \{k_i\}_{i=1}^{I}$ 是瞬变的，因为只要投资人在稳态下调整其资产组合，他都会选择 $k \in \{k_i\}_{i=1}^{I}$。由于，状态的遍历集合是 $\{k_i\}_{i=1}^{I} \times \{0,\cdots,I\}$。这使得我们可以将状态 (k_i,j) 简化表示为 $ij \in \{1,\cdots,I\}^2$。于是，对于状态 ij 而言，i 表示投资人当期拥有的资本量，例如，投资人上次再平衡其资产持有量时所对应的生产率冲击的资本量；j 表示投资人当期生产率冲击。在状态 ij 下的投资人规模表示为 n_{ij}。

在稳定的状态下，进入状态 ij 的投资人流必须与离开该状态的投资人流相等

$$\delta\pi_j \sum_{k \neq i} n_{ik} - \delta(1-\pi_j)n_{ij} - \sigma n_{ij} = 0 \quad \text{如}\, j \neq i \tag{15.15}$$

$$\sigma \sum_{k \neq i} n_{ki} + \delta\pi_i \sum_{k \neq i} n_{ik} - \delta(1-\pi_i)n_{ii} = 0 \tag{15.16}$$

根据公式（15.15），每当某个状态为 $ik(k \neq j,i)$ 的投资人受到生产率冲击 j 时，状态为 $ij(j \neq i)$ 的投资者的规模将增加，此时的瞬时概率为 $\delta\pi_j$。每当状态为 ij 的投资人受到新的非 j 的生产率冲击时，投资人的规模将减小，此时的瞬时概率为 $\delta(1-\pi_j)$，或者说，每当这样的投资人调整其所持资产时，瞬时概率为 σ。类似地，方程（15.16）解释了状态为 ii 的代理人的情况。

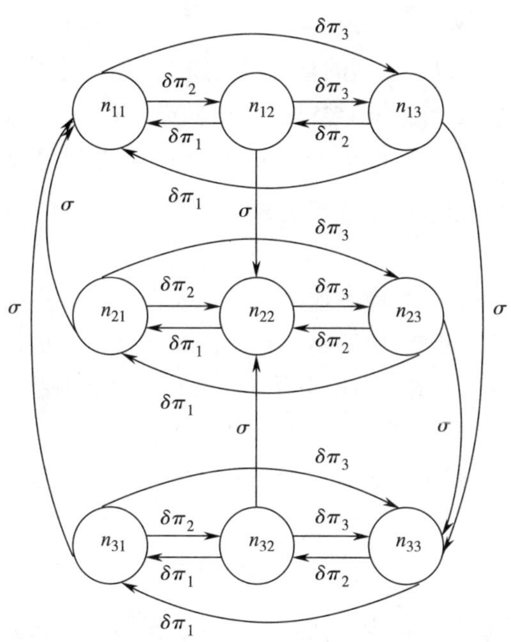

图 15－2　状态之间的流

图 15－1 显示了 $I=3$ 时的状态流。每个圆圈代表一种状态，水平箭头表示因生产率冲击产生的流，而垂直箭头表示因持有资产调整而产生的流，对角线上灰色的状态表示投资人目前的生产率类型与所持资本无法匹配的状态。

可证明，稳态分布 $(n_{ij})_{i,j=1}^{I}$ 满足如下方程

$$n_{ij}=\frac{\delta\pi_i\pi_j}{\sigma+\delta}\quad \text{对于} j\neq i \tag{15.17}$$

$$n_{ii}=\frac{\delta\pi_i^2+\sigma\pi_i}{\sigma+\delta} \tag{15.18}$$

由 $n_i=\sum_j n_{ij}$ 和 $n_j=\sum_i n_{ij}$ 定义的边缘分布具有性质 $n_i=n_j=\pi_i$。因此，在受到生产率冲击的情况下，生产率类型为 i 的投资人规模等于 π_i，即抽样生产率冲击 i 的概率。注意，这些状态的概率分布是对称的，即 $n_{ij}=n_{ji}$。另外请注意，当 $i\neq j$ 且 $\partial n_{ii}/\partial\sigma>0$ 时，有 $\partial n_{ij}/\partial\sigma<0$，这意味着匹配到他们希望的资本的投资人的规模随着投资人与交易商相遇比率的上升而上升。

竞争市场中的资本价格 p 是需要讨论且唯一剩下的均衡变量。该价格等同于资产的市场需求与供应，即 $\sum_{i,j}n_{ij}k_i=K$。利用 $\sum_j n_{ij}=\pi_i$，市场出清条件可表示为

$$\sum_i \pi_i k_i=K \tag{15.19}$$

隐藏在公式（15.19）后面的直觉意义如下：在一个稳定状态中，生产率类型为 i 的投资人规模为 π_i。每个类型为 i 的投资人需求 k_i，独立于投资人遇见交易商时的资本存量。因此，资本的总需求，以流的形式表述为 $\sigma\sum_i\pi_i k_i$。根据大数法则，流的资本供给为投资人联系交易商时随持有资本量的平均值，即 σK。

这里存在着一个唯一的稳态均衡。投资人在所持资产上的分布和生产率类型已经由式（15.17）和式（15.18）给出，式（15.3）中的资产持有量的个体选择 k'_i 与交易商市场间的均衡价格反向变动。设存在内部解，我们有

$$k_i=\bar{f'}_i^{-1}(rp)$$

已知这些个体的需求，公式（15.19）中的市场出清条件确定的唯一的价格，其为下式的解

$$\sum_i \pi_i\bar{f'}_i^{-1}(rp)=K$$

为了解释交易摩擦的减少如何影响均衡，假设一个极限案例，该案例中搜寻摩擦消失，即 $\sigma\to\infty$。投资人可以在这样的市场中连续交易。在极限下，从公式（15.12）和式（15.13），对于 $i=1,\cdots,I$ 可得

$$\frac{f'_i(k_i)}{r} = p \tag{15.20}$$

从公式（15.14）我们可以得到，对于所有的 k 和 i，当 $\sigma \to \infty$ 时，$\phi_i(k) \to 0$。合并公式（15.19）和式（15.20），我们看到资产价格收敛到 $\sum_i \pi_i f'^{-1}_i(rp) = K$ 的解上。对于每个 i，投资者在资产持有和生产率类型上的极限分布为 $n_{ii} = \pi_i$，当 $j \neq i$ 时，$n_{ij} = 0$。本例中，生产率为 i 的投资人连续选择，直到资产的边际回报 $f'_i(k_i)$ 等于流价格 rp。当搜寻摩擦消失时，均衡费用、资产价格、资产头寸分配等就成为瓦尔拉斯经济模型中的那些主导变量。

15.3 交易摩擦和资产价格

在第 13 章，我们讨论了在有交易摩擦的经济中的资产价格，阐明了如果资产在非集中型市场中起着便利交易的作用，即资产被用作交易媒介，则资产的价格可以脱离其“本质”的价值。该案例中，如果非集中型市场的交易摩擦增加，资产的价格将下降。在本章，我们采用不同的方法，资产不用于便利交易，但是交易摩擦仍然存在于资产市场。在本节，我们将再一次讨论交易摩擦对资产价格的影响。

假设投资人具有的技术特点如下

$$f_i(k) = A_i k^{\alpha}, 0 < \alpha < 1$$

并且 $A_1 < A_2 < \cdots < A_I$。令 $\bar{A} = \sum_j \pi_j A_j$ 表示平均生产率。从公式（15.13）可知，具有生产率类型 j 的投资人的资本需求是

$$k_j = \left(\frac{\alpha}{rp}\frac{(r + \sigma(1 - \theta))A_j + \delta\bar{A}}{r + \sigma(1 - \theta) + \delta}\right)^{1/(1-\alpha)} \tag{15.21}$$

从公式（15.21）可以容易地得出，对于已知的资本价格 p，只要 $A_j > \bar{A}$，k_j 随着 σ 而增加，即生产率冲击高于平均值的投资人随着 σ 的增长而增加他们的资本需求。

$A_j > \bar{A}$ 的代理人拥有的当期边际生产率高于其远期的预期，由于搜寻摩擦的存在，他们的资本选择 k_j 将低于 $k_j^{\infty} = (\alpha A_j/rp)^{1/(1-\alpha)}$，该值表示了在无交易摩擦世界的选择。如果投资人的生产率等于 $\bar{A}$，则投资人的资本选择为 $\bar{k} = (\alpha\bar{A}/rp)^{1/(1-\alpha)}$。既然 A_j 高于 $\bar{A}$，投资人预期未来他的生产率将会回到 $\bar{A}$，如果此种情况发生，他也许在一定的时间内不会再平衡其持有的资产。因此，投资人的优化资本持有量选择是生产率 A_j 和 $\bar{A}$ 优化的资本量的加权平均值，即

$$k_j = \left(\frac{r + \sigma(1 - \theta)}{r + \sigma(1 - \theta) + \delta} (k_j^{\infty})^{1-\alpha} + \frac{\delta}{r + \sigma(1 - \theta) + \delta} (\bar{k})^{1-\alpha} \right)^{1/(1-\alpha)}$$

σ 的增加意味着投资人在未来更容易发现和找到交易商，使得投资人于当期的边际生产率上和在资产的持有量上，比预期的价值投入更多的权重。因为，σ 增加，k_j 也增加。反之，如果投资人的生产率冲击低于平均值，$A_j < \bar{A}$，投资人随着 σ 增加减少资本需求。

根据以上综述，我们可以总结出：如果已知 p，当 σ 增加时，资产持有量的离差也会增加。图 15－2 显示了交易摩擦减少对资产持有量配置的影响。黑柱表示遇见交易商的频率为 σ 时的资产持有配置，灰柱表示当 $\sigma' < \sigma$ 时的配置。

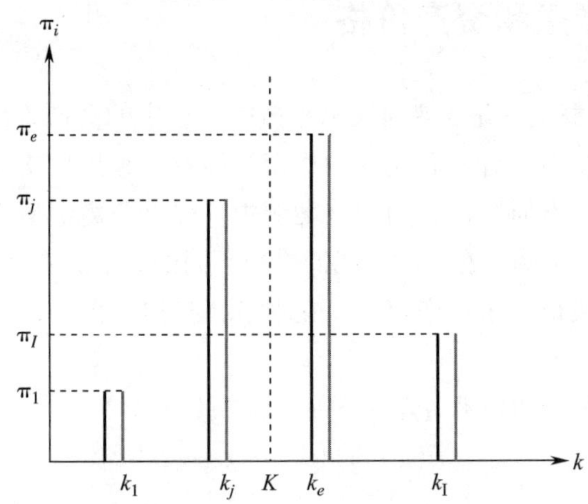

图 15－2　交易摩擦与资产持有量分布

从式（15.19）的市场出清条件，资产的价格是

$$p = K^{-(1-\alpha)} \left[\sum_{j=1}^{I} \pi_j \left(\frac{\alpha}{r} \frac{(r + \sigma(1 - \theta))A_j + \delta \bar{A}}{r + \sigma(1 - \theta) + \delta} \right)^{1/(1-\alpha)} \right]^{1-\alpha} \qquad (15.22)$$

注意，在圆括号中的期望价值 $\sum_{j=1}^{I} \pi_j \left(\frac{\alpha}{r} \frac{(r + \sigma(1 - \theta))A_j + \delta \bar{A}}{r + \sigma(1 - \theta) + \delta} \right)$ 是一个常量，并且等于 $\alpha \bar{A}/r$，同时，当 $0 < \alpha < 1$ 时，函数 $x^{1/(1-\alpha)}$ 凸向 x。如果 σ 增加，式（15.22）中的 $[(r+\sigma(1-\theta))A_j + \delta\bar{A}]/[r+\sigma(1-\theta)+\delta]$ 的离差也会增加，但是，其平均值仍是常量。从函数 $x^{1/(1-\alpha)}$ 的凸性看，资产的价格增加。因此，当 $f_i(k) = A_i k^{\alpha}, 0 < \alpha < 1$ 时，我们的模型预测出资产价格和交易摩擦之间的负相关关系，正如第 13 章所预测的那样。但是，这种负相关背后的理由却是不一样的。在第 13 章，因为资产作为支付媒介不是很频繁，因此由交易摩擦产生的价格下降变得更剧烈。在本节，交易摩擦导致投资人的生产率和资本持有量之

间产生错配，所以，摩擦增加，资产价格因错配增加而下降。

应该强调的是，以上推导出的交易摩擦和资产价格负相关的关系并不是一个一般命题。该关系取决于生产函数$f_i(k)$的特征。为了解释这一问题，假设该函数是对数函数，$f_i(k) = A_i \ln(1+k)$，资本品需求在假设存在内部解时为

$$k_j = \frac{(r+\sigma(1-\theta))A_j + \delta\bar{A}}{[r+\sigma(1-\theta)+\delta]rp} - 1 \tag{15.23}$$

本例中，资产的需求对于生产率是线性的。因而，市场出清价格为

$$p = \frac{\bar{A}}{r(1+K)} \tag{15.24}$$

现在，资产的价格独立于投资人进入市场的速度和交易商的议价能力。公式（15.24）给出的价格实际上就是没有交易摩擦的经济中占主导地位的瓦尔拉斯价格。这也提示我们，价格并不是交易摩擦占主导的资产市场上的一个好的指标。σ不影响资产价格的原因相当简单，因为由σ和k_j增加而导致A_j高于$\bar{A}$的投资人总的个体需求的增加变化被A_j低于$\bar{A}$的投资者的k_j的减少而抵消了。作为结果，σ对资产的总需求没有影响，进一步，也不影响均衡价格，尽管资本的份额和投资者的匹配质量受到了影响。

我们将以一个特殊的例子结束本节，该例中投资者的技术是线性的，即$f_i(k) = A_i k$。依据公式（15.13），可得

$$\frac{(r+\sigma(1-\theta))A_i + \delta\bar{A}}{r+\sigma(1-\theta)+\delta} - rp \leqslant 0$$

如果$k_i > 0$，则两边相等。市场出清意味着对于所有$j < I$有$k_j = 0$，这使得只有拥有最高生产率的投资者才需求资产。在这种情况下，资产价格为

$$p = \frac{[r+\sigma(1-\theta)]A_I + \delta\bar{A}}{r[r+\sigma(1-\theta)+\delta]} \tag{15.25}$$

该价格是最高投资人类型的边际生产率和市场平均生产率的加权平均。最高生产率投资人的边际生产率权重——从而资产价格——随σ而递增，并随θ和δ而递减。

15.4 中介费和买卖价差

如果一种资产能够容易地以较低的成本买进和卖出，则称该资产是流动的。流动性可以通过投资人支付给交易商的中介费或者等效的交易差价来测量。本节中，我们将研究交易摩擦如何影响中介费，而在其余的章节中，我们将讨论测量流动性的其他方法，如交易延迟。

我们采用生产函数$f_i(k) = A_i k^{\alpha}, \alpha \in (0,1)$来进行分析。从公式（15.14）可得，交易商持有资本存量k_i并希望持有k_j的投资者支付的均衡费用为

$$\phi_j(k_i) = \frac{\theta}{r+\sigma(1-\theta)}\left\{\frac{[r+\sigma(1-\theta)]A_j+\delta\bar{A}}{r+\sigma(1-\theta)+\delta}(k_j^{\alpha}-k_i^{\alpha}) - rp(k_j-k_i)\right\} \tag{15.26}$$

其中，k_j和p分别由公式（15.21）和（15.22）给出，我们可以看出，σ的增加对中介费起着反向的作用。一方面，较高的σ意味着交易商之间更大的竞争，使得交易商对任何规模的交易收费趋向于降低，该影响可以从公式（15.26）右侧的第一项推出。另一方面，较高的σ也导致投资人在每次交易时采取较大的资产持有再配置，导致交易商的平均收费较高。

为了显示中介费与交易摩擦的非单调变化关系，我们考虑r很小，即代理人有无限耐心的例子。从公式（15.21）可得

$$k_j \approx \left(\frac{\alpha}{rp}\frac{(r+\sigma(1-\theta))A_j+\delta\bar{A}}{r+\sigma(1-\theta)+\delta}\right)^{1/(1-\alpha)}$$

如果σ趋近于无穷大，例如，资产市场是非常流动的，从公式（15.26）可以清楚地知道$\phi_j(k_i)$接近于0。如果σ趋近于0，例如，资产市场非常不流动，于是有$k_j \approx [(\alpha/rp)\bar{A}]^{1/(1-\alpha)}$，且其与$j$无关。所以，当投资人调整其资产头寸需要较长的时间时，投资人会选择影响他们平均生产率而非当期生产率的资产持有量。结果是，当众多投资人的异质生产率变化时，投资人没有必要调整他们的资产持有量，并且，中介费$\phi_j(k_i)$接近于0。最后，当σ值既不是太小也不是太大时，对于所有的$i \neq j$，有$k_i \neq k_j$，因此中介费为正。这显示出，对于中等水平的交易摩擦，中介费是最大的。

至此我们通过中介费解释了交易成本，即投资人为了调整其资产持有量而付给交易商的总金额。另外，也可以通过交易差价来解释交易成本，即通过资产交易的单位交易成本来进行测量。考虑当$\alpha \to 1$的极限情况，即技术是线性的。这种情况下，从以上的分析可知，对于所有的$j \neq i$且$rp \to [(r+\sigma(1-\theta))A_j+\delta\bar{A}]/[r+\sigma(1-\theta)+\delta]$，有$k_j \to 0$。这意味着对于所有的$(i,j) \notin \{I\} \times \{1,\cdots,I-1\}$，可以通过公式（15.26）导出$\phi_j(k_j) \to 0$。很明显，当投资人不愿意调整其资产组合时，交易商无法收到任何费用。也许更令人吃惊的是，当投资人买进某种资产（$i \neq I$且$j = I$）时，交易商也不收取费用。其原因是，当投资人购买资本时，对其资产的边际产品进行支付，既然技术是线性的，意味着持有或不持有资产两者之间没有区别。最后，当$i = I$且$j \neq I$时，状态为ij的投资人持有k_I单位的资本，却希望持有$k_j \to 0$。从公式（15.26），我们可以发现

$$\phi_j(k_I) = \frac{\theta(A_I - A_j)}{r + \sigma(1-\theta) + \delta}k_I \tag{15.27}$$

可见，费用与交易量是成比例的。

既然公式（15.27）中的中介费与交易量是线性关系，因此前述的结果可以轻而易举地用交易差价来解释。投资人从交易商购买资产而不付任何费用等价于这样一种交易，该交易中交易商的要价 p^α 与竞争市场中资产的价格相等，即 $p^a = p$，当类型为 $j<I$ 的投资人通过交易商卖出其资本持有量 k_I 时，投资人获利为 $pk_I - \phi_j(k_I)$，运用公式（15.27），可知该交易等价于交易商支付给类型 j 的投资人的标价为 $p_j^b = p - \theta(A_I - A_j)/[r + \sigma(1-\theta) + \delta] < p$。交易商的有效卖出价 p^a 与买入价 p_j^b 之间的差价即是所谓的交易买卖差价

$$p^a - p_j^b = \frac{\theta(A_I - A_j)}{r + \sigma(1-\theta) + \delta}$$

该差价随着投资人再平衡其资产持有量 σ 的比率而减少。当 σ 增加时，投资人能很快找到交易商，因此有利于提高投资人在议价中的谈判破裂点。这种竞争效应减少了交易商能够索要的单位交易费用。交易差价也随 δ 而减少，因为，当生产率冲击更频繁时，再平衡资产其资产持有量的价值很低。差价随交易商的议价能力 θ 而增加，同时随最大生产率投资人与参与交易的投资人的边际生产率的差值而增加。交易商以较低的有效价格从较低边际生产率的投资人那里购买资产，因为，这些投资人因持有这种资产而招致较大的机会成本。

15.5 交易延迟

在本节，我们将通过扩展模型以允许交易商自由进入来内生化投资者对其资产持有量进行再平衡的速度。投资者接触交易商的泊松概率为 σ，且由于所有匹配都是双边的，交易商服务于投资者的泊松概率为 σ/v，其中 v 为市场上交易商的测度。假设 σ 为 v 的连续可微函数。当 v 增加时，投资者的指令能更快被执行，但每位交易商的指令流由于拥堵效应而下降。

存在大量能选择参与市场的潜在交易商。选择操作的交易商承担流成本 $\kappa > 0$，代表拥有交易商资格的持续成本，包括搜索投资者、推广其服务等的成本。交易商的自由进入意味着，在均衡时有

$$\frac{\sigma(v)}{v}\int_{i,j}\phi_j(k_i)\,\mathrm{d}H(k_i, j) = \kappa \tag{15.28}$$

即交易商的预期瞬时利润等于其流操作成本。利用式（15.14），由于 $\sum_{i,j} n_{ij}(k_j - k_i) = 0$，我们可将此条件重写为

$$\frac{\sigma(v)}{v}\frac{\theta}{r+\sigma(1-\theta)}\sum_{i,j}n_{ij}[\bar{f}_j(k_j)-\bar{f}_j(k_i)]=\kappa \tag{15.29}$$

可知，只要交易商拥有部分议价能力 $\theta>0$，就存在允许自由进入的稳态均衡。如果交易商没有议价能力，那么中介费在每次交易中都将等于0，且交易商将无法覆盖其操作成本 κ。这时有 $v=0$。

相反，假设 $\theta>0$。随着交易商数量的变大，交易商碰到投资者的瞬时概率将被拉到0，这意味着交易商的预期利润变为负，因为市场参与成本是严格为正的。反过来，如果交易商数量趋于0，那么交易商碰到投资者的瞬时概率将无限增长，且交易商资格的预期利润变为任意大。预期利润为正，因为即使 $\sigma=0$，只要 $r>0$，具有不同生产率的投资者都选择不同的资本存量；例如参见公式(15.21)。结果，由于交易商预期利润对于接触率是连续的，这就存在着取中间值的 v 使得交易商的预期利润等于0。

在我们继续之前，考虑交易商操作成本 κ 趋近于0的极限情况下交易商的进入水平。由于对于任意 $\sigma<\infty$，平均费用为正且下限远离0，自由进入条件式(15.29) 意味着 $v\to\infty$。这反过来意味着 $\sigma\to\infty$，从而均衡收敛于无摩擦竞争性均衡。

尽管在 $\kappa>0$ 时均衡并不需要是唯一的，我们现在分析允许进入时均衡事实上唯一的两种情况。首先假设 $\theta=1$，即交易商获得全部交易剩余。由式(15.29)，自由进入条件变为

$$\frac{\sigma(v)}{v}\sum_{i\neq j}\frac{\delta\pi_i\pi_j}{\sigma(v)+\delta}\frac{\bar{f}_j(k_j)-\bar{f}_j(k_i)}{r}=\kappa \tag{15.30}$$

由于 $\theta=1$ 意味着 $\bar{f}_j$ 和 k_j 独立于 σ，由式（15.12）和式（15.13)，平均费用通过投资者分布和交易商接触率而依赖于 $\sigma(v)$。随着交易商数量的增加，大量投资者持有其意愿的资产组合，这降低了交易商为交易提供中介的机会，即 v 的增加提高了 $\sigma(v)$，这又反过来降低了 $i\neq j$ 时的 n_{ij}。显然，式（15.30）的左边是 v 的严格递减函数，这意味着允许进入时稳态均衡的唯一性。我们得到了如下的比较静态结果：更高的操作成本通过降低预期利润，减少了活跃交易商的数量，即 $\mathrm{d}v/\mathrm{d}\kappa<0$。

现在假设 $0<\theta<1$，但在极限上投资者技术是线性的，即 $f_i(k)\to A_ik$。令 $A_1<A_2<\cdots<A_I$，且在这种情况下依然只有具有最高边际生产率 A_I 的投资者希望持有资产。由式（15.29），有

$$\frac{\sigma(v)}{v}\frac{\theta}{r+\sigma(1-\theta)}\sum_{i=I,j<I}\frac{\delta\pi_i\pi_j}{\sigma(v)+\delta}(-\bar{f}_j(k_I))+\sum_{i<I,j=I}\frac{\delta\pi_i\pi_j}{\sigma(v)+\delta}\bar{f}_I(k_I)=\kappa$$

在市场出清时，有 $K_I=K/\pi_I$。由式（15.12），上一个公式变为

$$\frac{\sigma(v)}{v}\frac{\theta}{r+\sigma(1-\theta)+\delta}\sum_{j}\frac{\delta\pi_j}{\sigma(v)+\delta}(A_I-A_j)K=\kappa$$

简化求和部分得到

$$\frac{\sigma(v)}{v}\frac{\delta\theta(A_I-\bar{A})}{[r+\sigma(1-\theta)+\delta][\sigma(v)+\delta]}K=\kappa \tag{15.31}$$

由于式（15.31）的左边随 v 而递减，允许进入的稳态均衡是唯一的。利用式（15.31），直接可证明有 $\partial v/\partial\kappa<0$ 、$\partial v/\partial\theta>0$ 、$\partial v/\partial K>0$ 和 $\partial v/\partial\delta\leqslant 0$。操作成本的降低自然意味着更多交易商的进入。交易商更高的议价能力表明其能从与投资者的匹配交易中获得更大的收益份额，从而交易商的数量也会增加。类似地，如果资产存量增加，每次交易的规模会变得更大，交易商也能获得更多利润。最后，生产率冲击发生频率的增加对交易商均衡测度的影响是模糊的。一方面，更高的 δ 导致更多的错配，这提高了中介的回报。另一方面，由于在更高的 δ 下，投资者的当前生产率以更快的速度回到平均生产率水平 $\bar{A}$，δ 的增加降低了最高生产率投资者相对于交替生产率投资者的预期效用，这意味着更低的交易收益从而更低的中介费用。

我们考察了允许进入时均衡唯一的两种特殊情况。但一般而言，允许自由进入的稳态均衡并不需要是唯一的。多重稳态均衡背后的基本逻辑如下：交易商数量的增加导致 $\sigma(v)$ 的增加。更快的交易意味着交易商之间更激烈的竞争，这倾向于降低中介费。但当我们前面指出的那样，$\sigma(v)$ 的增加也导致投资者持有更多的资产头寸，即更与其当前生产率相一致，而不是平均生产率冲击。也就是说，交易商在平均上将为更大规模的资产持有再配置提供中介，这在费用随交易量而增加时意味着更高的费用。如果第二个效应足够强，那么模型将呈现多重稳态。现在应该很清晰的是，是什么导致在上面两个例子中出现的唯一性：在两种情况下第二种效应都不存在。

在图 15 - 3 中，我们提供了作为交易商数量函数的交易商预期利润 $[\sigma(v)/v]\sum_{i,j}n_{ji}\phi_{ji}-\kappa$——其中 $\phi_{ji}=\phi_i(k_j)$——的一个典型描述。当 v 趋近于0时，交易商的接触率趋近于无穷，同时 $\sum_{i,j}n_{ji}\phi_{ji}$ 保持远离0。那么，在 v 很小时，交易商预期利润严格为正。当 v 趋近无穷时，交易商预期利润趋近于 $-\kappa$。因此一般而言，存在着奇数个稳态均衡。在我们的数值例子中，我们一般可找到一个或三个均衡。在多重均衡情况下，市场会陷入低流动性均衡——很少交易商进入且投资者参与相对较小规模交易的均衡。低流动性均衡呈现出较大的买卖差价，较小的交易量和较长的交易—执行延迟。

高均衡和低均衡拥有如下相同的比较静态：交易商参与成本的下降提高了

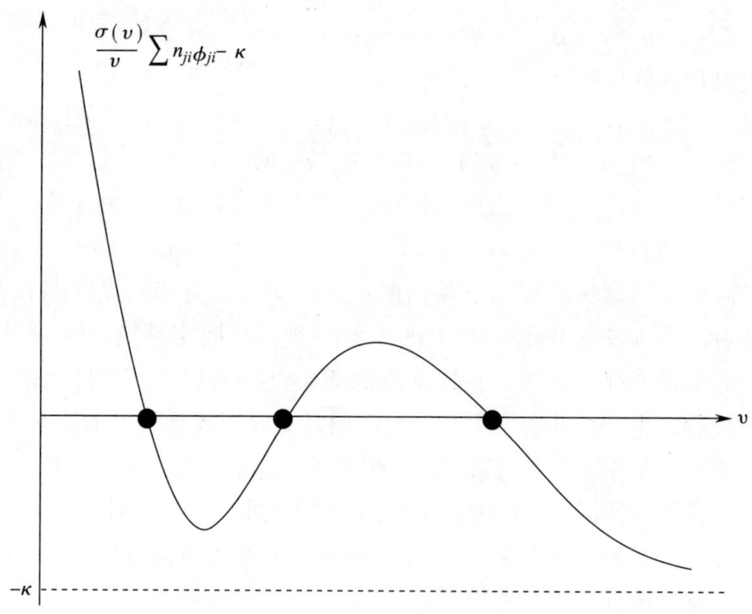

图 15－3 多重稳态

市场交易商的数量。而且，如果参与成本的下降足够大，均衡的多重性就可能不会存在。要清楚这一点，注意当 κ 下降时，图 15－3 中预期利润曲线会向上移。

我们通过考虑一个线性匹配函数 $\sigma(v)=\sigma_0 v$，其中 $\sigma_0>0$，来总结本节。在这一规定下，将不存在与交易商进入相关的拥堵效应：交易商找到指令来执行的概率 $\sigma(v)/v=\sigma_0$ 是独立于市场上的交易商测度的。由自由进入条件，在 $\sigma_0\bar{\phi}<\kappa$ 时有 $v=0$，在 $\sigma_0\bar{\phi}>\kappa$ 时有 $v=\infty$，且当 $\sigma_0\bar{\phi}=\kappa$ 时有 $v\in[0,\infty]$，其中 $\bar{\phi}$ 代表交易商的平均费用。如果作为 v 的函数的平均费用 $\bar{\phi}(v)=\sum_{i,j}n_{ij}\phi_{ij}$ 是驼峰形的，那么均衡数目将是一个或者三个。

要清楚 $\bar{\phi}(v)$ 为什么会是驼峰形的，记住当 r 趋近于 0 时，单个费用 ϕ_{ij} 是随交易摩擦以非单调形式变化的。如市场非常有流动性或者非常没有流动性，那么费用趋近于 0；对于中间水平的交易摩擦，费用是严格为正的。相同的属性对于平均费用 $\bar{\phi}$ 同样成立。如果交易商数量非常大，竞争效应会驱使平均费用为 0。如果交易商数量非常小且投资者非常有耐心，那么他们会选择反映其平均生产率的资产头寸，从而使得交易规模趋近于 0。在这种情况下，平均费用也趋近于 0。如果存在多重均衡，那么其中一个均衡为 $v=0$，如图 15－4 所示。注意，通过降低交易商资格成本 κ 或改进匹配技术的效率 σ_0，消除均衡的多重性是可能的。

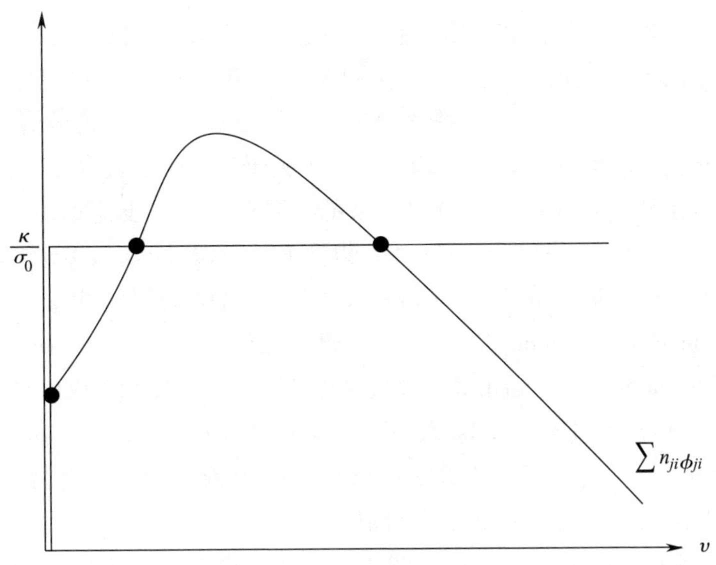

图 15－4 线性匹配和多重稳态

15.6 进一步阅读

Duffie、Garleanu 和 Pedersen（2005，2007）最先提出基于搜寻理论模型的场外市场描述，并运用这一方法解释交易成本和交易差价。该模型由 Weill（2007）扩展后增加了交易商存货部分，此后 Hugonnier、Lester 和 Weill（2015）增加了仅在配对会面的场外交易市场中对资产进行估值分配。本章的描述基于 Lagos 和 Rocheteau（2007，2009）的工作。与过去模型不同的是，本部分的描述放宽了 Duffie、Garleanu 和 Pedersen 对资产持有的限制，使投资人可以持有一般的资产量，而不仅仅是 0 单位或 1 单位的资产。更进一步，本部分的描述引进了更一般形式的投资人异质性，并通过将交易商规模内生化使交易摩擦程度（如流动性）内生化。Garleanu（2009）提出了一个带有内生资产持有量的模型描述，并得出了交易摩擦对资产价格具有二级影响的结论。Lagos、Rocheteau 和 Weill（2009）考虑了一个同时内生资产持有量和交易商存货的模型。他们研究了交易商面对崩溃和随机恢复时如何反应的问题。Lagos、Rocheteau 和 Weill（2011）考虑了一个包含内生资产和交易商存货的模型。他们调查交易商如何应对经济崩溃和随机性复苏。Pagnotta 和 Phhilippon（2015）分析了速度和碎片化市场。Lester、Rocheteau 和 Weill（2015）研究了具有竞争性搜索的模型，以解释内生市场细分。Üslü（2015）将模型扩展为只有配对会面（无交易商市场），无限制持股，投资者特征和分析存在巨大差异，价格离散的决定因素以及场外交易市场中的内生中介模式。Vayanos 和 Weill（2008）使用相似的方法解释了新发行（on - the - run）现象，根据该方法，具有相同现金流的政府债券能够以不同的价格交易。Weill（2008）研究了一个关于资产收益代表性分布的搜寻理论模型，该模型是从风险溢价分离出来的，并仅仅关注于流动性。Ashcraft 和 Duffie（2007），Afonso 和 Lagos（2015）以及 Bech 和 Monnet（2016）运用搜寻理论方法研究了联邦基金市场，Gavazza（2009）研究了商用飞机市场的交易摩擦影响。Geromichalos 和 Jung（2015）形式化了外汇市场，而 Atkeson、Eisfeldt 和 Weill（2015）研究了衍生品市场。以搜寻理论研究流动性和金融的论文包括 Miao（2006）、Rust 和 Hall（2003）、Vayanos 和 Wang（2002）、Kim（2008）及 Afonso（2011）。另外，相关的工作有 Spulber（1996），他考察了搜寻环境，该环境中，中间人在异质买家和卖家之间中介交易。

Geromichalos 和 Herrenbreuck（2016）明确形式化了在场外交易市场中持股资产的流动性动机，以及研究了货币政策对资产价格的影响。Lagos 和 Zhang（2014）在 Lagos 和 Rocheteau（2009）的场外交易模型中引入货币交换。Trejos 和 Wright（2016）提供了基于搜索的货币和金融模型的综合方法。

Berentsen、Huber 和 Marchesiani（2014）探讨了金融市场是否存在过多交易。他们构建了一个动态一般均衡模型，在这个模型中，金融市场允许代理人通过调整流动性和非流动性资产组合来应对特殊的冲击。最优的应对政策是限制（但不是阻止）进入金融市场。这一做法的原因是投资组合选择会表现出金钱的外部性，因为代理人并不会考虑到，通过持有更多的流动资产，他不仅获得了额外的保障，而且还使得流动资产的价值略微增长，从而为其他市场参与者提供了保障。此外，有大量的文献研究外生性质的交易成本如何影响资产市场的功能，这些文献并非基于搜寻模型。这些文献包括 Amihud 和 Mendelson（1986），Constantinides（1986），Aiyagari 和 Gertler（1991），Heaton 和 Lucas（1996），Vayanos（1998），Vayanos 和 Vila（1999），Huang（2003），Lo、Mamaysky 和 Wang（2004）。详见 Heaton 和 Lucas（1995）关于这些工作的概述。

在 Rubinstein 和 Wolinsky（1987）开创性的研究工作后，出现了一批关于中介费搜寻环境的论文。Rubinstein 和 Wolinsky 研究了带有搜寻摩擦的市场，在该市场中，被称为中间人的一类代理人比非中间人具有更高的达成匹配的概率，也可参见 Yavas（1994），Wong 和 Wright（2014）。Shevshenko（2004）研究了更一般的与库存问题相关的环境问题，采用中间人解决双重需求耦合问题，也可参见 Camera（2001）。在 Li（1998，1999）的论文中，中间人在其匹配概率方面并不占优，但是，他们投资于技术以在私人信息情况下识别商品的质量，也可参见 Biglaiser（1993）。

最后，有大量的文献采用市场微观结构理论来尝试解释流动性和交易成本。一般而言，可以概括为两种方法：一种基于库存模型，另一种基于信息不对称性。库存理论模型包括 Amihud 和 Mendelson（1980）、Stoll（1978）、Ho 和 Stoll（1983）。交易成本的私人信息方法是由 Kyle（1985）、Glosten 和 Milgrom（1985）开创的。

16 场外交易市场的崩溃与恢复

在第 15 章，我们考察了稳态中的场外交易（OTC）市场，其中交易商促进了买卖双方的交易，但并不持有资产存货。但在许多金融市场上，交易商通过购买或出售自己存有的资产来向市场提供流动性。交易商的流动性供给在平时可能并不起眼，但在金融危机期间则可能变得至关重要。在危机期间，市场会出现大多数参与者倒向一边的状况，这使得寻找交易对手更加耗时。其原因有二：其一是技术限制了订单处理系统或通信网络，其二是交易过程的非集中性。考虑到这些问题，本章描述了脱离稳态的 OTC 市场，在该市场交易商允许持有资产存货。我们刻画了交易商在市场崩溃时的最优和均衡存货策略，这被描述为针对投资者总资产需求的一个临时性负向冲击。我们得到了交易商在崩溃期间提供流动性为最优的条件。我们分析了交易商提供流动性的激励是如何随市场结构（如交易商的议价能力或交易摩擦的程度）而变化的。最后，我们研究了交易商的流动性供给激励与社会利益完全一致的条件。

我们考虑了与第 15 章类似的动态市场配置：为了应对生产率的异质变化，投资者希望重新平衡其资本持有，但其必须参与耗时的交易商联络过程。当存在交易摩擦时，交易商在危机期间很自然地提供了流动性。交易商的流动性供给会随着交易摩擦的大小而非单调变化。一方面，当摩擦较小时，高于平均生产效率的投资者会向其他投资者供应足够流动性，以使其他交易商觉得这样将无利可图。另一方面，如果交易摩擦足够大，交易商就不会为了提供流动性而积累存货，因为投资者没有改变其在非流动市场上资产头寸的激励。假设资产市场摩擦取值由很小到很大的区间，则可以预期交易商在市场崩溃后，会选择在中等摩擦水平时积累资产存货。

16.1 环境

模型环境类似于第 15 章，时间是连续的，范围是无限的。存在两种类型的无限生命代理人：单位测度的投资者和单位测度的交易商。存在固定供给的、被解释为生产性资本的资产，$k \in \mathbb{R}_+$。消费通用消费品的效用为 c，其中 $-c>0$ 意味着生产。投资者同样能根据技术 $f_i(k)$ 生产通用商品，其中 $i \in \{1,\cdots,I\}$ 代表生产率冲击（如果想将 k 看作金融资产，那么 $f_i(k)$ 即为股息流和由此资产提供的对冲/流动性服务）。投资者技术受到异质性生产率冲击（以泊松到达率 δ 发生）的影响。以是否受到生产率冲击为条件，投资者以概率 π_i 获得类型 i 的生产率。交易商还能获得通用品的生产技术 $v(k)$（在第 15 章，我们假设 $v(k)=0$）。所有代理人以 $r>0$ 的相同比率贴现。

交易商可在竞争性市场上连续交易资本，而投资者以到达率为 σ 的泊松过程与交易商进行随机联系。当投资者和交易商联系时，他们会商讨交易商将购买或出售资产的数量（在竞争性市场上）以及投资者向交易商支付的中介费。在完成交易后，交易商和投资者就分道扬镳。

16.2 交易商、投资者和议价

在交易商和投资者双边匹配中，我们从交易条件的决定开始。其中议价问题将第 15 章的情形一般化为非稳态环境。假设在 t 时，交易商和持有存货 k 的 i 类投资者相匹配。令 k' 表示投资者的交易后资产（资本）持有，ϕ 表示中介费用。(k',ϕ) 即为与议价问题的纳什解相对应的结果，其中交易商拥有 $\theta \in [0,1]$ 的议价能力。令 $V_i(k,t)$ 表示生产率类型为 i 的投资者的预期贴现效用，其在 t 时持有的资产数量为 k。当协议达成一致时，投资者的预期效用为 $V_i(k',t)-p(t)(k'-k)-\phi$；当存在分歧时，则为 $V_i(k,t)$。交易商剩余等于中介费 ϕ。议价问题的结果为

$$[k_i(t),\phi_i(k,t)] = \arg\max_{(k',\phi)}[V_i(k',t)-V_i(k,t)-p(t)(k'-k)-\phi]^{1-\theta}\phi^{\theta}$$

投资者的新资产持有 $k_i(t)$ 满足

$$k_i(t) = \arg\max_{k'}[V_i(k',t)-p(t)k'] \tag{16.1}$$

而中介费由下式给出

$$\phi_i(k,t) = \theta\{V_i[k_i(t),t]-V_i(k,t)-p(t)[k_i(t)-k]\} \tag{16.2}$$

由式（16.1），我们发现投资者交易后的资产持有量是直接参与竞争性资产市场的选择，而并不是由交易商决定的。注意，投资者交易后的资产持有是独立于交易前的资产持有，而中介费则并非如此。根据式（16.2），交易商获得的中介费为收益的 θ 部分，它使投资者的资产持有得到重新分配。

在 t 时持有 k_t 单位资本的交易商的价值函数满足

$$W(k,t) = \max_{q(s),k_d(s)} \mathbb{E}\left\{\int_t^T e^{-r(s-t)}\{v[k_d(s)]-p(s)q(s)\}\mathrm{d}s\right.$$

$$+ e^{-r(T-t)}[\bar{\phi}(T) + W(k_d(T),T)]\} \tag{16.3}$$

约束条件为 $\dot{k}_d(s) = q(s)$，$k_d(s) \geqslant 0$，以及初始条件 $k_d(t) = k_t$。这里，$k_d(s)$ 代表交易商持有的资本存量，$q(s)$ 为其在 s 时的自身账户交易量。预期运算符$\mathbb{E}$被用于 T，后者表示交易商匹配投资者的下一个随机时间。$T-t$ 服从均值为 $1/\sigma$ 的指数分布。由于中介费依赖于投资者的生产率类型和资产持有——且该投资者是在 T 时从投资者总体中的一个随机抽样，交易商预期获得 $\bar{\phi}(T) = \int \phi_j(k_i, T)\mathrm{d}H_T(j,k_i)$ 的费用，其中 H_T 表示跨生产率类型和 T 时资产持有的投资者分布。交易商从持有 $k_d(s)$ 的存货中享有 $v[k_d(s)]$ 的流量效用，并在改变其资产持有时遭受 $p(s)q(s)$ 的负效用。

由于中介费独立于交易商的资产持有，交易商的价值函数为

$$W(k_t,t) = \max_{q(s)}\left\{\int_t^{\infty} e^{-r(s-t)}\{v[k_d(s)] - p(s)q(s)\}\mathrm{d}s\right\} + \Phi(t) \tag{16.4}$$

约束条件为 $\dot{k}_d(s) = q(s)$，$k_d(s) \geqslant 0$ 和 $k_d(t) = k_t$。函数 $\Phi(t)$ 为未来中介费从 t 时开始的预期当前贴现值。由公式容易看出交易商是以两种方式进行的资产交易：连续地在竞争性市场上和随机地在双边协商中与投资者交易。由于交易商具有拟线性偏好且能瞬时和连续地在竞争性资产市场上进行交易，其最优资产持有选择是独立于其与投资者的双边协商的。

与式（16.4）相联系的现值汉密尔顿函数为 $\mathcal{H}(k_d,q,v) = v(k_d) - pq + \mu q + vk_d$，其中 μ 为共态变量，v 为与非负约束 $k_d \geqslant 0$ 相关的拉格朗日乘子。资产持有的最优选择满足 $p(t) = \mu(t)$，而共态变量满足 $r\mu(t) = v'[k_d(t)] + v(t) + \dot{\mu}(t)$。

利用 $v(t) = r\mu(t) - \dot{\mu}(t) - v'[k_d(t)] \geqslant 0$ 和 $p(t) = \mu(t)$，我们得到

$$v'[k_d(t)] + \dot{p}(t) \leqslant rp(t), \text{当 } k_d(t) > 0 \text{ 时取等号} \tag{16.5}$$

根据式（16.5），每当交易商发现持有严格为正的存货是最优的，购买资产的流量成本 $rp(t)$ 就必须等于持有资产的直接产出流量 $v'[k_d(t)]$ 加上资本收益 $\dot{p}(t)$。最后，资产（资本）价格 $p(t)$ 必须满足横截性条件

$$\lim_{t\to\infty} e^{-rt}p(t)k_d(t) = 0 \tag{16.6}$$

我们现在分析投资者问题。持有 k 单位资产的 i 生产率类型投资者在 t 时的价值函数满足

$$V_i(k,t) = \mathbb{E}_i\left[\int_t^T e^{-r(s-t)} f_{\chi(s)}(k)\mathrm{d}s + e^{-r(T-t)}\left\{\begin{array}{l} v_{\chi(T)}[k_{\chi(T)}(T),T] \\ -p(T)[k_{\chi(T)}(T) - k] - \phi_{\chi(T)}(k,T) \end{array}\right\}\right] \tag{16.7}$$

其中，T 为下一个投资者匹配交易商的时刻，$\chi(s) \in \{1,\cdots,I\}$ 表示投资者在 s 时的生产率类型。预期运算符 $\mathbb{E}$ 被用于随机变量 T 和 $\chi(s)$，其下标 i 表示该预期是依赖于 $\chi(t) = i$ 的。在时间间隔 $[t,T]$ 中，投资者持有 k 单位资产，且享有与持有该资产相关的产出流的贴现和，后者由式（16.7）右边的第一项给出。$T-t$ 的时间间隔服从均值为 $1/\sigma$ 的指数分布。流产出以投资者生产率类型为下标，且服从复合泊松过程。在 T 时，投资者（随机地）联系交易商并将其资产持有重新从 k 调整为 $k_{\chi(T)}(T)$。在这种情况下，交易商基于投资者利益以价格 $p(T)$ 在市场上购买 $k_{\chi(T)}(T) - k$ 单位资产（或者当数量为负时出售），而投资者向交易商支付 $\phi_{\chi(T)}(k,T)$ 的中介费。贝尔曼（Bellman）公式（16.7）如图 16－1 所示。

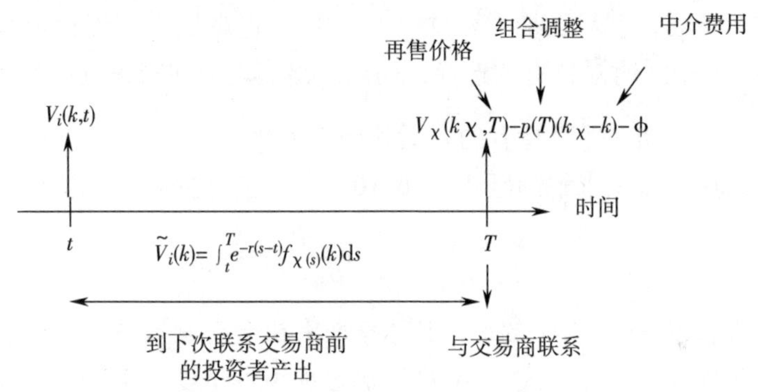

图 16－1　投资者的贝尔曼（Bellman）公式

通过将交易条件式（16.1）和式（16.2）代入式（16.7），贝尔曼（Bellman）公式重写为

$$V_i(k,t) = \mathbb{E}_i\Big[\int_t^T e^{-r(s-t)} f_{\chi(s)}(k)\mathrm{d}s + e^{-r(T-t)}\big\{(1-\theta)\max_{k'}[V_{\chi(T)}(k',T) - p(T)(k'-k)] + \theta\phi_{\chi(T)}(k,T)\big\}\Big] \tag{16.8}$$

式（16.8）右边的最后两项有一个有趣的解释：其代表了投资者在经济中以泊松过程到达率 σ 匹配交易商而会获得的报酬，且其以概率 $1-\theta$ 获取所有剩余，而以概率 θ 不享有任何交易收益。从投资者观点来看，随机交易过程和议价解对于其他交易机制而言是报酬等价的，其中投资者在与交易商的双边匹配中拥有全部议价能力，但根据以到达率为 $\sigma(1-\theta)$ 的泊松过程与交易商匹配。在这一解释下，式（16.8）重写为

$$V_i(k,t) = \mathbb{E}_i\Big[\int_t^{\tilde{T}} f_{\chi(s)}(k)e^{-r(s-t)}\mathrm{d}s + e^{-r(\tilde{T}-t)}\big\{p(\tilde{T})k + \max_{k'}[V_{\chi(\tilde{T})}(k',\tilde{T}) - p(\tilde{T})k']\big\}\Big] \tag{16.9}$$

其中，预期运算符$\mathbb{E}$现在被用于随机变量$\tilde{T}$和$\chi(s)$，且$T-t$服从均值为$1/[\sigma(1-\theta)]$的指数分布。由式（16.9），投资者在遭到生产率冲击i且有机会在t时进入市场时，其问题为选择一个$k'\in\mathbb{R}_+$，以最大化$\mathbb{E}_i[\int_t^{\tilde{T}} e^{-r(s-t)} f_{\chi(s)}(k')ds]-\{p(t)-\mathbb{E}_t[e^{-r(\tilde{T}-t)}p(\tilde{T})]\}k'$，或等价地

$$\max_{k'} \mathbb{E}_i[\int_t^{\tilde{T}} e^{-r(s-t)} \{f_{\chi(s)}(k')-[rp(s)-\dot{p}(s)]k'\}\mathrm{d}s] \tag{16.10}$$

如果投资者连续进入资产市场，那么就会选择$f_i(k')-[rp(t)-\dot{p}(t)]k'$以连续最大化资产持有，该式为流量产出减去资产持有的流量成本。由于投资者只能偶尔进行交易，就只能最大化式（16.10）。直观地说，当投资者可以重调资产持有时，他在t时对持有的选择，是以产出流现值在减去资产持有的流量成本（指t时至$\tilde{T}$时期间一直持有的）后达到最大化。

我们可以用两步来求解问题式（16.10）。首先，将第一项记为

$$\tilde{V}_j(k)\ \mathbb{E}_i[\int_t^{\tilde{T}} e^{-r(s-t)} f_{\chi(s)}(k')\mathrm{d}s] \tag{16.11}$$

其为投资者以$\sigma(1-\theta)$的泊松到达率而有机会对其资产持有进行重调之前的产出流的贴现和。因此，式（16.11）满足如下贝尔曼（Bellman）公式

$$r\tilde{V}_i(k)=f_i(k)+\delta\sum_{j=1}^{I}\pi_j[\tilde{V}_j(k)-\tilde{V}_i(k)]-\sigma(1-\theta)\tilde{V}_i(k)$$

与第15章的逻辑类似，容易验证$\tilde{V}_i(k)=\bar{f}_i(k)/[r+\sigma(1-\theta)]$，其中

$$\bar{f}_i(k)=\frac{[r+\sigma(1-\theta)]f_i(k)+\delta\sum_{j=1}^{I}\pi_j f_j(k)}{r+\delta+\sigma(1-\theta)} \tag{16.12}$$

其次，式（16.10）的第二项（在意识到$\tilde{T}$服从指数分布、改变积分顺序和进行部分积分等计算之后）重新表述为

$$\mathbb{E}_i[\int_0^{\tilde{T}} e^{-rs}[rp(t+s)-\dot{p}(t+s)]\mathrm{d}s]=\frac{\xi(t)}{r+\sigma(1-\theta)} \tag{16.13}$$

其中，$\xi(t)=[r+\sigma(1-\theta)][p(t)-\sigma(1-\theta)\int_0^{\infty} e^{-[r+\sigma(1-\theta)]s}p(t+s)ds]$。

由式（16.12）和式（16.13），我们得到结论：当类型i的投资者在t时联系市场时，其选择的资产持有满足

$$\bar{f}_i[k_i(t)]=\xi(t) \tag{16.14}$$

直观地说，$\bar{f}_i(k)$ 为预期产出流（投资者持有 k 资产，直至有下一次重调持有机会时），而 $\xi(t)$ 为资产购买成本减去该资产的预期贴现转售价值（以流量项表示）。

$\xi(t)$ 和 $p(t)$ 之间的关系可以通过对上面 $\xi(t)$ 表达式（以及相关的横截性条件）进行微分后得到。计算后可得

$$rp(t) - \dot{p}(t) = \xi(t) - \frac{\dot{\xi}(t)}{r + \sigma(1 - \theta)} \tag{16.15}$$

式（16.5）也可重写为

$$v'[k_d(t)] + \frac{\dot{\xi}(t)}{r + \sigma(1 - \theta)} \leqslant \xi(t), \text{当 } k_d(t) > 0 \text{ 时取等号} \tag{16.16}$$

式（16.14）和式（16.16）描绘了交易商和投资者之间的重要差异：交易商从资产持有中获得由 $\dot{\xi}(t)/[r + \sigma(1 - \theta)]$ 覆盖的额外收益，这说明连续进入资产市场可实现资本收益。

16.3 均衡

与资产持有无关，每个投资者都面临相同的市场进入概率。因此，我们基于大数法则认为投资者在 t 时的资产流量供给为 $\sigma[K - K_d(t)]$，其中 $K_d(t)$ 为交易商手中的总资本存量。注意有 $K_d(t) = k_d(t)$，因为存在面临相同严格为凹最优化问题的单位测度同质交易商。t 时在市场上进行交易并遭受生产率冲击 i 的投资者测度为 $\sigma n_i(t)$，其中 $n_i(t)$ 为生产率类型为 i 的投资者在 t 时的测度。由于 $n_i(t)$ 对于所有 i 满足 $\dot{n}_i(t) = \delta\pi_i - \delta n_i(t)$，我们可以得到

$$n_i(t) = e^{-\delta t} n_i(0) + (1 - e^{-\delta t})\pi_i, \text{对于 } i = 1, \cdots, I \tag{16.17}$$

投资者对资产的总需求为 $\sigma \sum_i n_i(t) k_i(t)$，而投资者的净资产供给则为 $\sigma[K - K_d(t) - \sum_i n_i(t) k_i(t)]$。交易商对资产的净需求为 $\dot{K}_d(t)$，即为其存货的变化。那么，市场出清要求

$$\dot{K}_d(t) = \sigma[K - K_d(t) - \sum_i n_i(t) k_i(t)] \tag{16.18}$$

市场出清条件式（16.18）决定了 $\xi(t)$。沿着均衡路径，结合式（16.9）、式（16.2）的中介费用可表示为

$$\phi_i(k, t) = \eta\left[\frac{\bar{f}_i[k_i(t)] - \bar{f}_i(k) - \xi(t)[k_i(t) - k]}{r + \sigma(1 - \theta)}\right] \tag{16.19}$$

结合式（16.14）、式（16.16）和式（16.18），并假设存在交易商存货的内解，经济可归结为由两个一阶差分方程构成的系统

$$\dot{K}_d(t) = \sigma\{K - K_d(t) - \sum_i n_i(t)\bar{f}'^{-1}_i[\xi(t)]\} \tag{16.20}$$

$$\dot{\xi}(t) = [r + \sigma(1-\theta)]\{\xi(t) - v'[K_d(t)]\} \tag{16.21}$$

其中，$n_i(t)$ 由式（16.17）给出。稳态均衡由 $\bar{f}'^{-1}_i(k_i) = v'(k_d) = \xi = rp$ 给出，其中 ξ 为下式的唯一解

$$v'^{-1}(\xi) + \sum_i \pi_i \bar{f}'^{-1}(\xi) = K \tag{16.22}$$

假设交易摩擦消失，即 σ 趋于∞。由式（16.15），$\xi(t) = rp(t) - \dot{p}(t)$：投资者的资产投资成本为流成本 $rp(t)$ 减去资本收益 $\dot{p}(t)$。由于 $\bar{f}_i(k)$ 在交易摩擦消失时趋于 $f_i(k)$，投资者的最优资产选择满足 $f'_i(k_i) = rp(t) - \dot{p}(t)$。这正是投资者在无摩擦瓦尔拉斯市场上的资产需求。

我们现在考察对于所有 i 有 $n_i = \pi_i$ 时，式（16.20）和式（16.21）的一个非常容易处理的特殊情况，即当投资者的生产率类型分布是不随时间而变化的情况。我们通过图 16－2 中的相图来表示系统的动态。唯一的稳态（$\bar{K}_d, \bar{\xi}$）是一个鞍点。对于某些初始 $K_d(0)$，存在一个唯一轨迹——鞍点路径，引导经济进入稳态。这一轨迹也满足式（16.6），因此鞍点路径为均衡路径。

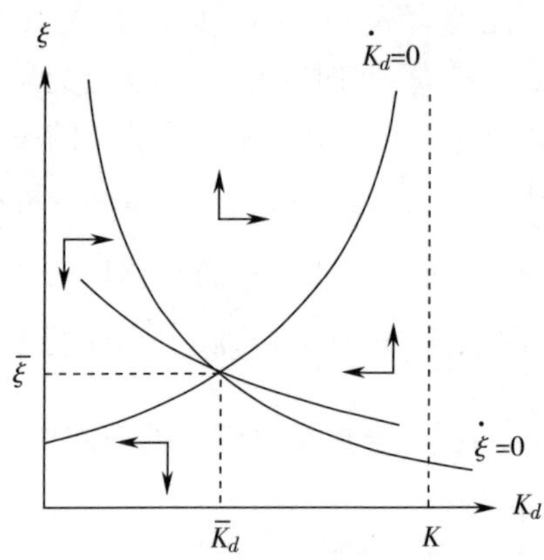

图 16－2 相图

16.4 效率

我们现在考察社会规划者的问题，其面临上述交易摩擦，并以最大化所有代理人效用总和为目的。由于在任何时点上，所有投资者都根据独立同分布的随机过程进入市场，测度为 σ 的随机抽样投资者为规划者提供的资产量为 $\sigma[K-K_d(t)]$。这意味着，市场上的代理人可用于再配置的资产数量仅依赖分布 $H_t(i,k)$ 的均值，即 $K-K_d(t)$。尽管在规划者问题中，$H_t(i,k)$ 并不是一个状态变量，规划者必须知道 $n_i(t)$，即 t 时 i 生产率类型投资者的测度，以在投资者间配置资产。

令 $\widetilde{\mathcal{V}}_i(k)$ 表示在下一个组合可调整的时点之前均持有 k 单位资产的 i 类投资者的预期贴现效用，即

$$\widetilde{\mathcal{V}}_i(k)=\mathbb{E}_i\left[\int_t^{t+T}f_{\chi(s)}(k)e^{-r(s-t)}\mathrm{d}s\right] \tag{16.23}$$

注意 $\widetilde{\mathcal{V}}_i(k)$ 类似于式（16.11）中的 $\widetilde{V}_i(k)$，其中一个重要差异就在于式（16.23）中的 T 意味着 $1/\sigma$，而式（16.11）中的 T 意味着 $1/[\sigma(1-\theta)]$。函数 $\widetilde{\mathcal{V}}_i(\mathrm{k})$ 满足

$$\widetilde{\mathcal{V}}_i(k)=\frac{(r+\sigma)f_i(k)+\delta\sum_j\pi_jf_j(k)}{(r+\sigma+\delta)(r+\sigma)} \tag{16.24}$$

规划者问题为

$$\max_{q(t),\{k_i(t)\}_{i=1}^N}\int\widetilde{\mathcal{V}}_i(k)\mathrm{d}H_0(k,i)+\int_0^\infty e^{-rt}\{v[k_d(t)]+\sigma\sum_i n_i(t)\widetilde{\mathcal{V}}_i[k_i(t)]\}\mathrm{d}t \tag{16.25}$$

$$s.t.\ q(t)=\sigma[K-K_d(t)-\sum_i n_i(t)k_i(t)] \tag{16.26}$$

$\dot{k}_d(t)=q(t)$，式（16.17）以及初始条件 $n_i(0)$ 和 $k_i(0)$，即在每个时点，规划者选择 $q(t)$ 和 $k_i(t)$ 以最大化交易商和投资者从资产持有所产生的产出流贴现和。式（16.25）中第一项代表投资者在其组合能被重新配置的第一时间之前的产出。因为这一项是常数，所以可以被忽略。因此，规划者的当前价值汉密尔顿函数可写为

$$v[k_d(t)]+\sigma\sum_i n_i(t)\widetilde{\mathcal{V}}_i[k_i(t)]+\mu(t)q(t) \tag{16.27}$$

其中，$\mu(t)$ 为与 $k_d(t)$ 的运动定律相关的共态变量。由最大化原则，最优的必要

条件为

$$\frac{(r+\sigma)f'_i[k_i(t)]+\delta\sum_j \pi_j f'_j[k_i(t)]}{r+\sigma+\delta}=(r+\sigma)\mu(t)=\lambda(t) \quad (16.28)$$

$$v'[k_d(t)]+\frac{\dot{\lambda}(t)}{r+\sigma}=\lambda(t) \quad (16.29)$$

如果我们将均衡价格 $\xi(t)$ 和规划者的影子资产价格 $\lambda(t)$ 作比较，即将式（16.5）和式（16.12）与式（16.28）和式（16.29）进行比较，就会注意到当 $\theta=0$ 时有 $\xi(t)=\lambda(t)$。因此，当且仅当 $\theta=0$ 时均衡是有效的。当 $\theta>0$ 时，议价中的锁定问题会产生无效率。特别地，为了将来能重新使持有资产平衡，投资者预期他们必须支付中介费，且该费用随总交易剩余的增加而增加。投资者将试图通过避免会导致未来大规模再平衡的资产头寸来降低这些费用（即使这些头寸从规划者视角来看也是有效率的）。

16.5 崩溃与恢复

我们将“市场崩溃”定义为改变投资者生产率类型分布 $\{n_i(t)\}_{i=1}^{I}$ 的未预期冲击，该冲击会导致资产总需求在某种程度上意外地下降。在分析市场崩溃时，我们假设经济在未预期冲击之前处于稳态。市场随经济的恢复，从崩溃恢复到稳态，该过程可以描述为投资者生产率类型分布的演进。

为了强调交易商的中介作用，我们假设交易商初始时没有存货，$k_d(0)=0$，且其技术是非生产性的，即对于任意 $k>0$ 有 $v(k)=0$。这些假设意味着在稳态时有 $k_d=0$，即交易商没有动机购买，因而也不会形成产出或资本收益的资产。为了便于处理，投资者技术被描述为 $f_i(k)=A_i k^{\alpha}/\alpha$。这一函数形式意味着有 $\bar{f}_i(k)=\bar{A}_i k^{\alpha}/\alpha$，其中 $\bar{A}_i=\frac{[r+\sigma(1-\theta)]A_i+\delta\bar{A}}{r+\sigma(1-\theta)+\delta}$，且 $\bar{A}=\sum_i \pi_i A_i$。在 t 时能进入市场且生产率类型为 i 的投资者具有的资产需求为

$$k_i(t)=\left[\frac{\bar{A}_i}{\xi(t)}\right]^{1/(1-\alpha)} \quad (16.30)$$

交易商的资产持有满足

$$[rp(t)-\dot{p}(t)]k_d(t)=0 \quad (16.31)$$

由于交易商并不从资产持有中享有任何直接收益，仅当其能产生资本收益时，他们才会在市场崩溃后持有资产。显然，当资产价格以低于其时间偏好率

的比率增长时，交易商不会持有存货。只要 $\dot{p}(t)/p(t) \geqslant r$，交易商就愿意持有资产存货。但要注意，$\dot{p}(t)/p(t) > r$ 并不与均衡一致。因此，交易商仅当 $\dot{p}(t)/p(t) = r$ 时会持有资产（在均衡时）。利用式（16.15），我们能将交易商的最优资产持有表示为

$$\left[\xi(t) - \frac{\dot{\xi}(t)}{r + \sigma(1 - \theta)}\right]K_d(t) = 0 \tag{16.32}$$

其中，$\dot{\xi}(t)/\xi(t) \leqslant r + \sigma(1 - \theta)$，且 $K_d(t) \geqslant 0$ 代表交易商的总存货（注意，单个交易商并不需要持有相同存货）。

综合式（16.17）和式（16.30），市场出清条件式（16.20）可写为

$$\dot{K}_d(t) = \sigma\{K - K_d(t) - \xi(t)^{-1/(1-\alpha)}[\overline{E} - e^{-\delta t}(\overline{E} - E_0)]\} \tag{16.33}$$

其中，$\overline{E} = \sum_i \pi_i \overline{A}_i^{1/(1-\alpha)}$ 和 $E_0 = \sum_i n_i(0)\overline{A}_i^{1/(1-\alpha)}$。注意，存在着两个时间变动来源：其一来自资产购买的有效成本 $\xi(t)$，其二来自投资者在不同生产率类型上的分布 $[\overline{E} - e^{-\delta t}(\overline{E} - E_0)]$。常量 $\overline{E}$ 测度投资者在稳态下持有资产的意愿，而 E_0 反映了当总冲击在 0 时发生时投资者持有资产的意愿。那么，$E_0/\overline{E}$ 为对资产总需求冲击强度的测度。

我们假设 $E_0/\overline{E} < 1$，这意味着相对于稳态而言，更低的生产率类型会在 0 时获得更大的人口权重。因此，当危机发生并在之后随着生产率类型的初始分布 $\{n_i(0)\}_{i=1}^{I}$ 回归到稳态分布 $\{\pi_i\}_{i=1}^{I}$ 而逐步随时间恢复时，资产的总投资者需求在 $t=0$ 时达到最低。

交易商的最优化条件式（16.32）和市场出清条件式（16.33）为能被用于求解 $\xi(t)$ 和 $K_d(t)$ 的一对差分方程。如对于所有 $t \in [t_1, t_2]$ 有 $K_d(t) > 0$，那么式（16.32）意味着有 $\xi(t) = e^{[r+\sigma(1-\theta)](t-t_2)}\xi(t_2)$。给定 $\xi(t)$ 的这一路径，式（16.33）为可被用于求解 $K_d(t)$ 路径的一阶差分方程。类似地，如果在某些时间间隔内有 $K_d(t) = 0$，那么式（16.33）就意味着 $\xi(t)$ 的一条路径。

假设在均衡路径上交易商并不持有存货，$K_d(t) = 0$。那么式（16.33）意味着

$$\xi(t) = \left[\frac{\overline{E} - e^{-\delta t}(\overline{E} - E_0)}{K}\right]^{1-\alpha} \tag{16.34}$$

如果 $\dot{p}(t)/p(t) \leqslant r$，交易商没有激励持有存货，综合式（16.15）即可推出 $\xi(t) - \dot{\xi}(t)/[r + \sigma(1 - \theta)] > 0$。由上面的公式，该条件意味着有 $\overline{E} \geqslant e^{-\delta t}(\overline{E} -$

$E_0)\left[\frac{\delta(1-\alpha)}{r+\sigma(1-\theta)}+1\right]$。

显然，如果该条件在 $t=0$ 时成立，则其对于所有 $t>0$ 均成立。因此，对于所有 t 有 $K_d(t)=0$，均衡的特征为

$$\frac{E_0}{\overline{E}} \geqslant \frac{\delta(1-\alpha)}{\delta(1-\alpha)+r+\sigma(1-\theta)} \tag{16.35}$$

式（16.35）的充分条件为 $[r+\sigma(1-\theta)]/\delta$ 足够大。假设生产率冲击是非常持久的（δ 非常小）。在这种情况下，经济恢复较慢，资产价格增长率也较慢，且交易商的资本收益要小于其资产持有的机会成本。相反如果 σ 变得任意大（趋于无穷），那么经济会趋于无摩擦瓦尔拉斯基准。在这种情况下，交易商相对于投资者而言不再具有交易优势，这导致其实现资本收益的能力消失。

现在假设交易商沿着均衡路径持有存货，这意味着条件式（16.35）不成立。交易商可能会愿意持有资产存货，因为其相对于投资者的交易优势（他们能连续进入市场而投资者则不行）允许其连续“盯住市场”以获得投资者无法实现的资本收益。如果交易商不能持有存货，这些资本收益就不能被利用。在均衡时，交易商之间的竞争使得资本收益与资产持有的机会成本相等，即 $\dot{p}/p=r$。

我们现在提供一些数值例子，以描述和解释关键参数是如何影响交易商在危机时持有存货的激励的。我们设置 $r=0.05$，$\alpha=1/2$，且假设生产率冲击以相同概率为 $A_1=1$ 或者 $A_2=1$。我们假设 $\sigma=\delta=1$，以使投资者在每单位时间平均获得一次生产率冲击和一次交易机会。我们还设置 $\theta=0$，以使基准参数配置的均衡对应于规划者问题的解。在 0 时，具备低生产率的部分投资者其稳态值从 0.5 上升到 n_1（0）$=0.95$。

图 16－3 的阴影部分描绘了交易商在危机时持有存货时［即条件式（16.35）不满足］的参数值组合。在每个子图中，我们令坐标轴上的两个参数变化，而保持其余参数固定在其基准值。回想一下，$\theta=0$ 时经济的稳态均衡配置是对应于有效配置的。图 16－3 指出，存在 $\theta=0$ 时交易商积累存货的参数配置。交易商通过利用投资者在当前时点和未来的边际生产率跨期抉择而发挥社会作用。由于投资者资产的平均边际生产率在危机发生时较低，并在之后逐步提高，交易商的存货能在时间上平滑边际生产率。

我们现在考察基本面的变化是如何影响交易商在危机期间进行干预的可能性的。图 16－3 的左图表明，对于任何给定的 σ，在 n_1（0）足够大时（即在崩溃足够突然时）交易商会进行干预。如果冲击较大，交易商会预期资本收益将

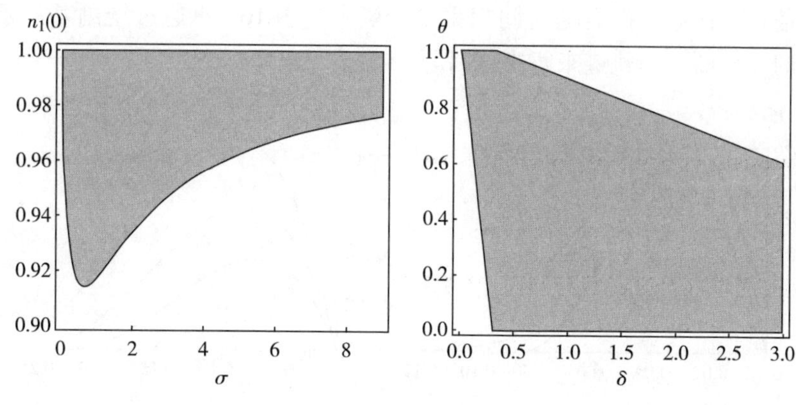

图 16－3 交易商持有存货（灰色部分）

补偿其时间偏好率。右图表明，如果恢复较快，即δ较大，交易商会认为进行干预是最优的。但是，该图也表明，如果在其议价能力较高且δ过大时，交易商不会进行干预。由于δ不仅测度了恢复速度，也测度了异质性生产率冲击的到达密度，如果δ非常大，那么投资者可能会在交易后和再次与交易商建立联系之间非常快地改变类型。因为投资者的平均类型在其持有期间变得更贴近均值$\bar{A}$，此时的经济类似于没有受到异质性生产率冲击，交易商在这种情况下没有激励在不同时间对资产进行重新配置。

图 16－3 的左图表明，对于给定的总冲击规模，如果交易摩擦大小适中，交易商就会提供流动性。首先考虑σ较大的情况。投资者预期能在很短的时间（$1/\sigma$）内对资产头寸进行再平衡。这一效应增加了投资者持有更极端头寸的意愿。特别地，具有高于平均生产率的投资者变得更有意愿持有大于平均的头寸并吸收更多的销售压力。一方面，在某些情况下，当σ足够大时，便会停止向其他投资者提供这么多流动性，因为涉足其中无利可图。另一方面，如果σ较小，那么投资者会如$A \approx \bar{A}$时那样行为，且其会选择接近于均值的资产持有。经济类似于没有受到异质性生产率冲击，这时交易商不用重配资产。

图 16－3 的右图揭示了对于任何给定δ，如果交易商的议价能力适中，那么他们就更有可能持有存货。回忆一下，当$\theta = 0$，则经济是约束有效的。那么，右图也表明即使规划者没有让交易商进行干预，也存在某些参数值使得交易商在均衡时会进行干预，反之亦然。

我们将上述讨论总结如下。交易商会通过累积资产存货提供流动性，如果：（1）市场崩溃是突然的，且恢复迅速；（2）交易摩擦大小适中；（3）交易商的市场力量不过大；（4）异质性生产率冲击不是过于持久。

图 16－3 描绘了交易商积累存货的条件，但这对于交易商干预规模没有提

供多少信息，例如他们会随时间积累多少资本。图 16－4 通过绘制基准示例参数值下的交易商干预轨迹来解决该问题。

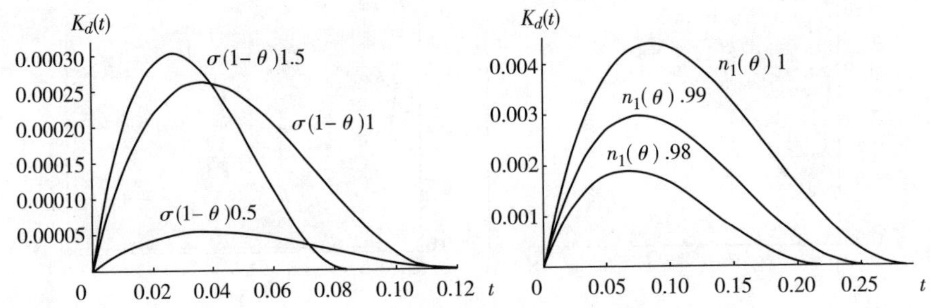

图 16－4　负向总冲击后的交易商存货

图 16－4 的左图描绘了由 $\sigma(1-\theta)$ 总结的市场结构与交易商存货政策之间的关系。交易商持有存货的时期长度首先随 $\sigma(1-\theta)$ 的增加而增加，因为投资者会持有更极端的头寸，且这增加了其在不同时点边际生产率之间的差异。然后随 $\sigma(1-\theta)$ 的增加而降低，因为流动性在交易摩擦变小时不再那么被需要。交易商所持资产的最大数量倾向于随摩擦程度而递减，因为在一个很小时间间隔中联系市场的投资者的测度随 σ 的增加而增加。当 σ 下降时，流动性需求会变低。

图 16－4 的右图描绘了在总冲击严重程度的函数中，交易商存货行为变化。首先，持有期随 n_1（0）的增加而扩张。其次，资产需求的初始缩减更严重，则交易商在任何时点持有的资产数量倾向于更大。因此，更严重的崩溃促使交易商在更长的时期内提供更多的流动性。

16.6　进一步阅读

本章的模型是基于 Lagos、Rocheteau 和 Weill（2011）的。我们描述了与 Weill（2007）相同的版本模型，该模型在经济恢复后的总体冲击是确定性的。而 Weill（2007）以及 Lagos、Rocheteau 和 Weill（2011）描述了所有生产力按比例缩减并应用泊松过程构建随机恢复模型。与 Weill（2007）不同的是，交易商的资产持有是不受限制的，且模型考虑了更丰富的异质性。

Sultanum（2016）研究了金融机构——由投资者组成的小规模联合体，且投资者对资产的偏好冲击仅能被私下观察到。他表明，存在着与本章实施有效风险分担安排的均衡类似的讲真话均衡。还存在其他“短期均衡”，其中所有投资者歪曲了其对资产的定价。这样的均衡在搜索摩擦很大时会存在。市场微观结构文献中的存货理论模型包括 Amihud 和 Mendelson（1980）、Stoll（1978）以及 Ho 和 Stoll（1983）。

Camargo 和 Lester（2014）研究了一个一次性进入的、动态非集中式的柠檬市场，并表明遭受逆向选择的“冰冻”市场是如何随时间而内生恢复的。Camargo、Kim 和 Lester（2015）研究了在逆向选择导致交易崩溃的环境中政府干预的影响。他们发现，一定的干预对于恢复交易是必要的，但过多的干预会降低交易的信息内容。Chiu 和 Koeppl（2016）分析了类似问题，并发现政府能通过购买所有遭受金融损失的柠檬来复活交易。延迟干预使卖方有了销售压力，从而改善出售资产的平均质量，这一策略可能是最优的。

参考文献

Afonso, Gara (2011). "Liquidity and congestion," *Journal of Financial Intermediation* 20, 324–360.

Afonso, Gara and Ricardo Lagos (2015). "Trade dynamics in the market for federal funds", *Econometrica* 83, 263–313.

Aiyagari, S. Rao and Mark Gertler (1991). "Asset returns with transactions costs and uninsured individual risk," *Journal of Monetary Economics* 27, 311–331.

Aiyagari, S. Rao and Neil Wallace (1991). "Existence of steady states with positive consumption in the Kiyotaki-Wright model," *The Review of Economic Studies* 58, 901–916.

Aiyagari, S. Rao, Neil Wallace, and Randall Wright (1996). "Coexistence of money and interest-bearing securities," *Journal of Monetary Economics* 37, 397–419.

Aiyagari, S. Rao and Stephen Williamson (1999). "Credit in a random matching model with private information," *Review of Economic Dynamics* 2, 36–64.

Aiyagari, S. Rao and Stephen Williamson (2000). "Money and dynamic credit arrangements with private information," *Journal of Economic Theory* 91, 248–279.

Alchian, Armen (1977). "Why money?" *Journal of Money, Credit, and Banking* 9, 133–140.

Ales, Laurence, Francesca Carapella, Pricila Maziero, and Warren Weber (2008). "A model of banknote discounts," *Journal of Economic Theory* 142, 5–27.

Aliprantis, Charalambos, Gabriele Camera, and Daniela Puzzello (2006). "Matching and anonymity," *Economic Theory* 29, 415–432.

Aliprantis, Charalambos, Gabriele Camera, and Daniela Puzzello (2007). "A random matching theory," *Games and Economic Behavior* 59, 1–16.

Aliprantis, Charalambos, Gabriele Camera, and Daniela Puzzello (2007). "Contagion equilibria in a monetary model," *Econometrica* 75, 277–282.

Alvarez, Fernando, and Urban Jermann (2000). "Efficiency, equilibrium, and asset pricing with risk of default," *Econometrica* 68, 775–797.

Amihud, Yakov, and Haim Mendelson (1980). "Dealership markets: Market-making with inventory," *Journal of Financial Economics* 8, 31–53.

Amihud, Yakov, and Haim Mendelson (1986). "Asset pricing and the bid-ask spread," *Journal of Financial Economics* 17, 223–249.

Andolfatto, David (2008). "The simple analytics of money and credit in a quasi-linear environment," Working Paper.

Andolfatto, David (2010). "Essential interest-bearing money," *Journal of Economic Theory* 145, 1495–1507.

Andolfatto, David (2011). "A note on the societal benefits of illiquid bonds," *Canadian Journal of Economics* 44, 133–147.

Andolfatto, David (2013). "Incentive-feasible deflation," *Journal of Monetary Economics* 60, 383–390.

Andolfatto, David, Aleksander Berentsen, and Christopher Waller (2014). "Optimal disclosure policy and undue diligence," *Journal of Economic Theory* 149, 128–152.

Andolfatto, David, Aleksander Berentsen, and Christopher Waller (2016). "Monetary policy with asset-backed money," *Journal of Economic Theory* (Forthcoming).

Andolfatto, David, and Fernando Martin (2013). "Information disclosure and exchange media," *Review of Economic Dynamics* 16, 527–539.

Araujo, Luis (2004). "Social norms and money," *Journal of Monetary Economics* 51, 241–256.

Araujo, Luis, and Braz Camargo (2006). "Information, learning, and the stability of fiat money," *Journal of Monetary Economics* 53, 1571–1591.

Araujo, Luis, and Braz Camargo (2008). "Endogenous supply of fiat money," *Journal of Economic Theory* 142, 2008, 48–72.

Araujo, Luis, and Braz Camargo (2009). "Money vs. memory," Working Paper, Michigan State University.

Araujo, Luis, Braz Camargo, Raoul Minetti, and Daniela Puzzello (2012). "The essentiality of money in environments with centralized trade," *Journal of Monetary Economics* 59, 612–621.

Araujo, Luis, and Tai-Wei Hu (2016). "Optimal monetary interventions in credit markets," Working Paper.

Araujo, Luis, and Raoul Minetti (2011) "On the essentiality of banks," *International Economic Review* 52, 679–691.

Araujo, Luis, and Andrei Shevshenko (2006) "Price dispersion, information, and learning," *Journal of Monetary Economics* 53, 1197–1223.

Arrow, Kenneth, and Gerard Debreu (1954). "Existence of an equilibrium for a competitive economy," *Econometrica* 22, 265–290.

Aruoba, S. Boragan (2011). "Money, search, and business cycles," *International Economic Review* 52, 935–959.

Aruoba, S. Boragan, and Sanjay Chugh (2008). "Optimal fiscal and monetary policy when money is essential," *Journal of Economic Theory* 145, 1618–1647.

Aruoba, S. Boragan, Morris Davis, and Randall Wright (2015). "Homework in monetary economics: Inflation, home production, and the production of homes," *Review of Economic Dynamics* (Forthcoming).

Aruoba, S. Boragan, Guillaume Rocheteau, and Christopher Waller (2007). "Bargaining and the value of money," *Journal of Monetary Economics* 54, 2636–2655.

Aruoba, S. Boragan, and Frank Schorfheide (2011). "Sticky prices versus monetary frictions: An estimation of policy trade-offs," *American Economic Journals: Macroeconomics* 3, 60–90.

Aruoba, S. Boragan, Christopher Waller, and Randall Wright (2011). "Money and capital: A quantitative analysis," *Journal of Monetary Economics* 58, 98–116.

Aruoba, S. Boragan, and Randall Wright (2003). "Search, money, and capital: A neoclassical dichotomy," *Journal of Money, Credit, and Banking* 35, 1085–1106.

Ashcraft, Adam, and Darrell Duffie (2007). "Systemic illiquidity in the federal funds market," *American Economic Review* 97, 221–225.

Atkeson, Andrew, Andrea Eisfeldt, and Pierre-Olivier Weill (2015). "Entry and exit in OTC derivatives markets," *Econometrica* 83, 2231–2292.

Azariadis, Costas (1993). *Intertemporal Macroeconomics.* Blackwell: Malden, Massachusetts.

Bailey, Martin (1956). "The welfare costs of inflationary finance," *Journal of Political Economy* 64, 93–110.

Bajaj, Ayushi (2015). "Undefeated equilibria of the Shi-Trejos-Wright model under adverse selection," mimeo.

Bajaj, Ayushi (2016). "Accounting for debasements: Indivisibility or imperfect recognizability of money," mimeo.

Banerjee, Abhijit and Eric Maskin (1996). "A Walrasian theory of money and barter," *The Quarterly Journal of Economics* 111, 955–1005.

Baranowski, Ryan (2015). "Adaptive learning and monetary exchange," *Journal of Economic Dynamics and Control* 58, 1–18.

Beaudry, Pascal, Dana Galizia, and Franck Portier (2015). "Reviving the limit cycle view of macroeconomic fluctuations," mimeo.

Bech, Morten, and Cyril Monnet (2016). "A search-based model of the interbank money market and monetary policy implementation," *Journal of Economic Theory* (Forthcoming).

Benabou, Roland (1988). "Search, price setting, and inflation," *Review of Economic Studies* 55, 353–376.

Bénassy, Jean-Pascal (1999). "Analytical solutions to a structural signal extraction model: Lucas 1972 revisited," *Journal of Monetary Economics* 44, 509–521.

Berentsen, Aleksander, Gabriele Camera, and Christopher Waller (2004). "The distribution of money and prices in an equilibrium with lotteries," *Economic Theory* 24, 887–906.

Berentsen, Aleksander, Gabriele Camera, and Christopher Waller (2005). "The distribution of money balances and the nonneutrality of money," *International Economic Review* 46, 465–487.

Berentsen, Aleksander, Gabriele Camera, and Christopher Waller (2007). "Money, credit, and banking," *Journal of Economic Theory* 135, 171–195.

Berentsen, Aleksander, Samuel Huber, and Alessandro Marchesiani (2014). "Degreasing the wheels of finance," *International Economic Review* 55, 735–763.

Berentsen, Aleksander, Samuel Huber, and Alessandro Marchesiani (2015). "Financial innovations, money demand and the welfare cost of inflation," *Journal of Money, Credit, and Banking* 47, 223–261.

Berentsen, Aleksander, Alessandro Marchesiani, and Christopher Waller (2014). "Floor systems for implementing monetary policy: Some unpleasant fiscal arithmetic," *Review of Economic Dynamics* 17, 523–542.

Berentsen, Aleksander, Guido Menzio, and Randall Wright (2011). "Inflation and unemployment in the long run," *American Economic Review* 101, 371–98.

Berentsen, Aleksander, Miguel Molico, and Randall Wright (2002). "Indivisibilities, lotteries, and monetary exchange," *Journal of Economic Theory* 107, 70–94.

Berentsen, Aleksander and Cyril Monnet (2008). "Monetary policy in a channel system," *Journal of Monetary Economics* 55, 1067–1080.

Berentsen, Aleksander and Guillaume Rocheteau (2002). "On the efficiency of monetary exchange: How divisibility of money matters," *Journal of Monetary Economics* 49, 1621–1649.

Berentsen, Aleksander and Guillaume Rocheteau (2003). "On the Friedman rule in search models with divisible money," *Contributions to Macroeconomics* 3, Article 11.

Berentsen, Aleksander and Guillaume Rocheteau (2003). "Money and the gains from trade," *International Economic Review* 44, 263–297.

Berentsen, Aleksander and Guillaume Rocheteau (2004). "Money and information," *Review of Economic Studies* 71, 915–944.

Berentsen, Aleksander, Guillaume Rocheteau, and Shouyong Shi (2007). "Friedman meets Hosios: Efficiency in search models of money," *Economic Journal* 117, 174–195.

Berentsen, Aleksander, Mariana Rojas Breu, and Shouyong Shi (2012). "Liquidity, innovation, and growth," *Journal of Monetary Economics* 59, 721–737.

Berentsen, Aleksander, and Carlo Strub (2009). "Central bank design with heterogeneous agents," *European Economic Review* 53, 139–152.

Berentsen, Aleksander, and Christopher Waller (2011). "Outside versus inside bonds: A Modigliani-Miller type result for liquidity constrained economies," *Journal of Economic Theory* 146, 1852–1887.

Berentsen, Aleksander, and Christopher Waller (2015). "Optimal stabilization policy with search externalities," *Macroeconomic Dynamics* 19, 669–700.

Bethune, Zachary, Tai-Wei Hu, and Guillaume Rocheteau (2014). "Dynamic indeterminacy and welfare in credit economies," Working Paper, University of California, Irvine.

Bethune, Zachary, Peter Rupert, and Guillaume Rocheteau (2015). "Aggregate unemployment and household unsecured debt," *Review of Economic Dynamics* 18, 77–100.

Bhattacharya, Joydeep, Joseph Haslag, and Antoine Martin (2005). "Heterogeneity, redistribution, and the Friedman Rule," *International Economic Review* 46, 437–454.

Bhattacharya, Joydeep, Joseph Haslag, and Antoine Martin (2006). "Sub-optimality of the Friedman rule in Townsend's turnpike and stochastic relocation models of money: Do finite lives and initial dates matter?" *Journal of Economic Dynamics and Control* 30, 879–897.

Biglaiser, Gary (1993). "Middlemen as experts," *The RAND Journal of Economics* 24, 212–223.

Boel, Paola and Gabriele Camera (2006). "Efficient monetary allocations and the illiquidity of bonds," *Journal of Monetary Economics* 53, 1693–1715.

Boel, Paola and Gabriele Camera (2009). "Financial sophistication and the distribution of the welfare cost of inflation," *Journal of Monetary Economics* 56, 968–978.

Boel, Paola and Gabriele Camera (2011). "The welfare cost of inflation in OECD countries," *Macroeconomic Dynamics* 15, 217–251.

Brunner, Karl and Allan Meltzer (1971). "The uses of money: Money in the theory of an exchange economy," *American Economic Review* 61, 784–805.

Bryant, John and Neil Wallace (1979). "The inefficiency of interest-bearing national debt," *Journal of Political Economy* 87, 365–381.

Burdett, Kenneth and Kenneth Judd (1983). "Equilibrium price dispersion," *Econometrica* 51, 955–969.

Burdett, Kenneth, Alberto Trejos, and Randall Wright (2001). "Cigarette money," *Journal of Economic Theory* 99, 117–142.

Branch, William (2016). "Imperfect knowledge, liquidity and bubbles," *Journal of Economic Dynamics and Control* 62, 17–42.

Branch, William, and Bruce McGough (2016). "Heterogeneous beliefs and trading inefficiencies," *Journal of Economic Theory* 163, 786–818.

Branch, William, Nicolas Petrosky-Nadeau, and Guillaume Rocheteau (2015). "Financial frictions, the housing market, and unemployment," *Journal of Economic Theory* (Forthcoming).

Calvo, Guillermo (1983). "Staggered prices in a utility-maximizing framework," *Journal of Monetary Economics* 12, 383–398.

Camargo, Braz, Teddy Kim, and Ben Lester (2015). "Information spillovers, gains from trade, and interventions in frozen markets," *Review of Financial Studies* (Forthcoming).

Camargo, Braz and Ben Lester (2014). "Trading dynamics in decentralized markets with adverse selection," *Journal of Economic Theory* 153, 534–568.

Camera, Gabriele (2001). "Search, dealers, and the terms of trade," *Review of Economic Dynamics* 4, 680–694.

Camera, Gabriele, and YiLi Chien (2016). "Two monetary models with alternating markets," *Journal of Money, Credit, and Banking* (Forthcoming).

Camera, Gabriele, and Dean Corbae (1999). "Money and price dispersion," *International Economic Review* 40, 985–1008.

Camera, Gabriele, Ben Craig, and Christopher Waller (2004). "Currency competition in a fundamental model of money," *Journal of International Economics* 64, 521–544.

Camera, Gabriele and Alessandro Gioffre (2014). "Game-theoretic foundations of monetary equilibrium," *Journal of Monetary Economics* 63, 51–63.

Camera, Gabriele and Yiting Li (2008). "Another example of a credit system that coexists with money," *Journal of Money, Credit and Banking* 40, 1295–1308.

Camera, Gabriele, Rob Reed, and Christopher Waller (2003). "Jack of all trades or master of one? Specialization, trade and money," *International Economic Review* 44, 1275–1294.

Camera, Gabriele, and Johannes Winkler (2003). "International monetary exchange and the law of one price," *Journal of Monetary Economics* 50, 1531–1553.

Carapella, Francesca, and Stephen Williamson (2015). "Credit markets, limited commitment, and government debt," *Review of Economic Studies* (Forthcoming).

Cass, David (1965). "Optimum growth in an aggregative model of capital accumulation," *The Review of Economic Studies* 37, 233–240.

Cavalcanti, Ricardo, Andres Erosa, and Ted Temzelides (1999). "Private money and reserve management in a random matching model," *Journal of Political Economy* 107, 929–945.

Cavalcanti, Ricardo and Andres Erosa (2008). "Efficient propagation of shocks and the optimal return on money," *Journal of Economic Theory* 142, 128–148.

Cavalcanti, Ricardo and Ed Nosal (2011). "Counterfeiting as private money in mechanism design," *Journal of Money, Credit and Banking* 43(S2), 625–636.

Cavalcanti, Ricardo and Neil Wallace (1999). "Inside and outside money as alternative media of exchange," Proceedings, Federal Reserve Bank of Cleveland, 443–468.

Chang, Briana (2014). "Adverse selection and liquidity distortion," Working Paper, University of Wisconsin.

Chiu, Jonathan and Thorsten Koeppl (2016). "Trading dynamics with adverse selection and search: Market freeze, intervention and recovery," *Review of Economic Studies* (Forthcoming).

Chiu, Jonathan and Cesaire Meh (2011). "Financial intermediation, liquidity, and in‡ation," *Macroeconomic Dynamics* 15, 83–118.

Chiu, Jonathan, Cesaire Meh, and Randall Wright (2015). "Innovation and growth with financial and other frictions," *International Economic Review* (Forthcoming).

Chiu, Jonathan and Miguel Molico (2010). "Liquidity, redistribution, and the welfare cost of inflation," *Journal of Monetary Economics* 57, 428–438.

Chiu, Jonathan and Miguel Molico (2011). "Uncertainty, inflation, and welfare," *Journal of Money, Credit, and Banking* 43, 487–512.

Chiu, Jonathan and Russell Wong (2015). "Payment systems: A mechanism design approach," Working Paper of the Bank of Canada.

Clower, Robert (1967). "A reconsideration of the microfoundations of monetary theory," *Western Economic Journal* 6, 1–8.

Coles, Melvyn and Randall Wright (1998). "A dynamic equilibrium model of search, bargaining, and money," *Journal of Economic Theory* 78, 32–54.

Cone, Thomas (2005). "Anticipated inflation and rates of return in a search-theoretic monetary model," *Journal of Monetary Economics* 52, 567–674.

Constantinides, George (1986). "Capital market equilibrium with transaction costs," *Journal of Political Economy* 94, 842–862.

Cooley, Thomas and Vincenzo Quadrini (2004). "Optimal time-consistent monetary policy in a Phillips-curve world", *Journal of Economic Theory* 118, 174–208.

Corbae, Dean and Joseph Ritter (2004). "Decentralized credit and monetary exchange without public record-keeping," *Economic Theory* 24, 933–951.

Craig, Ben and Guillaume Rocheteau (2008). "Inflation and welfare: A search approach," *Journal of Money, Credit and Banking* 40, 89–119.

Craig, Ben and Guillaume Rocheteau (2008). "State-dependent pricing, inflation, and welfare," *European Economic Review* 52, 441–468.

Craig, Ben and Christopher Waller (2000). "Dual-currency economies as multiple-payment systems," Federal Reserve Bank of Cleveland, *Economic Review* 36, 2–13.

Craig, Ben and Craig Waller (2004). "Dollarization and currency exchange," *Journal of Monetary Economics* 51, 671–689.

Cuadras-Morato, Xavier (1994). "Commodity money in the presence of goods of heterogeneous quality," *Economic Theory* 4, 579–591.

Curtis, Elisabeth S. and Christopher Waller (2000). "A search-theoretic model of legal and illegal currency," *Journal of Monetary Economics* 45, 155–184.

Curtis, Elisabeth S. and Christopher Waller (2003). "Currency restrictions, government transaction policies and currency exchange," *Economic Theory* 21, 19–42.

Curtis, Elisabeth, and Randall Wright (2004). "Price setting, price dispersion, and the value of money: Or, the law of two prices," *Journal of Monetary Economics* 51, 1599–1621.

Davoodalhosseini, Mohammad (2014). "Constrained efficiency with search and information frictions," Job Market Paper, PennState University.

Debreu, Gerard (1959). *Theory of Value: An Axiomatic Analysis of Economic Equilibrium*. New York: Wiley. Reprint. New Haven: Yale University Press, 1971.

DeMarzo, Peter, and Darrell Duffie (1999). *"A liquidity-based model of security design,"* *Econometrica* 67, 65–99.

Deviatov, Alexei (2006). "Money creation in a random matching model," *The B.E. Journal of Macroeconomics* 6, 1–20.

Deviatov, Alexei and Neil Wallace (2001). "Another example in which lump-sum money creation is beneficial," *Advances in Macroeconomics* 1, Article 1.

Deviatov, Alexei and Neil Wallace (2014). "Optimal inflation in a model of inside money," *Review of Economic Dynamics* 17, 287–293.

Diamond, Peter (1982). "Aggregate demand management in search equilibrium," *Journal of Political Economy* 90, 881–894.

Diamond, Peter (1984). "Money in search equilibrium," *Econometrica* 52, 1–20.

Diamond, Peter (1987a). "Credit in search equilibrium,"*Financial Constraints, Expectations, and Macroeconomics.* Eds. Meir Kohn and Sho-Chieh Tsiang. Oxford University Press.

Diamond, Peter (1987b). "Multiple equilibria in models of credit," *American Economic Review* 77, 82–86.

Diamond, Peter (1990). "Pairwise credit in search equilibrium," *Quarterly Journal of Economics* 105, 285–319.

Diamond, Peter (1993). "Search, sticky prices, and inflation," *Review of Economic Studies* 60, 53–68.

Doepke Matthias and Martin Schneider (2013). "Money as a unit of account," NBER Working Paper 19537.

Dong, Mei and Janet Jiang (2010). "One or two monies?" *Journal of Monetary Economics* 57, 439–450.

Dong, Mei and Janet Jiang (2014). "Money and price posting under private information," *Journal of Economic Theory* 150, 740–777.

Dotsey, Michael and Peter Ireland (1996). "The welfare cost of inflation in general equilibrium," *Journal of Monetary Economics* 37, 29–47.

Dromel, Nicolas, Elie Kolakez, and Etienne Lehmann (2010). "Credit constraint and the persistence of unemployment", *Labour Economics* 17, 823–834.

Duffie, Darrell, Nicolae Garleanu, and Lasse H. Pedersen (2005). "Over-the-counter markets," *Econometrica* 73, 1815–1847.

Duffie, Darrell, Nicolae Garleanu, and Lasse H. Pedersen (2007). "Valuation in over-the-counter markets," *The Review of Financial Studies* 20, 1865–1900.

Duffy, John and Daniela Puzzello (2014). "Gift exchange versus monetary exchange: Theory and evidence," *American Economic Review* 104, 1735–1776.

Duffy, John and Daniela Puzzello (2015). "Experimental evidence on the essentiality and neutrality of money in a search model," Experiments in Macroeconomics, Research in Experimental Economics, Volume 17, Bingley, UK: Emerald Group Publishing Ltd, 2015.

Dutu, Richard, Benoit Julien, and Ian King (2012), "On the welfare gains of price dispersion," *Journal of Money, Credit, and Banking*, 44, 757–786.

Engineer, Merwan and Shouyong Shi (1998). "Asymmetry, imperfectly transferable utility, and fiat money in improving the terms of trade," *Journal of Monetary Economics* 41, 153–183.

Engineer, Merwan and Shouyong Shi (2001). "Bargains, barter, and money," *Review of Economic Dynamics* 4, 188–209.

Ennis, Huberto (2001). "On random matching, monetary equilibria, and sunspots," *Macroeconomic Dynamics* 5, 132–142.

Ennis, Huberto (2004). "Macroeconomic fluctuations and bargaining," *Journal of Economic Theory* 115, 322–340.

Ennis, Huberto (2008). "Search, money, and inflation under private information" *Journal of Economic Theory* 138, 101–131.

Ennis, Huberto (2009). "Avoiding the inflation tax," *International Economic Review* 50, 607–625.

Faig, Miquel (2008). "Endogenous buyer-seller choice and divisible money in search equilibrium," *Journal of Economic Theory* 141, 184–199.

Faig, Miquel and Belen Jerez (2006). "Inflation, prices, and information in competitive search," *Advances in Macroeconomics* 6, 1313.

Faig, Miquel and Zhe Li (2009). "The welfare cost of expected and unexpected inflation," *Journal of Monetary Economics* 56, 1004–1013.

Fernández-Villaverde, Jesús and Daniel Sanches (2016). "Can currency competition work?," NBER Working Paper 22157.

Ferraris, Leo and Makoto Watanabe (2008). "Collateral secured loans in a monetary economy," *Journal of Economic Theory* 143, 405–424.

Ferraris, Leo, and Makoto Watanabe (2011). "Collateral fluctuations in a monetary economy," *Journal of Economic Theory* 146, 1915–1940

Ferraris, Leo and Makoto Watanabe (2012). "Liquidity constraints in a monetary economy," *International Economic Review* 53, 255–277.

Fisher, Stanley (1974). "Money and the production function," *Economic Inquiry* 12, 517–533.

Freeman, Scott (1985). "Transaction costs and the optimal quantity of money," *Journal of Political Economy* 93, 145–157.

Freeman, Scott (1996a). "Clearinghouse banks and banknote over-issue," *Journal of Monetary Economics* 38, 101–115.

Freeman, Scott (1996b). "The payments system, liquidity, and rediscounting," *American Economic Review* 86, 1126–1138.

Freeman, Scott (1999). "Rediscounting under aggregate risk," *Journal of Monetary Economics* 43, 197–216.

Freeman, Scott and Joseph Haslag (1996). "On the optimality of interest-bearing reserves in economies of overlapping generations," *Economic Theory* 7, 557–565.

Freeman, Scott and Finn Kydland (2000). "Monetary aggregates and output," *American Economic Review* 90, 1125–1135.

Friedman, Milton (1969). "The optimum quantity of money," in *The Optimum Quantity of Money and Other Essays*, 1–50.

Friedman, Milton (1960). *A Program for Monetary Stability*. New York: Fordham University Press.

Galenianos, Manolis and Philipp Kircher (2008). "A model of money with multilateral matching," *Journal of Monetary Economics* 55, 1054–1066.

Gavazza, Alessandro (2011). "Leasing and secondary markets: Theory and evidence from commercial aircraft," *Journal of Political Economy* 119, 325–377.

Geromichalos, Athanasios and Lucas Herrenbreuck (2016). "Monetary policy, asset prices, and liquidity in over-the-counter markets," *Journal of Money, Credit, and Banking* 48, 35–79.

Ennis, Huberto (2009). "Avoiding the inflation tax," *International Economic Review* 50, 607–625.

Faig, Miquel (2008). "Endogenous buyer-seller choice and divisible money in search equilibrium," *Journal of Economic Theory* 141, 184–199.

Faig, Miquel and Belen Jerez (2006). "Inflation, prices, and information in competitive search," *Advances in Macroeconomics* 6, 1313.

Faig, Miquel and Zhe Li (2009). "The welfare cost of expected and unexpected inflation," *Journal of Monetary Economics* 56, 1004–1013.

Fernández-Villaverde, Jesús and Daniel Sanches (2016). "Can currency competition work?," NBER Working Paper 22157.

Ferraris, Leo and Makoto Watanabe (2008). "Collateral secured loans in a monetary economy," *Journal of Economic Theory* 143, 405–424.

Ferraris, Leo, and Makoto Watanabe (2011). "Collateral fluctuations in a monetary economy," *Journal of Economic Theory* 146, 1915–1940

Ferraris, Leo and Makoto Watanabe (2012). "Liquidity constraints in a monetary economy," *International Economic Review* 53, 255–277.

Fisher, Stanley (1974). "Money and the production function," *Economic Inquiry* 12, 517–533.

Freeman, Scott (1985). "Transaction costs and the optimal quantity of money," *Journal of Political Economy* 93, 145–157.

Freeman, Scott (1996a). "Clearinghouse banks and banknote over-issue," *Journal of Monetary Economics* 38, 101–115.

Freeman, Scott (1996b). "The payments system, liquidity, and rediscounting," *American Economic Review* 86, 1126–1138.

Freeman, Scott (1999). "Rediscounting under aggregate risk," *Journal of Monetary Economics* 43, 197–216.

Freeman, Scott and Joseph Haslag (1996). "On the optimality of interest-bearing reserves in economies of overlapping generations," *Economic Theory* 7, 557–565.

Freeman, Scott and Finn Kydland (2000). "Monetary aggregates and output," *American Economic Review* 90, 1125–1135.

Friedman, Milton (1969). "The optimum quantity of money," in *The Optimum Quantity of Money and Other Essays*, 1–50.

Friedman, Milton (1960). *A Program for Monetary Stability*. New York: Fordham University Press.

Galenianos, Manolis and Philipp Kircher (2008). "A model of money with multilateral matching," *Journal of Monetary Economics* 55, 1054–1066.

Gavazza, Alessandro (2011). "Leasing and secondary markets: Theory and evidence from commercial aircraft," *Journal of Political Economy* 119, 325–377.

Geromichalos, Athanasios and Lucas Herrenbreuck (2016). "Monetary policy, asset prices, and liquidity in over-the-counter markets," *Journal of Money, Credit, and Banking* 48, 35–79.

Geromichalos, Athanasios, Lucas Herrenbreuck, and Kevin Salyer (2016). "A search-theoretic model of the term premium," *Theoretical Economics* (Forthcoming).

Geromichalos, Athanasios and Kuk Mo Jung (2015). "An over-the-counter approach to the FOREX market", University of California, Davis, Working Paper.

Geromichalos, Athanasios, Juan Licari, and Jose Suarez-Lledo (2007). "Monetary policy and asset prices," *Review of Economic Dynamics* 10, 761–779.

Geromichalos, Athanasios and Ina Simonovska (2014). "Asset liquidity and international portfolio choice," *Journal of Economic Theory* 151, 342–380.

Glosten, Lawrence and Paul Milgrom (1985). "Bid, ask and transaction prices in a specialist market with heterogeneously informed traders," *Journal of Financial Economics* 14, 71–100.

Gomis-Porqueras, Pedro, Benoit Julien, and Chengsi Wang (2013). "Optimal monetary and fiscal policies in a search theoretic model of money and unemployment," *Macroeconomic Dynamics* 17, 1330–1354.

Gomis-Porqueras, Pedro, Timothy Kam, and Christopher Waller (2014). "Breaking the curse of Kareken and Wallace," Working Paper of the Federal Reserve Bank of St Louis.

Gomis-Porqueras, Pedro and Adrian Peralta-Ava (2010). "Optimal monetary and fiscal policies in a search theoretic model of monetary exchange," *European Economic Review* 54, 331–344.

Gomis-Porqueras, Pedro, Adrian Peralta-Alva, and Christopher Waller (2014). "The shadow economy as an equilibrium outcome," *Journal of Economic Dynamics and Control* 41, 1–19.

Gomis-Porqueras, Pedro and Daniel Sanches (2013). "Optimal monetary policy in a model of money and credit," *Journal of Money, Credit and Banking* 45, 701–730.

Grandmont, Jean-Michel (1985). "On endogenous competitive business cycles," *Econometrica* 53, 995–1046.

Green, Edward (1999). "Money and debt in the structure of payments," Federal Reserve Bank of Minneapolis, Quarterly Review 23, 13–29.

Green, Edward and Warren Weber (1996). "Will the new $100 bill decrease counterfeiting?" Working Paper 571, Federal Reserve Bank of Minneapolis.

Green, Edward and Ruilin Zhou (1998). "A rudimentary random-matching model with divisible money and prices," *Journal of Economic Theory* 81, 252–271.

Green, Edward and Ruilin Zhou (2002). "Dynamic monetary equilibrium in a random-matching economy," *Econometrica*, 70, 929–969.

Gu, Chao, Fabrizio Mattesini, and Randall Wright (2016). "Money and credit redux," *Econometrica* 84, 1–32.

Gu, Chao, Fabrizio Mattesini, Cyril Monnet, and Randall Wright (2013a). "Banking: A New Monetarist approach," *Review of Economic Studies* 80, 636–662.

Gu, Chao, Fabrizio Mattesini, Cyril Monnet, and Randall Wright (2013b). "Endogenous credit cycles," *Journal of Political Economy* 121, 940–965.

Guerrieri, Veronica and Guido Lorenzoni (2009). "Liquidity and trading dynamics," *Econometrica* 77, 1751–1790.

Guerrieri, Veronica, Robert Shimer, and Randall Wright (2010). "Adverse selection in competitive search equilibrium," *Econometrica* 78, 1823–1862.

Harris, Larry (2003). *Trading & Exchanges, Market Microstructure for Practitioners*, Oxford University Press, New York.

Haslag, Joseph and Antoine Martin (2007). "Optimality of the Friedman Rule in an overlapping generations model with spatial separation," *Journal of Money, Credit and Banking* 39, 1741–1758.

He, Chao, Randall Wright, and Yu Zhu (2015). "Housing and liquidity," *Review of Economic Dynamics* 18, 435–455.

Head, Allen, Lucy Liu, Guido Menzio, and Randall Wright (2012). "Sticky prices: A New Monetarist approach," *Journal of the European Economic Association* 10, 939–973.

Head, Allen and Shouyong Shi (2003). "A fundamental theory of exchange rates and direct currency trades," *Journal of Monetary Economics* 50, 1555–1591.

Heaton, John and Deborah Lucas (1995). "The importance of investor heterogeneity and financial market imperfections for the behavior of asset prices," Carnegie-Rochester Conference Series on Public Policy 42, 1–32.

Heaton, John and Deborah Lucas (1996). "Evaluating the effects of incomplete markets on risk sharing and asset pricing," *Journal of Political Economy* 104, 443–87.

Herrenbrueck, Lucas (2014). "Quantitative easing and the liquidity channel of monetary policy," Working Paper, Simon Fraser University.

Hicks, John (1935). "A suggestion for simplifying the theory of money," *Economica* 2, 1–19.

Ho, Thomas and Hans Stoll (1983). "The dynamics of dealer markets under competition," *Journal of Finance* 38, 1053–74.

Holmstrom, Bengt and Jean Tirole (1998). "Private and public supply of liquidity," *Journal of Political Economy* 106, 1–40.

Holmstrom, Bengt and Jean Tirole (2001). "LAPM - a liquidity-based asset pricing model," *Journal of Finance* 56, 1837–1867.

Hopenhayn, Hugo and Ingrid Werner (1996). "Information, liquidity, and asset trading in a random matching game," *Journal of Economic Theory* 68, 349–379.

Howitt, Peter (2005). "Beyond search: Fiat money in organized exchange," *International Economic Review* 46, 405–429.

Hu, Tai-Wei (2013). "Imperfect recognizability and coexistence of money and higher-return assets," *Economic Theory* 53, 111–138.

Hu, Tai-wei, John Kennan, and Neil Wallace (2009). "Coalition-proof trade and the Friedman rule in the Lagos-Wright model," *Journal of Political Economy* 117, 116–137.

Hu, Tai-wei, and Guillaume Rocheteau (2013). "On the coexistence of money and higher return assets and its social role," *Journal of Economic Theory* 148, 2520–2560.

Hu, Tai-wei, and Guillaume Rocheteau (2015). "Monetary policy and asset prices: A mechanism design approach," *Journal of Money, Credit, and Banking* 47, 39–76.

Hu, Tai-Wei, and Cathy Zhang (2014). "Responding to the inflation tax," Working Paper.

Huang, Ming (2003). "Liquidity shocks and equilibrium liquidity premia," *Journal of Economic Theory* 109, 104–29.

Hugonnier, Julien, Benjamin Lester, and Pierre-Olivier Weill (2015). "Heterogeneity in decentralized asset markets," Working Paper of the Federal Reserve Bank of Philadelphia 15–22.

Iwai, Katsuhito (1996). "The bootstrap theory of money: A search-theoretic foundation of monetary economics," *Structural Change and Economic Dynamics* 7, 451–477.

Jacquet, Nicolas and Serene Tan (2012) "Money and asset prices with uninsurable risks," *Journal of Monetary Economics* 59, 784–797.

Jafarey, Saqib and Adrian Masters (2003). "Output, prices, and the velocity of money in search equilibrium," *Journal of Money, Credit and Banking* 35, 871–88.

Jafarey, Saqib and Peter Rupert (2001). "Limited commitment, money, and credit," *Journal of Economic Theory* 99, 22–58.

Jean, Kasie, Stanislav Rabinovich, and Randall Wright (2010). "On the multiplicity of monetary equilibria: Green-Zhou meets Lagos-Wright," *Journal of Economic Theory* 145, 392–401.

Jevons, William S. (1875). *Money and the Mechanism of Exchange.* D. Appleton and Co., New York.

Jin, Yi, and Ted Temzelides (2004). "On the local interaction of money and credit," *Review of Economic Dynamics* 7, 143–156.

Jones, Robert (1976). "The origin and development of media of exchange," *Journal of Political Economy* 84, 757–775.

Julien, Benoit, John Kennes, and Ian King (2008). "Bidding for money," *Journal of Economic Theory* 142, 196–217.

Kahn, Charles (2009). "Collateral policy in a world of round-the-clock payment," Working Paper of the University of Illinois.

Kahn, Charles and William Roberds (2009). "Why pay? An introduction to payments economics," *Journal of Financial Intermediation* 18, 1–23.

Kamiya, Kazuya and Takashi Shimizu (2006). "Real indeterminacy of stationary equilibria in matching models with divisible money", *Journal of Mathematical Economics* 42, 594–617.

Kamiya, Kazuya, Noritsugu Morishita, and Takashi Shimizu (2005). "On the existence of single-price equilibria in a matching model with divisible money and production cost," *International Journal of Economic Theory* 1, 219–231.

Kamiya, Kazuya and Takashi Sato (2004). "Equilibrium price dispersion in a matching model with divisible money," *International Economic Review* 45, 413–430.

Kamiya, Kazuya and Takashi Shimizu (2007a). "Existence of equilibria in matching models of money: A new technique," *Economic Theory* 32, 447–460.

Kamiya, Kazuya and Takashi Shimizu (2007b). "On the role of tax-subsidy scheme in money search models," *International Economic Review* 48, 575–606.

Kareken, John and Neil Wallace (1981). "On the indeterminacy of equilibrium exchange rates," *Quarterly Journal of Economics* 96, 207–222.

Kehoe, Timothy and David Levine (1993). "Debt-constrained asset markets," *Review of Economic Studies* 60, 865–888.

Kehoe, Timothy, Nobuhiro Kiyotaki, and Randall Wright (1993). "More on money as a medium of exchange," *Economic Theory* 3, 297–314.

Kim, Young (2008). "Liquidity and selection in asset markets with search frictions," mimeo.

Kim, Young Sik (1996). "Money, barter and costly information acquisition," *Journal of Monetary Economics* 37, 119–142.

Kim, Young Sik and Manjong Lee (2008). "Recognizability and liquidity," mimeo.

King, Robert and Charles Plosser (1986). "Money as the mechanism of exchange," *Journal of Monetary Economics* 17, 93–115.

Kiyotaki, Nobuhiro, Akihiko Matsui, and Kiminori Matsuyama (1993). "Toward a theory of international currency," *Review of Economic Studies* 60, 283–307.

Kiyotaki, Nobuhiro and John Moore (1997). "Credit cycles," *Journal of Political Economy* 105, 211–248.

Kiyotaki, Nobuhiro and John Moore (2002). "Evil is the root of all money," *American Economic Review, Papers and Proceedings* 92, 62–66.

Kiyotaki, Nobuhiro and John Moore (2005). "Liquidity and asset prices," *International Economic Review* 46, 317–349.

Kiyotaki, Nobuhiro and Randall Wright (1989). "On money as a medium of exchange," *Journal of Political Economy* 97, 927–954.

Kiyotaki, Nobuhiro and Randall Wright (1991). "A contribution to the pure theory of money," *Journal of Economic Theory* 53, 215–235.

Kiyotaki, Nobuhiro and Randall Wright (1993). "A search-theoretic approach to monetary economics," *American Economic Review* 83, 63–77.

Kocherlakota, Narayana (1996). "Implications of efficient risk sharing without commitment," *Review of Economic Studies* 63, 595–609.

Kocherlakota, Narayana (1998a). "Money is memory," *Journal of Economic Theory* 81, 232–251.

Kocherlakota, Narayana (1998b). "The technological role of fiat money," *Federal Reserve Bank of Minneapolis Quarterly Review* 22, 2–10.

Kocherlakota, Narayana (2002). "The two-money theorem," *International Economic Review* 43, 333–346.

Kocherlakota, Narayana (2003). "Social benefits of illiquid bonds," *Journal of Economic Theory* 108, 179–193.

Kocherlakota, Narayana (2008). "Injecting rational bubbles," *Journal of Economic Theory* 142, 218–232.

Kocherlakota, Narayana (2009). "Asset pricing implications of Pareto optimality with private information," *Journal of Political Economy* 117, 555–590.

Kocherlakota, Narayana and Thomas Krueger (1999). "A signaling model of multiple currencies," *Review of Economic Dynamics* 2, 231–244.

Kocherlakota, Narayana and Neil Wallace (1998). "Incomplete record-keeping and optimal payment arrangements," *Journal of Economic Theory* 81, 272–289.

Koeppl, Thorsten, Cyril Monnet, and Ted Temzelides (2008). "A dynamic model of settlement," *Journal of Economic Theory* 142, 233–246.

Koopmans, Tjalling (1965). "On the concept of optimal economic growth," in The Econometric Approach to Development Planning, Amsterdam, North Holland.

Kranton, Rachel (1996). "Reciprocal exchange: A self-sustaining system," *American Economic Review* 86, 830–851.

Kultti, Klaus (1996). "A monetary economy with counterfeiting," *Journal of Economics* 63, 175–186.

Kydland, Finn and Edward Prescott (1982). "Time to build and aggregate fluctuations," *Econometrica* 50, 1345–1370.

Kyle, Albert (1985). "Continuous auctions and insider trading," *Econometrica* 53, 1315–1335.

Lagos, Ricardo (2010a). "Some results on the optimality and implementation of the Friedman rule in the search theory of money," *Journal of Economic Theory* 145, 1508–1524.

Lagos, Ricardo (2010b). "Asset prices and liquidity in an exchange economy," *Journal of Monetary Economics* 57, 913–930.

Lagos, Ricardo (2011). "Asset prices, liquidity, and monetary policy in an exchange economy," *Journal of Money, Credit, and Banking* 43, 521–552.

Lagos, Ricardo (2013). "Moneyspots," *Journal of Political Economy* 121, 127–185.

Lagos, Ricardo and Guillaume Rocheteau (2005). "Inflation, output, and welfare," *International Economic Review* 46, 495–522.

Lagos, Ricardo, and Guillaume Rocheteau (2007). "Search in asset markets: Market structure, liquidity, and welfare," *American Economic Review* 97, 198–202.

Lagos, Ricardo and Guillaume Rocheteau (2008). "Money and capital as competing media of exchange," *Journal of Economic Theory* 142, 247–258.

Lagos, Ricardo and Guillaume Rocheteau (2009). "Liquidity in asset markets with search frictions," *Econometrica* 77, 403–426.

Lagos, Ricardo, Guillaume Rocheteau, and Pierre-Olivier Weill (2011). "Crises and liquidity in over-the-counter markets," *Journal of Economic Theory* 146, 2169–2205.

Lagos, Ricardo, Guillaume Rocheteau, and Randall Wright (2016). "Liquidity: A New Monetarist perspective," *Journal of Economic Literature* (Forthcoming).

Lagos, Ricardo and Randall Wright (2003). "Dynamics, cycles, and sunspot equilibria in 'genuinely dynamic, fundamentally disaggregative' models of money," *Journal of Economic Theory* 109, 156–171.

Lagos, Ricardo and Randall Wright (2005). "A unified framework for monetary theory and policy analysis," *Journal of Political Economy* 113, 463–484.

Lagos, Ricardo and Shengxing Zhang (2014). "Monetary exchange in over-the-counter markets: A theory of speculative bubbles, the Fed model, and self-fulfilling liquidity crises," Working Paper.

Laing, Derek, Victor Li, and Ping Wang (2007). "Inflation and productive activity in a multiple-matching model of money," *Journal of Monetary Economics* 54, 1949–1961.

Lehmann, Etienne (2012). "A search model of unemployment and inflation", *Scandinavian Journal of Economics* 114, 245–266.

Lehmann, Etienne and Bruno Van Der Linden (2010). "Search frictions on product and labor markets: Money in the matching function," *Macroeconomic Dynamics* 14, 56–92.

Lester, Benjamin, Andrew Postlewaite and Randall Wright (2012). "Liquidity, information, asset prices, and monetary policy," *Review of Economic Studies* 79, 1209–1238.

Lester, Benjamin, Guillaume Rocheteau, and Pierre-Olivier Weill (2015). "Competing for order flow in OTC markets," *Journal of Money, Credit, and Banking* 47, 77–126.

Levine, David (1991). "Asset trading mechanisms and expansionary policy," *Journal of Economic Theory* 54, 148–164.

Li, Victor (1994). "Inventory accumulation in a search-based monetary economy," *Journal of Monetary Economics* 34, 511–536.

Li, Victor (1995). "The optimal taxation of fiat money in search equilibrium," *International Economic Review* 36, 927–942.

Li, Victor (1997). "The efficiency of monetary exchange in search equilibrium," *Journal of Money, Credit, and Banking* 28, Article 4.

Li, Yiting (1995). "Commodity money under private information," *Journal of Monetary Economics* 36, 573–592.

Li, Yiting (1998). "Middlemen and private information," *Journal of Monetary Economics* 42, 131–159.

Li, Yiting (1999). "Money and middlemen in an economy with private information," *Economic Inquiry* 37, 1–12.

Li, Yiting (2001). "A search model of money and circulating private debt with applications to monetary policy," *International Economic Review* 42, 925–946.

Li, Yiting (2002). "Government Transaction Policy and Gresham's Law," *Journal of Monetary Economics* 49, 435–453.

Li, Yiting (2006). "Banks, private money, and government regulation," *Journal of Monetary Economics* 53, 2067–2083.

Li, Yiting (2007). "Inside money, organized markets, and specialization," *Macroeconomic Dynamics* 11, 388–404.

Li, Yiting (2011). "Currency and checking deposits as means of payment," *Review of Economic Dynamics* 14, 403–417.

Li, Ying-Syuan and Yiting Li (2013). "Liquidity and asset prices: A New Monetarist approach," *Journal of Monetary Economics* 60, 426–438.

Li, Yiting and Guillaume Rocheteau (2009). "Liquidity constraints," Working Paper.

Li, Yiting and Guillaume Rocheteau (2011). "On the threat of counterfeiting," *Macroeconomic Dynamics* 15, 10–41.

Li, Yiting, Guillaume Rocheteau, and Pierre-Olivier Weill (2012). "Liquidity and the threat of fraudulent assets," *Journal of Political Economy* 120, 815–846.

Li, Yiting, and Randall Wright (1998). "Government transaction policy, media of exchange, and prices," *Journal of Economic Theory* 81, 290–313.

Lippi, Francesco, Stefania Ragni and Nicholas Trachter (2015). " Optimal monetary policy with heterogeneous money holdings," *Journal of Economic Theory* 159, 339–368.

Liu, Lucy Qian, Liang Wang, and Randall Wright (2011). "The hot potato effect of inflation," *Macroeconomic Dynamics* 15, 191–216.

Liu, Qing and Shouyong Shi (2006). "Currency areas and monetary coordination" *International Economic Review* 51, 813–836.

Lo, Andrew, Harry Mamaysky, and Jiang Wang (2004). "Asset prices and trading volume under fixed transactions costs," *Journal of Political Economy* 112, 1054–1090.

Lomeli, Hector and Ted Temzelides (2002). "Discrete time dynamics in a random matching monetary model," *Economic Theory* 20, 259–269.

Lotz, Sebastien (2004). "Introducing a new currency: Government policy and prices," *European Economic Review* 48, 959–982.

Lotz, Sebastien and Guillaume Rocheteau (2002). "On the launching of a new currency," *Journal of Money, Credit and Banking* 34, 563–88.

Lotz, Sebastien, Andrei Shevshenko, and Christopher Waller (2007). "Heterogeneity and lotteries in monetary search models," *Journal of Money, Credit and Banking* 39, 703–712 .

Lotz, Sebastien, and Cathy Zhang (2016). "Money and credit as means of payment: A New Monetarist approach," *Journal of Economic Theory* (Forthcoming).

Lucas, Robert (1972). "Expectations and the neutrality of money," *Journal of Economic Theory* 4, 103–124.

Lucas, Robert (1973). "Some international evidence on output-inflation trade-offs," *American Economic Review* 63, 326–334.

Lucas, Robert (1978). "Asset prices in an exchange economy," *Econometrica* 46, 1429–1445.

Lucas, Robert (1980). "Two illustrations of the quantity theory of money," *American Economic Review* 70, 1005–1014.

Lucas, Robert (1990). "Liquidity and interest rates," *Journal of Economic Theory* 50, 237–264.

Lucas, Robert (1995). "Monetary Neutrality" Nobel Prize Lecture – 1995 Nobel Prize in Economics, December 7, 1995.

Lucas, Robert (2000). "Inflation and welfare," *Econometrica* 68, 247–274.

Lucas, Robert and Nancy Stokey (1987). "Money and interest in a cash-in-advance economy," *Econometrica* 55, 491–513.

Marimon, Ramon and Fabrizio Zilibotti (1997). "Unemployment vs. mismatch of talents: Reconsidering unemployment benefits," *The Economic Journal* 109, 266–291.

Mehra, Rajnish and Edward Prescott (1985). "The equity premium: A puzzle," *Journal of Monetary Economics* 15, 145–161.

Miao, Jianjun (2006): "A search model of centralized and decentralized trade," *Review of Economic Dynamics* 9, 68–92.

Moen, Espen (1997). "Competitive search equilibrium," *Journal of Political Economy* 105, 385–411.

Molico, Miguel (2006). "The distribution of money and prices in search equilibrium," *International Economic Review* 47, 701–722.

Molico, Miguel and Yahong Zhang (2006). "Monetary policy and the distribution of money and capital," *Computing in Economics and Finance* 136.

Monnet, Cyril (2005). "Counterfeiting and inflation," Working Paper Series 512, European Central Bank.

Monnet, Cyril and Daniel Sanches (2015). "Private money and banking regulation," *Journal of Money, Credit, and Banking* 47, 1031–1062.

Mortensen, Dale and Christopher Pissarides (1994). "Job creation and job destruction in the theory of unemployment," *Review of Economic Studies* 61, 397–415.

Mortensen, Dale and Randall Wright (2002). "Competitive pricing and efficiency in search equilibrium," *International Economic Review* 43, 1–20.

Myers, Stewart and Nicholal Majluf (1984). "Corporate financing and investment decisions when firms have information that investors do not have," *Journal of Financial Economics* 13, 187–221.

Nash, John (1953). "Two person cooperative games," *Econometrica* 21, 128–140.

Niehans, Jurg (1971). "Money and barter in general equilibrium with transactions costs," *American Economic Review* 61, 773–783.

Niehans, Jurg (1978). *The Theory of Money,* Baltimore: John Hopkins University Press, 1978.

Nosal, Ed (2011). "Search, welfare and the 'hot potato' effect of inflation," *Macroeconomic Dynamics* 15, 313–326.

Nosal, Ed and Guillaume Rocheteau (2008). "The economics of payments," Policy Discussion Papers, Federal Reserve Bank of Cleveland.

Nosal, Ed and Guillaume Rocheteau (2009). "Pairwise trades, asset prices, and monetary policy," *Journal of Economic Dynamics and Control* 37, 1–17.

Nosal, Ed and Neil Wallace (2007). "A model of (the threat of) counterfeiting," *Journal of Monetary Economics* 54, 994–1001.

Obstfeld, Maurice, and Kenneth Rogoff (1996). *Foundations of International Macroeconomics.* Cambridge, MA: MIT Press, Appendix 8A.

Oh, Seonghwan (1989). "A theory of a generally acceptable medium of exchange and barter," *Journal of Monetary Economics* 23, 101–119.

Osborne, Martin and Ariel Rubinstein (1990). *Bargaining and Markets.* San Diego: Academic Press.

Ostroy, Joseph (1973). "The informational efficiency of monetary exchange," *American Economic Review* 63, 597–610.

Ostroy, Joseph and Ross Starr (1974). "Money and the decentralization of exchange," *Econometrica* 42, 1093–1113.

Ostroy, Joseph and Ross Starr (1990). "The transactions role of money," *Handbook of Monetary Economics.* Eds. Benjamin Friedman and Frank Hahn. Elsevier: Amsterdam.

Pagnotta, Emiliano and Thomas Philippon (2015). "Competing on speed," NYU Working Paper.

Patinkin, Don (1965). *Money, Interest and Prices,* 2nd edition. New York: Harper & Row.

Peterson, Brian and Shouyong Shi (2004). "Money, price dispersion and welfare," *Economic Theory* 24, 907–932.

Petrosky-Nadeau, Nicolas and Etienne Wasmer (2015). "Macroeconomic dynamics in a model of goods, labor and credit market frictions," *Journal of Monetary Economics* 72, 97–113.

Phillips, William (1958). "The relationship between unemployment and the rate of change of money wages in the United Kingdom 1861–1957," *Economica* 25, 283–299.

Pissarides, Christopher (2000). *Equilibrium Unemployment.* Cambridge, USA: MIT Press (2nd edition).

Prescott, Edward (1987). "A multiple means-of-payment model," *New Approaches to Monetary* Economics. Eds. W. Barnett and K. Singleton. Cambridge, UK: Cambridge University Press.

Quercioli, Elena and Lones Smith (2015). "The economics of counterfeiting," *Econometrica* 83, 1211–1236.

Rauch, Bernhard (2000). "A divisible search model of fiat money: A comment," *Econometrica* 68, 149–156.

Redish, Angela and Warrenn Weber (2011), "Coin sizes and payments in commodity money systems," *Macroeconomic Dynamics* 15, 62–82.

Reed, Robert and Christopher Waller (2006). "Money and risk sharing," *Journal of Money, Credit, and Banking* 38, 1599–1618.

Renero, Juan M (1998). "Unstable and stable steady-states in the Kiyotaki-Wright model," *Economic Theory* 11, 275–294.

Renero, Juan M (1999). "Does and should a commodity medium of exchange have relatively low storage costs?" *International Economic Review* 40, 251–264.

Rocheteau, Guillaume (2008). "Money and competing assets under private information," Working Paper 0802, Federal Reserve Bank of Cleveland.

Rocheteau, Guillaume (2009a). "A monetary approach to asset liquidity," Working Papers 09-01, Federal Reserve Bank of Cleveland.

Rocheteau, Guillaume (2009b). "Information and liquidity: A discussion," Working Papers, Federal Reserve Bank of Cleveland 09-02.

Rocheteau, Guillaume (2012). "The cost of inflation: A mechanism design approach," *Journal of Economic Theory* 147, 1261–1279.

Rocheteau, Guillaume and Antonio Rodriguez-Lopez (2014). "Liquidity provision, interest rates, and unemployment," *Journal of Monetary Economics* 65, 80–101.

Rocheteau, Guillaume, Peter Rupert, and Randall Wright (2007). "Inflation and unemployment in general equilibrium," Scandavian *Journal of Economics* 109, 837–855.

Rocheteau, Guillaume, Peter Rupert, Karl Shell, and Randall Wright (2008)."General equilibrium with nonconvexities and money," *Journal of Economic Theory* 142, 294–317.

Rocheteau, Guillaume, Russell Wong, and Pierre-Olivier Weill (2015a). "A tractable model of monetary exchange with ex-post heterogeneity," NBER Working Paper 21179.

Rocheteau, Guillaume, Russell Wong, and Pierre-Olivier Weill (2015b). "Working through the distribution: Money in the short and long run," NBER Working Paper 21779.

Rocheteau, Guillaume and Randall Wright (2005). "Money in search equilibrium, in competitive equilibrium, and in competitive search equilibrium," *Econometrica* 73, 175–202.

Rocheteau, Guillaume and Randall Wright (2009). "Inflation and welfare in models with trading frictions," *Monetary Policy in Low Inflation Economies.* Eds. Ed Nosal and Dave Altig. Cambridge University Press.

Rocheteau, Guillaume and Randall Wright (2013). "Liquidity and asset market dynamics," *Journal of Monetary Economics* 60, 275–294.

Rocheteau, Guillaume, Randall Wright, and Sylvia Xiaolin Xiao (2015). "Open-market operations," Working Paper.

Rocheteau, Guillaume, Randall Wright, and Cathy Zhang (2016). "Corporate finance and monetary policy," Working Paper.

Rojas Breu, Mariana (2013). "The welfare effect of access to credit," *Economic Inquiry* 51, 235–247.

Rojas Breu, Mariana (2016). "Debt enforcement and the value of money," Working Paper, University Paris Dauphine.

Rotemberg, Julio (1982). "Sticky prices in the United States," *Journal of Political Economy* 90, 1187–1211.

Rubinstein, Ariel and Asher Wolinsky (1987). "Middlemen," *Quarterly Journal of Economics* 102, 581–594.

Rupert, Peter, Martin Schindler, and Randall Wright (2000). "The search-theoretic approach to monetary economics: A primer," *Federal Reserve Bank of Cleveland Economic Review* 36, 10–28.

Rust, John, and George Hall (2003). "Middlemen versus market makers: A theory of competitive exchange," *Journal of Political Economy* 111, 353–403.

Samuelson, Paul (1958). "An exact consumption-loan model of interest with or without the social contrivance of money," *Journal of Political Economy* 66, 467.

Sanches, Daniel and Stephen Williamson (2010). "Money and credit with limited commitment and theft," *Journal of Economic Theory* 145, 1525–1549.

Sanches, Daniel and Stephen Williamson (2011). "Adverse selection, segmented markets, and the role of monetary policy," *Macroeconomic Dynamics* 15, 269–292.

Sargent, Thomas and Neil Wallace (1983). "A model of commodity money," *Journal of Monetary Economics* 12, 163–187.

Sargent, Thomas and Neil Wallace (1985). "Interest on reserves," *Journal of Monetary Economics* 15, 279–290.

Schreft, Stacey (1992). "Transaction costs and the use of cash and credit," *Economic Theory* 2, 283–296.

Shevshenko, Andrei (2004). "Middlemen," *International Economic Review* 45, 1–24.

Shevshenko, Andrei and Randall Wright (2004). "A simple search model of money with heterogeneous agents and partial acceptability," *Economic Theory* 24, 877–885.

Shi, Shouyong (1995). "Money and prices: A model of search and bargaining," *Journal of Economic Theory* 67, 467–496.

Shi, Shouyong (1996). "Credit and money in a search model with divisible commodities," *Review of Economic Studies* 63, 627–652.

Shi, Shouyong (1997a). "A divisible search model of fiat money," *Econometrica* 65, 75–102.

Shi, Shouyong (1997b). "Money and specialization," *Economic Theory* 10, 99–113.

Shi, Shouyong (1998). "Search for a monetary propagation mechanism," *Journal of Economic Theory* 81, 314–352.

Shi, Shouyong (1999a). "Search, inflation, and capital accumulation," *Journal of Monetary Economics* 44, 81–103.

Shi, Shouyong (1999b). "Money, capital, and redistributive effects of monetary policies," *Journal of Economic Dynamics and Control* 23, 565–590.

Shi, Shouyong (2001). "The extent of the market and the optimal degree of specialization," mimeo.

Shi, Shouyong (2005). "Nominal bonds and interest rates: The case of one-period bonds," *International Economic Review* 46, 579–612.

Shi, Shouyong (2006). "Viewpoint: A microfoundation of monetary economics," *Canadian Journal of Economics* 39, 643–688.

Shi, Shouyong (2008). "Efficiency improvement from restricting the liquidity of nominal bonds," *Journal of Monetary Economics* 55, 1025–1037.

Shi, Shouyong (2014). "Liquidity, interest rates, and output," *Annals of Economics and Finance* 15, 1–43.

Shi, Shouyong and Weimin Wang (2006). "The variability of velocity of money in a search model," *Journal of Monetary Economics* 53, 537–571.

Silva, Mario (2015). "New Monetarism with monopolistic competition: Dixit-Stiglitz meets Lagos-Wright," Working Paper of the University of California at Irvine.

Silva, Mario (2016). "Limited commitment, variety, and unemployment," Working Paper of the University of California at Irvine.

Silveira, Rafael and Randall Wright (2010). "Search and the market for ideas," *Journal of Economic Theory* 145, 550–1573.

Silveira, Rafael and Randall Wright (2015). "Venture capital: A model of search and bargaining," *Review of Economic Dynamics* 19, 232–246.

Smith, Bruce (1989). "Limited information, money, and competitive equilibrium," *Canadian Journal of Economics* 19, 780–797.

Smith, Bruce (1991). "Interest on reserves and sunspot equilibria: Friedman's proposal reconsidered," *Review of Economic Studies* 58, 93–105.

Spulber, Daniel (1996). "Market microstructure and intermediation," *Journal of Economic Perspectives* 10, 135–152.

Starr, Ross (1972). "The structure of exchange in barter and monetary economies," *Quarterly Journal of Economics* 86, 290–302.

Stockman, Alan (1981). "Anticipated inflation and the capital stock in a cash-in-advance economy," *Journal of Monetary Economics* 8, 387–393.

Stoll, Hans (1978). "The supply of dealer services in securities markets," *Journal of Finance* 33, 1133–1151.

Sultanum, Bruno (2016). "Financial fragility and over-the-counter markets," Mimeo.

Taber, Alexander and Neil Wallace (1999). "A matching model with bounded holdings of indivisible money," *International Economic Review* 40, 961–984.

Taylor, John (1980). "Aggregate dynamics and staggered contracts," *Journal of Political Economy* 88, 1–23.

Telyukova, Irina and Randall Wright (2008). "A model of money and credit, with application to the credit card debt puzzle," *Review of Economic Studies* 75, 629–647.

Temzelides, Ted and Stephen Williamson (2001). "Payments systems design in deterministic and private information environments," *Journal of Economic Theory* 99, 297–326.

Tirole, Jean (1985). "Asset bubbles and overlapping generations," *Econometrica* 53, 499–1528.

Tobin, James (1965). "The monetary interpretation of history," *American Economic Review* 55, 464–485.

Townsend, Robert (1980). "Models of money with spatially separated agents," *Models of Monetary* Economies. Eds. John Kareken and Neil Wallace. Federal Reserve Bank of Minneapolis, 265–303.

Townsend, Robert (1987). "Economic organization with limited communication," *American Economic Review* 77, 954–971.

Townsend, Robert (1989). "Currency and credit in a private information economy," *Journal of Political Economy* 97, 1323–1344.

Trejos, Alberto (1999). "Search, bargaining, money and prices under private information," *International Economic Review* 40, 679–695.

Trejos, Alberto and Randall Wright (1993). "Search, bargaining, money and prices: Recent results and policy implications," *Journal of Money, Credit, and Banking* 25, 558–576.

Trejos, Alberto and Randall Wright (1995). "Search, bargaining, money, and prices," *Journal of Political Economy* 103, 118–141.

Trejos, Alberto and Randall Wright (1996). "Search-theoretic models of international currency," *Federal Reserve Bank of St. Louis Review* 78, 117–32.

Trejos, Alberto and Randall Wright (2016). "Search-based models of money and finance: An integrated approach," *Journal of Economic Theory* (Forthcoming).

Üslü, Semih (2015). "Pricing and liquidity in decentralized asset markets." Working paper. University of California at Los Angeles.

Vayanos, Dimitri (1998). "Transaction costs and asset prices: A dynamic equilibrium model," *Review of Financial Studies* 11, 1–58.

Vayanos, Dimitri and Jean-Lu Vila (1999). "Interest rate and liquidity premium with transaction costs," *Economic Theory* 13, 509–539.

Vayanos, Dimitri and Tan Wang (2002). "Search and endogenous concentration of liquidity in asset markets," *Journal of Economic Theory* 136, 66–104.

Vayanos, Dimitri and Pierre-Olivier Weill (2008). "A search-based theory of the on-the-run phenomenon," *Journal of Finance* 63, 1361–1398.

Velde, François, Warren Weber, and Randall Wright (1999). "A model of commodity money, with applications to Gresham's law and the debasement puzzle," *Review of Economic Dynamics* 2, 291–323.

Venkateswarany, Venky and Randall Wright (2013). "A New Monetarist model of financial and macroeconomic activity," *NBER Macro Annual*, 227–270.

Wallace, Neil (1980). "The overlapping generations model of fiat money," *Models of Monetary* Economies. Eds. John Kareken and Neil Wallace. Federal Reserve Bank of Minneapolis, 49–82.

Wallace, Neil (1992). "Lucas's signal extraction model: A finite-state exposition with aggregate real shocks," *Journal of Monetary Economics* 30, 433–447.

Wallace, Neil (1996). "Questions concerning rate-of-return dominance and indeterminacy in absence-of-double-coincidence models of money,"mimeo.

Wallace, Neil (1997). "Short-run and long-run effects of changes in money in a random-matching model," *Journal of Political Economy* 105, 1293–1307.

Wallace, Neil (1998). "Introduction to modeling money and studying monetary policy," *Journal of Economic Theory* 81, 223–231.

Wallace, Neil (2000). "Knowledge of individual histories and optimal payment arrangements," *Federal Reserve Bank of Minneapolis Quarterly Review* 24, 11–21.

Wallace, Neil (2001). "Whither monetary economics?" *International Economic Review* 42, 847–869.

Wallace, Neil (2010). "The *Mechanism-Design* approach to Monetary Theory," In Benjamin Friedman and Michael Woodford (eds.), *Handbook of Monetary Economics, Second Edition.* Amsterdam: North-Holland.

Wallace, Neil (2014). "Optimal money creation in pure currency economies: A conjecture," *Quarterly Journal of Economics* 129, 259–275.

Wallace, Neil and Ruilin Zhou (1997). "A model of a currency shortage," *Journal of Monetary Economics* 40, 555–572.

Waller, Christopher (2011). "Random matching and money in the neoclassical growth model: Some analytical results," *Macroeconomic Dynamics* 15, 293–312.

Wang, Liang (2014). "Endogenous search, price dispersion, and welfare," UH Manoa Department of Economics WP 14-29R.

Weill, Pierre-Olivier (2007). "Leaning against the wind," *Review of Economic Studies* 74, 1329–1354.

Weill, Pierre-Olivier (2008). "Liquidity premia in dynamic bargaining markets," *Journal of Economic Theory* 140, 66–96.

Williamson, Stephen (1998). "Payment systems with random matching and private information," *Journal of Money, Credit, and Banking* 30, 551–569.

Williamson, Stephen (1999). "Private money," *Journal of Money, Credit, and Banking* 31, 469–491.

Williamson, Stephen (2002). "Private money and counterfeiting," *Federal Reserve Bank of Richmond, Economic Quarterly* 88, 37–57.

Williamson, Stephen (2006). "Search, limited participation, and monetary policy," *International Economic Review* 47, 107–128.

Williamson, Stephen (2012). "Liquidity, monetary policy, and the financial crisis: A New Monetarist approach," *American Economic Review* 102, 2570–2605.

Williamson, Stephen (2014a). "Central bank purchases of private assets," Working Paper of the Federal Reserve Bank of St. Louis 2014-026.

Williamson, Stephen (2014b). "Scarce collateral, the term premium, and quantitative easing," Working Paper of the Federal Reserve Bank of St. Louis 2014-008.

Williamson, Stephen (2015a). "Interest on reserves, interbank lending, and monetary policy," Working Paper of the Federal Reserve Bank of St. Louis 2015-024.

Williamson, Stephen (2015b). "Keynesian inefficiency and optimal policy: A New Monetarist approach," *Journal of Money, Credit, and Banking* 47, 197–222.

Williamson, Stephen and Randall Wright (1994). "Barter and monetary exchange under private information," *American Economic Review* 84, 104–123.

Williamson, Stephen and Randall Wright (2010a). "New monetarist economics: Methods," *Federal Reserve Bank of St. Louis Review* 92, 265–302.

Williamson, Stephen and Randall Wright (2010b). "New monetarist economics: Models," In Benjamin Friedman and Michael Woodford (eds.), Handbook of Monetary Economics, Second Edition. Amsterdam: North-Holland.

Wong, Tsz-Nga (2015). "A tractable monetary model under general preferences," *Review of Economic Studies* 83(1), 402–420.

Wallace, Neil (2014). "Optimal money creation in pure currency economies: A conjecture," *Quarterly Journal of Economics* 129, 259–275.

Wallace, Neil and Ruilin Zhou (1997). "A model of a currency shortage," *Journal of Monetary Economics* 40, 555–572.

Waller, Christopher (2011). "Random matching and money in the neoclassical growth model: Some analytical results," *Macroeconomic Dynamics* 15, 293–312.

Wang, Liang (2014). "Endogenous search, price dispersion, and welfare," UH Manoa Department of Economics WP 14-29R.

Weill, Pierre-Olivier (2007). "Leaning against the wind," *Review of Economic Studies* 74, 1329–1354.

Weill, Pierre-Olivier (2008). "Liquidity premia in dynamic bargaining markets," *Journal of Economic Theory* 140, 66–96.

Williamson, Stephen (1998). "Payment systems with random matching and private information," *Journal of Money, Credit, and Banking* 30, 551–569.

Williamson, Stephen (1999). "Private money," *Journal of Money, Credit, and Banking* 31, 469–491.

Williamson, Stephen (2002). "Private money and counterfeiting," *Federal Reserve Bank of Richmond, Economic Quarterly* 88, 37–57.

Williamson, Stephen (2006). "Search, limited participation, and monetary policy," *International Economic Review* 47, 107–128.

Williamson, Stephen (2012). "Liquidity, monetary policy, and the financial crisis: A New Monetarist approach," *American Economic Review* 102, 2570–2605.

Williamson, Stephen (2014a). "Central bank purchases of private assets," Working Paper of the Federal Reserve Bank of St. Louis 2014-026.

Williamson, Stephen (2014b). "Scarce collateral, the term premium, and quantitative easing," Working Paper of the Federal Reserve Bank of St. Louis 2014-008.

Williamson, Stephen (2015a). "Interest on reserves, interbank lending, and monetary policy," Working Paper of the Federal Reserve Bank of St. Louis 2015-024.

Williamson, Stephen (2015b). "Keynesian inefficiency and optimal policy: A New Monetarist approach," *Journal of Money, Credit, and Banking* 47, 197–222.

Williamson, Stephen and Randall Wright (1994). "Barter and monetary exchange under private information," *American Economic Review* 84, 104–123.

Williamson, Stephen and Randall Wright (2010a). "New monetarist economics: Methods," *Federal Reserve Bank of St. Louis Review* 92, 265–302.

Williamson, Stephen and Randall Wright (2010b). "New monetarist economics: Models," In Benjamin Friedman and Michael Woodford (eds.), Handbook of Monetary Economics, Second Edition. Amsterdam: North-Holland.

Wong, Tsz-Nga (2015). "A tractable monetary model under general preferences," *Review of Economic Studies* 83(1), 402–420.

Wong, Tsz-Nga (2016). "Monetary exchange and the irreducible cost of inflation," *Journal of Economic Theory* (Forthcoming).

Wong, Yuet-Yee and Randall Wright (2014). "Buyers, sellers, and middlemen: Variations on search-theoretic themes," *International Economic Review* 55, 375–398.

Woodford, Michael (1990). "The optimum quantity of money," *Handbook of Monetary Economics* 2, 1067–1152.

Woodford, Micheal (2003). *Interest and Prices: Foundations of a Theory of Monetary* Policy, Princeton University Press.

Wright, Randall (2010). "A uniqueness proof for monetary steady state," *Journal of Economic Theory* 145, 382–391.

Yavas, Abdullah (1994). "Middlemen in bilateral search markets," *Journal of Labor Economics* 12, 406–429.

Zhang, Cathy (2014). "An information-based theory of international currency," *Journal of International Economics* 93, 286–301.

Zhou, Ruilin (1997). "Currency exchange in a random search model," *Review of Economic Studies* 64, 289–310.

Zhou, Ruilin (1999). "Individual and aggregate real balances in a random-matching model," *International Economic Review* 40, 1009–1038.

Zhou, Ruilin (2000). "Understanding intraday credit in large-value payment systems," *Federal Reserve Bank of Chicago, Economic Perspectives*, 29–44.

Zhu, Tao (2003). "Existence of a monetary steady state in a matching model: Indivisible money," *Journal of Economic Theory* 112, 307–324.

Zhu, Tao, (2005). "Existence of a monetary steady state in a matching model: Divisible money," *Journal of Economic Theory* 123, 130–160.

Zhu, Tao (2008). "An overlapping-generations model with search," *Journal of Economic Theory* 142, 318–331.

Zhu, Tao and Neil Wallace (2007). "Pairwise trade and coexistence of money and higher-return assets," *Journal of Economic Theory* 133, 524–535.